水利统计制度与操作实务

吴强 等 编著

中国水利水电出版社
www.waterpub.com.cn
·北京·

内 容 提 要

水利统计的基本任务是依法开展水利调查活动，进行统计分析，提供统计资料和统计咨询意见，实行统计监督。近年来，水利统计在水利改革和发展中扮演了重要角色，发挥了重要作用，受到社会各界越来越广泛关注。随之而来，人们对水利统计数据的质量要求也更加严格、规范。

本书旨在结合当前水利统计工作面临的形势，向读者介绍统计基础知识，水利统计发展历程，已建立的组织体系、管理体系、制度体系、成果体系和工具体系，以及与统计相关的政策法规等，并以水利统计实务为重点介绍水利统计调查任务填报方法和重点指标解析，水利统计管理系统操作技巧等。本书共分四篇十九章，一个附录。书中既包括一些理论，更偏重于实务操作，以及提炼水利统计研究和分析领域的有关成果。本书可作为各级水利统计人员岗位培训教材和实际工作中的参考用书。

图书在版编目（CIP）数据

水利统计制度与操作实务 / 吴强等编著. -- 北京 : 中国水利水电出版社, 2017.11
ISBN 978-7-5170-6024-6

Ⅰ. ①水… Ⅱ. ①吴… Ⅲ. ①水利建设一统计工作一研究一中国 Ⅳ. ①F426.9

中国版本图书馆CIP数据核字(2017)第273370号

书　　名	**水利统计制度与操作实务** SHUILI TONGJI ZHIDU YU CAOZUO SHIWU
作　　者	吴强　等 编著
出版发行	中国水利水电出版社 （北京市海淀区玉渊潭南路1号D座　100038） 网址：www.waterpub.com.cn E-mail：sales@waterpub.com.cn 电话：(010) 68367658（营销中心）
经　　售	北京科水图书销售中心（零售） 电话：(010) 88383994、63202643、68545874 全国各地新华书店和相关出版物销售网点
排　　版	中国水利水电出版社微机排版中心
印　　刷	天津嘉恒印务有限公司
规　　格	184mm×260mm　16开本　23.25印张　551千字
版　　次	2017年11月第1版　2017年11月第1次印刷
印　　数	0001—1500册
定　　价	**98.00**元

《水利统计制度与操作实务》

编 写 组

主　　编：吴　强

编写人员：王　瑜　乔根平　高　龙

张　岚　郭　悦　潘利业

统　　稿：吴　强　叶树石

前 言

FOREWORD

水利是国民经济社会发展的重要基础设施，关系防洪安全、供水安全、粮食安全、经济安全、生态安全和国家安全。中华人民共和国成立以来，特别是改革开放以后，我国水利建设、管理与改革工作取得了举世瞩目的巨大成就，为经济社会发展、人民安居乐业做出了突出贡献。而水利统计则是记录这一伟大历程的重要工具，在获取各类水利基础信息、支撑水利建设、提高水利管理水平和促进改革等方面发挥了重要的基础作用。

伴随着水利事业的快速发展，我国水利统计工作也不断发展壮大，从粗到细、从简到精、从点到面，取得了长足进步。一是建立了较为有力的统计工作组织体系，国家层面基本形成了行政部门主导、支撑机构承担、学术团体配合、各专业统计分工协作的工作架构，部分省份也效仿建立了类似的工作模式，加强了统计队伍力量和工作合力，有效保障了各项统计工作任务顺利实施。二是建立了较为完善的统计管理制度体系，依据国家统计法律法规及国家统计局相关规定，结合水利实际，制定出台《水利统计管理办法》，编制实施水利综合统计、投资统计等多项统计报表制度，制定发布《水利统计通则》等 3 项水利行业标准，形成了以管理办法为核心、以报表制度为主体、以标准规范为支撑的水利统计管理制度体系。三是建立了较为高效的统计管理信息系统，在国家部委中较早采用网络直报方式开展常规数据统计工作，实现了统计数据自下而上在线填报、自动审核、超级汇总、集中管理和灵活查询等功能，统计工作效率和信息共享水平显著提高。四是建立了较为丰富的统计工作成果体系，包括《全国水利发展统计公报》《中国水利统计年鉴》等每年出版的正式出版物，《中央水利投资统计月报》《重大工程专报》等每月编印的内部参阅的分析报告，以及国家统计局及其他相关部门需要的各类水利统计数据及分析成果等，为做好相关工作提供了重要数据支持。长期以来，水利统计工作密切跟踪和记录我国水利事业的发展历程，用一组组闪光的数字揭示了我国水利事业走过的跨越式发展轨迹，见证了我国水利改革发展取得的辉煌成就，也为制定并推动落实党和国家治水方针、战略、政策、部署等提供了重要参考依据和决策支撑，诸多工作模式、工作成果等获得国家统计系统和水利系统的多项荣誉和奖励。同时也要看到，与水利改革发展需求相比，水利统计在机构能力、人员队伍、基础工作等方面还存在一些薄弱环节，特别基层水利统计队伍力量薄弱是影响统计数据质量、制约统计工作进一步提升的最大短板，需要重视予以解决。

2017年召开的中国共产党第十九次全国代表大会，做出了中国特色社会主义进入新时代的重大判断，对到2020年决胜全面建成小康社会、到2050年分两阶段建设富强民主文明和谐美丽的社会主义现代化强国做出了总体部署。党的十九大报告把坚持人与自然和谐共生纳入新时代坚持和发展中国特色社会主义的基本方略，把生态环境好转、美丽中国目标基本实现作为基本实现社会主义现代化的目标之一，把水利摆在九大基础设施网络建设之首，对实施国家节水行动等提出明确要求，进一步指明了水利发展方向，对水利统计工作也提出了新的更高要求。同时，中央对统计工作高度重视，党的十九大报告明确提出要“完善统计体制”，习近平总书记先后主持召开4次中央全面深化改革领导小组会议，审议通过《关于深化统计管理体制改革　提高统计数据真实性的意见》等6个统计改革重要文件，对深化统计改革、强化统计支撑、提高统计数据质量等做出总体部署、提出明确要求；水利部也制定出台了水利统计方面的贯彻实施意见，下一步还将研究出台进一步的落实举措。

在此背景下，作为长期从事水利统计行政管理、业务支撑及相关研究工作的“水利统计人”，组织编写本书，主要有以下方面考虑：一是系统总结和介绍水利统计工作组织实施历程，这是经过60多年几代水利统计人不断探索和完善的结果，是弥足珍贵的历史记忆；二是全面梳理当前水利统计相关制度规定及标准规范等，对部分重要政策规定、重点统计调查项目进行深入解读，可作为各级水利统计人员岗位培训教材和实际工作中的参考用书；三是总结展示近年来承担完成的相关研究成果，与行业内外同仁进行交流切磋。

本书力求集知识性、学习性、实用性为一体。全书共分为综合篇、政策法规篇、统计实务篇、研究分析篇及附录五部分。综合篇主要介绍水利统计基础理论、工作体系、工作成效以及当前面临的形势和挑战等内容，包括第一章至第四章；政策法规篇主要介绍统计法与统计法实施条例、国家统计工作相关意见和规定、水利统计管理办法、水利统计标准规范等内容，包括第五章至第八章；统计实务篇主要介绍水利综合统计、水利建设投资统计年报、水利服务业统计年报、水利投资统计月报及重大工程专报、水利普查及其他水利统计调查项目等内容，包括第九章至第十五章；研究分析篇主要介绍水利统计体制机制、水利统计指标体系、水利统计指数、水资源环境经济核算等方面研究成果以及水利统计相关数据分析报告，包括第十六章至第十九章；附录部分主要包括《中华人民共和国统计法》《中华人民共和国统计法实施条例》等统计相关法律法规，以及《水利统计管理办法》，供读者查阅。

本书由水利部发展研究中心副主任吴强主编，水利部规划计划司王瑜，水利部发展研究中心乔根平、高龙、张岚、郭悦，北京源信水利水电有限公司潘利业等参与编写。其中，前言部分由吴强执笔，第一章由王瑜执笔，第二、三章由潘利业执笔，第四章由吴强执笔，第五至八章由郭悦执笔，第九至第十二章由张岚执笔，第十三章由吴强执笔，第十四章由王瑜执笔，第十五章由潘利业执笔，第十六章由高龙执笔，第十七章由吴强执笔，第十八章由高龙执笔，第十九章由乔根平执笔，附录部分由郭悦进行整理编辑。全书由水利部发展研究中心副主任吴强、中国水利学会水利统计专业委员会原主任委员叶树石统稿。在本书编写过程中，参阅了法律法规、政策文件等，也参考了一些相关水利统计报表制度的编制资料，在此谨向有关作者、专家和单位表示深深谢意。北京源信水利水电有限公司王小娜、常河，北京北科博研科技有限公司唐俊杰等参与了部分内容的基础资料整理工作，很多水利行业的专家给予了高度关心和悉心指导，对本书的结构、内容等提出了很多宝贵的意见和建议，在此表示衷心的感谢！

由于涉及面广，专业性强，编写人员水平有限，材料取舍不尽妥当，书中难免有疏漏和不妥之处，敬请读者批评指正。

编写组

2018年6月

目录

CONTENTS

第四篇　研究分析篇

第一篇 综合篇

本篇主要介绍水利统计相关概念、主要特点和基本原理，系统梳理当前水利统计的工作体系、主要工作成果和应用，分析当前以及今后水利统计工作面临的形势及要求，对水利统计的基本框架给予较为完整的描述。

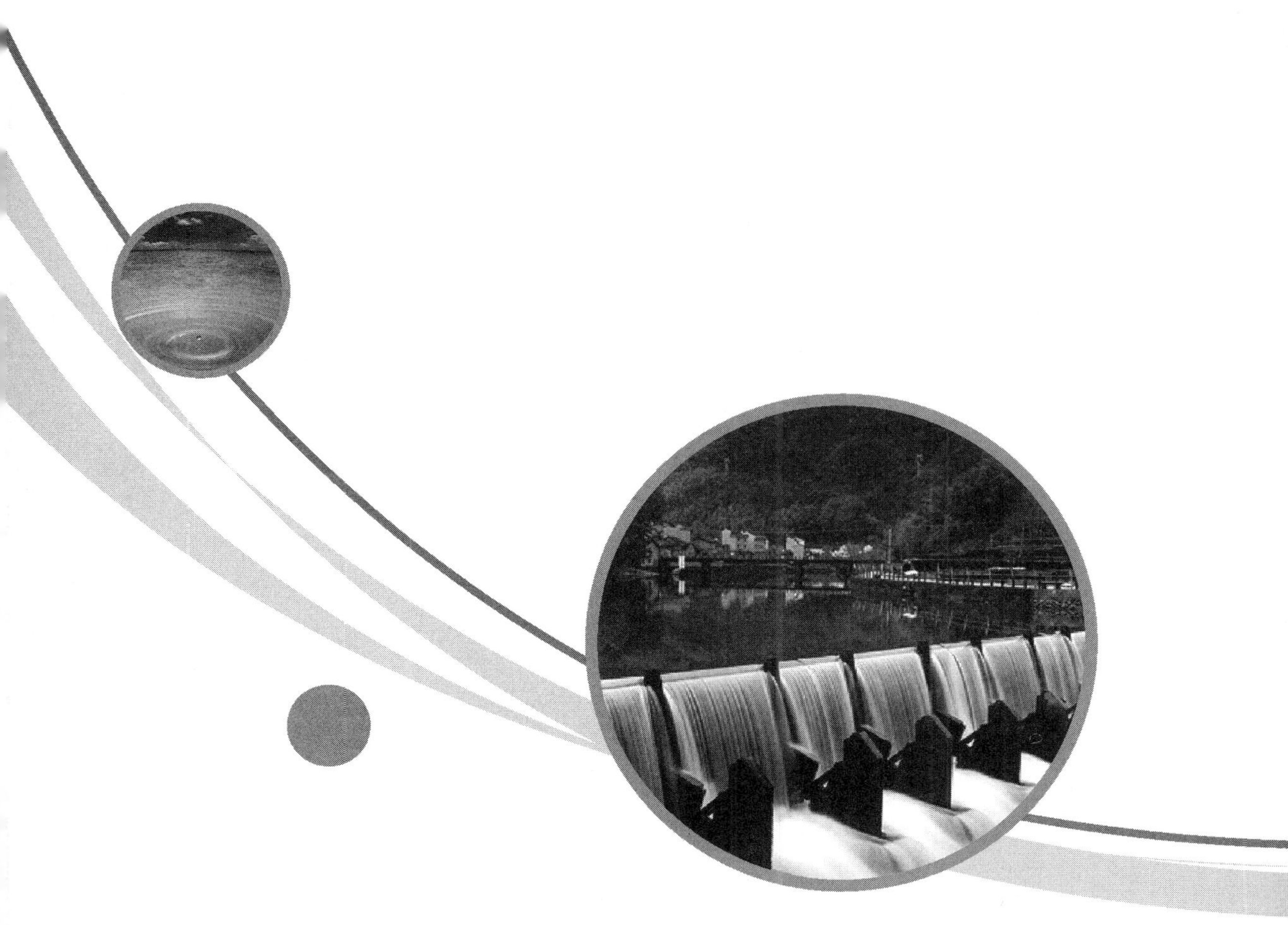

第一章 概论

统计是人们认识客观世界的一种工具，是各级政府部门取得国民经济和社会发展状况等信息资料的重要手段。通过统计信息的获取和分析，可以掌握情况，摸清事实，监督决策执行效果，并不断修正错误改进决策。要真正发挥好统计的作用，就必须全面掌握统计尤其是水利统计的基本原理、工作体系和当前面临的主要形势等。

第一节 统计与水利统计

水利统计是统计的基本方法、基本原理在水利工作领域的具体应用和实践，因此要做好水利统计工作就必须对统计基础知识进行全面的了解，掌握水利统计和统计之间的关系。

一、统计

无论是在学术研究领域，还是在现实生活、工作中，每当人们提到“统计”一词，由于所提的人角色不同、视角不同，时常对统计有不同的理解。比如，如果某人在单位从事统计工作，当别人问他是做什么工作的时候，他就会回答“我是做统计的”，这里的“统计”指的是统计工作。如果某人想用统计数据来佐证自己的观点，当他在列举一大堆统计数据之前，经常会加上“据统计”这样的词语，此时的“据统计”就意味着通过统计工作获得的统计资料。在学校里，如果某个学生说自己是学统计的，或者某个老师介绍自己是教统计的，这里的“统计”便是指统计学。

（一）统计的含义

统计一般有三种含义，即统计工作、统计资料和统计学。

统计工作是指从事统计工作的个人或机构利用科学方法开展统计设计、统计调查、统计分析并提供或公开统计资料的实践活动。统计工作就像一个生产商品或服务的企业所从事的工作一样，生产过程中既有投入也有产出。比如生产水杯的企业产出是水杯这种产品，统计工作的产出就是各种统计资料这样的产品。

统计资料是统计工作这种生产活动所产出的各种统计数据，包括各种统计数字、统计表、统计图、文字、音像等信息格式和以各种电子介质、纸张介质等媒体形式存在的各种统计成果。

统计学是系统研究统计工作原理和统计数据生产规律的一系列概念、原则和方法，为统计实践提供理论方法依据。所谓统计工作原理，就是统计数据获取、处理、分析、加工的一系列标准和规范；所谓数据生产规律，就是从现象到数据、从数据到成果的一系列统计学规律。统计学从学科性质角度可分为理论统计学和应用统计学。其中，理论统计学从统计方法角度可分为描述统计学和推断统计学；应用统计学从统计观察对象或统计应用领域可又分为社会经济统计学、资源环境统计学和科学研究统计学。水利统计的内容主要涉及社会经济统计和资源环境统计，不涉及科学研究统计。

统计工作、统计资料和统计学三者之间有着密切联系。统计工作的成果（产品）是各种统计资料，统计学是对统计实践和统计资料的经验总结与理论概括，统计学来源于实践，高于实践，反过来又指导统计实践。

（二）统计的基本任务

统计是政府管理的基本职责和重要手段。政府统计的基本职能是实施统计调查、统计报告和统计监督，提供统计咨询服务。《中华人民共和国统计法》规定：统计的基本任务是对经济社会发展情况进行统计调查、统计分析，提供统计资料和统计咨询意见，实行统计监督。

1. 进行统计调查、统计分析

在统计工作中，统计调查和统计分析是紧密衔接的两个环节。统计调查，是根据统计规定的统计调查对象、统计指标、分类标准和调查方法，有组织地、系统地从各种渠道搜集整理有关统计调查对象原始资料的过程。统计分析，是运用统计分析方法，对统计资料进行系统整理、研究和加工的过程，包括统计数量质量评价、统计信息加工挖掘、统计结果解读呈现等活动。

2. 提供统计资料和统计咨询意见

统计资料，是通过统计调查所取得的，以数据图表为主要形式，反映资源环境、国民经济和社会发展情况的各种原始统计资料、分类汇总资料和分析解读资料，包括各种媒体介质形式提供的统计报告、统计简报、汇编资料、分析报告、查询系统等。

统计咨询意见，是指结合管理和决策需要，统计部门所掌握的丰富统计信息资源，对国民经济社会发展情况进行综合分析和专题研究，为科学管理提供实施意见和对策建议。

3. 实行统计监督

统计监督，是根据统计调查和统计分析，从总体上反映资源环境状况和经济运行、社会发展状况，并按照客观规律的要求对其实行全面、系统的定量检查、监测、跟踪和预警，以促进经济和社会持续、协调、稳定的发展。

二、水利统计

水利统计就是以水利为观察对象和研究内容的统计活动。水利统计同样包括三方面含义：一是水利统计工作，即从事水利统计工作的个人或机构利用科学的方法开展水利统计制度方法制定、水利统计资料搜集、水利统计分析和提供水利统计资料等工作的总称；二是水利统计资料，即水利统计工作过程中所产出的各种水利统计数据，以及与之相联系的其他资料的总称；三是水利统计学，即研究社会经济活动与水之间的数量规律的学科。因此，当人们提及水利统计时，要从其所指的角度予以准确理解。

（一）水利统计的任务

水利统计的任务可以概括地表述为：依据科学的统计理论和方法，运用先进的水利统计知识和手段，从水利统计对象中收集有关统计资料，并对其开展整理、显示、分析研究和提供工作，以最大限度地满足各类用户对水利统计资料的需求。

水利统计用户依据不同划分标准，可以分为各种不同类型。比如，从用户机构单位或部门的角度考察，分为各级各类政府用户、企事业用户、社会组织用户和居民个人用户；从水利统计资料用途的角度考察，分为水利管理用户、水利科学研究用户和社会舆情（各种媒体）用户等；从经济性质的角度考察，分为市场用户和非市场用户等。

现行水利统计工作主要由各级政府有关部门承担，因此，水利统计的主要用户是政府，其主要任务是更好地满足水行政主管部门宏观管理的需要，辅之通过向社会发布相关信息以满足其他方面的需求。随着我国水利统计事业的不断发展，应当在遵守国家保密相关法规的前提下，逐步更好更多地满足社会各类用户对水利统计资料的需求，更充分地发挥统计的重要功能。

（二）水利统计工作的特点

水利统计是水利工作的重要组成部分，是对水利建设、管理和改革领域开展统计调查、分析和咨询的过程，具有水利和统计两种工作“相结合”的明显特点。

1. 综合性和专业性相结合

水利统计是把一般的统计学基本原理应用到水利工作领域，它要求从事水利统计工作的人员，既要掌握全面的、综合的统计原理和方法，又要具备一定的水利专业知识，只有将二者有机地结合起来，才能完成水利统计各项任务。例如，要统计我国 2017 年水土保持的情况，就需要了解水土流失和水土流失治理的相关概念、定义和分类，了解水土保持活动的目的、任务、内容、规范和标准，同时要了解我国水土保持的特点、政策和组织实施等情况。在此基础上，进行水土保持统计指标和统计表式设计、选择调查方法、明确统计机构、落实保障措施，才能完成水土保持相关数据的收集、整理、汇总、分析、加工和提供等统计任务。

2. 定性和定量相结合

水利统计的对象包括水利发展的规模、水平、有关水利现象之间的数量关系，以及决定水利现象由量变引起质变的数量界限等。但是水利统计对水利现象数量方面的认识是一种定量认识，它必须以定性认识为基础，再和定量认识结合起来。例如，要了解我国水利投资的规模、构成及其变化等情况，首先必须明确界定什么是水利投资，并根据这种认识确定水利投资的统计对象、统计指标、统计口径、统计范围和计算方法等，这是一个定性认识阶段；其次根据上述这些定性认识收集、整理、显示和分析有关水利投资的统计数据，这是一个定量分析过程。

3. 总体和个体相结合

水利统计所要认识的对象不是个体现象的数量方面，而是由许多个体现象所构成总体的数量方面。水利统计总体性的特点是由水利现象的特点和统计的目的决定的。由于水利现象错综复杂，个体［各省（自治区、直辖市）和各流域］之间所处的条件不同，差异又比较大，要认识水利现象总体，就必须从调查了解个体水利现象入手，遵循一种由个体至总体的认识规律。比如，要了解全国2017年水利投资情况，就必须首先统计出各省（自治区、直辖市）和各大流域水利投资情况，甚至需要细化到每一个具体投资项目的情况，然后经过分组、汇总和整理得出全国的水利投资数额。

三、水利统计学科

学科包含两种涵义：一是作为知识的“学科”；二是围绕这些“学科”而建立起来的组织。一般认为，可以从三个不同的角度来阐述学科的涵义：从创造知识和科学研究的角度来看，学科是一种学术的分类，指一定科学领域或一门科学的分支，是相对独立的知识体系；从传递知识和教学的角度来看，学科就是教学的科目；从大学里承担教学科研的人员来看，学科就是学术的组织，即从事科学与研究的机构。

水利统计学科是研究社会经济活动与水之间的数量规律的学科。作为资源环境统计学，主要以水的自然循环和天然分布为研究对象，包括水文统计学、水环境统计学和水生态统计学等，其中水文统计学发展最为成熟；作为社会经济统计学，主要以水的社会循环为研究对象，包括灌溉统计学、防洪统计学、供水统计学、水能利用统计学、水土保持统计学等。这些学科主要研究如何监测反映水资源开发利用、治理保护等方面数量特征的，属于新型学科，近年来得到快速发展，但总体上仍处于初步的发展阶段，学科体系还有很大的拓展空间。

就目前而言，水利统计学科主要包括三个方面的内容：

一是水利统计学知识。水利统计学知识是把水利专业和统计学相结合，其目的在于发现水利领域的规律，探索水利统计的基本方法、基本规律和主要任务，研究水利统计信息的分析方法等。目前主要包括：自然界的水资源数量和经济社会供用水量测算；水利的兴利除害与国民经济各行业发展的关系分析；水利的宏观经济效益、社会效益和环境效益核算等方面。

二是水利统计学的研究组织机构。水利统计学的研究组织机构是研究、传播、教育水利统计学的单位和实体。长期以来，统计学是各类水利行业的科研机构、高中等院校的必备课程，是广大科研、教学机构中研究的主要内容。近年来，在水利统计的实践领域，中国水利学会水利统计专委会对水利行业从事水利统计工作的在职人员进行了大量的教学和培训，水利统计知识得以广泛传播，在工作中发挥了重要作用。

三是水利统计知识体系的完善。水利统计知识体系的完善是指水利统计的分类分支，水利统计内部各个方面的组成。从目前看，水利统计作为一个整体，其构成部分主要包括三个领域：自然界的水资源数量、流动和水质等方面，即水文统计；水资源开发利用、节约保护的数据统计以及社会供用水量测算；水利的宏观经济效益、社会效益和环境效益的水资源经济环境核算等方面。

近年来，我国的水利统计学得到快速发展，研究范围不断扩大，通过引入统计学最新理论方法取得了许多创新成果，主要包括如下内容：

（一）水文水资源统计

水文水资源统计属于水资源监测统计，主要根据水文现象特点，将概率论与数理统计的原理和方法用于水文数据的分析并作出推断的学科，其主要研究对象为各种水文特征值，如年洪峰流量、年径流量、各种雨量、泥沙、水位等，近年来逐步扩大到水环境、水生态等方面水文要素的监测研究，并在此基础上，结合相关水资源调查，开展水资源数量和质量等的分析评价，以反映水资源禀赋、分布、情势变化等特征。目前以面上调查和设立辅助站测验为主要形式，水文统计分析方法研究主要侧重于利用统计模型方法模拟水文有关指标数值以及预测地区水文状况。

（二）水利业务统计

水利业务统计也可称为水利管理统计，属于社会经济统计范畴，包括水利建设管理统计、水利行业发展统计、水资源开发利用统计、水害管理统计、水资源保护统计、水土保持统计、水电统计等。其中，水利建设管理统计又分为水利基础设施能力统计、水利建设投资统计和水利工程运营管理统计；水利行业发展统计主要是指水利机构能力建设情况、水利行业组织队伍发展情况统计；水资源开发利用统计是指监测反映全国及各流域、地区水资源的取、供、用、耗、排的水量、水质、水价等数据特征，主要从供给侧反映供水能力、供水效率和效益，从需求侧反映用水需求、用水结构、用水成本、用水效率以及排放状况；水害管理统计通过收集洪涝旱灾害的发生情况、受灾情况、应急反应情况，调查、分析灾害发生原因及规律，评价灾害地区的防灾能力，划分不同等级危险区，科学确定预警指标和阈值；水资源开发利用统计是通过收集、整理、分析各类用水户用水情况以及各类水体水质资料，掌握全国或某一地区范围内的用水水平和水质情况。

（三）水资源核算

水资源核算是对一个国家、流域或区域的水资源禀赋及其开发利用情况进行实物量和价值量核算的过程，通过从水资源流量到存量的全面核算，可从供求关系上全面反映水资源可利用量与当期用水量之间的关系，为制定区域或流域水资源开发利用规划提供有效依据；可全面、客观地评价水资源对经济社会发展的贡献以及经济社会发展对水资源与水环境的影响，评价水资源的可持续发展潜力；可为界定水资源的所有权关系，确立水资源的有偿使用制度，提高水资源管理效率，全面衡量水资源要素在国家、流域及区域的宏观调控指标所起的作用提供依据和支撑。

2000 年以来，我国以联合国发布的统计核算体系为基础，结合国情开展了水资源核算体系研究和探索，形成了最新中国水资源环境经济核算体系框架，包括水资源实物量核算、水经济核算、水综合核算 3 部分。目前，我国结合水生态文明建设和水资源管理保护，正在探索开展水资源资产负债表编制，对水资源核算进一步完善和充实。

第二节　统计的基本原理

统计具有很强专业性，统计人员只有在掌握统计方面的一些基本概念、理论，具备一定的统计专业知识之后，才能更好地从事该项工作。

一、统计相关概念

（一）统计总体

所谓统计总体就是根据某项统计特定目的确定的，由许多客观存在并在某一相同性质基础上结合起来的个别事物所组成的整体，简称总体。统计总体应同时具备三个基本特征。

1. 同质性

统计总体中的各个单位，必须在某一方面具有共同的性质，或者说，总体单位都必须具有某一共同的品质标志属性或数量标志数值，至少具有一个不变标志。即必须是在同质基础上结合起来的整体，这是成为总体的必要条件，它也是统计总体的基本属性或特征，所以统计总体也有同质总体的说法。

2. 大量性

大量性是指总体所包含的单位数要足够多，仅仅有个别单位或为数极少的单位是不足以构成总体的。因为个别单位的数量表现可能是各种各样的，只对少数单位进行观察，其结果难以反映现象总体的一般特征。总体的综合数量特征只有在大量总体单位的普遍联系中才能表现出来，即“大量之后出必然”。但应当明确，大量性是一个相对的概念，因为一方面，它和统计研究的目的和要求有关，即要求精确度越高，就要相应地增加调查单位；另一方面，总体的大量性又与总体中各个单位之间的差异程度有关，如果各单位之间的差异较大，则应增加调查单位数目，以减少偶然性的偏差，得出比较可靠的结果。

3. 变异性

变异性也称差异性，是指总体各个单位除了具有某种或某些共同的性质以外，在其他方面又各不相同，具有质的和量的差别，这些差别就是总体变异性的体现。总体单位必须具有一个或若干个可变的品质标志或数量标志。统计研究就是通过这些差异揭示事物的矛盾运动，认识事物的规律。从这个意义来说，变异是统计研究的前提，有变异才有统计，如果总体单位之间没有变异，也就没有必要进行统计研究了。

（二）统计标志

标志是说明总体单位属性或数量特征的名称。对总体中的每个单位从不同方面考察，它们都具有许多属性特征和数量特征，例如，每个单位都具有统一社会信用代码、机构类型、所属流域、行业代码、登记注册类型等属性特征和数量特征，这些就是总体单位的标志。统计研究是从登记标志状况开始的，并通过对标志综合反映出总体的数量特征，由此可见，标志是统计研究的基础。

标志可分为品质标志和数量标志两种。品质标志表明单位属性方面的特征，品质标志的具体表现只能用文字、语言来描述，例如，水闸类型是品质标志，其标志具体表现为分（泄）洪闸、节制闸、排（退）水闸、引（进）水闸、挡潮闸和船闸等。数量标志表明单位数量方面的特征，其标志的具体表现可以用数值来表现，例如，水库的库容是数量标志，其标志具体表现为大于等于 10 亿 m^3，大于等于 1 亿 m^3、小于 10 亿 m^3，大于等于 1000 万 m^3、小于 1 亿 m^3 等。

标志还可分为不变标志和可变标志。一个总体中各单位有关标志的具体表现都相同，称为不变标志。例如在工程师总体中，职业这一标志在各单位的表现都是相同的，即都是工程师，在此是不变标志。一个总体至少要有一个不变标志，才能够使各单位结合成一个总体。如果没有不变标志，那么总体也就不存在。由此可见，不变标志是总体同质性的基础。

在一个总体中，当一个标志在各单位的具体表现有可能不同时，这个标志便称为可变标志。例如在工程师总体中，年龄、性别、学历等标志在各单位的表现可能不同，在此都是可变标志。在一个总体中，必须存在可变标志，这表示所研究的现象在各单位之间存在着差异，这才需要进行统计研究。

（三）统计报表

统计报表又可以称作行政统计报表，是以一定的原始资料为依据，按照国家统一规定的指标体系、表格形式、报送程序和报送时间，自上而下统一布置、自下而上逐级向国家和上级主管部门报送统计资料的一种调查方式。统计报表是国家取得经常性基本统计资料的手段。通过统计报表，可以经常地搜集社会经济活动的基本统计资料，为企业和上级领导了解情况、制定政策和计划、监督检查政策与计划的执行情况、指导日常工作提供必要的依据。

（四）统计指标

统计指标是说明某种社会经济现象总体数量特征的概念和具体数值。指标由指标名称和指标数值构成。指标名称是指标质的规定性，它反映一定的社会经济范畴，是总体数量特征的概念；指标数值是指标量的规定性，它是根据指标内容所计算的具体数值。有时，将指标的名称称作指标。指标是统计中极为重要的概念。统计研究社会经济现象总体的数量方面，主要是靠指标来反映的。指标是统计认识的手段和主要形式。

统计指标一般包括 6 个构成要素，即时间限制、空间限制、指标名称、具体数值、计量单位、核算方法。例如，我国 2015 年年末全国水利建设投资完成额为 2231.2 亿元，比上年年末增加 583.7 亿元，比上年增长 35.4%。这个指标就都包含了上述 6 个要素。

（五）总量指标

总量指标是反映社会经济现象在一定时间、空间条件下的总规模或总水平的最基本的综合指标，用绝对数表示，又称为统计绝对数、数量指标。例如，我国的灌区数量、耕地灌溉面积等，都是总量指标。总量指标还可以表现为社会经济现象在一定时空条件下总量增减变化的绝对数。也就是说，同性质的总量指标之差仍然是总量指标。

总量指标是最基本的统计指标，是对统计调查得来的原始资料进行分组和汇总后得到的各项总计数字，是统计整理阶段的直接结果。在社会经济统计中，总量指标的应用十分广泛，其主要作用可归纳为以下三点：

第一，总量指标是认识社会经济现象的起点。这是因为社会经济现象的基本状况往往首先表现为总量。例如，2015 年我国灌区数量为 7773 处，耕地灌溉面积为 3230.2 万 hm^2，这两个统计绝对数反映了我国农业灌溉的基本情况。

第二，总量指标能够反映社会经济发展规模、国情国力和生产建设成果，是进行宏观调控、制定经济发展政策的重要依据之一。

第三，总量指标是计算相对指标和平均指标的基础。相对指标和平均指标一般是在相关总量指标的基础上计算出来的，是总量指标的派生指标。例如，人口性别比是男性人口与女性人口之比等。

（六）相对指标

相对指标是质量指标的一种形式。在社会经济生活中，一事物与其他事物之间及事物本身内部各部分之间是相互依存、相互制约的。要深入了解事物的本质，不仅要了解事物总体的特征，还要从事物总体内各部分之间及与其他事物的关联程度的角度进行深入研究，以认识事物的本质和规律。相对指标就是应用对比的方法，将两个相互联系的指标数值加以对比计算的一种比值。相对指标是反映社会经济现象中某些相关事物间数量对比关系的综合指标，其表现形式为相对数，如比例、速度、程度、密度等。

相对指标数值的计量形式有下列两种：一种是复名数，即以分子分母的复合单位计量，如 t/万元。另一种是无名数，即一种抽象化的数值，常用倍数、系数、成数、百分数、百分点、千分数表示。

二、统计调查制度

统计调查制度是各级政府统计部门依法实施的各类调查项目的业务工作方案；是关于统计指标、统计表式、统计对象、统计范围、调查方法、调查频率等统计制度方法要素的规范表述和统一规定；是政府综合统计部门对同级政府各有关部门、上级统计部门对下级统计部门关于统计调查工作的综合要求，具有权威性和法规约束性。

根据组织统计调查的机构不同，统计调查项目分为国家统计调查项目、部门统计调查项目、地方统计调查项目三类。这三类应当明确分工，互相衔接，不得重复。

（一）国家统计调查项目

国家统计项目，是指全国性基本情况的调查统计项目。国家统计项目由国家统计局制定，或者由国家统计局和国务院有关部门共同制定，报国务院备案；重大的国家统计调查项目报国务院审批。国家统计调查项目主要有：国内生产总值统计、投入产出统计、资金流量统计、国际收支统计、国民经济账户统计、资产负债统计、基本单位统计、农林牧渔业统计、工业统计、建筑业统计、运输邮电业统计、批发零售贸易、餐饮业统计、服务业统计、固定资产投资统计、人口与就业统计、城乡住户统计、物价统计、城市基本情况统计、科技统计、进出口统计、景气统计等。国家统计调查的调查对象和调查范围较广，基本包括全国各部门、各地区及其所属单位。

（二）部门统计调查项目

部门统计调查项目，是指国务院有关部门的专业性统计调查项目，如水利统计就属于部门统计的范畴。这类调查所要搜集的资料，大都是为了满足各业务主管部门业务管理的数据需求，专业性较强。调查范围为本部门或本行业管辖的单位。根据规定，部门统计调查项目由国务院有关部门制定。统计调查对象属于本部门管辖系统的，报国家统计局备案；统计调查对象超出本部门管辖系统的，报国家统计局审批。

国务院各业务主管部门的“系统内”，主要包括：①国务院的业务主管部门与地方业务主管部门专业对口的，如水利、交通、邮电、民政、公安等，则其省级及省级以下业务主管部门及其所属的企业、事业单位均属于国务院业务主管部门的管辖系统内；②国务院业务主管部门与地方业务主管部门专业不完全对口的，则其省级及省级以下业务主管部门及其所属的企业、事业单位，可按其不同的业务性质，分属于国务院有关业务主管部门的管辖系统内；③粮食、供销、邮电等在乡镇驻有专门管理机构的，均属于各级业务主管部门的管辖系统内。除上述三种情况以外，均属于“系统外”。

（三）地方统计调查项目

地方统计调查项目是指县级以上地方人民政府及其部门的地方性统计调查项目。这类调查的范围，基本上为本地方管辖内的单位。地方统计调查项目由县级以上地方人民政府统计机构和有关部门分别制定或者共同制定。其中，由省级人民政府统计机构单独制定或有关部门共同制定的，报国家统计局审批；由省级以下人民政府统计机构单独制定或者和有关部门共同制定的，报省级人民政府统计机构审批；由县级以上地方人民政府有关部门制定的，报本级人民政府统计机构审批。

三、统计分析方法

统计分析方法主要分为描述统计分析方法和推断统计分析方法，也是统计分析中最为常用的方法。其中，描述统计分析方法主要包括统计数据的图示法、表示法等一系列内容；推断统计分析方法主要包括相关分析与回归分析、时间序列分析等。

（一）描述统计分析方法

描述统计分析是有关数据收集、处理、汇总、图表描述、概括与分析等统计方法。下面主要介绍统计分析的表示法和图示法。

1. 统计分析的表示法

统计表示法，就是通过利用各种统计表显示统计数据的一种方法。统计表是以纵横交叉的线条所绘制的表格来表现统计资料的一种形式，统计表一般由总标题、横行标题、纵列标题、指标数值和表外附加五部分构成。

统计表是显示统计资料最常用的一种工具。它的显著特点包括：①能够保证统计资料的排列系统化、条理化和标准化，使人阅读时一目了然；②能够科学、合理地组织统计资料，便于对照比较和分析；③便于积累历史统计资料。

科学利用统计表示法的关键是，要正确理解和掌握统计表的有关知识，包括认识统计表的构成要素、正确解读和编制统计表等，具体见表 1-1。

2. 统计分析的图示法

统计资料的图示法就是利用各种统计图形显示统计数据的方法。用统计图形来表示统计表中的有关内容，会更加形象和直观。常用的统计图主要包括饼图、条形图、直方图、折线图和线图。

（1）饼图。饼图是用圆形及圆形内部扇形的角度来表示数值大小的图形，主要用于表示一个样本（或总体）中各组成部分的数据占全部数据的比重，对于研究现象总体中的结构性问题十分有用。饼图主要适用于定性数据的描述，也可用于定量数据。具体如下例所示。

表 1-1　　我国主要河流基本情况表　　总标题

河流名称	流域面积/km²	河长/km	年径流量/亿 m³
长江	1782718	6300	9857
黄河	752773	5464	592
松花江	561222	2308	818
辽河	221097	1390	137
珠江	442527	2214	3381
海河	265511	1090	163
淮河	268957	1000	595
合计	4294805	19766	15543

纵列标题　横行标题　指标数值　表外附加

资料来源：中华人民共和国国家统计局．中国统计年鉴（2013）．北京：中国统计出版社，2013.

根据表 1-2 中的比重，可以绘制成一幅如图 1-1 所示的反映我国主要河流流域面积所占比重的饼图。

表 1-2　　我国主要河流流域面积及其比重表

河流名称	流域面积/km²	比重/%
长江	1782718	41.51
黄河	752773	17.53
松花江	561222	13.07
辽河	221097	5.15
珠江	442527	10.30
海河	265511	6.18
淮河	268957	6.26
合计	4294805	100.00

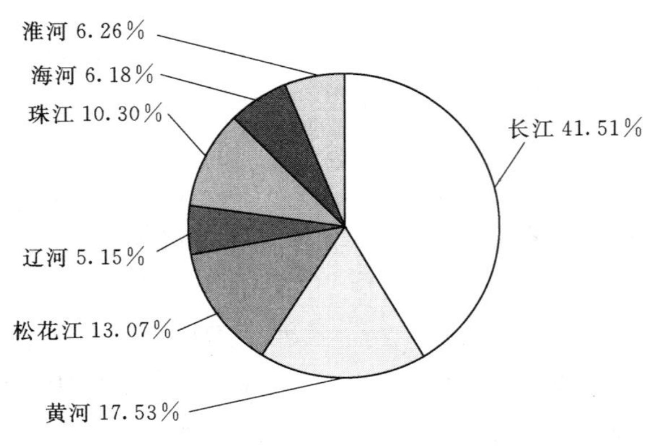

图 1-1　我国主要河流流域面积所占比重饼图

从图 1-1 中可以更直观地看出各条河流流域面积的比重。其中，仅长江一条河流的流域面积就占了 7 条河流流域总面积的 41.51%。

（2）条形图。条形图是用宽度相同的条形高度或长度来表示数据多少的图形。条形图可以横置或纵置，纵置时也称为柱形图。条形图一般适用于定性数据的描述，横轴表示定性数据分组的标记，纵轴表示次数或百分比。

例如，根据表 1-2，可以绘制我

国主要河流流域面积的条形图（如图 1－2 所示）。从图 1－2 中可以看出长江流域的面积最大，其次是黄河流域的面积，而辽河流域的面积最小。

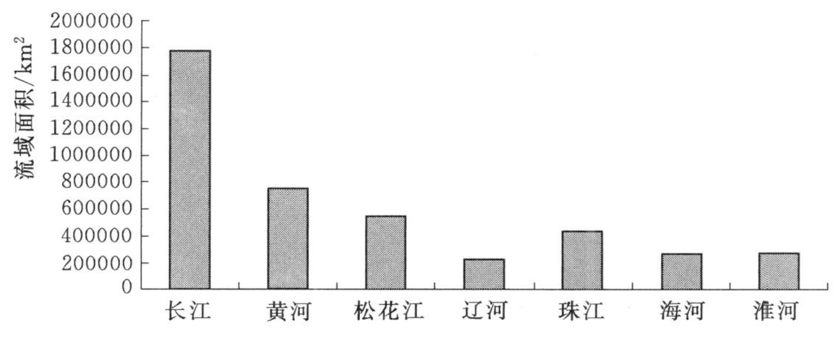

图 1－2 我国主要河流流域面积条形图

（3）直方图。直方图是统计中定量数据最常用的图形描述方式。其横轴标注的通常是定量变量的各组界限；纵轴是各个分组对应的频数或频率。直方图的一个重要应用是描述数据分布的形态。在实际应用中，得到数据的直方图都不会绝对对称，很多直方图是近似对称。如果图形尾部向右延伸，则称图形为右偏；如果图形的尾部向左延伸，则称图形为左偏。

例如，根据表 1－3，可以绘制某省水利部门审核其下属的 17 个水利单位的年终统计资料所用天数的直方图（如图 1－3 所示）。从图 1－3 中可以看出该省水利部门审核资料所用天数呈现右偏分布。

表 1－3　　某省水利部门审核资料所用天数频数分布表

组　限	频数/d	组　限	频数/d
11～15	5	23～27	1
15～19	6	27～30	1
19～23	4	合计	17

（4）折线图。折线图是在直方图的基础上，把直方图顶部的中点用直线连接起来，再把原来的直方图去掉得到的。折线图的两个终点要与横轴相交，具体的做法是第一个矩形的顶部中点通过竖边中点连接到横轴，最后一个矩形的顶部中点与其竖边中点连接到横轴。组数越多，组距就越小，折线就越光滑。

例如，根据图 1－3，可以绘制某省水利部门审核资料所用天数折线图（如图 1－4 所示）。

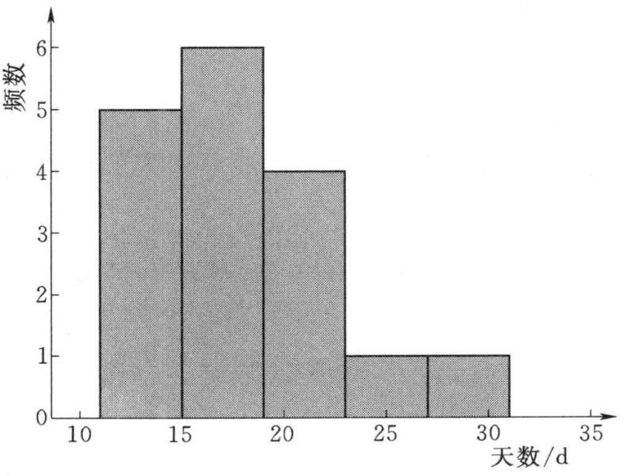

图 1－3 某省水利部门审核资料所用天数直方图

（5）线图。线图是利用线形的升降起伏来表现变量在一段时间内的变动情况，主要

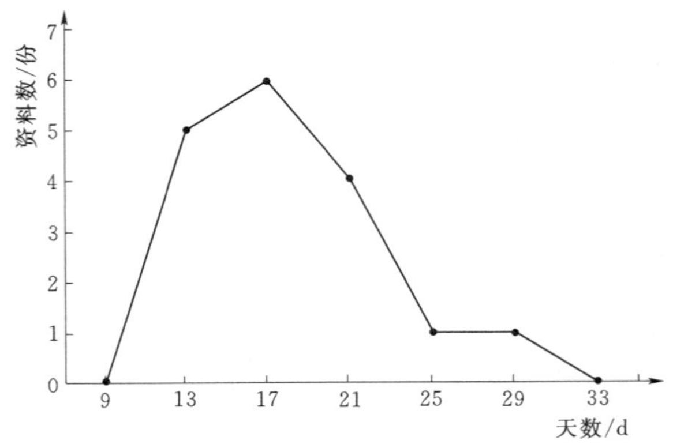

图 1-4 某省水利部门审核资料所用天数折线图

用于显示时间序列数据。通常横轴表示时间，纵轴表示另一个变量。横轴上每一个时间都对应纵轴上变量的一个取值。

例如，根据 2000—2012 年全国人均水资源量（m^3/人）绘制线图（图 1-5）。

从图 1-5 中可以看出，2000—2012 年全国人均水资源量呈现很强的波动趋势。

（二）推断统计分析方法

推断统计中，相关分析、回归分析及时间序列分析是研究事物现象之

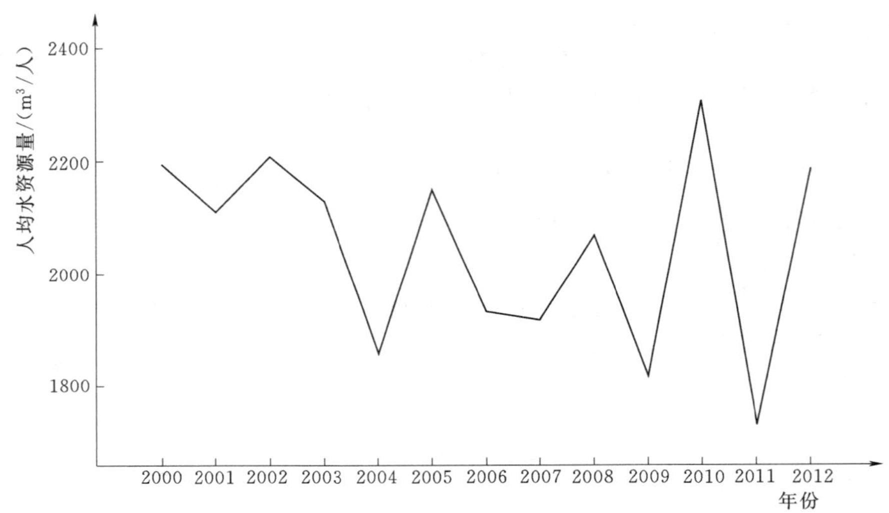

资料来源：中华人民共和国国家统计局．中国统计年鉴（2013）．北京：中国统计出版社，2013.

图 1-5 2000—2012 年全国人均水资源量线图

间数量关系最为常用的统计方法。为便于理解，以水利领域为例，简要介绍水利统计中相关分析、回归分析和时间序列分析的相关概念，以及应该注意的问题等。

1. 相关分析

在水利领域，有许多现象之间是相互联系和相互制约的。这些相互联系和制约的关系既可以从定性角度，也可以从定量方面去进行分析。

从定量方面观察水利现象之间的关系，可以概括为两种不同类型：函数关系和相关关系。

函数关系是指水利现象之间在数量方面所存在的一种确定性相互依存关系。亦即在这种关系中，当某种现象的一个变量或多个变量发生一个单位的变化，另一个变量便有确定的值与之相对应。例如，当一个城市普通居民用水的水价一定时，该市供水单位对居民用水的收入与居民的用水量之间就是一种函数关系。当居民的用水量每发生一个单位（t）

的变化，供水单位的居民用水收入就会随之发生确定性的变化。这种函数关系用公式表示即为

$$Y=pQ$$

式中：Y 为供水单位的居民用水收入；p 为每吨居民用水的价格；Q 为居民用水量。

相关关系是指水利现象之间在数量方面所存在的一种非确定性相互依存关系。亦即在这种关系中，当某种现象的一个变量或多个变量发生一个单位的变化，另一个变量也随之变化，但变化的值却是不确定的。比如，某条河流在汛期的水位与该条河流流域的降雨量之间就存在着这样一种相关关系。

（1）相关关系的特点：

1）相关关系在数量上表现为相互依存关系。这种相互依存关系与函数关系相似，即当一个变量发生某些变化时，另一个变量也会随之发生某些变化。

2）相关关系在数量上表现为非确定性的相互依存关系。存在相关关系的两个变量，对于其中一个变量的某一具体取值，另一个变量可能会有多个变量值与之对应。

（2）相关关系的种类。水利现象之间的相关关系按照不同的分类标志可以划分为不同种类，主要有以下几种分类：

1）单相关和复相关。单相关和复相关是按分析水利现象之间数量关系时所选变量多少区分的。如果只有两个变量之间的相关关系，这种相关关系就称为单相关。其中，一个是自变量，另一个是因变量。在水利统计中，如水价与用水量、地下水开采量与地下水水位、植被保护与水土流失等，这些都是单相关关系。复相关是指多个自变量与一个因变量之间的相关关系。在水利统计中，如居民的家庭收入、家庭人口数、水价等与居民家庭用水量；某条江河水的流速、地势、降雨量、水位与该河流流域的水力发电成本等，这些都是复相关关系。在水利现象中，多数水利现象之间的相互数量依存关系表现为复相关关系。

2）正相关和负相关。如果从相关关系的变动方向角度考察，水利现象之间的相关关系可以区分为正相关和负相关。正相关是指自变量和因变量的变动方向相同的相关关系，即自变量 x 增加，因变量 y 也随之增加；自变量 x 减少，因变量 y 也随之减少的相关关系。在水利统计中，正常情况下降雨量与河流水位、排污量与土地污染程度等之间的关系均为正相关关系。负相关是指两个变量的变动方向相反的相关关系，即自变量 x 增加，因变量 y 随之减少；自变量 x 减少，因变量 y 随之增加的相关关系。在水利统计中，水价与客户的用水量、防治污染的投入与土地污染程度等之间的关系均为负相关关系。

3）线性相关和非线性相关。线性相关和非线性相关是从相关关系的表现形态方面划分的。线性相关也称直线相关，是指当自变量 x 发生一个单位变化，因变量 y 也随之发生大致均等变化，在坐标图中大致呈一条直线的相关关系。非线性相关也称曲线相关，是指两个变量的对应取值在坐标图中大致呈一条曲线，如抛物线、指数曲线、双曲线等的相关关系。在水利统计中，究竟哪种现象之间的相关关系为线性相关关系，哪些相关关系为非线性相关关系需要根据所收集的资料进行确定。

4）完全相关、不完全相关和不相关。从水利现象之间相关的密切程度角度考察，相关关系可以分为完全相关、不完全相关和不相关。完全相关是水利现象之间所存在的一种

确定性的数量依存关系，即函数关系。如前面提到的居民的水费用与用水量之间的关系就是一种完全相关关系。不完全相关是指当自变量 x 发生变化，因变量 y 也随之发生变化，但这种变化不存在严格函数关系。如前面提到的降雨量与河流水位之间的相关关系就属于这一类。不相关就是两个变量之间没有数量方面的依存关系。如水利领域就业人员的身高与他（她）们的收入之间就没有相关关系。

2. 回归分析

回归分析是指一个随机变量（因变量 y）与一个给定变量（自变量 x）或一组给定变量（自变量 x_1，x_2，…，x_k）之间具体的数量依存关系。

应用到水利领域，如前所述，水利相关关系是反映水利现象之间的一种不确定性的数量依存关系。比如，降雨量与河流水位之间的关系，实验人员观察了 10 次相同的降雨量，但河流水位的变化程度却不尽相同。那么，是否因为河流水位变化程度不同就无法继续分析了呢？答案是否定的。通过前面介绍的回归一般概念可知，尽管 10 次相同降雨量所引起的河流水位变化程度不尽相同，但是，其中是有规律可循的，即它们都会有向河流水位平均变化程度逼近的趋向。有的时候水位上涨的幅度可能会高于它们的平均数，有时则会低于它们的平均数，但它们始终会围绕着平均数在一个范围内上下波动。由此，就可以将河流水位平均变化的数值作为因变量的数值，从而建立起降雨量与河流水位变动程度之间的具体数量关系。这种通过借助数学函数关系式近似表达水利现象之间具体数量关系的统计分析方法就称为回归分析。

回归分析有广义和狭义两种概念。广义的回归分析既包括相关分析，也包括狭义的回归分析。狭义的回归分析是指在水利相关分析基础上，通过建立水利回归模型求出水利现象之间具体数量关系的统计分析方法。本书所介绍的回归分析指的是狭义的回归分析。

如同相关关系一样，根据所分析变量的多少，有简单回归和多元回归之分；根据变量之间具体的数量关系表现形态，有线性回归和非线性回归之分。本书主要介绍简单线性回归分析方法。

（1）回归分析的特点。水利回归分析与水利相关分析相比，具有如下两个特点：

1）回归分析的两个变量是非对等关系。在水利相关分析中，相关关系的两个变量是对等的，不必区分哪个是自变量，哪个是因变量。而在水利回归分析中，两个变量不是对等关系，需要区分哪个是自变量，哪个是因变量。自变量和因变量不同，整个回归分析过程及其结果也不同。

2）回归分析中，因变量是随机变量，自变量是给定的可控制变量。在水利相关分析中，两个变量都是随机变量，只能计算一个相关系数。在水利回归分析中，可根据分析目的不同分别建立 y 对 x 的回归模型和 x 对 y 的回归模型。

（2）回归分析的内容。水利回归分析具体包括以下两方面内容：

1）建立回归模型。水利回归分析的目的之一就是根据一种水利现象的变动状况来测度另一种水利现象的平均变动程度。要实现这一目的，就需要建立反映水利现象之间具体数量关系的数学方程式——回归模型。然后通过求解这个模型，获得具体的数量关系式。

简单线性回归模型如公式所示：

$$y=\beta_0+\beta_1 x+\varepsilon$$

式中：y 为线性函数（$\beta_0+\beta_1 x$ 部分）与 ε 之和；β_0 和 β_1 为该模型的两个参数；ε 为随机变量，称为误差项。误差项用来解释不能由 x 和 y 之间的线性关系来解释的 y 的变异性。

2）检验回归模型的拟合优度。水利回归模型是对水利现象之间具体数量关系的客观描述。这种描述的质量如何，能否准确反映客观实际情况，需要对其进行检验。水利统计中通常用拟合优度指标，包括判定系数和估计标准误差等来检验水利回归模型质量状况。

3. 时间序列分析

时间序列指将不同时间上的水利统计指标数值，按时间（如按年、月、日、时等）先后顺序编排所形成的序列（见表 1-4）。

表 1-4　　我国 2003—2012 年水库数量、供水总量、人均用水量的变化

年　份	2003	2004	2005	2006	2007	2008	2009	2010	2011	2012
水库数量/座	85153	85160	85108	85849	85412	86353	87151	87873	88605	89220
供水总量/亿 m^3	5320.4	5547.8	5633.0	5795.0	5818.7	5910.0	5965.2	6022.0	6107.2	6141.8
其中：地表水源供水总量/亿 m^3	4286.0	4504.2	4572.2	4706.8	4723.9	4796.4	4839.5	4881.6	4953.3	4963.0
地表水源供水总量占供水总量比重/%	80.56	81.19	81.17	81.22	81.19	81.16	81.13	81.06	81.11	80.81
人均用水量/(m^3/人)	412.9	428.0	432.1	442.0	441.5	446.2	448.0	450.2	454.4	454.7

资料来源：中经网数据有限公司．中国经济统计数据库—综合年度数据库。

表 1-4 中每一行数据分别与年份一行组合就构成一个水利统计指标的时间序列，共有五组时间序列。水利指标时间序列是对各种水利现象动态分析的依据。根据统计指标表现形式的不同，时间序列可以分为总量指标时间序列、相对指标时间序列和平均指标时间序列 3 种。其中总量指标时间序列是基本序列，后两种是派生序列。

（1）时间序列分析指标的种类：

1）总量指标时间序列。将反映水利现象的某一总量指标在不同时间的数值按照时间顺序编排所形成的序列，称为总量指标时间序列。它反映某一水利指标的总体水平的发展过程和结果。表 1-4 中“水库数量”“供水总量”“地表水源供水总量”三个时间序列，就是总量指标时间序列。按照总量指标反映现象的时间状况不同，总量指标时间序列又分为以下两种：

一是时期序列。若时间序列中的指标数值反映在一段时期内的发展过程的总和，该序列称为时期序列。时期序列中的每个指标数值所反映的所在时间的长短，称为时期。例如，表 1-4 中“供水总量”“地表水源供水总量”就是时期序列，其时期为 1 年。时期序列各时期指标数值是可以相加的，相加后结果具有实际意义。

二是时点序列。若时间序列中的指标数值反映在某一时点上的总量，该序列称为时点序列。时点序列没有时期，只有间隔。例如，表 1-4 中“水库数量”就是时点序列，该时点序列的间隔为 1 年。时点序列各时点指标数值不可以相加，相加后结果没有实际意义。

2）相对指标时间序列。将水利相对指标在不同时间的数值序列编排所形成的序列，称为相对指标时间序列。它反映的是统计对象对比关系的发展变化过程。例如，表 1-4

中“地表水源供水总量占供水总量的比重”的时间序列，就是一个相对指标时间序列。

3）平均指标时间序列。将某一水利平均指标在不同时间的数值按时间顺序编排得到的序列，就是平均指标时间序列，它反映了平均水平的发展趋势。例如，表1-4中“人均用水量”时间序列就是平均指标时间序列。

（2）时间序列分析的要点。时间序列分析的目的是关注各指标数值随时间的变化，进而分析各个现象的发展趋势和规律性。所以保证时间序列中各数值的可比性是编制时间序列的基本原则，具体有以下几点需要注意的：

1）指标统计范围要一致。指标统计范围一般是指空间范围。例如要研究某一流域水利指标的变化情况，需要编制该流域水利指标时间序列。如果流域划分有所变动，就应当先对统计的空间范围做出调整，然后再编制水利指标时间序列，使其统计范围保持一致。

2）指标内容应相同。指标的内容和其反映的现象应该是密切联系的，当指标所反映的现象发生变化，指标名称虽然保持不变，但其统计指标本质已发生变化，若将此指标时间序列进行动态分析，所得到的结果很可能是不准确的。

3）时期序列的时期长短应一致，时点序列的间隔最好一致。时期序列指标数值的大小，与时期的长短有直接关系。因此，时期序列各指标数值的时期长短应保持一致。虽然时点序列指标数值大小与间隔长短没有直接关系，为了方便研究变化的规律，最好使时点序列的间隔相等。

4）指标的统计口径要相同。有的指标虽然指标名称是一个，但因为研究目的不同而造成计算口径不同。为保证列入同一时间序列中的指标之间具有可比性，应当保证其有相同的统计口径。

第三节 统计的基本过程和方法

统计是一项具有复杂性和科学性的工作，统计工作的开展有着一套严格的工作流程及方法，只有严格按照规定的流程操作，遵循科学的方法实施，才能从根本上做好统计工作。

一、统计的工作流程

一般而言，统计的工作过程包括统计设计、统计调查、统计整理和统计分析四个阶段。

（一）统计设计

统计设计是根据统计研究的目的和研究对象的特点，明确统计指标和指标体系，以及对应的分组方法，并以分析方法指导实际的统计活动。其基本任务是制定出各种统计工作方案。这是统计工作过程不可缺少的重要环节之一，是统计工作的指导和依据。统计设计所制订的方案包括：统计指标体系、统计分类目录、统计报表制度、统计调查方案、统计汇总或整理方案，以及统计分析方案等诸多方面的内容。如：国民经济核算体系方案、统计报表制度、统计分类目录等都属于统计设计。统计设计是统计工作的第一阶段，是整个统计工作的前提。

统计设计在整个水利统计工作中具有决定性作用。统计工作是一项质量要求高，统计标准、统计范围、指标口径和计算方法等都必须高度统一的工作，如果不事先对这些内容做出统一设计、安排和部署，整个水利统计工作就很难取得令人满意的结果。如果将整个水利统计工作过程比作盖一栋大楼的过程，那么统计设计的结果就是一张大楼的图纸。图纸设计得如何将决定着后续整个工程的质量。

因此，各级各类水利统计部门一定要重视水利统计的设计工作，必须在开展每项具体统计工作之前做好统计的设计工作，不断提高统计设计的质量，使整个统计工作按照事先设计的方案有计划按步骤地进行。

（二）统计调查

统计调查是指根据统计设计方案对调查的要求，运用科学的调查方法，有组织地、有计划地、系统地向客观实际搜集统计资料的工作过程。统计调查阶段所搜集的信息是否完整、准确，直接关系到统计工作的质量，因此，它是整个统计工作的基础。统计调查所取得的原始资料是反映总体各个单位的资料，这些资料是不系统的、分散的，还可能带有一定的片面性。而统计所需要的是反映总体特征的统计指标，都是以数字表示的，因此进行统计整理是必要的。

对一份高质量的统计调查数据进行整理和分析，也许会取得好的整理和分析结果，也许会出现差的整理和分析结果，但是，对一份质量差的统计调查数据进行整理和分析，永远不会得出好的结果。

因此，有关水利统计部门在组织一项水利统计工作时，一定要加强对统计调查的组织、指导与管理工作，保证统计调查所获取的统计资料符合事先规定的质量要求。

（三）统计整理

统计整理，就是根据统计研究任务的要求，对统计调查所搜集到的原始资料进行科学的分组、汇总、列表等加工整理，使之条理化、系统化，把反映个体的大量原始资料转化为反映总体的基本统计指标的过程。

统计资料的整理，属于统计工作的第三阶段。统计整理介于统计调查和统计分析之间，在统计工作中起到承上启下的作用，既是统计调查阶段的继续，又是统计分析的基础和前提，它实现了从个体的标志值向说明总体数量特征的指标值过渡，是人们对社会经济现象从感性认识上升到理性认识的过渡阶段，是进一步进行统计分析的必要前提。可见，统计整理绝不是一个单纯的技术问题，而是统计工作中一个极其重要的理论问题。

（四）统计分析

统计分析是指运用统计方法及与分析对象有关的知识，从定量与定性的结合上进行的研究活动。它是继统计设计、统计调查、统计整理之后的一项十分重要的工作，是在前几个阶段工作的基础上，通过分析达到对研究对象更为深刻的认识。它又是在一定的选题下，基于分析方案的设计资料的搜集和整理而展开的研究活动。系统完善的资料是统计分析的必要条件。

运用统计方法，定量与定性的结合是统计分析的重要特征。提供高质量、准确而又及时的统计数据和高层次、有一定深度和广度的统计分析报告是统计分析的产品。从一定意义上讲，提供高水平的统计分析报告是统计数据经过深加工的最终产品。

二、统计调查方法

统计调查方法是保障统计资料准确性、及时性的重要手段。我国以前的统计调查体系，基本是按照计划经济体制和分级管理的要求形成的，长期以来主要是依靠全面统计报表采集统计信息。这种统计调查方法，不仅投入多、效益差、缺乏灵敏性、基层负担重，而且由于层层汇总，中间环节多，受干扰也多，很难保证统计数据的准确性。近年来，经国务院批准，国家统计局对现行统计调查方法体系进行了重大改革，确立了以周期性普查为基础，以经常性抽样调查为主体，以全面定期统计报表、重点调查为补充的统计调查方法体系，取得了明显成效。

（一）普查

普查是专门组织的一次性的全面调查，用来调查属于一定时点上或时期内的现象的总量，因此，普查可以取得被研究事物总体的全面情况。例如我国 2010—2012 年进行的第一次全国水利普查就属于一次性的全面调查。

通过普查，从宏观上看，可以摸清一个国家的国情和国力，了解到一个国家的人力资源和物质资源的现状及利用情况。这对于制定国家的政策和计划，以及制定经济与社会发展的长远规划都是不可缺少的。从微观上看，普查也可用于某些小范围的市场调查，如对市场上某种产品的供应、销售及库存的全面调查。

普查比任何其他调查方式所搜集的资料都更全面、更系统，但普查工作牵涉面广，工作量大，需要较多的人力、物力、财力。所以，普查的组织工作很重要，必须统一领导、统一要求和统一行动。在组织普查工作时，要遵守以下几点：

第一，确定普查的标准时间。普查的标准时间是指登记调查单位项目所依据的统一时点。所有调查资料必须都是反映在这一时点上的情况。如 2010—2012 年第一次全国水利普查的标准时间是 2011 年 12 月 31 日 24 时。凡是在这个时点以后新建的水利工程，都不能计入这次普查的工程数量内，这样才可避免所登记的资料发生重复或遗漏。

第二，普查的登记工作应在整个普查范围内同时进行，以保证普查资料的时效性、准确性，避免资料的搜集工作拖得太久。

第三，同类普查的内容和时间在历次普查中应尽可能保持连贯性。一般情况下，普查工作应尽可能按一定周期进行，以便进行历次普查资料的动态对比分析，认识客观发展规律。

普查的组织方式有两种：一是组织专门的普查机构；二是由被调查单位填报。组织专门的普查机构是指从上到下专门组织普查机构，派专门调查人员，对被调查单位进行登记。由被调查单位填报是指利用被调查单位本身的组织系统，由被调查单位依据本单位的原始记录和实际情况，自行填写和上报。

（二）统计报表调查

统计报表是按照统一规定的表式、内容、计算方法、报送时间和报送程序等要求，自上而下地统一布置、自下而上地统一提供统计资料的一种调查组织方式，是取得国民经济和社会发展情况基本统计资料的一种重要手段。例如，现行的水利投资统计、服务业统计、水行政执法统计等部门统计都属于统计报表调查。

统一性是统计报表调查的基本特点。具体表现有两点：一是统计报表的内容和报送的时间是由国家强制规定的，以保证调查资料的统一性；二是统计报表的指标含义、计算方法、口径是全国统一的。

统计报表具有以下三个显著的优点。

1．来源可靠

统计报表是根据国民经济和社会发展宏观管理的需要而周密设计的统计信息系统，从基层单位日常业务的原始记录和台账（即原始记录分门别类的系统积累和总结）到包含一系列登记项目和指标，都可以力求规范和完善，使调查资料具有可靠的基础，保证资料的统一性，便于在全国范围内汇总、综合。

2．回收率高

统计报表是依靠行政手段执行的报表制度，要求严格按照规定的时间和程序上报，因此，具有100％的回收率；而且填报的项目和指标具有相对稳定性，可以完整地积累形成时间序列资料，便于进行历史对比和社会经济发展变化规律的系统分析。

3．方式灵活

统计报表既可以越级汇总，也可以层层上报、逐级汇总，以便满足各级管理部门对主管系统和区域统计资料的需要。

（三）抽样调查

抽样调查是一种非全面调查，它是从全部调查研究对象中，抽选一部分单位进行调查，并据以对全部调查研究对象做出评估和推断的一种调查方法。显然，虽然抽样调查是非全面调查，但它的目的却在于取得反映总体情况的信息资料，因而，也可起到全面调查的作用。对于某些水利现象，如各地区的年降雨量，虽然可以进行全面调查，但需要花费大量的人力、物力、财力和时间，若采用抽样推断，可以达到事半功倍的效果。

根据抽选样本的方法，抽样调查可以分为概率抽样和非概率抽样两类。概率抽样是按照概率论和数理统计原理从调查研究总体中，根据随机原则来抽选样本，并从数量对总体的某些特征做出估计推断，对推断出的可能出现的误差可以从概率意义上加以控制。在我国，习惯上将概率抽样称为抽样调查。

按照样本抽选时每个单位是否允许被重复抽中，简单随机抽样可分为重复抽样和不重复抽样两种。在抽样调查中，特别是社会经济的抽样调查中，简单随机抽样一般是指不重复抽样。

（四）其他非全面调查

1．重点调查

重点调查是一种非全面调查，它是在调查对象中，选择一部分重点单位作为样本进行调查。重点调查主要适用于那些反映主要情况或基本趋势的调查。例如要调查某地区工业企业取用水增减情况，就可以有重点地选择该地区其中几户大型工业企业进行调查。

重点调查的重点单位，通常是指在调查总体中具有举足轻重的，能够代表总体的情况、特征和主要变化趋势的那些样本单位。这些单位可能数目不多，但有代表性，能够反映调查对象总体的基本情况。

重点调查的主要特点有：投入少，调查速度快，所反映的主要情况或基本趋势比较准确。由于上述特点，重点调查的主要作用在于反映调查总体的主要情况或基本趋势。因此，重点调查通常用于不定期的一次性调查，但有时也用于经常性的连续调查。

2. 典型调查

典型调查也是一种非全面调查，它是从众多的调查研究对象中，有意识地选择若干个具有代表性的典型单位进行深入、周密、系统的调查研究。进行典型调查的主要目的不在于取得社会经济现象的总体数值，而在于了解与数字有关的生动具体情况。例如想了解农田水利改革进展情况，可选择一个有代表性的灌区，对其进行跟踪调查，实地察看其运行情况，总结发展经验。

典型调查的优点在于调查范围小、调查单位少、灵活机动、具体深入、节省人力、财力和物力等。其不足是在实际操作中选择真正有代表性的典型单位比较困难，而且容易受人为因素干扰，从而可能导致调查的结论有一定的倾向性，且典型调查的结果一般不宜用以推算全面数字。

（五）行政记录

行政记录是指行政部门为实现管理、控制和服务的目的，通过办证、登记、审批等方式收集并保存的关于自然人或者其他社会实体的相关信息。对利用行政记录可以获得的统计资料，不要再通过其他统计调查方法获取，以减轻统计调查对象的负担。例如目前正式的水政监察人员数量统计数据，就是通过水利部政法司水政监察证件办理的行政记录获取的。

行政记录的目的不是统计，但是行政记录可以为统计提供信息。行政记录在统计中的应用是一种新的统计工作思路，目前，世界各国都已将行政记录应用到了统计工作中，并已经取得了不少的成功经验。在实践应用中，行政记录在统计中的应用具有以下优点：

（1）统计中使用行政记录可以降低统计成本。统计工作中，通过政府部门之间的协调，将行政记录直接作为统计数据，可以免去向调查对象开展调查、进行访问、填写调查问卷等程序。这样不但大大节省了统计调查经费的支出，而且减少了调查的过程，缩短了统计调查的时间，使统计调查单位的统计成本近似为零，而且，通过行政记录运用还有助于减少被调查者的负担。即便不能将行政记录直接转化为统计数据，普查和经常性统计调查也可以将相关的行政记录作为有效的调查框，比如，调查对象的地理位置、联系方式和一些基本特征。

（2）统计中使用行政记录可以提高政府统计的准确性。行政记录是为本部门的管理与控制而设立的，所以行政记录是对社会经济现象进行数量描述的最主要形式，能真实地反映其运动、变化过程。目前，绝大多数行政记录反映的都是由公民本着自愿原则主动提供的统计数据，这样就保证了行政记录的真实性。即便罚款等行政记录反映的不是自愿行为，但是这些行政行为本身往往具有强制性，一旦发生都需要记录备案，也就保证了行政记录的客观性。因此，通过行政记录转化而来的统计数据的准确性是很高的；少了统计调查的环节，直接把行政记录转化为统计数据，还减少了统计工作中抽样误差和无回答等非抽样误差的出现，大大提高了统计数据的质量。

第二章 水利统计工作体系

水利统计工作是一项内容广泛、分工明确的系统性工作。经过长期不断地努力和发展，水利统计已基本形成了一套系统完整、覆盖全面、管理科学的工作体系。

第一节 水利统计组织体系的演变

水利统计组织机构是开展水利统计调查、完成各项任务的实施主体，是各级水行政主管部门组织体系中的组成部分。中华人民共和国成立以来，水利统计工作组织体系主要经历了三个发展阶段。

一、第一阶段（1949—1987年），传统统计时期

1949年11月1日，水利部成立伊始，在确立各项水利重点工作的同时，先后设置规划司、计划司，随之逐步开始开展和实施统计工作。1953—1958年计划司下设统计室，编制5～6人，按照苏联模式开展水利建设与投资统计。这也被认为是中华人民共和国水利统计机构的起点。

1958年2月11日，第一届全国人大第五次会议决定合并电力工业部和水利工业部为水利电力部，水利电力部计划司下设的统计室升级为统计处，负责开展水利计划统计工作；1960年至“文化大革命”开始前，计划司不再负责统计工作，水利计划统计工作并入规划局。

1966—1976年“文化大革命”时期，水电部实行军管制，解放军水电部军事管制委员会下设生产组，后改为生产指挥部，下设水利组统管水利规划计划、水利管理、水文、农田水利、水土保持、水利科技等工作。“文化大革命”初期，规划局统计室工作人员都已被下放，没有统计机构，统计工作处于停滞状态。1970年，水电部改设9个组，其中综合组负责水利规划，水利组负责水利管理、防汛抗旱、大型工程设计和施工管理等。1972年，综合组又改为计划司，下设水利处、电力处、水电处、环保办、教育处、统计处、设备处等。其中，统计处设水利统计岗位1人，负责开展水利统计工作。

1979年2月23日，第五届全国人大第六次会议决定撤销水利电力部，分别设水利部和电力工业部。水利部计划司下设规划处、计划处、统计处，由统计处负责水利统计工作。1982年2月机构改革，水利部和电力工业部再次合并为水利电力部，计划司下设水

利计划处、水利规划处、统计处及电力规划处、计划处，由统计处组织开展水利统计和电力统计工作，直至第二次水电部撤销。

这一时期，水利统计以基建投资、农村水利工程设施和效益以及水电建设为主要指标，以手工报表、人工审核为主要统计手段，开展各项基础性统计工作。三年恢复时期、“一五”时期以及之后各时期的水利统计资料均保存完好，一些主要指标沿用至今。1958年开始逐年汇编水利统计年报资料，有《水利电力十年建设成就统计资料汇编》（1949—1958）、《1949—1973年水利统计资料汇编》《建国30年水利统计资料汇编》等。这一时期虽然已历史久远，但大量历史数据仍然得以保存，弥足珍贵。

二、第二阶段（1988—1997年），充实提高时期

1988年4月，党的七届人大一次会议通过了国务院机构改革方案，确定成立水利部，当年7月22日水利部完成重新组建。水利部计划司下设计划处、规划处、经计处、综合处，统计处五个处室，由统计处负责水利统计工作。1992年3月计划司改名为规划计划司，下设计划处、规划处、统计处、农业综合开发处等，直至1997年水利统计工作机构依然为统计处。

这一时期，水利统计工作范围不断拓宽，统计内容不断充实，形成了较为完整的综合统计和基建投资统计报表制度，同时计算机和远程数据传输技术逐步引入，统计分析工作逐步开展，统计管理和统计研究工作也不断得到加强。中国水利学会水利统计研究会正式成立，规划计划司设统计处，有5名专职统计工作人员，各省（自治区、直辖市）均有1～2名专业水利统计人员。农村水电、水利建设管理、水资源管理、人事劳动教育等专业统计工作开始发展，并有专人负责。由于统计力量的加强，水利统计工作取得一系列新的进展和成果，《水利统计年鉴》《水利综合统计工作手册》《水利四十年经济效益计算》《水利基建投资统计手册》等统计信息资料正式编印，成为水利决策的重要参考和依据。

三、第三阶段（1998年至今），规范发展时期

1998年3月，规划计划司统计处同农业综合开发处等机构分流，规划计划司不再下设统计机构，只在司内保留统计岗位从事统计管理工作，专业统计工作均由相关司局负责，综合统计力量有所削弱。经过一年多的调整期，1999年9月规划计划司机构设置恢复为综合处、规划一处、规划二处、计划一处、计划二处，统计工作列入综合处职责之一。2006年，规划计划司综合处更名为综合与统计处（曾用名“综合统计处”），负责水利统计工作，同时在水利部发展研究中心设立统计专门支撑机构，配备专门人员和设备，专职承担水利统计工作任务。

至此，水利部形成了“由规划计划司归口管理，各专业司局各负其责，部发展研究中心等业务支撑单位具体承担的统计工作模式”，并落实了人员编制和专项工作经费。地方许多水利部门也参照此做法改革统计工作模式，落实经费、充实力量，统计工作条件明显改善。水利统计工作也得到规范发展，初步形成以水利综合统计为核心，水利建设投资、防汛抗旱、农村水电、建筑施工、水资源、水土保持、水利经营、水利人才等各专业统计并行发展的新格局。其中，综合统计主要包括水利综合统计、水利服务业统计、中国大坝

统计、水库基本情况统计、灌区基本情况统计等。专业统计工作主要包括：水利建设投资统计、农村水电及电气化统计、水政执法统计、水资源管理统计、防汛抗旱统计、水土保持统计、农田水利统计、水文管理统计、水利经营统计、水利人才与就业、水利建筑施工等。综合统计与专业统计相结合的水利统计体系基本满足了水利行业管理及部门对统计数据信息的需求。

第二节 水利统计管理体系

根据国务院批准印发的水利部“三定”方案（国发〔2008〕11号）以及《中华人民共和国统计法》《水利统计管理办法》（水规计〔2014〕322号）等相关规定，我国水利统计工作实行统一管理、分级负责的管理体制。水利部统一管理全国水利统计工作，制定水利统计的规章制度、标准规范，组织指导全国水利统计工作，汇总、管理和公布全国水利统计资料；各流域管理机构按照有关法律、行政法规规定和水利部授权，组织协调流域内水利统计工作，负责流域水利统计调查项目的组织实施；县级以上地方水行政主管部门负责本辖区的水利统计工作。

一、水利统计管理的基本框架

遵循统计工作的一般规律、行政管理体系的基本要求，以及长期形成的基本做法，全国水利统计工作的管理模式已经基本形成，其组织方式是按照“水利部设计统计报表制度、自上而下逐级布置、基层组织数据采集填报、自下而上汇总上报形成数据库”来开展的，基本架构可以用“四边形模式”来概括说明（图2-1）。

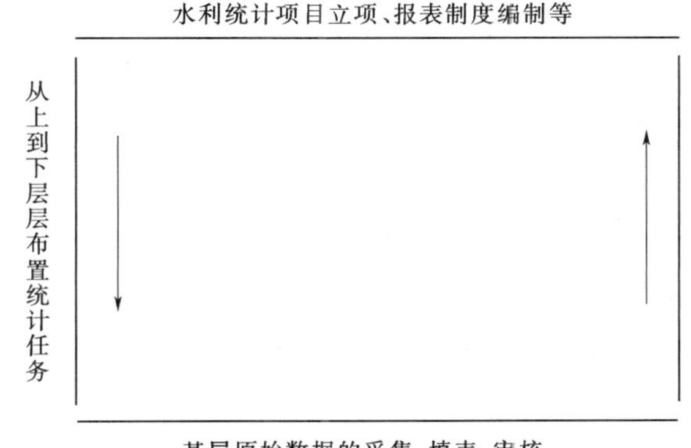

图2-1 水利统计管理“四边形模式”

其中“上边”是水利统计项目立项、报表制度编制等的过程；“下边”是基层原始数据的采集、填表、审核的过程；“左边”是从上一级行政部门向下一级层层布置统计任务的过程；“右边”则是从下一级行政主管部门向上一级层层上报审核汇总形成数据库的过程。

二、水利统计的纵向工作体系

水利统计的纵向工作体系，是指“四边模式”的上下两条边，也就是统计任务布置和数据上报的过程。

1. 任务下发

任务下发是指上一级水行政主管部门通过行政命令的方式，向下一级行政部门布置统计报表制度，统计工作和数据质量等方面的要求等，具体包括报送质量、报送的时间、注意事项等。这种方式一般从国家水行政主管部门发起，按照顺序层层逐级布置到省（自治区、直辖市）、市（地、州、盟）、县（市、区、旗）。

在布置任务的过程中，最值得注意的是任务布置要严格按照有关文件和制度的要求布置，不能走样。如果有的地区、有的层级在布置任务时任务不明确、标准不统一、报送时间模糊，就必然会影响下一步统计工作的开展。

在水行政管理体系中，其最大的特点之一是流域管理，在水利统计的管理上也有所反映。在统计任务布置中，流域与省级是并行的，在布置给省（自治区、直辖市）的任务时，流域机构也同时布置，从而为流域管理的水利有关指标填报提供行政基础。

2. 数据上报

数据上报是指下一级水行政主管部门按照要求，向上一级水行政主管部门层层上报统计数据，并接受审核、数据修改、完善的过程。具体包括数据表格的报送、有关人员的签字、电子数据的报送、入库等内容。这种方式的发起一般是从县级水行政主管部门组织完成本县统计任务后开始起报。

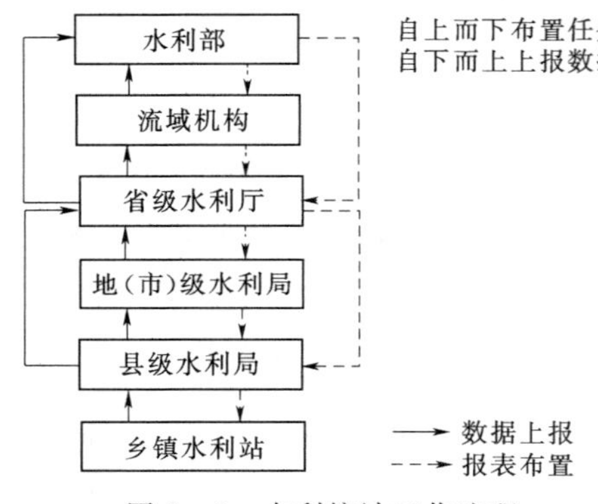

图 2-2 水利统计工作流程

同样在上报的统计中，由于流域和区域直接互相交叉重合，需要流域给予专门的审核把关，避免出现统计数据的重复上报或者漏填漏报问题，特别是在一个县级填报单位分属不同流域的情况下，就要按照流域分别填报、分别审核，最终才能确保数据真实可靠、完整统一。

水利统计工作流程见图 2-2。

三、水利统计横向工作体系

水利统计的横向工作体系是指各级水行政主管部门（含流域机构）内部各部门之间在水利统计工作开展过程中的机构设置和职责分工等。下面主要分三个层面进行重点介绍。

（一）水利部层面

水利部层面内部横向关系主要是内部各个部门在统计工作管理体系中的各自分工职责、主要任务、工作关系等。主要表现在统计的主管司局与专业司局在统计项目管理、统计报表制度审批备案，以及统计数据组织审核、数据发布等方面的工作分工，以及行政单位与事业单位的分工关系上。

（1）规划计划司。作为水利部的综合业务司局和统计机构，负责包括水利统计在内的所有水利统计调查项目的归口管理，组织开展水利综合统计、水利建设投资统计、水利服务业统计等统计工作，牵头组织开展第一次全国水利普查工作，组织编制《中国水利统计年鉴》《全国水利发展统计公报》等，涉及多项综合性的水利统计指标。

（2）水资源司。作为水利部的水资源管理业务机构，负责全国水资源管理、配置、节约和保护等工作，其主要统计职责在于涉及设计水资源管理相关的各类统计调查指标，编制水资源统计报表制度，并接受统计归口部门的管理，组织有关单位开展水资源总量、供用水量、不同行业的用水情况以及水资源管理等方面的统计，并在其基础上组织编制《中国水资源公报》《水资源管理年报》《地下水动态月报》等统计成果，提供相关数据服务等。

（3）水利部水文局。负责全国水文行业管理，指导、组织实施水文水资源监测、预测及水文调查评价等工作，其主要职责在于承担水文水资源相关指标的设计、编制报表制度，开展信息手机和统计，组织编制《水情年报》《中国河流泥沙公振》《地下水动态月报》，发布相关信息等。其主要指标包括降水量、水资源量、水质等。

（4）相关支撑单位。按照目前的基本工作关系，统计的支撑单位主要包括水利部发展研究中心、中国水利水电科学研究院、中国灌溉排水发展中心等。其中，水利部发展研究中心协助规划计划司，承担水利综合、水利建设投资、水利服务业等具体统计工作任务以及水利统计归口管理方面的技术性支撑工作。中国水利水电科学研究院协助水资源司，承担《中国水资源公报》组织编撰的具体工作。中国灌溉排水发展中心协助水资源司，具体承担《中国水资源公报》中农业用水量、农田灌溉水有效利用系数等指标数据的测算分析工作。

除了以上的水资源司、水文局等司局和单位外，其他的如水行政执法统计、水电统计等统计项目管理和制度审批备案等，也基本按照以上关系进行组织管理，只是具体承担的统计任务和承担单位有所不同。

（二）省级及省级以下（县级以上）层面（含流域层面）

根据《水利统计管理办法》规定，各流域管理机构按照有关法律、行政法规规定和水利部授权，组织协调流域内水利统计工作，负责流域管理系统内的水利统计调查项目的组织实施。县级以上地方水行政主管部门负责本辖区的水利统计工作。

各流域、省级、地（市）级、县级水行政主管部门均成立了规划计划部门、水资源管理部门以及水文部门，省级水行政主管部门有相关支撑单位，其职能基本与水利部有关司局以及相关支撑单位对口。

（三）县级以下层面

县级以下基层管理单位是许多水利管理任务的具体实施者，也是大部分水利统计基础数据的采集者和提供者。目前，我国县级以下基层水利管理单位主要包括乡镇水利站、灌区管理单位以及水利工程管理单位 3 类。

县级水行政主管部门是最基层的统计组织单位，也是统计数据的起报单位，但应当看到，我国存在幅员辽阔、人口众多、基层管理复杂、公司用水关系多样的基本国情，因此在县级行政区划中，县级基层各类水管单位承担了大量的基础性水利统计信息的采集、收集、填表、审核、报送等工作，在统计工作中发挥了重要的基础性作用。

第三节 水利统计制度体系

经过 60 多年的发展历程，水利统计工作在不断总结经验和摸索实践的基础上，逐步在国家统计的制度体系框架下构建起了水利统计的制度体系，为规范和有效开展水利统计工作奠定了坚实的制度基础。

一、管理办法

1999 年 12 月 16 日，水利部以水规计〔1999〕734 号印发《水利统计管理办法》。内容包括管理办法制定的依据、水利统计的基本任务、管理体制、基本要求、统计制度、统计资料的管理和公布、法律责任等十八条。这一办法对当时统计的规范化、制度化和标准化发挥了重要的历史作用。

随着水利统计的对象不断增多、水利指标体系不断完善，统计任务、统计执行方式等内外部环境的不断变化，原有的办法逐步不能适应新形势的要求。为进一步规范水利统计工作，提高水利统计效率，强化统计监督，保障数据质量，根据有关法律和行政法规规定，结合水利统计实际，2014 年 10 月 9 日，水利部以水规计〔2014〕322 号印发《水利统计管理办法》，1999 年 12 月 16 日水利部发布的《水利统计管理办法》（水规计〔1999〕734 号）予以废止。

新修订的《水利统计管理办法》（简称《办法》）共有条文 31 条，与 1999 年旧的管理办法的体例格式一致。老管理办法没有分章，共 18 条；新修订的《办法》分为 6 个部分，共 46 条，分别如下：

一是总则内容，第 1 条到第 7 条，设置了编制目的和依据、适用范围、基本任务、统计管理体制、领导责任、能力建设、统计调查单位责任等内容。

二是机构和人员内容，第 8 条到第 12 条，对各级水行政主管部门及相关职能机构进行了职责划分，并明确了统计人员的各项职权，充分发挥水利统计专业委员会的平台作用。

三是水利统计调查项目内容，第 13 条到第 19 条，明确各级水行政主管部门设定水利统计调查之前必须建立水利统计调查制度，并对统计内容、编制原则、调查方法和审定要求进行了规定。

四是水利统计资料内容，第 20 条到第 24 条，要求建立水利统计数据质量控制体系，制定水利统计数据在数据采集、验审、处理、汇总、评估等各个环节的控制手段和原则，确保数据质量。规定水利统计资料的保密管理、档案保管和成果发布的各项工作。

五是水利统计检查监督、奖励处罚内容，第 25 条到第 29 条，要求各级水行政主管部门及相关职能机构不仅对下级部门的执法情况进行监督，还应积极协助本级人民政府统计机构查处统计违法行为，并确定水利统计年度考核内容，作为评估各级水行政主管部门统计工作执行情况的依据，并明确奖励和处罚的对象。

六是附则内容，第 30 条到第 31 条，规定办法自印发之日起施行，要求各流域管理机构、各省级水行政主管部门可根据本办法，制定水利统计管理办法实施细则。

《办法》的制定为科学、有效规范和组织水利统计工作，加强水利统计工作的监督管理，提高水利统计工作的整体效率，保障水利统计资料的真实性、准确性、完整性和及时性提供了坚实保障。

二、调查报表制度

根据《中华人民共和国统计法》第十四条的规定，制定统计调查项目，应当同时制定该项目的统计调查制度，并依照本法第十二条的规定一并报经审批或者备案。目前，水利部的主要统计调查项目共有8套，相应的报表制度已经国家统计局审批或备案，其中，经国家统计局审批的4套，分别为水利综合统计报表制度、水利服务业统计报表制度、大中型水利枢纽和水电工程移民统计报表制度、全国农村水电统计报表制度。经国家统计局备案的4套，分别为水行政执法统计报表制度、水利建设投资统计报表制度、全国水利档案统计年报制度、全国水文情况统计报表制度。

（一）水利综合统计报表制度

水利综合统计报表制度是为调查水利基本信息、总体发展状况，以及水利工程数量及其产生的效益而制定的报表制度。

现行水利综合统计报表制度包括3项调查项目：分别为“水利发展主要指标快报统计”“水利综合情况统计”和“水利工程基本情况统计”，“水利发展主要指标快报统计”为半年报，共有1张调查表；后两者为年报，“水利综合信息统计”包括8张调查表，“水利工程基本情况统计”包括7张基础表。

水利综合统计的内容主要包括水利工程数量统计、水利工程供水能力统计、水利工程供水量统计、城乡供水统计、灌溉统计、水土保持统计、防洪除涝统计、入河湖排污口统计以及水利工程位置、类型、特性等内容。

（二）水利服务业统计报表制度

水利服务业统计报表制度主要是调查水利行业发展情况，反映水利活动对经济增长的贡献，为水行政主管部门管理、国家服务业统计和国民经济核算提供支撑。

水利服务业统计报表制度是一项年报制度，从2009年开始实施。其统计对象范围是中华人民共和国境内（台湾省、香港特别行政区、澳门特别行政区除外），凡乡镇及以上从事水利活动的各类企事业单位和行政、社团等法人单位，也包括为水利工程建设而专门成立的项目法人单位。

水利服务业统计报表制度包含4部分内容共7张基层单位报表：单位基本情况（1张）、财务状况（4张）、取供水情况（1张）和水利单位固定资产及投资情况（1张）。各类被调查单位必须填报的共性内容为基本情况、财务状况、固定资产情况等。

（三）大中型水利枢纽和水电工程移民统计报表制度

为规范大中型水利枢纽和水电工程移民经常性统计调查工作，水利部和国家能源局联合制定了《大中型水利枢纽和水电工程移民统计报表制度》（水移〔2014〕458号），经国家统计局审批后正式实施。

该制度统计分年报和快报，要求各省级移民管理机构于每年12月1日前上报快报，次年4月15日前上报年报。统计内容为在建工程基本情况和移民安置规划情况、在建工程移民安置实施情况、大中型水库农村移民生产生活基本情况、大中型水库农村移民后期扶持情况、水库移民后期扶持相关资金收支情况、水利枢纽和水电工程移民安置和后期扶持基本情况。

（四）全国农村水电统计报表制度

全国农村水电统计报表制度的制定是为全面掌握全国农村水电建设、生产、经营、管理及产生的社会经济效益情况，有效地实施农村水电及电气化行业管理，为有关部门制定农村水电及电气化政策、发展规划、计划，实施水能资源有效管理。

该报表制度的统计内容为全国农村水电建设、经营、管理情况。统计范围为农村水电站（指单站装机 5 万 kW 及以下的水电站、水利系统直属电站）、农村电网（指水利系统管理和占股份的电网）。

（五）水行政执法统计报表制度

水行政执法统计报表制度是为全面、准确、及时反映和掌握水行政执法工作基本情况，适应依法治水的需要而制定的。

水利执法统计工作于 1990 年开始进行，并于 1995 年、2001 年对统计报表制度分别进行修订，2007 年报国家统计局备案。2015 年政法司启动水行政执法统计制度的修订工作，于同年 12 月在国家统计局备案。

现行的水行政执法统计报表制度主要由基层定报表、基层年报表、综合年报表组成，调查内容主要包括水政监察队伍基本情况、水行政执法活动开展情况、日常执法巡查监督活动、水事违法案件查处、行政事业性规费征收、水事纠纷的发生及调处情况、行政复议和行政应诉情况等。

（六）水利建设投资统计报表制度

水利建设投资统计报表制度是一项专业统计调查项目，主要反映水利建设投资的进展与成效。水利建设投资统计在全面、系统了解全国水利建设投资的基本情况，及时跟踪投资计划下达、到位及完成情况，反映水利建设和发展成就，为各级水行政主管部门制定政策和进行宏观管理提供依据等方面发挥了重要的作用。

投资统计报表制度分为两类调查范围，分别针对月报和年报。月报主要要求纳入中央规划或计划的水利建设项目均应填报，即凡当年有中央政府投资计划的水利部掌握的纳入统计；年报则将调查范围扩大为要求用于水利建设的投资项目均应填报，无论是否有中央政府的投资均应纳入统计，包括地方自主安排用于水利建设的项目。

投资统计报表制度调查的内容主要包括工程项目个数与规模、项目投资计划下达、投资到位、投资完成、投资来源与去向、项目工程实物量、项目能力效益等方面。

（七）全国水利档案统计年报制度

全国水利档案统计年报制度是为了准确地掌握全国水利档案工作的基本情况，以便对全国水利档案工作实行科学管理而制定的，该制度通过定期填报统计年报来实施。

该制度的调查内容包括档案管理部门、人员、经费、用房面积、设备设施、接收档案情况、移出档案设施情况、档案资料利用以及档案电子数据情况等。

由本制度制发的统计年报分为基本表和综合表两种。基本表由规定范围内的各级各类档案部门填写，综合表供计算机综合汇总用。

（八）全国水文情况统计报表制度

全国水文情况统计报表制度是为全面、系统反映我国水文行业发展的基本情况，为制定水文行业政策、编制发展规划、指导水文现代化建设、开展水文行业管理提供依而制定的。

该报表制度由水利部水文局制定，统一布置、逐级填报。本报表通过“全国水文统计年报管理系统”进行上报。

该报表为年度报表制度，共 11 张综合报表，统计范围为全国各级水文机构及各类水文测站，统计内容为水文观测项目、水文测验设施情况、水质检测设施情况、通用设备情况、水文自动测报情况、房屋和固定资产、机构人员以及经费投入等情况。

除了以上审查和备案的调查项目和制度外，水利部还曾经根据实际情况需要，开展过一些临时性、一次性的调查项目。比如，临时性跟踪统计有病险水库除险加固进展情况统计、水管单位体制改革进展情况统计、汶川大地震震损水利工程设施统计等。一次性统计调查有全国水资源评价调查、农村饮用水安全现状调查、乡镇水利站建设情况调查、全国水库安全状况调查等。

三、标准规范

目前，水利部现行的水利统计标准规范主要有 4 项，分别为 SL 574—2012《水利统计主要指标分类及编码》、SL 620—2013《水利统计基础数据采集技术规范》、SL 711—2015《水利统计通则》及 GB/T 23598—2009《水资源公报编制规程》等。

（一）《水利统计主要指标分类及编码》

随着水利系统内各级单位及不同部门对水利统计工作重视程度的不断增加，其各自新增制定的水利统计调查制度越来越多。但由于没有统一的水利统计指标设定标准，这些水利统计调查制度中存在指标名称相同但统计口径不一致或指标统计口径相同但指标名称不一致等问题，2008 年 6 月水利部启动了 SL 574—2012 的编制工作。

SL 574—2012 按照 GB/T 1.1—2009《标准化工作导则 第 1 部分：标准的结构和编写》要求编制，共包含 5 章和 1 个附录，具体为：范围；术语及定义；分类原则；编码方法；水利统计主要指标分组统计代码；附录 A（规范性附录）指标数据元常用分组属性代码。其中，第 3、第 4、第 5 章，即分类原则、编码方法、水利统计主要指标分组统计代码是该标准的重点内容。这些内容为基于计算机的水利统计数据的处理与交换提供了基础。

（二）《水利统计基础数据采集技术规范》

SL 620—2013 规定了水利统计基础数据采集的基本工作内容和技术要求，包括水利统计基础数据分类、内容与来源、搜集方法、质量控制与管理，适用于水利和相关单位组织实施的基础数据采集活动。

SL 620—2013 按照 GB/T 1.1—2009 的要求，遵照水法、防洪法、水污染防治法等相关法律、法规、规章、技术政策、标准及其规范进行编制。主要内容包括分类、内容与来源，基本规定，搜集方法，质量控制和管理 5 部分。

（三）《水利统计通则》

SL 711—2015 按照水利统计工程的流程、环节，对涉及的水利统计工作的原则、方法进行了概述性的规定。

SL 711—2015 规定了水利统计的任务与工作流程，适用于各类行政单位、事业单位和社会组织开展的水利统计活动。通则共有 8 章，主要技术内容有：水利统计任务、水利统计设计、水利统计调查、水利统计整理、水利统计分析和水利统计服务。

SL 711—2015 的编制，有助于加强水利统计工作统一规范、管理，协调各项统计任务，整合水利统计信息资源，提高水利统计工作的整体效能，满足水利部门管理和公共信息需求。

(四)《水资源公报编制规程》

水资源公报编制是加强水资源管理保护和有效利用的一项基础性工作，但其也是一个工作量大、涉及面广、错综复杂的水资源统计分析过程，需要多方协调配合。经过多年的水资源公报编制工作实践，为了更严谨、更规范地编制水资源公报，不断提高水资源公报的时效性、准确性和权威性，特制定GB/T 23598—2009，作为国家标准。

GB/T 23598—2009适用于全国、水资源一级区、省级行政区水资源公报的编制，地级行政区水资源公报的编制可参考使用。

GB/T 23598—2009给出了水资源公报编制的基本要求、编制内容及有关术语的定义、计算方法和表格样式。内容包括来水量、蓄水动态、供用水量、水质状况、用水指标、水资源利用程度及中央水事等。规程共有12章，包括范围、规范性引用文件、术语和定义、总则、经济社会指标、水资源量、蓄水动态、供水量与用水量、耗水量与排水量、水体水质、用水指标和水价以及重要水事等内容。

四、工作制度

水利统计工作制度主要有《水利统计责任人制度》和《关于进一步加强水利统计工作的指导意见》两项。

(一)《水利统计责任人制度》

为了规范统计行为，保证水利统计资料真实、完整、及时报送，加强对水利统计工作的管理与监督，实现水利统计管理工作制度化，根据《中华人民共和国统计法》和《水利统计管理办法》，2001年5月25日水利部规划计划司制定颁布《水利统计责任人制度》，要求流域机构、各级水行政主管部门、事业单位必须按照本制度完成统计工作。制度共分为十一条，内容包括制度制定的目的、依法统计的基本要求，水利统计管理工作制度化要求、统计责任人的职责和奖惩办法等，是水利统计部门主管领导和统计工作人员依法统计的重要部门工作制度。

(二)《关于进一步加强水利统计工作的指导意见》

2006年9月，水利部规划计划司印发《关于进一步加强水利统计工作的指导意见》，作为“十一五”期间水利统计专项规划内容之一。指导意见的主要内容包括：

(1) 进一步提高对水利统计重要性的认识。包括围绕水利建设和改革管理的中心任务和目标，形成以水利综合统计为核心，综合统计与专业统计相结合的统计框架体系，全面反映水利事业的持续快速健康协调发展，为水利建设和管理提供有力的数据支撑。

(2) 加强水利统计工作的总体思路。坚持综合统计和专业统计相结合；重视水资源环境统计，城市水务统计和水利管理统计；坚持需要与可能结合、坚持统计时效性和实用性结合；坚持统计成果数量与质量结合；成果质量第一。

(3) 明确水利统计工作的主要任务。一是完善水利统计业务支撑体系；二是研究建立现行水利统计指标体系；三是建立科学的水利统计调查方法体系；四是研究制定水利统计技术标准和工作规范；五是建立水利统计数据全过程的质量控制体系；六是加强基础统计和基层统计工作的规范化；七是重视水利统计分析和预测；八是加强水利统计数据资源的统一管理和信息化管理。

（4）提出进一步加强水利统计工作的有关要求。包括加强组织领导、重视队伍建设、保障统计投入、做好统计宣传和统计服务工作。

第四节 水利统计生产体系

像其他产品和服务一样，统计数据不是凭空出现的，也有一个生产过程。水利统计数据是在水资源调查、水利工程建设、水利管理和改革等各领域，按照原始数据采集、加工、整理和汇总等过程而形成的。经过长期的努力建设，目前基本形成了多部门、多层级、多单位分工协作、协调完善的水利统计数据生产体系，为保障完成各项统计任务，服务与水利建设、管理和改革提供了重要支撑。

一、水利统计生产体系的概念

水利统计生产体系也就是水利统计数据的生产体系，是指在一定区域范围内，水行政主管部门内部以及和其他部门之间相互结合，在结构上形成合理比例、技术上相互联系、管理上相互支撑，具有一定规模，并能满足水利统计数据收集需要的一个完整、有机的工作体系。

数据生产体系是一个庞大、完整和复杂的系统，包括了水利各个专业、层级、单位在数据收集、统计流程和管理等方面的工作系统。这里主要从以下 4 个维度来阐明：

（1）来源维度：按照最原始数据产生的来源渠道划分，可包括监测、工作记录、调查和试验等方式。

（2）过程（流程）维度：按照数据产生的工作流程，可以划分为采集、填报、审核、汇总、上报等。

（3）区域维度：按照不同的区域为标准可划分为省级数据生产体系、区域生产体系等。

（4）部门维度：按照专业部门在水行政主管部门内部的职责分工来进行划分，包括综合管理部门和专业部门，其中专业部门又可以细分为农田水利、水资源、水利投资建设、小水电、移民等多个专业部门。

无论按照什么维度来描述和梳理水利统计生产体系，这些数据的产生过程都是相互联系、相互依赖的统一组织结构，比如万元工业增加值用水量的数据，就由水资源部门采集提供工业部门的用水量，同时，由国家统计部门提供工业增加值数据进行测算，同时要考虑到不同区域的应用需求，还需要在流域、省级、地（市）级、县级的不同层面上获取。

二、统计数据来源体系

（一）监测

监测是监测主体针对目标对象通过监督、监听、监察的方式，利用各种工具、方法，通过开展各种测量、测试、测验的活动，获取数据和信息的过程。监测作为一种基础信息获取的方式，主要有即时性、直接性、连续性、高频度性和客观性等特点。监测即可以用到经济社会的监测数据，也可以用到自然界监测方面。

一般有两种方法：

(1) 实测法。宜用于有实测记录的统计对象。对不同统计对象，应按以下要求采用不同方法：

1) 跨流域调水工程供水量，大中型水库入（出）库水量、供水量，灌区供用水量宜采用量水建筑物法、流速仪法、泵站测流法。

2) 城镇自来水厂供水量，供水管网水量，江、河、湖、库水质监测，工业、生活废污水排放量，污水处理量等宜采用水表法、电磁流量计法等进行实测。

3) 防汛抗旱、水资源保护、水土保持基础数据采集宜采用地面实测结合卫星遥感法、航空测量法和航空摄影法。

4) 发电量、供电量、用电量宜采用电表进行实测。

(2) 测算法：在没有实测数据和相关行政记录时采用测算法。宜用于在没有实测记录或行政记录的集体、个体管理的农村水利和水土保持等工程设施，特殊的小型、微型农村水利工程。

测算方法包括插补法、相关系数法、比率测算法、总量测算法、典型实测推算法、平衡测算法、统计参数测算法等。

（二）行政（业务）记录

行政（业务）记录指各种组织（单位）包括行政、事业、企业、社会团体、乡镇水利管理和其他单位在日常管理过程中形成的管理记录，这些部门是管理统计数据的主要来源之一。

(1) 行政（业务）记录数据来源的基础和要求。

1) 行政（业务）记录是明确经济责任的原始凭证，也是业务核算、会计核算、统计核算的依据。行政（业务）记录涉及水利业务管理活动的范围，主要包括业务记录、会计记录、统计记录和实测记录等，以档案、资料，电子记录等形式保存。

2) 应根据水行政主管部门职责范围从行政许可审批、登记、认可、监测、规划、计划、预算等行政记录中搜集基础数据。

3) 宜从基层业务管理部门经常使用的行政记录中搜集基础数据。

4) 使用先进的基础数据采集手段，逐步实现直接从电子记录中采集基础数据。

(2) 不同单位的数据来源。

1) 行政单位。数据包括水行政许可审批、登记、认可、监测、规划、计划、预算等形成的行政记录。有反映单位总体运行状况的数据，如处理文件的数量、人员规模、总资产等；反映出台的行政法规的法规数量、执法情况等方面的数据；反映投资的投资计划下达、资金拨付情况的数据；反映科技方面的科研成果数量、科技人才等方面的数据。

2) 事业单位。数据包括单位基本情况、从业人员、业务状况、资产财务状况、其他业务的记录和资料。如水利建设投资、形成各类成果数量、资质获取情况、业务规模、服务对象、人员数量、经济发展情况等。

3）企业单位。数据包括单位基本情况、从业人员、水利建设投资、业务状况、资产财务状况、其他业务的业务记录、实测和测算资料。通过企业的日常记录、经营和财务等内容来收集。

4）水利社会团体和乡镇水利管理单位。基础数据包括单位基本情况、从业人员、水利建设投资、业务状况、资产财务状况等。

5）其他单位。基础数据包括财政、工商、税务、统计、民政等相关部门资料。

（三）调查

通过开展抽样、全数调查或者行政报表制度的方式，获取水利部门以外的涉水数据。一般可以分为两种调查方式。

1．自然调查

水资源是大自然的重要组成部分，开展水资源调查是一项重要的国情水情调查工作。一般地，资源调查主要是通过勘探、测量、计算和评价等，统计水资源的总体状况有关数据，为水资源的开发利用和管理提供基础。因此，自然调查是统计数据的原始来源渠道之一。

2．社会调查

水与社会之间是紧密联系的，各个行业都离不开水资源，但各个行业的用（排）水量、水平、类型、方式等的数据，主要是通过社会调查的方式获取的。比如家庭用水情况，就需要按照一定的方法登门调查才能获得。随着水与各个部门之间的关系越来越紧密，全面推行河长制、加快落实最严格水资源管理制度的不断推进，通过社会调查方式获得经济社会用水情况将会越来越多。

（四）试验

试验是只在实验室或者具有一定条件下的试验环境中，通过不断改变约束条件，记录实验对象的反应变化，从中发现规律的过程。因此从本质上而言，试验是对自然界的物理、化学属性的特殊“调查”，是对客观未知世界的规律的发现，是一种对数据结果的统计活动。因此，广义上可以认为，试验是一种统计调查活动，是统计数据来源的一个渠道和方式。

随着水利学科的不断深入，水利试验的内容越来越多。如各种石料的板料效果、水泥强度、水的化学反应、水温变化等通过试验获得的数据，也是水利统计数据的重要来源渠道之一。

三、统计数据的流程体系

前文已经论述，在“四边形模式”下，任何一项统计工作，都必须经过四个阶段，这里主要集中论述基层数据的产生到汇总形成全部数据的过程。一般要经过原始数据采集、填报表格、审核检查、上报汇总、校核验收等环节。

1．原始数据采集

原始数据的采集就是指数据产生后，用一定的介质，按照一定的方式将其记录下来的过程。在原始数据采集的过程中，主要按照 SL 620—2013《水利统计基础数据采集技术规范》规定的有关方式来实施。数据采集是所有统计数据的起源，也是统计工作的起点，原始数据的质量是决定总体数据质量和统计工作水平的基础与核心。

2. 填报表格

一般地，业务或者行政记录的数据是最原始也是最全面的数据，但统计的目的不同，需要的统计指标必然小于或者等于现有数据，因此，应当按照上级部门下发的报表制度，填报相应的表格，形成初步的、具有一定体系的、可满足发表单位要求的统计数据。

3. 审核检查

任何一项信息都可能存在错误，特别是在大量的监测、建设和运行记录、行政管理记录、调查基础上的数据统计工作中，必然存在一定的误差，而且从数据的采集、到填表、再到输入计算机软件过程中都有可能出现机器、人为的差错，因此审核检查是数据生产过程的必然环节和保证数据质量的手段。从经验上看，基础数据弱、没有历史数据参考、统计能力不高的地区和单位，审核检查是堵住错误漏洞必不可少的手段和方法。

4. 上报汇总

统计的重要特征之一是在分层、分类、分散地收集数据后，进行集中汇总，因此必然出现从下到上的逐步上报和层层汇总的过程。但在上报汇总的时候并不像想象中那么简单，只是进行简单的加加减减就可实现，因为很多统计数据存在不同区域的重复和交叉、“上下游产业”的关联、不同管理层级的隶属等问题，因此上报汇总对应的单位和数据需要避免交叉重复，防止漏填漏报问题。

5. 校核验收

校核验收是数据上报确认数据的最后关口，是行政管理的重要环节，一方面在数据技术上通过专家的集中审核和检查，保证数据的准确无误；另一方面通过行政验收程序，检验下级对上级统计任务布置的重视和参与程度，也更好地提高各方对数据产生的重视程度，为下一个周期的统计调查工作打下基础。

四、行政层次体系

水资源的流域特征是水资源管理的一个重要特点，这一特征要求水资源的管理必须按照流域管理地方的方式开展，需要和行政区域相结合。因此在水利统计数据的生产过程中，在注意行政层面数据的同时，更要关注流域层面。

(一) 行政区域层面

无论是在原始数据的采集收集的来源体系中，还是在数据生产流程的各个环节中，各行政层面都发挥着不可或缺的作用。在“下达”过程中，主要是开展任务的布置、指标的分解、指标的增减、报表制度的解释、软件系统的调试等。在“上传”过程中，主要开展数据收集、审核、汇总、层层上报以及反馈修改等工作。

我国目前的水利统计行政层面主要以县级为最基础的起报单位，后经地（市）级、省级水行政主管部门层层审核汇总后，报水利部汇总形成统一数据库。应当注意的是，在县级行政区划内部，在基础单位的数据采集中，综合类的数据往往下发到乡镇一级收集，投资建设数据要到各个具体的法人单位收集，但从统计的体系中，县级水行政主管部门仍然是最基础的起报单位。

（二）流域层面

在上述行政层面上，考虑到水的流域特性，应当把水利统计按照流域属性进行分解，因此在不同的流域层面上都应存在着不同的流域分解任务。从国家层面来看，在省级与国家层级之间，需要按照不同流域将每个省的数据按照流域（水资源区划）数据进行区分。比如山西省地跨黄河、海河流域，因此山西省的所有水利统计数据都应当按照这两个流域进行分解，同时在数据的管理上，也需要分别向黄河水利委员会和海河水利委员会上报。目前我国国家层面的水行政区划的流域划分主要包括长江流域、黄河流域、淮河流域、海河流域、珠江流域、松花江流域、辽河流域、东南诸河流域、西南诸河流域、西北诸河流域等 10 个水资源一级分区。

不仅在国家层面上如此，在各级行政层面上也有这样的规律，也正因为如此，才能在各级，包括全国层面上按照不同流域分区进行数据的分解。目前按照规定全国层面上最小的分区是从县级开始，也就是全国所有的县，只要该县地跨两个流域以上，就必须按照不同的流域分别进行数据的分解、填表、上报，从而保证全国数据可以分流域表征，为流域水利管理提供基础支撑。

五、内部部门层次

按照《水利统计管理办法》的有关规定，水利统计可以分为综合统计和专业统计。这两种统计数据产生渠道也是按照综合部门和专业部门获取的。

（一）综合部门生产的数据

综合部门生产的数据主要包括反映水资源基本情况、水利发展总体成绩、水利综合能力效益等方面的数据。比如由规划计划部门负责统计并提供的水利工程数量、能力和效益指标，水资源部门提供的水资源总量、供用水数量和质量等，水文部门提供的基础水文、水量、水温等指标，人事部门提供的从业人员数量、机构等。

（二）专业部门生产的数据

专业部门生产的数据反映的是单一领域、专业方面的主要内容，比如投资领域的投资规模、计划安排等，水资源的供水量、农田水利部门的农业灌溉、水电部门的小水电装机、扶贫方面的移民数量，也包括管理部门的财务、人事、信息化等专业方面的数据等。

六、水利统计生产体系的变化趋势

水利统计数据的生产是在水利统计基础、要求和基本规律的要求下，随着水利工作职能范围、职责分工、社会要求、科技手段等方面的变化而不断做出适应性调整。按照目前的水行政管理体制和社会发展的要求，主要呈现以下几个重要的新趋势。

（一）水利统计数据采用监测方式获取的范围不断拓宽

传统的监测方式主要是通过生产、管理等工作记录获取，或者通过专门地开展调查或者试验获得，而现场监测方法囿于传感器、监测设备、信息传输等各种技术问题而开展的相对较少。随着对统计数据要求的时限性越来越高，借助先进的现场测量和信息传输手段，使用监测方法获取数据的范围在不断拓宽。今后随着互联网、物联网的不断成熟和推广，越来越多的统计数据将会采用监测方式获得，从而更能体现数据的真实性、即时性，为及时、准确地科学决策提供更有力的支撑。

（二）周期性的普查调查将成为一种常态

随着我国社会主义市场经济体制的不断深化发展，各种经济成分和经济主体参与水资源开发利用和节约保护活动越来越多、越来越普遍，水资源环境、水资源节约、水污染治理、水生态修复等工作也日益深入，我国水资源的存量、流量以及形态将变化很快，因此为了及时掌握和了解这些信息，就需要通过周期性的大范围的普查调查，才能够更加全面、准确、完整地掌握水利发展的实际。2009—2011 年，我国开展了第一次全国水利普查，2016—2018 年全国水资源第二次评价正在有序进行，这些普查性的调查活动直接为决策提供了依据。今后，周期性地调查活动产生统计数据将会成为一种常态，作为政府行使行政职能的重要组成部分，纳入到日常行政管理工作体系中。

（三）统计过程的制度化规范化将不断增强

统计数据产生的质量除了在采集过程中要准确、真实外，统计各个环节质量的把关也至为重要，而各个环节的操作的规范化则是质量的重要保证。经过长期的努力，目前已经行程了一系列上报、审核、汇总等的质量把关制度，比如在各个阶段的责任人签字规定、采集阶段的现场抽查、计算机的自动审核、汇总后的历史数据对比、汇总后的 AB 角检验、奇异数应急会审制度等方面，都在数据质量的提高上起到了重要的作用。今后为了进一步提高数据质量，水利统计工作将对基础数据源头进行重点把关、采用大数据发现规律审核、挖掘计算机审核技术等，各个统计环节的制度化、规范化将进一步增强，将有力地提高数据质量。

第五节 水利统计工具体系

水利统计工具体系是指所收集、处理、展示统计数据和资料的各种工具及手段。在当前科技飞速发展的社会里，以计算机为基础，依靠互联网开展信息传输的现代通信技术早已是各行各业必不可少的基础设施，在此基础上所开发使用的各种水利统计信息系统已经成为统计工作的核心工具和主要手段，正在发挥着不可替代的重要作用。

一、水利统计系统的历史沿革

在 20 世纪 80 年代中期以前，和绝大部分统计工作一样，水利统计的数据处理和分析主要依靠的是人工填报和纸质传输，传统的计算器还在发挥着基础作用，随着计算机的逐步普及，统计工作的计算机时代也随之而来。1987 年 9 月，水利部规划计划司组织开发了水利统计软件，部属单位和各省（自治区、直辖市）水利（水务）厅（局）配备了计算机，实现了数据的计算机自动化处理，水利统计的信息化得以正式启动。

2000 年，为进一步提高计算机在统计工作的专业性和适用性，针对统计工作的特点和要求，水利部组织研究有关机构开发出一套通用的水利统计信息处理软件系统（WSS 系统）并投入使用，该软件能够满足水利部、流域、地方等各级水利部门统计工作的不同需要，具有功能全面、操作灵活、实用性强等特点，能够实现任务描述、元数据的管理、数据分级上报、超级汇总和自动引导审核纠错等统计功能，报表分析功能强大，形成了全国规范统一的统计工作平台，极大地方便了年度统计资料汇总、分析和管理工作的需要，提高了水利统计工作效率和质量。在数年的运行中，这一系统根据统计报表制度的变化，不断地修订完善各种功能，满足了当时不断增多的水利统计任务的要求，在水利工作中发挥了重要的基础性作用，统计的新工具在水利统计工作中取得长足发展。

从2008年开始，随着应急性、临时性和一次性统计工作的增多和统计工作及时性要求的不断提高，水利部规划计划司开始着手组织研究基于网络手段建立统计直报系统的统计软件开发方案，为快速统计、数据审核与汇总等工作建立一个新的工作平台，进一步提高统计工作效率和水平。2009—2010年，规划计划司以“水利建设项目管理及投资信息直报系统建设项目”为支撑，建立了中央水利建设投资月报统计的直报系统。2010年7月正式部署在全国的统一的服务器，并给各流域、各级水行政主管部门和流域机构提供终端使用接口和上网权限，各地通过登录统一服务器进行数据采集、数据审核和汇总。直报系统的建立，极大地提高了统计任务达和数据上报的直接性，提高了统计数据处理的统一性和实效性，全面提升了数据处理的效率，统计工具的现代化又前进了一大步。

2014—2015年，考虑到月报和年报数据分散于不同的系统，投资统计数据衔接不便，规划计划司借助水利规划计划系统升级改造项目升级水利统计管理信息系统，将单机系统与直报系统进行整合设计。2015年12月启用水利统计管理信息系统报送水利服务业统计年报和水利工程基本情况统计数据，2016年6月启用系统报送中央水利建设投资统计月报数据，同年11月启用系统报送水利综合、水利建设投资统计年报数据。至此，完成单机系统与直报系统的全面整合，水利统计信息系统上一个新的台阶。

除了以规划计划管理部门在综合统计中不断完善以计算机为基础的统计工具外，其他专业统计工作如农村水电统计、水行政执法统计、财务统计等，也在不同程度上进行了统计信息系统进行了开发，并根据水利形势发展要求不断更新优化，统计工具的信息化在水利统计的各个领域都得到了广泛的应用。

二、统计软件系统的主要功能

无论是综合统计软件还是各个专业统计软件，都主要包括以下几项主要功能。

（一）数据录入功能

数据录入功能可实现提供当前报告期数据的录入、保存、修改；名录的新增、删除；表内的合理性和强制性校验、校验结果展示及精确定位；数据的对比、差值；Excel导出、打印等功能。

（二）数据审核功能

数据审核功能可以对填报的任务进行数据审核，审核过程中错误数据能够标红提示并且能够自动定位到表单，直至修改无误后，才能进行上报。

（三）数据报送功能

数据报送功能提供本级的数据上报；还可以在数据报送申请退回本级已上报的数据和对下级上报的数据进行退回，让其修改重新上报；同时可以通过表单详情直接定位到相应的表单，方便用户查询浏览数据。

（四）数据浏览功能

在数据浏览功能下，用户可以查看当前任务和报告期下的本级及下级单位数据，这里的数据为实时数据即用户只要填写就会显示，不受是否审核或上报操作的影响。

（五）综合查询功能

在综合查询功能下能对本级及下级单位所填写的基础数据进行过滤查询、导出表格等操作。

三、系统未来发展趋势

当前，信息化技术手段的发展日行千里，技术创新在各个领域不断得到发展，水利统计工作要充分利用最新技术，不断完善统计的工具体系，为统计工作的高效开展和数据处理提供服务。目前，水利统计管理系统正在积极与水利部规划计划系统进行对接，并在此基础上从以数据的智慧化利用建设要求出发，充分利用现有信息化成果和“大数据”等新技术，开展水利大数据建设，构建水利统计数据的智能分析体系，以达到数据更全面、运行更高效、决策更智能的目标。

一是原始数据采集工具的自动化。原始数据的采集是统计工作的开端，未来的数据采集将更多地依赖各种传感器，通过直接监测获取并自动传送各类数据，以物联网为体系的数据采集和信息获取将成为统计数据采集的主要手段。

二是信息处理功能的完善。基于大数据分析技术，通过维度建模、多维分析、交互式探索分析、机器学习、深度学习、可视化敏捷报表等功能，构成强大的数据分析与数据挖掘能力，纵深探索数据附加价值。

三是统一平台建设。紧密围绕水利统计核心业务，按照需求牵引、技术激发的思路，在统一规划、统一平台、统一标准、统一维护的框架下，建立“一张图、一套表、一个数据库、一个应用平台”，保障信息资源的共享，满足全口径统计分析。

四是智能化应用。利用先进的智能分析技术，将统计业务中模式化工作信息化，通过智能汇总、智能校验、智能提示、智能告警等功能，让统计工作更高效、精确、科学。

五是成果展示和推送。基于数据实时渲染技术，集成“水利一张图”、地标点数据、统计数据、图像等多种数据源，实现水利统计业务数据实时图形可视化、场景化以及实时交互。构建统计工作宣传门户，发布工作动态、法规与常识等信息，并建立微信公众号，联动更新统计业务开展进程及成就信息。

第二章

水利统计成果和应用

为水利建设、发展和改革提供支撑是开展水利统计工作的主要目标。水利统计工作的主要作用包括提供各类正式出版物、非正式出版物等成果，还包括对行政管理提供各种重要的基础资料。

第一节　正 式 出 版 物

水利统计成果的直接表现形式之一就是编制统计年鉴和公报，把所统计的各种数据全面、完整、准确、系统的地表达出来，通过这种正式出版的方式，给社会各界了解情况、分析问题做参考。

一、《中国水利统计年鉴》

中华人民共和国成立以来，水利统计工作每年整理有关水利建设发展统计数据，形成资料汇编，为水利各项工作提出基础数据参考。1986 年，在水利统计年报资料汇编的基础上开始编印《水利统计年鉴》，包括水利综合指标、水资源状况、大型水库和大型灌区、农村水电建设、水文站网、水利建设等内容，并按流域和地区分别编制。这一时期每年的年度水利统计年鉴所统计的数据主要是当年的数据，没有以往历年数据且未正式出版，仅供内部使用。

为进一步扩大数据的使用范围，为广大社会提供数据服务，提高数据的权威性和应用性，经过长期的准备和努力，2009 年，水利统计年鉴完成改版工作。新版年鉴扩大了学科范围，基本覆盖了整个水利工作领域，增加历史序列，包含了中华人民共和国成立以来或指标设置以来全部历年数据。改版后的水利统计年鉴正式对外公开发行，是水利行业权威、全面、系统的数据资料集。

二、《中国水资源公报》

水资源是支撑国家经济社会生态发展的最基础要素，掌握水资源的基本情况是水利统计工作的重要内容，编制水资源公报，公开发布水资源数据，是满足社会需求的基本要求。在 1995 年之前，我国北方 17 省（自治区、直辖市）就开始着手编制《中国北方水资源公报》，1995 年，其他省（自治区、直辖市）也相继开展了水资源管理年报的编制工作，为今后开展全国水资源公报与管理年报的编制工作奠定了基础。

1998年，在上一年度各地编制公布的公报的基础上，水利部开始编制全国统一的水资源的数据公报，即《中国水资源公报》，目前，水资源公报已经成为向社会公众发布的正式出版物。水资源公报是各级水行政主管部门进行水资源综合规划编制、水资源年度供求计划编制、水资源管理和保护、水资源初始水权分配、节水型社会建设等工作的资料基础，已成为水利部门履行社会管理和公共服务职责的信息平台，公众了解中国水资源状况的重要窗口，对支撑国家经济建设和社会发展起到了积极的作用。

三、《水利发展统计公报》

从2000年水利部开始编制《水利发展统计公报》，内部发行，2005年开始以中英文版的方式正式发布和印刷出版。《水利发展统计公报》是面向社会发行的全面反映水利年度发展状况的公报，包括水利固定资产投资、重点水利建设、水利工程设施、水资源利用与保护、防洪抗旱、水利改革与管理及水利行业状况等7大部分内容，以数据为基础、文字为补充全面反映水利基本情况、建设成绩和行业管理能力及水平的权威资料，覆盖面广、内容精炼、应用广泛，是了解水利发展的必备参考资料。

四、《中国水旱灾害公报》

水旱灾害是各级政府部门和社会广泛关注的重要内容，及时发布相关统计数据，对及时了解灾情，抢险救灾，进一步重建和改进管理具有重要意义。从2007年开始，国家防总每年编辑出版《中国水旱灾害公报》，其内容主要包括综述、洪涝灾害、干旱灾害、防汛抗旱行动与防灾减灾成效以及各地区水旱灾情概述、水旱灾情统计以及名词解释、指标说明等内容。在洪涝灾害和干旱灾害部分主要分成基本情况、灾情特点和减灾成效等内容。

第二节 非正式出版物

除了正式出版的各种统计年鉴和公报等资料外，水利统计中的大量统计数据还以各种非正式出版物的形式编辑成册，供内部决策参考使用。

一、《中央水利建设投资统计月报》

2008年第四季度起，按照中央扩大内需促进经济平稳较快发展的重大部署要求，为确保新增水利建设投资按时完成并发挥效益，水利部组织开展了2008年第四季度中央新增投资计划落实情况周报和2009年中央水利投资计划落实情况旬报工作，2010年后旬报逐渐固定成《中央水利建设投资统计月报》，一直延续至今。月报要求每月2日上报，遇节假日顺延至工作日第一天。月报要求通过水利统计信息系统填报数据，同时报送由统计负责人签字或者单位盖章的纸质传真件。月报统计的内容包括项目名称、项目单位负责人、项目建设地址、项目类型、资金来源、是否有中央投资、是否重大项目、投资计划下达年度、项目初步设计或实施方案编审情况、中央投资计划和地方投资计划、中央和地方投资计划的下达、拨付、完成情况以及投资进展及投资效益统计等。

二、《节水供水重大水利工程建设项目专报》

2014年5月21日国务院总理李克强主持召开国务院常务会议，部署加快推进节水供水重大水利工程建设，决定2014年、2015年两年和“十三五”期间，我国将分步建设172项重大水利工程。为密切跟踪重大水利建设动态，2014年起，在直报系统中设置节水供水重大水利工程建设项目专报表，收集整理数据，编制《重大专报》。报表设计从项目完整性角度出发，重点为了反映整个项目建设情况。调查内容包括项目的基本情况、项目总体情况（总计划、累计下达、累计到位、累计完成）和项目当年情况（本年计划下达、本年到位、本年完成）三部分内容。

重大专报的指标和月报的基本一致，只是在统计范围上，限制在重大建设项目上。在专报中，将有关数据按照172项节水供水重大水利工程项目进行统计，同时更详细地统计分具体项目以及分项目类型的完成投资额和完成率等数据信息。

三、《水利统计提要》

为方便有关单位和人员更好地使用水利统计数据、共享统计成果，并在研究分析统计数据的同时可以更直接地参考与水利密切相关的人口、耕地等方面的信息资料，从2003年，有关部门和人员着手在《水利统计年鉴》的基础上，融合有关其他信息，每年都编制包含1949年以来有关信息的《水利统计提要》（简称《提要》）。《提要》是对历史各年度全国及各个地区水利统计主要指标的精编，内容包括各地区人口、耕地、粮食产量、水旱灾害面积、水利工程设施、效益以及水利建设投资等，还提供了部分文字说明和图形图表。《提要》体积小巧、内容扼要、信息集中、便于随身携带，是一本使用性较强的统计参考资料。

四、《水资源管理年报》

通常，各种与水有关的年鉴、公报和提要都只包含全国或部分地区、部分领域的自然资源情况、水害、水利建设成绩、形成能力和发挥效益的数据信息，而对这些结果背后的过程数据往往存在收集编辑不足的问题。在水资源管理领域，为了更好地反映水资源行政管理和业务管理的过程情况，经过研究尝试，从2001年起，水利部水资源司开始编报《水资源管理年报》，填补了管理数据长期缺失的空白。《水资源管理年报》的编制是反映各地水资源配置、利用的管理状况的一项重要的基础工作，是各级水行政主管部门了解掌握水资源管理信息的一个重要途径，其内容主要包括各地开展计划用水、节约用水、取水许可监督管理、水资源费征收、水资源公报编制情况等方面。

五、《全国水文统计年报》

水文工作是水利工作体系的重要组成部分，通过水文站点的布置、设施的安装使用和大量人员的努力，水文为水利决策提供了大量的基础水资源、水质信息。1988年水利部有关单位启动编制《全国水文统计年报》，分别从水文站网、设施设备、机构人员、经费投入等反映水文事业发展的主要指标进行统计和分析，客观直接地反映了全国水文事业的发展、水文科技的进步与现代化水平的提高，为开展水文行业管理、制定水文发展战略、指导水文现代化建设等提供了重要的基础管理信息。

六、《四十年水利建设成就——水利统计资料（1949—1988）》

1989年8月，水利部规划计划司编辑出版了《四十年水利建设成就——水利统计资料（1949—1988）》。包括水资源、水利综合指标、基本建设、水利建筑业、水利财政支出、劳动工资、科研教育、水电、水利综合经营、水旱灾害和社会经济主要指标、国外资料等12部分内容，这本资料的特点之一就是水利历史资料相对较多，比如：编印了历代水利工程，日伪、国民党统治时期建设的主要水利工程，1941—1949年水利建设投资，历史水旱灾害，即公元前206年到1949年共计2155年期间我国发生较大的水灾统计表及重大灾情摘要等。

七、《建国四十年水利经济效益计算》

1989年10月，水利部规划计划司组织完成中华人民共和国成立40年水利经济效益计算成果，并进行了集中汇编。这本资料对中华人民共和国成立后已建水利工程直接经济效益进行价值量计算，重点研究了七大江河的防洪减灾效益，灌溉增产效益、重点城市供水经济效益等。同时估算了全国除涝、治碱、水保、农村、人畜饮水、水电等方面的经济效益。其经济效益成果至今仍被引用。

第三节 管理中的支撑应用

除向政府部门、科研机构、社会公众等提供直接的各种数据信息外，水利统计工作同时还为各级政府和水行政主管部门提供决策和管理支撑服务。因此，统计数据的身影不仅出现在编辑出版和公布各种统计数据资料里，还出现在水利规划编制和评估、建设调度、稽查和审计等一系列行政业务管理工作中。

一、支撑规划编制和评估顺利实施

一是水利投资统计为水利规划资金规模预测提供依据。规划编制伊始，必须掌握大量的历史统计数据，作为水利发展趋势预测的依据和参考，水利投资统计为预测投资规模，或者可能实现的程度如何，都提供了翔实的数据保障。

二是水利工程建设情况统计为规划工程布局提供依据。在大规模水利建设的大背景下，要重点加强工程建设进展和发挥效益的统计，加强对农村自来水普及率、农村集中式供水人口比例、农田有效灌溉面积、高效节水灌溉面积以及水利工程供水能力等指标的统计，跟踪和掌握水利发展的速度与效益。

三是水利专业统计为制定约束性指标提供依据。“十三五”规划中设定了很多约束性和预期性指标，比如万元工业增加值用水量、农田灌溉水有效利用系数以及其他水资源利用效率和效益的指标等，要加强最严格水资源制度管理，加强不同流域和区域农业用水效率、工业用水效率的统计分析，科学评价节水的效益，为制定相关政策提供依据。

四是水利行业能力统计为规划水利行业能力建设提供依据。要重点加强水利服务业、水利信息化、水利资产、水利机构和人员、水价、水文、勘测设计等方面的统计，更好地推动水利行业发展。

五是水利统计数据为及时准确的监测评估规划实施的状态提供依据。水利各种规划实施的效果如何，目标制定是否科学合理、政策是否对路有效，都需要通过大量的统计数据来反映。水利统计不仅能系统的反映水利规划的实施效果，对当前各地的水利发展状况是否符合规划要求进行监测，对违背规划的能及时地向决策机关发出预警信息，还可以根据收集到各类统计数据，评估规划编制的科学性和可行性，提供咨询意见。

二、支撑重大节水供水工程建设进度稳步推进

通过开展重大节水工程投资建设月报，收集各个项目的前期进展、计划下达、资金到位和完成情况，对全面掌握工程进展进度起到了关键作用，对监测信息、督促落实、调度资金发挥了基础作用。

各级水行政部门在利用重大节工程统计信息，定期召开工程月调度会议，加快建设进度中，其作法是按照分项目、分地区、分项目类型、分资金来源渠道进行统计，主要方法集中在以下三个方面：

一是进度监测。按照事先确定或者有关要求，对照目标是否实现和实现程度进行统计和计算，这些指标主要包括项目的开工率、项目下达率、资金到位率和完成率。以完成率进度为例说明，按照规定，重大项目投资完成率年底前要达到当年计划下达的95%以上，其他工程达到85%以上，只有达到这一标准才能说明完成任务。专报能提供所有项目这一数据值，使每个项目的进度一目了然。

二是公布排名。每次调度会对不同的确和不同项目类型的完成进度十分重视，也是调度的重要内容。通过对不同地区的完成进度的排名的公布，起到了加快进度的奖惩作用。同时对于进度较慢的地区，可以及时统筹资金使用，保证总体资金的完成情况。

三是典型说明。通过统计发现一些的确因为气候、管理方式等原因而导致的项目迟迟无法开工、资金落实不到位的地区和项目，就要进行专门的汇报和说明，并对下一步的对策、措施进行说明，这种调度方式对个别落后地区加快建设进度起到了积极作用。

三、支撑省级中央水利建设投资考核有序开展

近年来，通过目标和绩效考核实现上级对下级的考核已经成为行政管理的有效手段，而一般这种考核的依据之一就是来自各种统计数据，在水行政管理过程中，这一方法也得到较为广泛的应用。为了加快水利建设步伐，推进水利项目的顺利实施，加强了对省级水行政主管部门投资计划工作的考核，水利部于2012年出台了《中央水利投资计划执行考核办法》，决定每年对所有省（自治区、直辖市）和计划单列市组织开展3次定期中央投资计划执行考核工作，考核计算评分主要依托阶段性的定期月报统计数据和各专业对投资计划执行情况的日常工作的专家赋分，经加权平均计算后获得分数。

考核结果得到了规计司领导的高度重视，并在投资计划安排、前期项目审查审批、日

常管理工作中得到具体体现。2015 年、2017 年，根据新形势对《中央水利投资计划执行考核办法》进行修订和完善。从实际效果看，依靠通过统计数据的获取并在其基础上的测算结果开展考核对提高各地投资计划管理水平，提升各地水利建设项目管理水平发挥了重要作用。

四、支撑国家统计数据与核算顺利进行

每年向国家统计局有关部门提供水利统计报表 3 类 22 张，约 170 个统计指标的水资源利用、节约、保护的相关数据，为国家开展行业核算提供了有力支撑。

除了以上几个典型的统计数据应用的实例以外，统计数据在很多领域还发挥着作用。比如水利建设投资项目进度在国家审计部门审查项目建设进度时候，作为参考依据对具体实施项目的单位进行审计。又如水资源统计及全国水资源评价的成果对流域规划编制、水资源开发利用规划的约束作用。再如水价统计对农业综合水价改革的政策制定起到了重要作用。随着我国行政管理体制改革步伐不断加快、县级资金统筹力度加大等，统计工作将为各级政府和水行政主管部门实施行政职责、监督考核和制定政策发挥越来越重要的基础作用。

第四章 水利统计工作面临的形势和挑战

国家高度重视统计工作，2016 年、2017 年相继出台加强统计数据质量、防止和惩治统计数据造假、弄虚作假等一系列意见、办法等，对部门统计工作提出了更高要求。水利统计工作面临前所未有的挑战和机遇。

第一节 水利统计工作取得的成效

水利统计是水利部的一项基本职责，是水行政管理的一项重要基础工作，也是政府统计体系的重要组成部分。60 多年来水利统计从粗到细、从简到精、从点到面，不断发展壮大，取得了长足进步。

一、统计工作体系逐步完善

中华人民共和国成立之初，为了满足当时农田水利和水利建设需要，水利统计主要以农田水利和基本建设投资统计等为主，统计内容少，指标设置单一。随着水利事业的发展，为满足国家统计和水利发展与改革的需要，水利统计的领域不断拓宽，范围不断扩大，内容不断充实，指标体系不断完善，形式更加灵活。在统计领域上，由传统的建设投资统计逐步拓展到水资源开发、利用、节约、保护等多个领域，建立了相应的专业统计制度，满足了各专业管理的需要；在统计范围上，逐步由农村统计、部门统计扩大到城市统计、行业统计和社会统计的范畴，基本满足了水利部门开展行业管理和社会管理的需要；在统计内容上，指标设置更加配套，统计内容更加完整，基本满足了信息宣传、监督反馈和决策支持等方面的需要；在统计形式上，逐渐形成了常规统计报告、专项调查评价和临时性统计调查等多种统计形式灵活实施的新模式，基本满足了各专项水利工作对特定统计数据和深度统计数据的需求。通过 60 多年的不断发展，目前水利统计初步形成了以水利综合统计为核心，水利投资、防汛抗旱、水文监测、勘测设计、水资源管理、水土保持、农村水电、城市水务、水利人才、水政执法等专业统计并行发展的工作格局，基本满足了各方面对水利统计数据的需要。

二、水利统计管理日益规范

60 多年来，为组织做好全国水利统计工作，水利部门不断采取措施加强统计管理，保证了水利统计工作的规范性、严肃性和权威性，提高了统计工作的整体水平。一是加强水利统计的综合管理，不断改进统计工作模式，基本形成了行政部门主导、支撑机构承担、学术团体协作、各专业统计分工协作的工作架构。二是通过定期修订统计报表，不断明确统计口径、指标解释、计算方法、数据来源和审核验证等要求，制定了一系列统计工作标准和规范，逐步形成了较为完善的统计调查制度。三是通过理顺统计工作关系、明确职责和规范行为，不断完善统计工作管理制度和办法。尤其是1999年以来，水利部陆续制定和修订了《水利统计管理办法》和《统计责任人制度》等规定，2005年，正式发布了《进一步加强水利统计工作的指导意见》，2014年修订了《水利统计管理办法》，使水利统计工作的管理水平上了一个新台阶。四是通过宣传、培训、检查、评比、调研等形式，不断采取措施，加大对流域统计、区域统计和基层统计工作组织指导力度，保证了各项统计工作的贯彻落实和顺利开展。

三、统计信息化工作取得长足进步

60多年来，水利统计工作积极利用先进的数据处理和信息传输技术，不断提高统计工作的信息化水平，先后经历了手工填表、人工报送向计算机处理和网络传输的转变，在全国范围内初步建成了水利统计的信息化工作平台，实现了统计数据自动审核、超级汇总、集中管理和灵活查询等功能，统计工作效率和信息共享水平显著提高。尤其是近年来，通过建立水利统计的外网门户，加强了对统计法规制度、标准规范的宣传贯彻力度，扩大了统计工作者上下沟通交流的空间；通过在全国地县一级推广应用水利统计信息管理系统，显著提升了全国统计工作的整体水平；通过建立统计信息查询和展示系统，进一步提高了统计数据支撑服务的能力，水利统计工作的效率显著提高，信息化水平不断进步。

四、统计支撑作用逐步显现

60多年来，水利统计工作通过资料整编、统计分析、信息发布等形式为社会经济和水利事业发展提供大量的基础数据，初步形成了水利统计工作成果体系和信息发布系统，统计工作的逐步显现。一是通过定期编印统计公报、提要、年鉴等成果，逐步形成了统计信息的发布机制，更为全面、及时地反映了水利发展的基本情况，宣传了水利建设成就。正式出版的《全国水利发展统计公报》《中国水利统计年鉴》标志着水利统计服务在全面性、系统性和权威性等方面又上了一个新的台阶。二是水利统计信息纳入国家统计体系的内容越来越多，水利统计数据越来越受到社会各方面关注，已成为判断社会经济发展状况的重要参考。三是围绕水利中心工作，本着服务于水利发展与改革这一目标，不断加大水利统计分析力度，撰写了大量统计分析报告，摘编整理了大量与水利发展密切相关的社会经济数据，受到了水利部领导的肯定。四是为及时跟踪反映水利建设的最新进展，不断加大统计信息提供的频度，满足了国家发展改革委、财政部、国家统计局等宏观经济管理部门的需要。

第二节　国家统计对水利统计工作的形势及要求

随着我国发展进程的不断加快，我国经济高速发展，社会不断进步，党和政府高度重视统计工作，对统计工作的要求也越来越高。近一段时期以来，国家层面的统计新形势对水利统计工作提出了一系列新要求。

一、国家对统计质量的新要求

党的十八大以来，以习近平同志为核心的党中央高度重视统计工作和统计数据质量，党的十九大报告明确提出要“完善统计体制”。习近平总书记就加强和改进统计工作做出了一系列讲话指示和批示，从树立正确的政绩观发展观速度观、完善创新发展成果考核评价、防范和惩治统计造假弄虚作假、提高统计数据科学性准确性、强化部门统计责任和提高统计人员职业素养、搞好调查研究等十个方面提出了关于统计工作的新思想新理念新方法，先后主持召开中央全面深化改革领导小组第 14 次、第 27 次、第 28 次和第 36 次会议，审议通过了《关于深化统计管理体制改革提高统计数据真实性的意见》《统计违纪违法责任人处分处理建议办法》等 6 个重要统计改革文件。习近平总书记深刻指出，统计是社会经济发展的基础性工作，是宏观调控的重要依据，数据真实准确调控才能准确有效；统计数据造假，不仅误导决策，而且透支党和政府的公信力，必须从上到下、自始至终防范统计造假弄虚作假；统计既要着力去水分，又要避免漏统。李克强总理多次就坚持实事求是、确保数据真实准确完整及时、深化统计改革创新、提高统计服务水平提出明确要求，先后上百次做出重要批示，明确要求国家统计局会同相关部门认真落实习近平总书记批示精神。张高丽副总理多次对统计改革发展做出具体部署，对统计工作做出重要批示上百次，2017 年还专门到国家统计局调研考察统计工作并召集相关部门负责人座谈，明确提出部门负责人都要对相关部门统计数据的真实性负责。

二、十三五统计改革的新要求

国家统计局印发了《“十三五”时期统计改革发展规划纲要》（国统字〔2016〕152 号），提出统计工作要适应新常态、新形势、新要求，要从统计观念、制度方法、机制体制、服务能力等方面加快推进统计现代化建设。对于部门统计，纲要提出了具体而明确的要求。一是科学设立部门统计调查项目，水利统计调查项目和统计指标体系的建立要更加科学合理，统计调查项目的审批备案工作要更加严格规范。二是严格部门统计调查组织实施，要求水利统计工作要严格按照调查制度开展，确保填报数据真实可靠准确，必须建立程序规范的统计质量控制体系。三是规范部门数据公布，要求进一步加大数据公开力度，并对公布时间、数据的来源渠道和数据采集样本量都要同时予以说明。四是加强部门统计基础，要求全面夯实统计业务基础，加大信息技术在水利统计工作中的运用，并进一步加强水利统计队伍建设。

三、统计数据真实性的新要求

2016年年底，中共中央办公厅、国务院办公厅联合印发了《关于深化统计管理体改革提高统计数据真实性的意见》(简称《意见》)，水利部及时转发，并结合水利统计工作，从提高认识、健全问责机制、坚持依法统计、夯实工作基础、加强监督检查考核、加强重大统计问题研究6个方面提出了贯彻落实的要求。这个《意见》意义重大，是统计上贯彻落实习近平总书记等中央领导同志重要讲话指示精神、做好新形势下统计工作的纲领性文件；《意见》从党和国家事业全局出发，对当前和今后一个时期统计工作做出了全面部署，在统计发展史上具有重要里程碑意义。《意见》提出了一系列改进和提高统计数据质量的政策措施，提出了“三个健全”，即要健全领导干部的政绩考核机制和问责制度，要健全统一领导、分级管理的统计管理体制，要健全数据质量的责任制；提出“三个加强”，即加强统计执法力度和统计执法队伍建设，加强干部队伍建设，加强统计方法制度的改革与创新。如何学习把握和贯彻落实《意见》精神、全面提升水利统计数据质量，每一个水利统计工作者和责任人员，都需要深入思考、勇于践行。大家在工作之余，要认真反思每年、每月报送的统计数据质量到底如何，确保数据真实性方面的制度、措施、办法、标准是否健全，在统计工作中是否严格执行了《中华人民共和国统计法》等统计法律法规的各项要求。

四、对统计责任人的新要求

2017年9月，中共中央办公厅、国务院办公厅联合印发了《统计违纪违法责任人处分处理建议办法》(简称《办法》)，对统计违纪违法行为的发现、调查、行政处罚、案件移送进行了程序性规定，明确了责任单位领导人员、统计机构及有关部门责任人员、统计调查对象、统计检查对象等违纪违法行为的认定标准。《办法》还明确提出要依法坚决反对和惩治任何形式的统计违纪违法行为，对统计造假、弄虚作假实行零容忍，发现一起、查处一起，依法依规严肃追究相关单位和人员责任；明确要求统计机关发现违法行为，要依据《中国共产党纪律处分条例》和党内有关规定、《中华人民共和国统计法》及其实施条例、《行政机关公务员处分条例》等法律法规进行立案调查，并及时将调查取证结果和处分建议，向上级统计机构、同级党委政府、纪检监察机关、组织人事部门报告，相关部门要在6个月内给出处理结果。可见，中央打击统计违纪违法行为的决心前所未有，查处力度之大、惩罚之严前所未有。随着水利改革发展越来越受到社会各方面高度关注，水利统计的数据风险和压力大增，任何统计失误都可能带来恶劣影响。因此，今后水利部将会严格贯彻落实中央有关指示精神，依法依规、严密监控、严肃惩治统计弄虚作假和违纪违法行为，并主动与国家统计局开展联合统计执法检查，确保依法统计、规范统计、真实统计。

第三节　经济社会和水利改革发展的新形势

新时期我国行政管理体制改革，经济社会发展战略，以及水利新思路、新任务和新发展，都对水利统计工作提出了一系列新的要求。具体来说，主要包括以下几个方面。

一、政府职能转变逐步加快

加快转变政府职能是推进行政体制改革的重要内容，政府职能的转变对水利统计工作提出了新的要求。一是政府的精细化管理不仅要求政府要管什么，怎么管，而且还要知道管多少，管到什么程度，才能最大限度地发挥政府资源，获得最大的行政收益，这就必须要求统计准确、定量地反映政府职能转变的效果。二是我国中央地方事权划分不断深化，中央财政用于转移地方支付的规模不断增加，客观上要求弄清这些资金项目的基本情况、项目的建设进度、资金的使用效率等，要求统计必须及时跟进、实时跟踪。三是投资绩效管理的评估和后评价已经成为项目投资管理的重要组成部分，水利项目同样如此，这就要求水利统计工作必须建立科学合理的动态水利统计制度，加强收集数据整理，为科学客观评价资金使用效果提供基本依据。四是社会管理职能的加强要求政府行政管理部门必须掌握经济社会、社会组织等情况，水行政社会管理也必须要求通过统计手段掌握涉水经济行为的结果，各种基层用水组织行为，以利于更好地管好、用好水资源。

二、国家经济社会发展战略的实施

当前我国实施多项国家发展战略涉及水利工作的方方面面，需要水利统计不断改革创新完善，给予积极有力支撑。一是贯彻落实《中共中央国务院打赢脱贫攻坚战的决定》的精神，要求水利统计必须精准，全面准确地反映水利扶贫的投资进展、能力效益形成，解决因水致贫人员及其脱贫情况。二是落实京津冀协同发展、长江经济带建设重大战略部署、东北地区振兴的地区发展战略，要求水利统计全面反映水利支撑地区发展战略的投资、水资源支撑、用水规模和强度管理的重要内容。三是充分发挥以水定城、以水定产定发展的重要决策，要求水利统计必须反映城市建设布局、各行业生产用水以及居民用水等情况。四是我国城市化的快速发展，要求水利统计应及时反映用水总量和用水结构的变化，反映城市化进程对水源工程、供水规模、结构、饮水安全等方面的需求。

三、新时期水利新方针新思路的贯彻落实

党的十八大以来，党和国家继续对水利工作给予高度重视。习近平总书记从全面建成小康社会、实现中华民族永续发展的战略高度，提出了“节水优先、空间均衡、系统治理、两手发力”的新时期治水方针，对保障国家水安全做出重大部署，要求统筹做好水灾害防治、水资源节约、水生态保护修复、水环境治理等工作。水利部积极践行新时期治水方针，以全面落实最严格水资源管理制度、推进节水型社会建设、加快民生水利和172项节水供水重大水利工程为重点，围绕水生态文明建设、水利基础设施网络建设和全面深化水利改革等工作，加快从控制洪水向洪水管理转变，加快从水资源开发利用为主向开发保护并重转变，加快从粗放用水向节约用水转变，加快从供水管理向需水管理转变，加快从局部治理向系统治理转变，加快从局部水生态治理向全面建设水生态文明转变，加快从注重行政推动向坚持两手发力、实施创新驱动转变。如何及时准确监测反映这些转变及其带来的新情况，如何准确研判这些转变过程中水利发展呈现的阶段性、趋势性特征，如何准确揭示这些转变过程中水利发展遇到的风险隐患，都给水利统计带来前所未有的挑战。面

对新时期、新形势、新挑战，实施多年的水利统计制度尤其是水利综合统计制度已存在许多不适应的地方，要求改进完善的呼声越来越多、越来越大，因此加快水利统计制度方法改革在所难免，势在必行。

四、水利发展“十三五”规划的开展

国务院即将印发的《全国水利发展“十三五”规划》，明确了“十三五”期间水利改革发展的主要目标和任务，要求必须有针对性地加强“十三五”重点领域的统计工作。一是加强水利投资资金来源统计工作。能否实现“十三五”时期全国水利投资规模规划2.43万亿元的目标，或者实现程度如何，都要求必须做好水利建设投资统计工作，特别是加强对172项重大水利工程的专项统计，科学设定统计范围、统计口径，不断增强统计时效性，满足各方面工作的需要。二是做好工程建设进展情况统计。在大规模水利建设的大背景下，要重点加强工程建设进展和发挥效益的统计，加强对农村自来水普及率、农村集中式供水人口比例、农田有效灌溉面积、高效节水灌溉面积以及水利工程供水能力等指标的统计，跟踪和掌握水利发展的速度与效益。三是加强约束性指标的统计工作。“十三五”规划中设定了很多约束性和预期性指标，比如万元工业增加值用水量、农田灌溉水有效利用系数以及其他水资源利用效率和效益的指标等，要加强最严格水资源制度管理，加强不同流域和区域农业用水效率、工业用水效率的统计分析，科学评价节水的效益，为制定相关政策提供依据。四是加强行业能力建设的统计工作。要重点加强水利服务业、水利信息化、水利资产、水利机构和人员、水价、水文、勘测设计等方面的统计，更好地推动水利行业发展。

五、水利管理改革的不断深化

随着深化水利改革进入攻坚阶段，许多改革事项时间紧、头绪多、要求高，抓谋划、抓统筹、抓落实的任务十分繁重，对水利统计工作提出了更高要求。一是改革方案制定需要水利统计打好基础。比如，在制定水流产权确权试点方案时，必须通过大量细致深入的统计工作，掌握水资源和水域、岸线等水生态空间的分布现状，为划定水生态空间范围、确定权属等提供决策依据。在编制水资源资产负债表过程中，也需要通过开展统计工作，摸清水资源的家底及变动情况。二是改革推进落实需要水利统计提供支持。政策方案出台后，关键在于抓落实，见实效。对于创新水利投融资机制、农业水价改革、水权制度建设等一些改革事项，需要对水利投资规模和结构、水资源利用效率和效益等一些数据指标进行动态跟踪，及时掌握改革的进展和成效，分析改革中存在的问题，发挥好督促落实的作用。三是改革考核评估需要水利统计做好支撑。比如，在最严格水资源管理制度考核中，要求对用水总量、用水效率、水功能区限制纳污等控制指标进行全面、精确的统计，特别是随着水资源情势不断变化，要求水利统计工作不断完善统计制度、改进调查方式方法，更加客观、科学反映各地水资源的开发利用状况。总的来说，面对改革的新形势新要求，水利统计工作必须进一步提高认识、明确目标、抓住重点，结合水利改革实际特点，切实做好数据统计分析工作，为水利改革持续深入推进提供有力支撑。

第四节　水利统计工作存在的问题和挑战

与我国水利事业快速发展，面临的一系列新形势、新要求相比，水利统计工作仍存在诸多不适应的地方，还存在一些亟待解决的问题。

一、水利统计数据质量有待进一步提高

随着社会经济的发展，对水利统计数据的准确性、全面性、及时性、权威性不断提高。而目前，水利统计工作在民生水利、严格水资源管理等方面还存在空白点，尚不能满足新时期加快水利发展、强化水利管理的要求；一些省份的统计数据随意性和倾向性非常明显，有时连续两期的报表数据跳跃性很大，数据质量不高，造成大量统计数据利用率低。随着全社会对统计诚信要求的提高，水利统计数据的权威性和统计公信力面临挑战。

二、水利统计制度化建设有待持续完善

尽管在水利统计制度建设方面，水利部已出台《水利统计管理办法》，修订了《水利统计报表制度》，并按照国家统计局规定，已有 4 套水利统计调查制度得到审批，4 套得到备案。但在水利统计调查制度整合、工作制度建设等方面仍存在薄弱环节。当前，水利统计调查制度仍以全面调查为主，对特殊指标的调查方式无区分度，抽样调查开展不够；各水利专业的统计调查制度较为分散，统计指标的设置存在交叉矛盾、不科学、不规范等现象，在实际运用中的操作性有待加强；缺少水利统计数据质量控制、工作方法等制度，不利于统计工作的顺利开展。

三、基层水利统计队伍建设有待不断加强

部分地区的统计机构、统计人员尚不能有效保障统计工作顺利开展，尤其是水利基层单位统计队伍不稳定，统计人员的整体素质还有待提高。此外，基层水利统计人员流动性增强，每年面临新老统计人员交替的问题，目前尚未形成完善的统计人员培训制度和人员工作保障制度；随着统计任务不断加强，统计事业发展对统计人员的需要和基层统计人才储备不足之间的矛盾日益突出。

四、水利统计信息系统有待逐步优化

信息化平台建设在水利统计工作中得到广泛应用，但多套水利统计信息系统并行，系统之间数据不能相互共享与兼容，统计信息技术的适用性和有效性不能得到有效发挥，给基层水利统计人员加重工作负担，影响工作效率和数据质量。此外，水利统计数据在信息系统中的表现形式过于单一，统计数据与空间信息匹配度不够，信息系统操作灵活性和适应性仍需提高，大数据时代的理念与思路未能体现等一系列问题需要在今后逐一解决。

第五节 水利统计工作的发展方向及重点任务

水利统计是水利改革发展重要的基础性工作，是推动中央治水兴水决策部署落到实处的重要依据和基础支撑。做好新时期水利统计工作，必须以实际行动落实党的十九大精神，紧紧围绕“四个全面”战略布局推动水利统计改革创新，为加快水利改革发展和实现“两个一百年”奋斗目标提供更加有力的基础支撑。

一、紧紧围绕全面建成小康社会奋斗目标，加快健全水利统计监测体系

党的十九大报告再次宣示了到2020年全面建成小康社会、实现第一个百年奋斗目标的郑重承诺和坚定决心，进一步做出了从2020年到21世纪中叶“两步走”的战略步骤安排。决胜全面建成小康社会，建设现代化经济体系，提高保障和改善民生水平，建设美丽中国，对水利工作提出了一系列新任务和更高要求。水利统计要充分发挥“计量仪”和“风向标”作用，加快构建健全完善的“三大”统计监测体系，全方位、多角度、及时反映水利工作进展及成效，为治水兴水科学决策提供更加有力的参考依据和数据支持。

一是抓紧建成水利扶贫统计监测体系。党的十九大报告将精准脱贫列为决胜全面小康社会必须打好的三大攻坚战之一，强调确保到2020年，我国现行标准下农村贫困人口实现脱贫，贫困县全部摘帽。水利扶贫是我国扶贫开发事业的重要组成部分，目前已形成行业扶贫、定点扶贫、片区联系、对口支援、老区建设“五位一体”的水利扶贫工作格局。水利统计应抓紧建成和完善水利扶贫统计监测体系，利用数据及时跟踪水利扶贫工作全过程，及时反映水利投资对于全面建成小康社会和脱贫攻坚的支撑作用，促进贫困地区如期实现脱贫目标。

二是丰富完善水利基础设施统计监测体系。党的十九大报告把水利摆在九大基础设施网络建设的首位，作为深化供给侧结构性改革的重要内容，充分凸显了水利的重要战略地位。建设现代化经济体系，推动“四化”同步发展，实施乡村振兴、区域协调发展、可持续发展等重大战略，也要求加快完善水利基础设施网络，全面提升水利支撑保障能力。要重点围绕实施乡村振兴战略等对水利基础设施网络建设提出的新要求，研究提出新的统计监测内容和指标，进一步完善水利基础设施统计监测体系，全面、客观地反映水利基础设施建设进展和成效，更加精准有力地发挥水利在稳增长、保就业、惠民生中的重要支撑作用。

三是建立健全水生态文明统计监测体系。党的十九大报告将建设美丽中国作为“第二个百年”奋斗目标的重要组成，强调要牢固树立社会主义生态文明观，推动形成人与自然和谐发展现代化建设新格局。报告明确提出实施国家节水行动、实施重要生态系统保护和修复重大工程、健全河流湖泊休养生息制度等，对水生态文明建设提出了新任务和新要求。建立健全水生态文明统计监测体系，将党的十八大以来特别是党的十九大报告中提出的新任务纳入统计监测范围，及时、准确反映水生态文明建设方面的工作进展和成效，充分发挥水利在经济社会发展促改革、调结构中的先行引导作用，为建设美丽中国、实现人与自然和谐共生提供更加全面的水利支撑。

二、紧紧围绕全面深化改革战略部署，不断提高水利统计服务能力和水平

党的十九大报告再次做出坚持全面深化改革的明确宣示，充分展现了中国共产党将改革进行到底的坚定信心和强大决心。中央高度重视统计工作及统计改革工作，党的十九大报告明确提出要“完善统计体制”，习近平总书记先后4次主持召开中央全面深化改革领导小组会议，审议通过《关于深化统计管理体制改革　提高统计数据真实性的意见》等6个统计改革重要文件。贯彻落实党的十九大精神和中央深化统计改革总体部署，要紧密结合水利改革发展需求和水利统计工作特点，稳步推进水利统计管理体制改革，创新应用统计先进技术手段，强化发挥统计支撑和引领作用，不断提高统计服务能力和水平。

一是稳步推进水利统计管理体制改革。严格实施好各项水利统计监测调查，健全水利统计工作监督检查机制，构建深化水利统计改革创新的长效机制，完善统一领导、分级负责的统计管理体制。

二是创新应用统计先进技术手段。充分利用大数据、云计算、物联网、移动互联等现代信息技术，加快推进水利信息化建设和统计技术创新，拓展水利统计基础数据采集手段和范围，推动多源水利数据资源共享和深度融合，加快“数字水利”向“智慧水利”转变进程。

三是强化发挥统计支撑和引领作用。围绕水利中心工作特别是全面推行河（湖）长制等重大改革任务推进情况，切实加强水利统计数据加工、解读与分析，将统计数据变为领导急需的、解渴的决策支持信息和依据，用更加全面准确的水利统计数据系统、客观、科学地反映加快水治理体系和治理能力现代化成效。

三、紧紧围绕全面依法治国基本方略，持续推进水利统计法治化建设进程

党的十九大报告指出，全面依法治国是国家治理的一场深刻革命，必须坚持厉行法治，推进科学立法、严格执法、公正司法、全民守法。党的十八大以来，中央高度重视统计立法与执法工作，国务院颁布实施《统计法实施条例》，中共中央办公厅、国务院办公厅联合印发《统计违纪违法责任人处分处理建议办法》，国家统计局成立统计执法监督局，全面依法统计工作开启新的征程，对做好水利统计工作也提出了明确要求。贯彻落实中央全面依法治国基本方略和对依法统计工作的总体部署要求，结合水利工作实际，以水利统计调查项目制定、统计实施过程监督、统计数据质量评估等为重点，持续推进水利统计法治化建设进程。

一是依法制定实施水利统计调查制度。制定科学、规范的水利统计调查制度，是实施依法统计的首要前提。目前，水利部通过国家统计局审批或备案的水利统计调查项目仅有水利综合统计报表制度、水利建设投资统计报表制度等8项，包括水资源公报在内的多项数据调查工作主要依据国家有关标准或行政协调等方式开展，缺乏《中华人民共和国统计法》的支持和保障。下一步，应在已有工作基础上，尽快研究制定水资源等统计调查制度，按规定程序报国家统计局批准后实施。

二是探索建立水利统计工作巡查制度。水利统计作为部门统计，不具备统计执法职

能，但从行业管理和监督角度，应自上而下加强检查、指导和督促工作。可率先在水利部层面探索建立水利统计工作巡查制度，组织有关流域机构和省级水利部门统计专家成立非常设、成员动态调整的工作组，每年分批次、分组开展覆盖全国所有省份的水利统计工作巡查，对地方水利部门依法统计工作开展情况进行全面“诊断”，对存在问题开出纠偏“药方”，保障和推动水利统计工作永远在依法轨道上良性运行。

三是建立健全水利统计考核评估制度。近几年，在水利部组织开展的中央投资计划执行考核及月调度等工作中，水利统计发挥了重要支撑作用；与此同时，对统计工作规范性、及时性特别是统计数据的真实性等也提出了新的更高要求。要结合水利统计工作巡查制度实施，围绕提高统计数据质量与支撑能力目标，建立健全水利统计工作考核与统计数据质量评估制度，将水利统计工作考核结果纳入中央投资计划执行考核指标体系，并与重点水利项目审批、水利投资计划安排等挂钩；对统计数据质量评估差的地区实行“一票否决”，直接认定为考核不合格。

四、紧紧围绕全面从严治党战略要求，着力加强水利统计人才队伍建设

党的十九大报告提出了新时代党的建设总要求和把党的政治建设摆在首位、建设高素质专业化干部队伍等八个方面的重点任务，充分彰显了坚定不移全面从严治党的意志决心。水利统计是专业性较强的重要基础性工作，日常工作稍显枯燥但意义重大、使命光荣。作为合格的水利统计人员，不仅要求具备较好的业务素质，还应具有强烈的责任感和使命感。贯彻落实全面从严治党要求，要通过思想引领、业务培训、严格奖惩等措施，努力打造一支思想认识水平高、业务能力强的水利统计队伍，为做好新时代水利统计工作和更好支撑水利改革发展提供坚强队伍保障。

一是加强中央决策部署宣贯力度。督促各级水行政主管部门领导深刻认识水利统计工作的重要性和严肃性，增强大局观，配强统计力量，牢固树立“四个意识”，不断增强提高统计数据质量和真实性的责任感紧迫感、自觉性坚定性，夯实基础数据来源，规范现有统计审核机制，提高数据质量。

二是加强水利统计业务培训力度。全面加强基层统计人员培训，把全国轮训和重点地区培训相结合，网络培训和现场培训相结合，课堂讲解和实际操作培训相结合，全面提高基层水利统计数据质量和服务水平；打造一支高素质专业化的国家级骨干队伍，充分发挥流域和省级统计业务骨干作用，更加有效地培养和整合研究主力，提升统计可持续发展后劲。

三是加强统计违法违纪问题处罚力度。按照中央有关规定要求，制定水利统计违法违纪行为处分办法实施细则，细化明确对各类水利统计违法违纪行为的处分规定，使认定标准更加具体和有操作性、处分措施更有针对性和震慑力。对巡查发现、地方举报核实的水利统计违法违纪问题，通过通报等多种方式进行处罚，对问题严重涉及违法的，移送司法机关进行处理。落实各种问责的具体实施办法，将确保统计数据真实可靠纳入依法行政、依法履职责任范围。

水利统计是水利改革发展的重要基础性工作，统计数据是推进水利治理体系和治理能力现代化的重要基础。迈进新时代、开启新征程，水利统计工作必须以党的十九大精神为

统领，把思想和行动统一到习近平新时代中国特色社会主义思想上来，紧紧围绕“四个全面”战略布局总体要求，深刻把握水利改革发展的新目标新任务新要求，推动水利统计工作不断迈上新台阶，为实现“两个一百年”奋斗目标、实现中华民族伟大复兴的中国梦提供更加扎实的统计数据保障。

第二篇　政策法规篇

本篇主要梳理介绍水利统计相关的法律、国家重要文件、水利部门文件以及水利统计相关标准规范，分析与水利统计密切相关的内容及要求影响。

第五章 《中华人民共和国统计法》与《中华人民共和国统计法实施条例》

以习近平为核心的党中央高度重视统计工作和完善统计法律法规。2009 年 6 月 27 日，十一届全国人大常委会第六次会议审议通过了新的《中华人民共和国统计法》（简称《统计法》），并于 2010 年 1 月 1 日起施行。国务院总理李克强签署国务院令，《中华人民共和国统计法实施条例》（简称《实施条例》）于 2017 年 8 月 1 日起施行。《统计法》和《实施条例》的制定，积极适应了我国经济社会发展需要，认真总结改革开放特别是党的十八大以来统计改革发展实践经验，着眼于提高统计运行效率、数据质量和服务水平，明确了许多重大统计规则，对于增强统计工作的科学性、规范性，提高统计资料真实性、准确性，充分发挥统计在推进国家治理体系和治理能力现代化中的重要作用，为国家宏观调控和科学决策提供扎实的统计保障，具有重大而深远的影响。本章详细阐述《统计法》和《实施条例》的相关背景与内容。

第一节 《统计法》出台背景与内容

2009 年 6 月 27 日，十一届全国人大常委会第六次会议审议通过了新的《统计法》，对 1983 年制定、1996 年修正的《统计法》进行了全面修订，并于 2010 年 1 月 1 日起施行。《统计法》再次修订，呈现出新的亮点。

一、《统计法》的出台背景

十一届全国人大常委会第九次会议通过了修订后的《统计法》。这是一部在社会主义市场经济体制下能够比较有效地组织统计工作的《统计法》，是一部能够基本保障统计数据真实可信的《统计法》，也是一部基本符合国际通行统计规则的《统计法》。

2009 年 6 月 1 日和 24 日全国人大法律委员会全体会议对《统计法》修订过程稿的审议。这次修订《统计法》一个大的背景就是我国实行社会主义市场经济体制，从 1996 年修改《统计法》之后，社会主义市场经济体制不断完善，体制的基本框架已经建立了。在社会主义市场经济体制条件下，怎么科学、有效地组织统计工作，面临着很多挑战。现行法律的很多规定不太适应当前发展的形势，在市场经济条件下从事统计工作和在原来计划体制条件下从事工作是完全不同的，1996 年修改《统计法》时，市场经济体制刚刚提出来，发展还不充分，在那种情况下修改的统计法背景和现在是不一样的。

目前，各种利益主体多元化，每种利益主体都有不同的利益考量和诉求。特别是随着市场经济体制的发展，我国的统计工作越来越重要，在认识国情、反映国力、把握国势和国家的决策管理中发挥着更加重要的作用。不仅如此，在科学研究特别是经济研究中，在广大公民的日常生活中，统计数据也越来越重要。比如说选择职业，统计数据是一个很重要的参考。

我国对外开放程度越来越高，国际交往越来越密切，我国的经济总量也越来越大，在国际经济舞台的分量也越来越重。中国的统计对全球的影响也越来越大，所以中国统计数据的质量、重要性更加突出。同时，在市场经济体制条件下，统计工作的难度越来越大。调查对象不配合的情况比以往更多了。由于统计数据越来越重要，和各种利益主体的关系也更加密切，他们干预统计数据的动机更强了。怎么通过修订《统计法》，建立更加有效的预防和惩治在统计上弄虚作假的法律制度，就成为当务之急的事情。

2003—2005 年，在全国人民代表大会上就有甘肃、安徽、江苏、浙江代表团中的 30 名以上的人大代表联名提出建议修改《统计法》的议案。2004 年 11 月，全国人大常委会又组织开展了对统计法执行情况的检查。2005 年 4 月 26 日，蒋正华副委员长向全国人大常委会做了检查情况报告。这份报告提出，现在统计工作中的很多问题都与统计法的不完善有关，建议全国人大常委会修改统计法。蒋正华副委员长报告以后，国务院领导非常重视。

温家宝总理、华建敏国务委员很快就做出批示，要求国务院法制办、国家统计局抓紧修订统计法。2005 年 5 月 11 日，国家统计局党组召开扩大会议，决定正式启动统计法的修订工作，成立了统计法修订领导小组和工作小组，并向全社会发布公告，征求各方面对修订统计法的意见，这样统计法修订工作就正式启动了。经过 4 年多的努力，《统计法》经第十一届全国人大常委会第九次会议通过。

二、统计法的内容

新《统计法》共分七章五十条，与旧《统计法》相比，在统计违法行为名称及其法律适用等方面都有了很大的变化。

（一）将保障统计资料的真实性、完整性列入立法目的

第一条中，明确了立法的目的。一是科学、有效地组织统计工作；二是保障统计资料的真实性、准确性、完整性和及时性；三是发挥统计在了解国情国力、服务经济社会发展中的重要作用。

（二）规定了统计法的适用范围

第二条中，规定本法适用于各级人民政府、县级以上人民政府统计机构和有关部门组织实施的统计活动。

统计活动分为三类：一是政府统计，主要是为了了解国情国力；二是民间统计，主要是了解某一方面或某一行业的情况，大多为了商业目的；三是单位内部统计，主要是了解单位内部情况。统计法中规定的适用范围属于第一类。

（三）规定了统计机构和统计人员的权利

（1）关于保障统计机构和统计人员依照统计法独立行使统计调查、统计报告、统计监

督的职权不受侵犯。在第六条做了总则性的规定。一是独立行使，任何单位和个人不得拒绝、阻碍、不得违法进行干预；二是不受侵犯，任何单位和个人不得对依法履行职责或者拒绝、抵制统计违法行为的统计人员打击报复。

（2）关于统计机构对统计调查项目的审批权。在第十二条做了规定。一是国家统计调查项目，报国务院备案，重大的国家统计调查项目报国务院审批。二是部门统计调查项目，统计调查对象属于本部门管辖系统的，报国家统计局备案；统计调查对象超出本部门管辖系统的，报国家统计局审批。三是地方统计调查项目，由省级人民政府统计机构单独制定或者和有关部门共同制定的，报国家统计局审批；由省级以下人民政府统计机构单独制定或者和有关部门共同制定的，报省级人民政府统计机构审批；由县级以上地方人民政府有关部门制定的，报本级人民政府统计机构审批。

（3）关于统计人员进行统计调查时的权利。在第三十条进行了规定。一是询问权，统计人员进行统计调查时，有权就与统计有关的问题询问有关人员；二是要求其如实提供有关情况、资料的权利；三是要求其改正不真实、不准确的资料的权利。

（4）关于统计机构的执法权。在第三十三条进行了规定。一是国家统计局组织管理全国统计工作的监督检查，查处重大统计违法行为；二是县级以上地方人民政府统计机构依法查处本行政区域内发生的统计违法行为；三是国家统计局派出的调查机构组织实施的统计调查活动中发生的统计违法行为，由组织实施该项统计调查的调查机构负责查处；四是法律、行政法规对有关部门查处统计违法行为另有规定的，从其规定，包括在第三十七条、第四十一条、第四十二条、第四十四条中规定行政处罚权、在第四十三条规定行政处分建议权等。

（5）关于统计机构在进行监督检查时的权利。在第三十五条进行了规定。一是发出统计检查查询书，向检查对象查询有关事项的权利；二是要求检查对象提供有关原始记录和凭证、统计台账、统计调查表、会计资料及其他相关证明和资料的权利；三是就与检查有关的事项询问有关人员的权利；四是进入检查对象的业务场所和统计数据处理信息系统进行检查、核对的权利；五是经本机构负责人批准，登记保存检查对象的有关原始记录和凭证、统计台账、统计调查表、会计资料及其他相关证明和资料的权利；六是对与检查事项有关的情况和资料进行记录、录音、录像、照相和复制的权利。

（四）统计机构和统计人员的义务与责任

（1）关于统计资料保密义务。在第九条、第二十五条中进行了规定。一是国家秘密、商业秘密和个人信息，应当予以保密；二是统计调查中获得的能够识别或者推断单个统计调查对象身份的资料，任何单位和个人不得对外提供、泄露，不得用于统计以外的目的。

（2）关于统计资料公布义务。在第二十三条中进行了规定。县级以上人民政府统计机构按照国家有关规定，定期公布统计资料。国家统计数据以国家统计局公布的数据为准。

（3）关于统计资料公开义务。在第二十六条中进行了规定。县级以上人民政府统计机构和有关部门统计调查取得的统计资料，除依法应当保密的外，应当及时公开，供社会公众查询。

（4）关于如实搜集、报送统计资料的义务。在第二十九条中进行了规定。统计机构、统计人员应当依法履行职责，如实搜集、报送统计资料，不得伪造、篡改统计资料，不得以任何方式要求任何单位和个人提供不真实的统计资料，不得有其他违反本法规定的行为。

(5) 关于统计资料一致性负责的义务。在第二十九条中进行了规定。统计人员应当坚持实事求是，恪守职业道德，对其负责搜集、审核、录入的统计资料与统计调查对象报送的统计资料的一致性负责。

(五) 对领导人的禁止性规定和法律责任

(1) 三个“不得”。在第六条中进行了规定。地方各级人民政府、政府统计机构和有关部门以及各单位的负责人，不得自行修改统计机构和统计人员依法搜集、整理的统计资料，不得以任何方式要求统计机构、统计人员及其他机构、人员伪造、篡改统计资料，不得对依法履行职责或者拒绝、抵制统计违法行为的统计人员打击报复。

(2) 法律责任。在第三十七条、第三十九条中进行了规定。

(六) 对统计调查对象的义务性规定

报送统计资料时的义务和不履行义务的法律责任，在第七条中进行了规定。国家机关、企业事业单位和其他组织以及个体工商户和个人等统计调查对象，一个“必须”：必须依照本法和国家有关规定，真实、准确、完整、及时地提供统计调查所需的资料；两个“不得”：不得提供不真实或者不完整的统计资料，不得迟报、拒报统计资料。法律责任在第四十一条中进行了规定。

配合统计监督检查时的义务和法律责任，在第三十六条中进行了规定。一个“应当”：有关单位和个人应当如实反映情况，提供相关证明和资料；两个“不得”：不得拒绝、阻碍检查，不得转移、隐匿、篡改、毁弃原始记录和凭证、统计台账、统计调查表、会计资料及其他相关证明和资料。法律责任在第四十一条中进行了规定。

(七) 统计违法行为分类

《统计法》根据违法主体的不同，将统计违法行为分为三类。

一是地方人民政府、政府统计机构或者有关部门、单位的负责人的统计违法行为。在第三十七条中进行了规定。自行修改统计资料的行为；编造虚假统计数据的行为；要求伪造资料的行为；要求篡改统计资料的行为；打击报复统计人员的行为；对严重统计违法行为失察的行为。这 6 种统计违法行为的责任主体是地方人民政府、政府统计机构或者有关部门、单位的负责人。有上述 6 种行为之一的，由任免机关或者监察机关依法给予责任主体处分，并由县级以上任免政府统计机构予以通报。

二是统计调查者的统计违法行为。在第三十八条、第三十九条、第四十条中进行了规定。统计调查者的统计违法行为主要包括 10 种：擅自组织实施统计调查的行为；擅自变更统计调查制度的内容的行为；伪造、篡改统计资料的行为；要求统计调查对象或者其他机构、人员提供不真实的统计资料的行为；未按照统计调查制度的规定报送有关资料的行为；违法公布统计资料的行为；泄露商业秘密、个人信息的行为；提供、泄露在统计调查中获得的能够识别或者推断单个统计调查对象身份的资料的行为；违反国家有关规定，造成统计资料毁损、灭失的行为；泄露国家秘密的行为。

三是统计调查对象的统计违法行为。在第四十一条、第四十二条、第四十四条中进行了规定。统计调查对象的统计违法行为主要包括 8 种：拒绝提供统计资料或者经催报后仍未按时提供统计资料的行为；提供不真实或者不完整的统计资料的行为；拒绝答复或者不如实答复统计检查查询书的行为；拒绝、阻碍统计调查、统计检查的行为；转移、隐匿、篡改、毁弃或者拒绝提供原始记录和凭证、统计台账、统计调查表及其他相关证明和资料的行为；迟报统计资料的行为；未按照国家有关规定设置原始记录、统计台账的行为；提供不真实或者不完整的普查资料的行为。

（八）实施行政问责制

在第三十七条中进行了规定。责任的主体是地方人民政府、政府统计机构或者有关部门、单位的负责人；问责的行为是对本地方、本部门、本单位发生的严重统计违法行为失察的；问责的机关和责任是人民机关或者监察机关依法给予处分、县级以上人民政府统计机构予以通报。

（九）强化了监督检查和执法机制

一是有关部门的协助义务，在第三十四条中进行了规定，县级以上人民政府有关部门应当积极协助本级人民政府统计机构查处统计违法行为，及时向本级人民政府统计机构移送有关统计违法案件材料。

二是统计机构的检查措施，在第三十五条中进行了规定，包括六项措施：查询、检查、询问、核对、保存证据以及取证。

三是统计机构的处分建议权，在第四十三条中进行了规定，对象是有关国家工作人员，处分的条件是违法统计法、依法应当给予处分，向该国家工作人员的任免机关或者监察机关建议，处分机关应当及时作出决定，并将结果书面通知县级以上人民政府统计机构。

（十）完善了法律责任

法律责任一章修改了 6 条，增加了 6 条，删去了 1 条。

一是第三十七条第四项增加了地方、部门、单位的负责人对严重统计违法行为失察的法律责任。

二是第三十八条第一、第二、第五项增加了统计机构、统计人员违反统计调查项目管理制度、统计数据报送制度的法律责任。

三是第四十一条、第四十二条增加了统计调查对象不配合统计检查，未按规定设置原始记录、统计台账和迟报统计资料的法律责任。

四是第四十三条增加了统计机构处分建议权的规定。

五是第四十四条增加了作为统计调查对象的个人的法律责任的规定。

六是第四十六条增加了行政管理相对人的救济途径的规定。

此外，强化了行政处罚力度。

三、统计法的亮点

这次修订《统计法》的基本宗旨就是保障统计数据质量，进一步提高统计公信力。核心任务就是怎么有效的预防和制止行政干预统计数据。在这方面，新《统计法》做了很多制度性的规定，有很多亮点，具体为以下七个方面。

（一）将保障统计资料的真实性，列入立法目的

为了提高统计法的针对性、严肃性，在立法目的上增加了保障统计资料真实性的规定。保障统计资料的真实性、准确性、完整性和及时性，尤其把真实性摆在第一位。原《统计法》只是讲准确性，真实性、准确性这两个词意思非常相近，但还是有区别的，针对性不一样，强调的侧重点不一样。真实相对于虚假而言，准确相对于误差而言。

（二）明确禁止领导人员的行政干预行为

《统计法》第六条第二款规定了领导人员的“三个不得”，明确要求地方各级人民政府、政府统计机构和有关部门以及各单位的负责人，不得自行修改统计机构和统计人员依法搜集、整理的统计资料，不得以任何方式要求统计机构、统计人员及其他机构、人员伪造、篡改统计资料，不得对依法履行职责或者拒绝、抵制统计违法行为的统计人员打击报复。

地方各级人民政府、政府统计机构或者有关部门、单位的负责人往往是行政干预统计数据的实施者，所以从法律上对这些主体进行严格的约束，规定他们在统计活动中“三个不得”是非常必要的。这是从法律制度上来预防和惩处这类统计违法行为。立法一般是前面有禁止性行为，后面就有相应的法律责任。如果违反了这些规定，就要给予处分。而且这种处分最重可以开除公职，是非常重的。

（三）依法保障统计人员独立行使职权，进一步明确对统计人员的要求，强化统计人员的职责

因为统计人员是政府统计活动的直接实施者，领导人员干预统计数据要通过统计人员的手来实现，在统计法里对统计人员依法独立行使职权做出了规定。

（四）对统计调查对象真实报送统计资料做出义务性规定，并明确了不履行义务的法律责任

有的地方或者部门，甚至有的统计机构，为了把统计数字统计到符合原来设定的目标，要求企业在起报环节就按照上级的意图来报，要求调查对象编造数据、篡改数据。

为解决这个问题，在统计法里有规定，国家机关、企业事业单位和其他组织以及个体工商户和个人等统计调查对象，必须依照本法和国家有关规定，真实、准确、完整、及时地提供统计调查所需的资料，不得提供不真实或者不完整的统计资。同时，在第四十一条规定，对提供不真实或者不完整的统计资料的统计调查对象，由县级以上人民政府统计机构责令改正，给予警告，可以予以通报；其直接负责的主管人员和其他直接责任人员属于国家工作人员的，由任免机关或者监察机关依法给予处分。

其中，对提供不真实或者不完整的统计资料的企业事业单位或者其他组织，可以并处5万元以下的罚款；情节严重的，并处5万元以上20万元以下的罚款，对个体工商户也可以给予1万元以下的罚款。这些规定保障了统计调查对象如实报送统计资料。对于有关方面要求调查对象编造、篡改统计数据的行为，也可以依法进行抵制。一方面，抵制是他的法定权力。另一方面，如果按照上面的要求做了假，那就要承担责任的，要被处分，甚至被开除，所以从自身利益的考量，填报单位也会抵制。

（五）对监督检查做出新规定，加大对行政干预行为的监督检查力度

修订后的《统计法》中有很多制度规定，如何保证落实规定是非常重要的。这次修订专门增加了第五章。这一章给了统计机构很大的权力，在查处统计违法行为和统计违法案件过程中有很大的权力，保证查处的效果，责任人认定比较明确，依法依纪给予处分或者行政处罚。比如很多信息都保存在计算机里面，查看计算机里有没有违法的记录时不能拒绝，拒绝本身就是违法行为。为了把统计报表做出来，需要很多财务报表资料的支撑，很多统计数据来源于会计资料，统计法就授权统计机构检查在做统计报表过程中相关的一些资料，比如原始记录、台账、会计凭证、会计报表等，就应该配合检查机构来接受检查，如果不配合，本身就可以处分、处罚。

（六）实施统计行政问责制，加大对领导人员行政干预行为的责任追究力度

原《统计法》中，对领导人员干预统计数据也规定了一些法律责任，但是在检查过程中，很难找到授意的证据、强令的证据，被授意和强令的对象都是其下级，一般都要为领导担责任，所以找证据很不容易。新《统计法》第三十七条就新增了一条规定，“地方人民政府、政府统计机构或有关部门、单位的负责人对本地方、本部门、本单位发生的严重统计违法行为失察的，由任免机关或者监察机关依法给予处分，并由县级以上人民政府统计机构予以通报。”对严重的违法行为不知道或者知道以后没有去采取有效措施加以纠正，都可以追究行政责任。

（七）从查处机制上，进一步保障对领导人员行政干预行为进行责任追究

《统计法》新增了一条非常有分量的规定，是人大常委会在审议过程中新加的一条。第四十三条规定，县级以上人民政府统计机构查处统计违法行为时，认为对有关国家工作人员依法应当给予处分的，应当提出给予处分的建议；该国家工作人员的任免机关或者监察机关应当依法及时做出决定，并将结果书面通知县级以上人民政府统计机构。该规定赋予政府统计机构对国家机关工作人员违反统计法的行为的处分建议权，将有利于发挥政府统计机构在查处国家工作人员的统计违法行为、追究相关人员的责任中的作用；并将有利于进一步建立健全政府统计机构和任免机关、监察机关在查处统计违法案件中的协作配合机制，从机制上保障对行政干预行为的责任追究力度。

第二节 《实施条例》出台背景与内容

以习近平为核心的党中央高度重视统计工作和完善统计法律法规。国务院总理李克强签署国务院令，《实施条例》于 2017 年 8 月 1 日起施行。

一、出台背景

《统计法实施条例》（送审稿）2009 年 11 月 2 日由国家统计局报送国务院审议。国务院法制办在 2009 年、2013 年先后开展了两轮意见征集工作。《实施条例》关于“国家统计标准”“国家、地方、部门统计调查关系”“统计管理体制”等问题与有关部门进行沟通协调。在此期间，将统计工作中成功做法和经验上升为法律，在《实施条例》中规定。

通过对统计工作中发生的具有普遍性的新情况、新问题进行研究，总结归纳，提出解决方法，将行之有效的方法上升为法律，在《实施条例》中规定。中央全面深化改革领导小组审议通过《关于深化统计管理体制改革提高统计数据真实性的意见》后，《实施条例》又围绕保障统计独立性，加强统计工作统一领导，强化统计资料共享等方面，进行了补充完善。2017 年 4 月 12 日，国务院常务会议审议通过《实施条例》。2017 年 5 月 28 日，李克强总理签署国务院令第681号，发布《实施条例》，自2017年8月1日起正式施行。

二、出台意义

《实施条例》颁布实施具有重大意义。《实施条例》依据《统计法》制定，积极适应了我国经济社会发展需要，认真总结改革开放特别是党的十八大以来统计改革发展实践经验，着眼于提高统计运行效率、数据质量和服务水平，明确了许多重大统计规则，对于增强统计工作的科学性、规范性，提高统计资料真实性、准确性，充分发挥统计在推进国家治理体系和治理能力现代化中的重要作用，为国家宏观调控和科学决策提供扎实的统计保障，具有重大而深远的影响。《实施条例》颁布实施，是贯彻落实党中央、国务院关于统计工作决策部署、构建现代统计调查体系的重大举措；是践行依法治国、依法行政方略，推进依法统计、依法治统的重要体现；是总结统计改革开放和法治实践经验，推动统计事业持续健康发展的有力保障。

三、主要内容

《实施条例》包括总则、统计调查项目、统计调查的组织实施、统计资料的管理和公布、统计机构和统计人员、监督检查、法律责任以及附则八部分内容。归纳总结《实施条例》的主要内容包括以下五个方面。

（一）强化统计责任担当，确保数据真实准确

《实施条例》最为突出的特点，是明确了与统计工作有关的各方在防范和惩治统计造假、弄虚作假中的责任，把确保统计数据真实准确贯穿到整个法律规范中。

（1）第四条第一款规定，地方人民政府、县级以上人民政府统计机构和有关部门应当明确本单位防范和惩治统计造假、弄虚作假的责任主体。这是法律法规首次明确相关单位应当建立防范和惩治统计造假、弄虚作假责任制。

（2）第四条第二款规定，地方人民政府、县级以上人民政府统计机构和有关部门及其负责人应当保障统计活动依法进行，不得侵犯统计机构、统计人员独立行使统计调查、统计报告、统计监督职权，不得非法干预统计调查对象提供统计资料，不得统计造假、弄虚作假，这就明确了相关单位及其负责人保障统计法在本地方、本部门、本单位严格执行的法定责任和底线。

（3）第四条还规定，统计调查对象应当真实、准确、完整、及时地提供统计资料，拒绝、抵制弄虚作假等违法行为；第十七条规定，国家机关、企业事业单位或者其他组织等统计调查对象提供统计资料，应当由填报人员和单位负责人签字并加盖公章，这就进一步明确了统计调查对象在提供真实准确统计资料方面的责任。

（4）第十九条规定，县级以上人民政府统计机构、有关部门和乡、镇统计人员，应当对统计调查对象提供的统计资料进行审核，这就明确了调查机构和人员对统计原始资料质量负有审核的法定责任。所有这些规定的实施，将有效地保障统计数据真实性、准确性。

（二）完善统计体制机制，强化集中统一领导

《统计法》规定，国家建立集中统一的统计系统，实行统一领导、分级负责的统计管理体制。《实施条例》对这一规定进行了细化。

（1）第三十二条规定，县级以上地方人民政府统计机构受本级人民政府和上级人民政府统计机构的双重领导，在统计业务上以上级人民政府统计机构的领导为主，乡、镇人民政府在统计业务上受上级人民政府统计机构领导，县级以上人民政府有关部门在统计业务上受本级人民政府统计机构指导。这充分体现了国家统计局对政府综合统计工作的统一领导和对部门统计工作的业务指导。

（2）第十五条规定，国家统计标准是强制执行标准，各级人民政府、县级以上人民政府统计机构和有关部门组织实施的统计调查活动，应当执行国家统计标准；第三十三条规定，县级以上人民政府统计机构和有关部门应当完成国家统计调查任务，执行国家统计调查项目的统计调查制度，组织实施本地方、本部门的统计调查活动。这充分体现了国家统计调查和国家统计标准的权威性和执行的强制性。这些规定进一步完善了统计管理体制机制，健全了集中统一的统计系统。

（三）严格统计调查管理，切实维护调查对象权益

《实施条例》认真贯彻党中央、国务院关于“放管服”改革工作要求，突出了对统计调查的管理，把减轻调查对象填报负担和保护调查对象不因提供资料受到损害作为法律规范的重点内容。

（1）第二条规定，统计资料能够通过行政记录取得的，不得组织实施调查；通过抽样调查、重点调查能够满足统计需要的，不得组织实施全面调查。这一规定为从源头上减少统计调查项目、指标奠定了法律基础，可以有效减少向调查对象发放的调查表。

（2）第六条规定，部门统计调查项目、地方统计调查项目的主要内容不得与国家统计调查项目的内容重复、矛盾；第九条规定，统计调查项目只有满足了具有法定依据或者确为公共管理和服务所必需，与已批准或者备案的统计调查项目的主要内容不重复、不矛盾，主要统计指标无法通过行政记录或者已有统计调查资料加工整理取得等条件，才能被批准。上述规定可以有效消除统计调查中的重复矛盾，使发往统计调查对象采集资料的报表降至最低程度。

（3）《统计法》第二十五条规定，统计调查中获得的能够识别或者推断单个统计调查对象身份的资料，任何单位和个人不得对外提供、泄露，不得用于统计以外的目的。《实施条例》第二十九条进一步明确了能够识别或者推断单个统计调查对象身份资料的具体内容；第三十条规定，统计调查中获得的能够识别或者推断单个统计调查对象身份的资料应当依法严格管理，除作为统计执法依据外，不得直接作为对统计调查对象实施行政许可、行政处罚等具体行政行为的依据，不得用于完成统计任务以外的目的。上述规定能够确保调查对象不因提供政府统计所需的资料而受到不应有的责任追究，这是对调查对象权益的有力保护。

（四）推进统计公开透明，提升统计工作效能

《实施条例》把推进统计制度方法公开、统计生产方式透明、统计调查成果共享、统计数据为全社会所用作为规范的重点。

（1）第十三条规定，统计调查项目经批准或者备案的，审批机关或者备案机关应当及时公布统计调查项目及其统计调查制度的主要内容；第二十七条规定，县级以上人民政府统计机构和有关部门应当及时公布主要统计指标涵义、调查范围、调查方法、计算方法、抽样调查样本量等信息，对统计数据进行解释说明。这些规定的落实，能使全社会了解统计调查内容和数据生产情况，既有利于社会各界更好地使用统计数据，也能有效地推动统计制度方法的改革创新。

(2) 第二十四条、第二十五条、第二十六条、第二十八条对统计资料的公布做出了明确规范，有利于推动统计数据最大化的向社会公布。

(3) 第三十一条规定，国家建立健全统计信息共享机制，实现县级以上人民政府统计机构和有关部门统计调查取得的资料共享；制定机关共同制定的统计调查项目，可以共同使用获取的统计资料；统计调查制度应当对统计信息共享的内容、方式、时限、渠道和责任等做出规定。这些规定能有效地解决长期以来部门间统计资料难以共享的问题，既可以提高已有调查的效能，也可以减轻调查负担。

(五) 强化对统计违法行为的责任追究

《实施条例》完善了《统计法》规定的监督检查制度，强化了统计违法行为的法律责任，进一步补充了《统计法》中尚未明确的违法责任。

(1) 第三十六条对从事统计执法工作的人员提出了明确要求，这有利于增强统计执法监督的权威性和严肃性。

(2) 第三十七条规定，任何单位和个人不得拒绝、阻碍对统计工作的监督检查和对统计违法行为的查处工作，不得包庇、纵容统计违法行为，明确了相关人员在接受统计监督检查时的法律底线。

(3) 第三十八条规定，任何单位和个人有权向县级以上人民政府统计机构举报统计违法行为；县级以上人民政府统计机构应当公布举报统计违法行为的方式和途径，依法受理、核实、处理举报，并为举报人保密。为全社会监督统计工作、检举揭发统计违法行为提供了法律制度保障。

(4) 第四十条至第五十一条明确了各种统计违法行为应当承担的法律责任，这为依法治统提供了强有力的制度保障。如第四十条的条文规定有力地推动《统计法》关于县级以上人民政府及其监察机关对下级人民政府、本级人民政府统计机构和有关部门执行本法的情况实施监督这一规定的落实。

四、核心要义

《实施条例》的颁布是我国统计法治建设具有里程碑意义的一件大事，也是推动统计改革发展的强大支撑。全面贯彻落实《实施条例》是当前统计工作的重要任务，是推进依法统计依法治统的重大举措。

把遵守执行《实施条例》与贯彻落实中央《关于深化统计管理体制改革提高统计数据真实性的意见》结合起来，全力推进依法统计依法治统，加快建立现代统计调查体系，确保统计数据真实准确，为促进经济社会持续健康发展提供扎实的统计保障。

一是强化统一统计。《实施条例》规定统一执行国家统计政令、执行国家统计标准、实施国家统计调查任务、监督管理责任制的建立。

二是坚持独立统计。要求坚持独立设置机构、独立调查、独立报告、独立监督。《实施条例》规定建立防范和惩治统计造假、弄虚作假责任制；抵制对统计工作的违规干预；维护统计调查对象独立真实报送数据的权利；维护统计机构监督检查统计工作的权威。

三是加强科学统计。要求推进统计调查体系、制度方法、调查项目制定的科学化。《实施条例》规定树立精简效能的原则；改进统计调查制度方法和生产方式；增强统计调查设计的科学性、规范性。

四是严格规范统计。《实施条例》规定严格管理统计调查项目；认真说明统计调查情况；严格审核统计资料；严格管理统计调查资料。

五是依法如实统计。《实施条例》规定严格执行调查对象签字盖章制度；严禁违规干预统计调查对象依法如实填报。

六是推进公共统计。《实施条例》规定要在做好统计数据保密的前提下，积极公开统计数据、统计制度方法；严格按照主体和权限公布统计数据；严格按照国家有关规定公布统计资料；推进统计信息共享，全力推进统计公开透明。

七是明确诚信统计。《实施条例》规定细化应当保密的单个统计调查对象的资料范围；规定更加严密的保密措施。

八是国家统计优先。《实施条例》规定国家统计调查项目优先；完成国家统计调查任务。

九是统计违法必惩。《实施条例》规定严肃查处领导干部严重统计违法行为失察和统计造假行为；严肃查处组织实施统计调查中的统计违法行为；细化了统计调查对象的情节严重的违法行为种类。

五、《统计法》与《实施条例》的关系

《实施条例》将《统计法》的原则规定进一步细化、明确和充实完善，给出操作层面权威性的规则规范，突出对政府统计机构权力的约束，是统计法治建设的重要成果。《实施条例》充分体现了党中央、国务院近年来对统计工作的战略要求，吸收总结了党的十八大以来统计改革发展取得的一系列成果，贯彻落实党中央、国务院关于全面深化统计体制改革提高统计数据真实性的要求，既是对《统计法》规范的具体化，也是对《统计法》的有力补充。

第三节 《统计法》与《实施条例》对部门统计的有关规定

在《统计法》与《实施条例》中都有关于部门统计的相关规定，是开展部门统计工作的具体指导和遵循。其中部门在统计方面的职责职权分为以下几方面。

一、设立组织机构

在《统计法》第二十八条中规定县级以上人民政府有关部门根据统计任务的需要设立统计机构，或者在有关机构中设置统计人员，并指定统计负责人，依法组织、管理本部门职责范围内的统计工作，实施统计调查，在统计业务上受本级人民政府统计机构的指导。

二、提供条件保障

在《统计法》第四条，《实施条例》第十八条、第三十四条、第三十五条中规定，国务院和地方各级人民政府、各有关部门应当加强对统计工作的组织领导和基础工作，主要体现在四个方面：一是为统计工作提供必要的保障；二是推广使用网络报送统计资料，应当采取有效的网络安全保障措施；三是为履行法定的统计资料报送义务提供组织、人员和工作条件保障；四是对在统计工作中做出突出贡献、取得显著成绩的单位和个人，按照国家有关规定给予表彰和奖励。

三、参与重大国情国力普查组织实施

在《统计法》第十六条中规定，搜集、整理统计资料，应当以周期性普查为基础，以经常性抽样调查为主体，综合运用全面调查、重点调查等方法，并充分利用行政记录等资料。

四、承担国家统计局布置的统计调查等任务

在《实施条例》第三十三条中规定，县级以上人民政府统计机构和有关部门应当完成国家统计调查任务，执行国家统计调查项目的统计调查制度，组织实施本地方、本部门的统计调查活动。

五、制定组织实施部门统计调查项目及其统计调查制度

在《统计法》第十一、第十二、第十四条中规定，一是国家统计调查项目、部门统计调查项目、地方统计调查项目应当明确分工，互相衔接，不得重复；二是部门统计调查项目统计调查对象属于本部门管辖系统的，报国家统计局备案，统计调查对象超出本部门管辖系统的，报国家统计局审批；三是统计调查制度应当对调查目的、调查内容、调查方法、调查对象、调查组织方式、调查表式、统计资料的报送和公布等作出规定和组织实施，变更统计调查制度的内容，应当报经原审批机关批准或者原备案机关备案。

在《实施条例》第二、第三、第五至第八、第十五条中规定，一是统计资料能够通过行政记录取得的，不得组织实施调查。通过抽样调查、重点调查能够满足统计需要的，不得组织实施全面调查。二是有关部门应当加强统计规律研究，健全新兴产业等统计，完善经济、社会、科技、资源和环境统计，推进互联网、大数据、云计算等现代信息技术在统计工作中的应用，满足经济社会发展需要。三是有关部门不得组织实施营利性统计调查，国家有计划地推进县级以上人民政府统计机构和有关部门通过向社会购买服务组织实施统计调查和资料开发。四是统计调查项目的制定机关应当就项目的必要性、可行性、科学性进行论证，征求有关地方、部门、统计调查对象和专家的意见，并由制定机关按照会议制度集体讨论决定，重要统计调查项目应当进行试点。五是制定机关申请审批统计调查项目，应当以公文形式向审批机关提交统计调查项目审批申请表、项目的统计调查制度和工作经费来源说明，申请材料不齐全或者不符合法定形式的，审批机关应当一次性告知需要补正的全部内容，制定机关应当按照审批机关的要求予以补正。申请材料齐全、符合法定

形式的，审批机关应当受理。六是有关部门组织实施的统计调查活动，应当执行国家统计标准，制定国家统计标准，应当征求国务院有关部门的意见。

六、建立本部门防范和惩治统计造假作假责任制

在《统计法》第六条中规定，地方各级人民政府有关部门以及各单位的负责人，不得自行修改统计机构和统计人员依法搜集、整理的统计资料，不得以任何方式要求统计机构、统计人员及其他机构、人员伪造、篡改统计资料，不得对依法履行职责或者拒绝、抵制统计违法行为的统计人员打击报复。

《实施条例》第四、第四十一、第四十二条中规定，地方人民政府有关部门应当根据国家有关规定，明确本单位防范和惩治统计造假、弄虚作假的责任主体，严格执行统计法和本条例的规定；组织实施营利性统计调查的，由本级人民政府、上级人民政府统计机构或者本级人民政府统计机构责令改正，予以通报，有违法所得的，没收违法所得；地方各级人民政府、县级以上人民政府有关部门及其负责人，侵犯统计机构、统计人员独立行使统计调查、统计报告、统计监督职权，或者采用下发文件、会议布置以及其他方式授意、指使、强令统计调查对象或者其他单位、人员编造虚假统计资料的，由上级人民政府、本级人民政府、上级人民政府统计机构或者本级人民政府统计机构责令改正，予以通报。

七、按照国家有关规定公布本部门统计调查取得的统计资料

在《统计法》第二十四、第二十六条中规定，县级以上人民政府有关部门统计调查取得的统计资料，由本部门按照国家有关规定公布；县级以上人民政府统计机构和有关部门统计调查取得的统计资料，除依法应当保密的外，应当及时公开，供社会公众查询。

《实施条例》第二十五条至第二十八条中规定，国务院有关部门统计调查取得的统计数据，由国务院有关部门按照国家有关规定和已批准或者备案的统计调查制度公布，县级以上地方人民政府有关部门公布其统计调查取得的统计数据，比照前款规定执行；已公布的统计数据按照国家有关规定需要进行修订的，县级以上人民政府统计机构和有关部门应当及时公布修订后的数据，并就修订依据和情况作出说明；县级以上人民政府有关部门应当及时公布主要统计指标涵义、调查范围、调查方法、计算方法、抽样调查样本量等信息，对统计数据进行解释说明；公布统计资料应当按照国家有关规定进行。公布前，任何单位和个人不得违反国家有关规定对外提供，不得利用尚未公布的统计资料谋取不正当利益。

八、建立统计调查资料共享机制

在《统计法》第二十、第二十二条中规定，县级以上人民政府有关部门以及乡、镇人民政府，应当按照国家有关规定建立统计资料的保存、管理制度，建立健全统计信息共享机制；县级以上人民政府有关部门应当及时向本级人民政府统计机构提供统计所需的行政记录资料和国民经济核算所需的财务资料、财政资料及其他资料，并按照统计调查制度的规定及时向本级人民政府统计机构报送其组织实施统计调查取得的有关资料。

在《实施条例》第三十一条中规定，国家建立健全统计信息共享机制，实现县级以上

人民政府有关部门统计调查取得的资料共享。制定机关共同制定的统计调查项目，可以共同使用获取的统计资料。统计调查制度应当对统计信息共享的内容、方式、时限、渠道和责任等作出规定。

九、严格保管统计调查资料

在《统计法》第二十、第二十五条中规定，县级以上人民政府有关部门以及乡、镇人民政府，应当按照国家有关规定建立统计资料的保存、管理制度，建立健全统计信息共享机制；统计调查中获得的能够识别或者推断单个统计调查对象身份的资料，任何单位和个人不得对外提供、泄露，不得用于统计以外的目的。

在《实施条例》第二十一、第二十二、第三十条中规定，县级以上人民政府有关部门和乡、镇人民政府应当妥善保管统计调查中取得的统计资料，国家建立统计资料灾难备份系统；统计调查中取得的统计调查对象的原始资料，应当至少保存两年；统计调查中获得的能够识别或者推断单个统计调查对象身份的资料应当依法严格管理，除作为统计执法依据外，不得直接作为对统计调查对象实施行政许可、行政处罚等具体行政行为的依据，不得用于完成统计任务以外的目的。

十、协助查处统计违法行为

在《统计法》第三十四条中规定，县级以上人民政府有关部门应当积极协助本级人民政府统计机构查处统计违法行为，及时向本级人民政府统计机构移送有关统计违法案件材料。

十一、接受统计监督检查

在《统计法》第三十六条和《实施条例》第三十七条中规定，县级以上人民政府统计机构履行监督检查职责时，有关单位和个人应当如实反映情况，提供相关证明和资料，不得拒绝、阻碍检查，不得转移、隐匿、篡改、毁弃原始记录和凭证、统计台账、统计调查表、会计资料及其他相关证明和资料，不得拒绝、阻碍对统计工作的监督检查和对统计违法行为的查处工作，不得包庇、纵容统计违法行为。

第六章 国家统计工作相关意见和规定

党中央、国务院高度重视统计工作。党的十八大以来，习近平总书记、李克强总理和张高丽副总理等中央领导同志多次就提高基础数据质量、摸清家底、服务国家宏观决策做出了重要指示。党中央近几年陆续出台了多个文件，本章就对水利统计工作具有直接指导意义的六个文件进行详细阐述。

第一节 两 办 意 见

《关于深化统计管理体制改革、提高统计数据真实性的意见》（简称《意见》）是2016年底由中共中央办公厅和国务院办公厅联合下发的，中华人民共和国成立以来第一次关于统计的文件，是关于统计工作的重要讲话指示批示和统计改革发展重要部署要求；是做好新形势下统计工作的纲领性文件；为确保统计数据质量提供了基本遵循；为深化统计管理体制改革、提高统计数据真实性提供了总体方略。

一、出台背景

中共中央总书记、国家主席、中央军委主席、中央全面深化改革领导小组组长习近平2016年10月11日下午主持召开中央全面深化改革领导小组第28次会议并发表重要讲话。会议审议通过了《关于深化统计管理体制改革提高统计数据真实性的意见》，会议指出，防范和惩治统计造假、弄虚作假，根本出路在深化统计管理体制改革。要遵循统计工作规律，完善统计法律法规，健全政绩考核机制，健全统一领导、分级负责的统计管理体制，健全统计数据质量责任制，强化监督问责，依纪依法惩处弄虚作假，确保统计机构和统计人员独立调查、独立报告、独立监督职权不受侵犯，确保各类重大统计数据造假案件得到及时有效查处，确保统计资料真实准确、完整及时。

二、主要内容

《意见》主要内容总结可以归纳为“三健全”和“三加强”。

（1）“三健全”是指：

第一，要健全领导干部的政绩考核机制和问责制度，不仅是对统计系统干部提要求，也要加强地方领导干部对统计工作的领导，要防止干扰统计人员独立上报、独立调查权力的实施，要净化统计外部环境，实行一票否决。

第二，要健全统一领导、分级管理的统计管理体制。《意见》提出要进一步强化国家统计局统一组织协调地方统计工作的能力，充分调动各级政府，防止统计弄虚作假。

第三，要健全数据质量的责任制。统计系统要建立起全员、全领域、全环节的数据质量控制体系和责任制。

(2)“三加强”是指：

第一，加强统计执法力度，加强统计执法队伍建设。经中央批准，在相关部门的支持下，国家统计局成立了统计执法检查局。同时建立统计上严重失信企业惩戒制度。

第二，加强干部队伍建设，这主要是针对统计系统的。要把反对统计弄虚作假、防止统计弄虚作假的责任纳入依法行政的范畴，加强管理。

第三，加强统计方法制度的改革与创新。主要是落实好党的十八届三中全会所提出来的国民经济统一核算制度，编制资产负债表以及推进自然资源核算制度，同时要加快新经济统计制度的建立，还要继续利用大数据、互联网、云计算等新兴技术来提高统计生产力，变革统计生产流程，提高统计效率，提高数据质量。

三、水利部落实两办的实施意见

(一) 水利部下发落实两办意见的通知

2017年初，两办下发意见后，水利部也下发了水利系统落实两办意见的相关文件，在文件中提出六大重点内容：

(1) 提高认识：提出要进一步认识统计工作的重要性、明确数据质量就是生命、列举了水利统计目前存在的主要问题。

(2) 健全责任制和问责制：要求加快健全责任制和问责制，明确责任主体，落实统计分管负责人和部门负责人。要求统计人员全面记录、全程留痕，并保存完整档案。

(3) 规范调查：明确调查项目的审批备案要求，规范各流程工作、规范数据的上报和发布相关工作。例如，今后地方凡是自主进行的调查项目，必须到当地统计部门进行审批备案相关工作。

(4) 夯实基础：加强沟通协调，夯实水利统计工作基础。强化各级水利统计归口管理、加强水利统计能力建设和队伍建设。

(5) 加大监督检查：加大监督检查力度，营造良好统计生态环境。各级水行政主管部门要加大监督检查力度、开展定期评估和工作考核等相关工作。水利部每年会对水利统计数据质量等内容开展1～2次的巡查和抽查工作。

(6) 加强专题研究：健全统计制度建设，加强对重大统计问题研究。包括建立数据会商制度、进行“十三五”规划评估、研究水资源资产负债等。

(二) 水利统计人员落实两办意见的要求

依法依规开展水利统计工作，需要水利统计人员在工作中不断强化三个意识，即法律意识、程序意识和问题意识。

1. 法律意识

在水利统计日常工作中，须进一步强化法律意识。2个意见、1个条例、1个规划和1

个办法的陆续实施，以及国家统计局于2017年4月正式成立统计执法监督局，这些都标志着全面依法治统工作开启了新的征程。水利统计是国家统计的重要组成部分，对依法开展水利统计相关工作的检查，将成为常态化行为。在填报各种水利统计数据的时候，要时刻警惕是否依法填报了，在签字的时候就需要负起相关的法律责任，不管是统计人员、还是主管领导在统计报表上的签字，都会是将来追责的依据。一旦出现篡改数据、编造数据等行为，就违法了。可以说，目前为依法统计和依法搜集数据提供了越来越好的环境，但是在工作时候要树立和强化法律意识，在水利统计日常工作中，时刻将法律意识放在首位。

2. 程序意识

树立较好的程序意识，有三方面的好处。一是能形成较好的条件反射。把整个水利统计各项任务的工作程序搞清楚，搞熟悉，自然会事半功倍，提高工作效率。到了哪个结点该做什么工作，不同的水利统计数据需要从哪里采集，找谁要数据，在哪个时间点开始采集数据，摸索形成一个适合自己工作岗位的工作流程。程序意识的建立，会使在每个月的工作周期中大大提高工作效率，更为熟练的完成相关工作，工作负担相对较轻，也可以更好地调配工作时间和精力。二是能较好的减少失误。推进程序化工作，熟能生巧，在工作中不断总结经验，分析教训，形成好的工作程序，有助于更好地开展工作，减少不必要的数据错误。三是流程签字的责任，水利部落实两办的文件中要求，必须全程留痕、建立完整档案，各级部门要明确自己的责任，规范数据上报流程和程序。

3. 问题意识

在日常统计工作中会遇到各种各样的问题，为更好地开展水利统计相关工，就需要增强问题意识、坚持问题导向，学要带着问题学，做要针对问题改。一是统计人员在统计调查中具有质疑数据问题的权利，发现数据问题及时提出质疑，将数据问题消灭在源头；二是统计处理过程中，加强审核，建立查找问题的意识，进一步保证数据质量；三是日常工作中，带着问题学习的意识，提高统计工作水平。

第二节 国务院加强部门统计意见

《国务院办公厅转发国家统计局关于加强和完善部门统计工作意见的通知》（国办发〔2014〕60号）（简称《部门统计意见》）是国务院办公厅于2014年下发的，加强和完善部门统计工作，对于统一、规范部门统计活动，提高政府统计工作的整体效能，推动国家治理体系和治理能力现代化，具有十分重要的意义。

一、出台背景

党的十八届三中全会通过的《中共中央关于全面深化改革若干重大问题的决定》，其中有10项直接涉及统计工作，许多重大改革任务的推进需要统计提供信息的支撑，推进国家治理能力和治理体系现代化，需要更加真实准确完整及时的统计信息。这对统计工作提出了更高要求。

从政府统计构成来说，我国政府统计是由国家统计、部门统计和地方统计三个部分组成的。部门统计是政府统计的重要组成部分。现在国务院有80多个部门和行业协会都在开展统计工作，有许多部门统计直接涉及国计民生的重大调查任务。部门现在实施的统计调查项目达到了300多项。部门统计调查取得的信息资料，是各部门履行职责的重要基础，是国家实施宏观决策和科学管理的重要依据，还是人民群众参与经济社会活动的重要参考。所以，部门统计在国家整个管理体系中起到很大的作用。

近几年来，各部门努力创新统计工作机制，改革统计制度方法，大力推动现代信息技术在部门统计工作中的应用，加强部门统计基础建设，部门统计数据质量稳步提升，部门统计服务国家改革开放的能力在提高，服务国家经济社会发展的作用也明显增强。所以，部门统计应该说有很大的进步，但与此同时，工作中也确实存在着一些问题，主要包括部门统计基础还不够扎实，统计标准不够统一，统计调查内容覆盖不够全，信息共享不够到位，数据发布不够规范，调查对象负担偏重。在这样的情形下，影响了部门统计工作的发展，可能还会影响到政府统计公信力。因此，需要对部门统计进一步加强和完善。

加强和完善部门统计工作，对于统一、规范部门统计活动，提高政府统计工作的整体效能，服务于提质增效、转型升级，对于推动国家治理体系和治理能力现代化，都有非常重要的意义。在这种背景下，国家统计局作为全国统计工作的组织领导和管理协调机构，起草了《部门统计意见》。在起草过程中，多次征求部门的意见，充分听取吸纳部门的意见，最后由国务院批准，国务院办公厅转发。这对推动部门统计工作有很重要的意义。

二、主要内容

根据党中央、国务院对统计工作的要求，《部门统计意见》主要针对当前部门统计工作的薄弱环节和主要问题，提出了八方面具体指导原则和措施。

（一）阐述了部门统计工作的重要性和一些基本的要求

提出了部门要按照规范统一、合理分工、合作共享的原则，加快建设制度完善、方法科学、行为严谨、过程可控、信息化程度较高的部门统计调查体系。这实际上是对部门统计提出的目标要求。

（二）提出加强和完善部门统计工作的主要措施

（1）建立一个统一的统计基本单位名录库。这个名录库的建设是国家统计局会同机构编制、税务、工商、民政、质检等部门联合建立的，各个部门给予了很大的支持。目前已经具有了一定的基础。现在要建立国家统计的基本单位名录库，最主要的是建立起维护更新机制，各部门要依法按照要求来共享使用基本单位名录库。最终目的就是让基本单位名录库为所有调查提供抽样框。

（2）健全规范统计标准。统计标准是统计工作最基础的规范，要加快建立科学、统一、完整、适用的统计标准体系，这是对统计工作最基本的一项要求。在《部门统计意见》里提出了一些实实在在的措施，包括建立政府统计标准库，依法公布非涉密的统计标准。要让社会公众都来了解，大家才能遵守。还有规范统计标准的制定和使用，就是在制定的时候，提出了很多原则；在使用的时候要优先使用国家统计标准，在没有国家统计标准的情况下，可以使用经过批准的部门统计标准。以上都是一些新的要求。

（3）规范设立统计调查项目。按照统计法的要求，进行统计调查必须先设立统计调查项目，而且统计调查项目要按照一定的程序来进行审批和备案，在这方面，《部门统计意见》里面明确规定，设立部门统计调查项目应该经过一定的程序，最主要的是要优先使用部门在行政管理中的行政记录，减少直接面向调查对象的调查。此外还有，建立部门统计调查项目的公示制度，公布部门统计调查项目的主要内容。这些都是为了便于社会公众的监督，也使社会公众能够了解到政府和部门到底做了哪些调查，同时便于公众使用数据。

(4) 科学组织统计调查。项目实施以后，如何落到实处，《部门统计意见》明确规定，必须按照统计调查制度来组织实施统计调查。因为在制度层面，对于调查方法、抽样框、样本抽取、指标涵义和口径都有明确的规定。还要规范部门统计调查活动，就是在做调查时，对于任务如何布置，调查员如何做，都要有一定的规范性要求。另外要建立部门统计调查数据质量控制体系，也是对部门统计明确提出的要求。

(5) 规范公布统计数据。要依法依规公布统计数据，而且要建立统计数据的公布预告知制度，预告知就是什么时候公布，要先告诉社会公众，因为现代社会，信息掌握得越及时，就可能越有活力，必须预先告知。还要规范统计数据公布的内容，就是应该公布什么，《部门统计意见》中有明确的规定。

(6) 推进部门间统计信息共享。在《部门统计意见》中明确提出了共享的内容和原则，同时要建立共享的机制。最主要的就是怎样把共享落到实处，《部门统计意见》提出以后所有报批的统计调查项目中，必须对数据共享提出明确的表述，就是作为项目报批的一项内容必须明确这个数据是不是共享，如果不能共享，要说明原因，这是为了督促各个部门共享数据。此外，还提出要加快统计信息共享库的建设，使各个部门能够共享使用。

(三) 提出夯实部门统计基础的具体要求

主要是从推动部门信息化和人财物管理以及组织化方面提出了具体的要求。

三、主要特点

国务院办公厅转发的《部门统计意见》，是中华人民共和国成立以来针对部门统计工作，国务院出台的一个很重要的文件。随着我国的社会经济发展，特别是党的十八届三中全会提出的很多重要的改革举措，都需要部门统计资料来支撑。在目前新的形势下，加强和完善部门统计工作非常重要。

《部门统计意见》和以往相比，有以下两个特点：

一是规格高。《部门统计意见》的整个层级比较高，由国务院批准，国务院办公厅转发。

二是内容全。《部门统计意见》在加强和完善部门统计工作的措施方面，提得比较全面完整，包括从基本单位名录库的建立，规范的统计标准的使用，到严格规范的统计调查项目的管理，以及对数据的发布以及使用，对整个统计工作、统计数据生产的流程、全过程都进行了一个规范。所以措施力度和内容的全面性、系统性，都是以往没有的。

四、水利统计的应对措施

首先，水利部门需依法依规公布统计数据，水利统计调查取得的统计数据，原则上应按照国家有关规定和统计调查制度规定公布，并及时抄送国家统计局。其次，水利部门应逐步建立数据公布预告知制度，并应及时制订数据公布计划及其主要统计信息公布日程表，并提前向社会公告，更好地让社会公众获取和使用数据。再次，逐步建立水利统计信息共享机制，在国家统计局审计备案的所有统计调查项目取得的所有统计资料，原则上应在部门间共享，数据生产和使用部门可以通过双方或多方协议的形式，依法明确信息共享的内容、方式等。最后，《部门统计意见》要求水利部门在公布统计数据时，应当同时公布数据来源、调查机构、调查方法等，方便统计用户和社会公众正确理解和使用统计数据。

第三节　国家统计局部门统计调查项目管理办法

为贯彻落实中央《意见》有关加强部门统计规范性、统一性管理和2017年国家统计局督办重点工作中修改《部门统计调查项目管理暂行办法》的要求，依据《统计法》及《实施条例》和《部门统计意见》，国家统计局修订形成了《部门统计调查项目管理办法》（国家统计局令第22号）（简称《部门管理办法》），自2017年10月1日起施行。

一、出台背景

《部门统计调查项目管理暂行办法》是1999年10月27日国家统计局令第4号公布的部门规章。2017年1月，国家统计局着手启动《部门统计调查项目管理暂行办法》的修订工作。《部门管理办法》修订历时半年，经过了向32个地方统计局和80多个部门征求意见、开展集中调研等过程，并于5月19日至5月26日，在国务院法制办的“法规规章草案意见征集系统”向社会公开征求意见，最终在2017年6月2日国家统计局第1次局务会议讨论通过，7月14日，国家统计局局长正式签发公布，自2017年10月1日起施行。

二、主要内容

（一）主要原则

一是坚持保障统计真实准确为核心价值。真实准确是《统计法》的核心价值，也是官方统计基本原则。

二是坚持依法立法。部门规章规定的事项应当属于执行法律或者国务院的行政法规、决定、命令的事项。依法立法是《统计法》和《实施条例》的要求，同时也是《意见》和《部门统计意见》的要求。

三是坚持管理与服务的统一。加强统计调查项目审批和备案管理的基本目的，是为了管住管好政府的统计调查行为，防止统计报表的多滥和重复矛盾，减轻企业等统计调查对象的负担，推进营商环境的优化。这与“放管服”改革的精神是完全一致的。统计调查项目审批和备案工作做好了，可以达到与减少和优化面向企业的行政审批项目同样的效果。因此，统计部门切实履行好审批和备案统计调查项目这一法定职责，同时也是在为“放管服”改革做贡献。

四是坚持推进信息共享。政府信息“共享为常态，保密为例外”。同时也是《统计法》

第二十六条规定要求的。

五是坚持管理质量与效率的平衡。《部门管理办法》第二十一、第二十二条对审批时限和简化审批程序的情形分别做出了规定。

六是坚持制定规章的共性要求与便于贯彻实施的平衡。《规则制定程序条例》第七条：法律、法规已经明确规定的内容，规章原则上不做重复规定。

（二）主要框架

《部门管理办法》共分8章47条。第一章总则，第二章部门统计调查项目的制定，第三章部门统计调查项目审批和备案，第四章部门统计调查的组织实施，第五章国家统计局提供的服务，第六章监督检查，第七章法律责任，第八章附则。第四章和第七章为新增内容。

（三）关于使用范围

适用于国务院各部门制定的统计调查项目，当然，包括水利部门制定的统计调查项目。明确了统计调查项目的定义。

（四）主要内容

一是统计调查制度。《统计法》第十四条规定，统计调查应当按照统计调查制度组织实施。《部门管理办法》第九条关于统计调查制度内容和总说明的规定。第十八条规定统计调查制度应当列明的事项。

二是统计标准。第十一条对部门统计调查应当采用的标准做出明确规定。

三是项目审批和备案的划分界限。第十四条规定：国务院有关部门制定的统计调查项目，统计调查对象属于本部门管辖系统或者利用行政记录加工获取统计资料的，报国家统计局备案；统计调查对象超出本部门管辖系统的，报国家统计局审批。部门管辖系统包括本部门直属机构、派出机构和垂直管理的机构，省级及省级以下与部门对口设立的管理机构。

四是审批的程序和条件。第十五条规定，部门统计调查项目审批包括申报、受理、审查、反馈、决定等程序。第十六条、第十七条第一款、第十九条第一款分别对申报、受理、审查和决定这4个环节做出规范，第十七条第二款、第十九条第二款对反馈环节做出了规范。

五是备案的程序和条件。规定需要前置备案。备案的程序与审批程序相同。备案的条件比审批要少一些。

六是统计调查制度的公开。第二十六条规定国家统计局通过国家统计局网站公布相关内容。第二十九条规定国务院有关部门应当按照《实施条例》第二十七条的要求及时公布相关内容。

七是有效期。第二十三条规定审批的统计调查项目有效期为3年，备案的统计调查项目有效期为5年。统计调查项目在有效期内需要变更内容的，制定机关应当重新申请审批或者备案。

八是执行情况评估制度。第三十二条规定国务院有关部门建立统计调查项目执行情况评估制度，对实施情况、实施效果和存在问题进行评估，认为应当修改的，按规定报请国家统计局审批或者备案。

九是监督检查。第六章共有五条对监督检查进行规范。根据《统计法》第三十三条，规定了第三十八条。根据《统计法》第八条、《实施条例》第三十八条，规定了第三十九条。根据《统计法》第三十四条，规定了第四十条。根据《统计法》第三十五条，规定了第四十一条。根据《统计法》第三十六条，规定了第四十二条。

十是法律责任。根据《统计法》第三十七条第（一）（二）项、第三十八条第一款第三项和《实施条例》第四十三条，规定了第四十三条。根据《统计法》第四十一条和《实施条例》第四十六条，规定了第四十四条。根据《统计法》第四十三条，规定了第四十五条。

第四节 “十三五”时期统计改革发展规划纲要

为全面贯彻落实党的十八大和十八届三中、四中、五中全会精神，牢固树立创新、协调、绿色、开放、共享的发展理念，更好地适应、反映、服务新常态，为全面建成小康社会提供更加优质高效可靠的统计保障，根据《中华人民共和国国民经济和社会发展第十三个五年规划纲要》和党中央、国务院关于加强统计工作、推进统计改革的要求，加快建设现代统计体系，2016 年，国家统计局制定实施了《“十三五”时期统计改革发展规划纲要》（国统字〔2016〕152 号）（简称《纲要》）。《纲要》是“十三五”时期统计工作的纲领，提出统计工作要适应新常态、新形势、新要求，要从统计观念、制度方法、机制体制、服务能力等方面加快推进统计现代化建设。

一、主要目标

“十三五”时期统计改革发展的总体目标是：建立“一个体系”，适应“两个大势”，推进“三个转变”，实现“四个提升”。“一个体系”是加快建立覆盖全面、调查准确、核算科学、运作高效、服务优质、保障有力的现代统计体系。“两个大势”是适应经济发展新常态大势和国家治理体系、治理能力现代化大势。“三个转变”是统计管理向适应多元化、市场化、国际化转变，数据生产向科学利用互联网、云计算、大数据转变，统计服务向事后反映、预测预判和对策建议并重转变。“四个提升”是提升统计数据质量，提升统计运作效率，提升政府统计公信力，提升依法治理统计的水平。

二、加快建立“三新”统计调查体系

为了科学揭示新常态下经济运行的新特征、新变化、新规律，全面、准确、及时地反映新产业、新业态、新模式（简称“三新”）在增速换挡、结构优化、动力转换方面的进展和成效，测度新动能，反映新发展，更好地服务于经济发展新常态，国家统计局顺应形势，主动作为，积极探索“三新”统计改革，创新完善统计制度、统计方法、统计指标体系和统计调查工作机制，全面准确、及时地反映和揭示“三新”在增速换挡、结构优化、动力转换的进展和成效，更好地适应和服务经济发展新常态。

党中央、国务院高度重视“三新”统计工作，中央领导同志多次就健全“三新”统计，更好地服务宏观决策和经济发展提出明确要求。国家统计局把全力推进“三新”统

计，加快建立健全“三新”统计调查体系，真实、准确、完整、及时地测度新动能、反映新发展，更好地服务党中央、国务院决策部署，作为当前和今后一个时期统计改革发展的重中之重。

开展“三新”统计也是顺应发展趋势、回应社会关切的迫切需要。随着云计算、物联网、大数据、人工智能技术蓬勃兴起，新技术进步及其带来的产业、模式升级，创新不断展现出旺盛的活力，新动能日益壮大。在宏观决策、经济管理、谋划发展、制定规划和相关产业政策等工作中，迫切需要“三新”统计数据。企业在参与市场竞争、开发新技术、研发新产品、实现转型升级等过程中，也离不开“三新”数据的支持。统计部门有责任、有义务积极回应各方关切，及时生产和发布翔实的“三新”统计数据，提供更新、更快、更细的统计服务，更好地满足各方面对统计信息的需求。

开展“三新”统计还是推进统计改革创新的关键举措。长期以来，统计部门不断改革创新，建立了一套较为完善的统计调查体系，为国家宏观调控和管理决策提供了有力的数据支撑。同时，也深刻地认识到新产业、新业态、新模式发展的动态性、复杂性对传统统计调查带来的挑战，最突出的就是“三新”统计面临“进不来”“抓不住”“分不开”等问题，“三新”统计还存在“短板”。因此，加强和改进“三新”统计工作，全面真实揭示“三新”基本情况和发展变化，是统计制度方法改革创新的重要内容和必然选择。同时，由于“三新”发展与现代信息技术密切相关，“三新”统计调查体系的建设，也将倒逼我们加大对行政记录、现代信息技术的应用力度，推动数据采集、处理方式的重大变革，促进统计与现代信息技术的深度融合，加快实现统计现代化。

现阶段，“三新”经济主要有以下几个特征：

一是互联网成为核心基础设施。互联网已由最初的一种改善沟通的工具变成支撑整个经济社会的基础设施，与水、电、公路一样，成为行业发展和生活必备的核心基础设施。

二是数据成为一种新的资源。大数据是人类自身产生的一种新资源，与支撑传统经济发展的土地、石油、煤、水等自然资源不同，这种人造资源越用越多、越用越便宜、越用越有价值。以知识、创新、ICT、IT、DT、人工智能为主要特征的“三新”更多是依靠这种新资源。以大数据开发为基础的一大批产业将形成新的经济增长点，实现新旧动能转换，推动经济发展。

三是跨界融合混营是大势所趋。跨界融合突破了产业界限，混合经营将成为一种新常态。知识、信息、数据等无形资产在经济发展中的作用越来越大，跨界创新融合越来越广泛，产业界限变得更加模糊。

四是分享无处不在。分享经济以更低成本和更高效率实现经济剩余资源的供需匹配，成为推动经济发展的新动能。分享经济借助互联网的进一步发展，专门从事分享的企业开始出现，且规模迅速扩大，从住宿（如 AirBnB）到交通运输（如滴滴出行），涵盖多个领域，成为以协同消费、协作经济、点对点经济为特征的一种全新商业模式。

五是促进动能转换。“三新”之所以出现是因为传统动能发展到一定阶段后对经济的拉动力减弱，需要新动能来适应产业革命的发展趋势。“三新”发展往往伴随着一系列政策调整和制度创新，有利的政策环境和制度条件可以更好地带动科技知识的创新，为新动能的培育和发展提供基础保障。

三、对部门统计的要求

其中，规划对于部门统计，纲要提出了具体而明确的要求：

一是科学设立部门统计调查项目，统计调查项目的审批备案工作要更加严格规范。

二是严格部门统计调查组织实施，确保填报数据真实可靠准确，必须建立程序规范的统计质量控制体系。

三是规范部门数据公布，要求进一步加大数据公开力度，并对公布时间、数据的来源渠道和数据采集样本量都要同时予以说明。

四是推进部门间统计信息共享，将部门信息共享纳入部门统计调查项目审批或备案内容。加快构建部门统计信息共享数据库，共享各部门已对外公布数据和可以在多部门间共享的其他数据。

五是加强部门统计基础，要求全面夯实统计业务基础，加大信息技术在水利统计工作中的运用，并进一步加强水利统计队伍建设。

《纲要》明确了未来五年统计改革发展的方向、目标和主要任务。国家统计局成立了规划纲要实施领导小组和工作机构，加强对规划纲要实施的组织领导和监督检查。

第五节　统计违法违纪行为处分规定

为了加强统计工作，提高统计数据的准确性和及时性，惩处和预防统计违法违纪行为，促进统计法律法规的贯彻实施，监察部、人力资源和社会保障部、国家统计局联合公布《统计违法违纪行为处分规定》(简称《处分规定》)，自 2009 年 5 月 1 日起施行。这是我国第一部关于统计违法违纪行为处分方面的部门规章。

一、出台背景

改革开放以后，特别是近年来，我国统计工作的科学性和准确性总体上不断提高，统计数据基本上反映了经济和社会发展的态势，在分析宏观经济走势、了解国情国力、服务国民经济和社会发展等方面发挥了重要作用。但统计工作中的违法违纪行为依然存在，在个别地方还比较严重，比较突出。如有的领导干部为了追求所谓政绩，授意、指使统计机构、统计人员或者统计调查对象篡改统计资料、编造虚假数据；有的地方和单位为了骗取荣誉和利益按需要报数，或者为了完成任务按计划报数，或者迫于压力按领导意图报数；有的统计机构、统计人员明知统计数据不实，却不履行调查核实职责，个别的甚至主动迎合领导意图，参与弄虚作假。上述问题的存在，不仅严重影响统计数据质量和统计工作的权威，而且削弱了宏观调控和宏观管理的信息基础，损害了党和政府在人民群众中的形象和政府统计的公信力。

早在 2005 年年底国家统计局和监察部一起合作开始讨论起草统计违法违纪行为处分规定的事情，后来人力资源和社会保障部也加入到起草工作的行列。2007 年，三部门就起草工作开始调研，反复征求各地方和有关部门的意见，多次讨论，反复修改，又经过国家统计局的局务会议，人力资源和社会保障部的部务会议，监察部的办公会议讨论通过。

《处分规定》的出台主要就是针对当前一些地方和基层单位存在的在统计上弄虚作假的问题。

二、主要内容

《处分规定》共 15 条，对适用范围、应受处分的违法违纪行为及其处分幅度以及案件移送制度等做了明确规定。

（一）明确了《处分规定》的适用对象

《处分规定》第二条对统计违法违纪行为的纪律责任承担主体做了明确规定："（一）行政机关公务员；（二）法律法规授权的具有公共事务管理职能的事业单位中经批准参照《中华人民共和国公务员法》管理的工作人员；（三）行政机关依法委托的组织中除工勤人员以外的工作人员；（四）企业、事业单位中由行政机关任命的人员。"同时规定，法律、行政法规、国务院决定和国务院监察机关、国务院人事部门制定的处分规章对统计违法违纪行为的处分另有规定的，从其规定。

此外，第二条还规定了单位有统计违法违纪行为的纪律责任承担主体。单位有统计违法违纪行为的，其纪律责任承担主体是单位负有责任的领导人员和直接责任人员。

（二）新设定了统计违法违纪行为种类

《处分规定》设定了新的违法违纪行为：

一是增加了领导人员的违法违纪行为种类：对揭发、检举统计违法违纪行为的人员进行打击报复的（第三条）；对本地区、本部门、本单位严重失实的统计数据，应当发现而未发现或发现后不予纠正，造成不良后果的（第四条）。

二是增加了组织实施调查者及其工作人员的违法违纪行为种类：各级人民政府统计机构、有关部门及其工作人员强令、授意统计调查对象虚报、瞒报或者伪造、篡改统计资料的（第五条）；故意拖延或者拒报统计资料以及明知统计数据不实，不履行职责调查核实，造成不良后果的（第六条）。

三是增加了违反国家规定的权限和程序公布统计资料、造成不良后果的违法行为（第八条）。这些规定完善了统计违法行为责任形式，有利于更好地追究领导人员、统计机构或者有关部门及其工作人员的统计违法违纪行为责任。

（三）详细阐述不同对象违法行为对应的处分规定

根据各类统计违法违纪行为的不同性质和特点，《处分规定》将具体违法违纪行为适用的处分对象分为四种情况：一是地方、部门以及企业、事业单位、社会团体的领导人员（第三条、第四条）；二是各级人民政府统计机构、有关部门及其工作人员（第五条、第六条）；三是统计调查对象（第七条）；四是包括所有监察对象在内的一般主体（第八条、第九条、第十条）。

对其违法违纪行为的认定做出详细的规定，以及不同程度的处分规定。

三、特点和要求

《处分规定》从以下三个方面进行了制度创新：一是建立遏制领导干部在统计上弄虚作假的统计行政问责制度；二是进一步强化统计机构、统计人员维护数据质量的责任制度；三是建立查办弄虚作假违法违纪案件协作配合机制。这三大制度创新，大大提高了对统计违法违纪行为追究纪律责任的可操作性，有利于加大对统计上弄虚作假行为的打击力度，对于切实贯彻执行《统计法》，维护和提高统计数据质量，将发挥积极的作用。

贯彻实施好《处分规定》，关键在于各级政府统计机构要切实履行职责。因此，认真组织好《处分规定》的学习宣传工作，坚决查处统计违法违纪案件，进一步促进统计机构、统计人员坚持依法统计。同时，贯彻实施好《处分规定》，需要各方面的共同努力和大力支持。

第六节 统计违纪违法责任人处分处理建议办法

2017 年 6 月 26 日召开的中央全面深化改革领导小组第 36 次会议上，审议通过了若干文件，其中包括《统计违纪违法责任人处分处理建议办法》。9 月 6 日，中共中央办公厅、国务院办公厅印发了《关于印发〈统计违纪违法责任人处分处理建议办法〉的通知》(厅字〔2017〕37 号，简称《建议办法》)，对统计违纪违法行为发现、调查、行政处罚、案件移送提出程序性要求，明确对领导人员、统计机构及有关部门责任人员、统计调查对象、统计检查对象等违纪违法行为的认定。

一、出台背景

《建议办法》深入贯彻习近平总书记关于防范和惩治统计造假、弄虚作假的重要批示精神，认真落实李克强总理和张高丽副总理关于加强统计执法检查工作的要求，对两办《意见》有关加强统计执法检查力度、严肃惩戒统计造假、弄虚作假责任人的规定进行了细化，明确了承担统计违纪违法行为责任的责任人，明确了统计违法行为的发现、调查、处理、移送的具体程序、内容、要求，明确了统计违纪违法行为、包庇纵容责任人统计违纪违法行为和从轻从重处分处理情节的认定标准，是防范和惩治统计造假、弄虚作假的根本指南和基本遵循，是提高统计数据质量、确保统计事业健康持续发展的重要法治保障，体现了党中央、国务院对统计执法工作的高度重视和坚强领导。

二、出台意义

《建议办法》是继《意见》《实施条例》颁布后，党中央对统计工作的又一项重大决策部署，《建议办法》对于推动领导干部树立正确政绩观、坚持党的实事求是思想路线、弘扬求真务实工作作风、密切党和人民群众血肉联系具有重大意义，对于深刻认识统计造假、弄虚作假等统计违纪违法行为严重影响统计数据质量、干扰误导宏观决策、触犯党纪国法底线、透支党和政府公信力的极端危害性具有重大意义。

（一）《建议办法》是深入贯彻党的十九大精神、深入贯彻习近平新时代中国特色社会主义思想的重要体现

《建议办法》就统计工作贯彻党的实事求是思想路线和求真务实工作作风、健全统计管理体制、完善统计法律制度、加强统计法治建设、严肃惩戒统计造假弄虚作假提出了多项重要措施，是贯彻落实党的十九大报告关于全面依法治国基本方略和深化依法治国实践的具体要求，是关于坚持全面从严治党、推进党的建设新的伟大工程的具体措施，是关于健全党和国家监督体系、完善统计体制的具体实践。

（二）《建议办法》的印发充分体现了党中央、国务院对统计工作的高度重视和大力支持

党的十八大以来，党中央高度重视统计工作，多次就统计改革等涉及统计工作内容做出重要讲话和指示批示。本次经中央领导批准同意，中共中央办公厅、国务院办公厅印发了通知，要求各地各部门认真遵照执行《建议办法》。《建议办法》明确了统计违纪违法责任人范围、应承担的责任，严格规范统计违法行为查处工作，实化量化统计违纪违法行为认定标准，对统计违纪违法责任人处分处理建议提出、统计违纪违法案件和处分处理建议移送、统计违纪违法责任人责任追究等，都提出了十分明确而具体的要求。所有这些都充分体现了党中央、国务院对统计工作的高度重视和坚强领导。

（三）《建议办法》为防范和惩治统计造假弄虚作假、提高统计数据真实性提供坚强保障

党的十八大以来，党中央、国务院就严肃查处统计造假、弄虚作假提出了明确要求。《建议办法》就如何发现、调查、处理各种统计弄虚作假行为，认定各种统计弄虚作假情节严重程度，建立了十分清晰明确的具体标准。水利部门需要确保《建议办法》确立的各项措施落到实处，就能有效地防范和惩治统计造假、弄虚作假，营造出不敢统计造假、不能统计造假、不想统计造假、切实提高统计数据真实性的良好氛围。

（四）《建议办法》为依法统计、依法治统提供着坚强支撑

依法统计、依法治统是贯彻落实依法治国、建设法治中国对统计工作的基本要求，也是统计事业走向现代化的基石。党的十八大以来，国家在推进依法统计、依法治统方面采取了许多有力的措施，也取得了很大的成绩。但是一些地方、单位违背统计法律法规、不严格执行统计调查制度、不认真落实国家统计政令的现象时有发生，其根本原因在于对统计造假、弄虚作假责任人责任追究不够严格。《建议办法》对统计造假、弄虚作假责任人处分处理建议提出了具体要求，明确规定了各种统计违法行为情节严重程度的认定标准。这些措施的认真落实，能够确保各类统计违法行为得到有效查处，有力推动各地、各部门和各级统计机构、广大统计人员以及各类统计调查对象严格遵守执行统计法，严格按照统计法律法规办事。

三、与部门统计相关主要内容

《建议办法》分为总则、统计违法行为的查处、统计违纪违法行为的认定、附则 4 章 60 条，内容丰富、措施很多。可以从以下几个方面将《建议办法》全面落实到部门统计工作中。

（一）切实思想和行动统一到《建议办法》精神上

《建议办法》对各种统计违纪违法行为应当承担的责任都做出了明确规定。保证这些规定被部门内各单位领导、地方各级部门领导以及工作人员知悉，是保障《建议办法》在部门得到有效实施的重要基础。因此，水利部门需要通过统计报表布置会、统计专业培训会等适当方式将《建议办法》传达到本级部门领导干部和有关工作人员，同时督促地方各级水利部门做好《建议办法》的传达工作。

（二）抓紧建立防范和惩治统计造假、弄虚作假责任制

《建议办法》明确规定，在防范和惩治统计造假、弄虚作假工作中，地方各级党委和政府主要责任人负主要领导责任，分管责任人负直接领导责任；各部门、各单位主要负责人负主要领导责任，分管负责人负直接领导责任；各级统计机构主要负责人负第一责任，领导班子成员负主体责任；纪检机关、监察机关负监督责任。水利部门需要制定水利部门关于防范和惩治统计造假、弄虚作假的责任制，明确部门主要领导、分管领导和统计机构主要负责人、分管负责人以及统计人员在防范和惩治统计造假、弄虚作假工作中的具体责任，并将责任制通报国家统计局。

《建议办法》明确要求，要建立各专业、各部门数据质量核查制度，全面审核统计调查对象提供的原始资料，加强对数据采集、处理、汇总、报送等环节的监控。水利部门需要加快建立健全水利统计数据质量责任体系，明确各级统计机构及其工作人员分地区、分专业、分岗位的数据质量责任，规范统计调查流程和行为。

（三）建议防范和惩治统计造假、弄虚作假的问责制

《建议办法》对有关责任单位领导人员自行修改统计资料，编造虚假数据，强令、授意、指使相关地区和部门、统计调查对象、其他机构及其人员提供不真实统计资料、篡改统计资料、编造虚假数据；对统计机构、有关部门责任人员在统计调查活动中伪造、篡改统计资料，或者参与篡改统计资料、编造虚假数据，强令、授意、指使统计调查对象、其他机构及其人员提供不真实统计资料，故意迟报统计资料的，拒报统计资料的，明知统计数据不实、不调查核实的，对以上违纪违法现象，都明确了统计造假、弄虚作假的一般情节、较重情节、严重情节、特别严重情节的具体标准。

水利部门需要对照党纪政纪规定和《建议办法》的情节认定标准，明确水利部门领导、工作人员和统计人员违纪违法应受到的党纪政纪具体处分处理内容，把防范和惩治统计造假、弄虚作假的问责制建立起来。

（四）建议严格执行统计调查制度和统计政令的制度机制

《建议办法》将严格执行统计调查制度、严格执行统计政令作为规范的重点，明确了统计机构、有关部门责任人违背统计调查制度、违背统计政令的具体情节以及情节的认定标准，明确规定违背国家统计政令公布统计资料的，未按照统计调查制度规定公布统计资料的，公布不应由本单位公布统计资料的，未按照规定公布经批准或备案的统计调查项目及其统计调查制度主要内容的，泄露属于国家秘密统计资料的，泄露统计调查对象商业秘密的，对外提供泄露能够识别或者推断单个统计调查对象身份资料的，违法制定、审批或者备案统计调查项目的，未执行国家统计标准的，为执行统计调查制度的，未经批准擅自组织实施统计调查的，组织实施盈利性统计调查的，未执行违规干预统计工作记录制度的，非主观故意或者因工作能力不足造成统计数据失实的，违规干预和插手统计执法活动的，按照有关党纪政纪规定，依据情节严重程度将给予记过直至开除处分。

水利部门需要牢固树立遵守统计调查制度、遵守统计政令的意识，按照上述规定，建立严格执行统计调查制度、统计政令的制度机制。水利部门统计机构及其工作人员需要按照统计法律法规，独立行使统计调查、统计报告、统计监督的职权。部门负责人应当遵守统计法律法规关于不得自行修改统计机构、统计人员依法搜集、整理的统计资料，不得以任何方式要求统计机构、统计人员及其他机构、人员伪造、篡改统计资料的规定。

（五）积极配合统计部门查处部门统计违法行为

《统计法》规定，县级以上人民政府有关部门应当积极协助本级人民政府统计机构查处统计违法行为，及时向本级人民政府统计机构移送有关统计违法案件材料。水利部门要畅通统计违法举报渠道，在水利部门政府网站明确举报的电话、邮箱，对于接到的统计违法线索，要及时移送统计部门；应当加大对本部门本系统执行统计法律法规和统计调查制度的监督检查，及时发现部门统计调查中的违法行为，并及时向统计部门进行移送；积极配合统计部门对水利部门调查中的违法行为进行查处。对于统计机构依法查实的统计违法行为，按照干部管理权限，及时进行党纪政纪和组织处理。

（六）对统计失信企业和失信统计从业人员实施联合惩戒

《建议办法》规定，有关部门应当完善统计信用制度，加强对统计失信企业和失信统计从业人员的惩戒。认真执行《国家统计局关于加强统计领域信用建设的若干意见》《企业统计信用管理办法（试行）》《统计从业人员统计信用档案管理办法（试行）》，加快建设统计领域诚信体系。根据《关于对统计领域严重失信企业及其有关人员开展联合惩戒的合作备忘录》，增加联合惩戒的部门和举措。水利部门按照统计领域信用建设的要求，制定对本部门统计中统计严重失信企业单位、严重失信统计从业人员进行惩戒的实施办法，将联合惩戒的规定落到实处。

第七章

水利统计管理办法

为科学、有效规范和组织水利统计工作，加强水利统计工作的监督管理，提高水利统计工作的整体效率，保障水利统计资料的真实性、准确性、完整性和及时性，水利部规划计划司组织水利部发展研究中心对水利部1999年发布的《水利统计管理办法》（水规计〔1999〕734号）进行了修订，并于2014年11月，正式印发《水利统计管理办法》（水规计〔2014〕322号，简称《办法》）。

第一节　修订背景和过程

修订工作自2011年3月正式启动，主要开展了需求分析、办法起草、专家咨询、征求意见、申报准备等工作。考虑与普查结束后常规统计报表制度修订等工作衔接，基本在2013年底前完成修订后出台。

一、需求分析阶段

2011年初，制定修订工作方案，广泛搜集和整理分析统计相关的法律法规、国家统计局相关政策规定，其他行业和部门统计管理办法等参考资料，开展了水利统计工作及办法修订需求分析会议。

二、办法起草阶段

组织水利部发展研究中心、部分流域机构和省级水行政主管部门统计人员，集中研究讨论起草《办法》修订稿。2011年8月，形成《办法（修订）》初稿。

三、专家咨询阶段

《办法（修订）》起草期间及形成初稿后，多次组织开展专家咨询，听取国家统计局及其他相关部门的统计专家以及水利相关领域专家的咨询意见。

四、征求意见阶段

广泛征求各司局和各流域、各省统计人员以及相关专家的意见。分别有2011年统计专委会年会、2011年全国水利统计工作会议、2012年统计专委会年会上征求了参会人员意见。并在2012年12月组织召开《办法（修订）》座谈会，最终在2013年5月形成《办法（修订）》征求意见稿，以水利部办公厅函形式正式征求意见。

第二节 总体考虑

本节详细阐述了《办法》修订的必要性、目的、原则、适用范围、体例格式以及条文重点等，以便从总体上了解《办法》内容。

一、修订必要性

2014年，修订《办法》是十分必要的。一是适应统计法律法规的要求，例如2009年修订颁布的《统计法》、2007年修订颁布的《统计调查证管理办法》、2009年颁布的《处分规定》以及2012年颁布的《部门统计分类标准管理办法》等，这些统计法律法规规定都对水利统计的工作要求、流程等提出了新的要求。二是支撑水利改革发展的要求，是实施最严格水资源管理制度、全面加快民生水利建设、科学治水、依法治水等一系列水利改革发展要求。三是加强水利统计工作的要求，包括是常规统计与水利普查衔接的要求、是创新水利统计工作机制的要求、是加强基层水利统计队伍建设的要求、是提高水利统计管理能力和水平的要求等。

二、修订目的

为科学、有效规范和组织水利统计工作，加强水利统计工作的监督管理，提高水利统计工作的整体效率，保障水利统计资料的真实性、准确性、完整性和及时性。

三、修订原则

修订《办法》本着立足当前，着眼全局，考虑长远，突出重点的原则。

四、适用范围

本次修订了管理办法的适用范围：由原来主要规范水利系统内的统计调查活动，扩展到规范整个水利行业的统计调查活动。

五、体例格式

条文共31条，与上一版管理办法的体例格式一致。与1999年版老办法进行对比，老办法没有分章，共18条；新《办法》分8章，共46条。

（一）内容调整

新增了统计机构和人员、统计数据质量控制两方面内容；扩充和修改了统计调查制度、统计资料的管理和发布、奖励与处罚等方面的内容。

（1）增加了33条。主要补充在新版统计机构和人员、水利统计调查制度、水利统计数据质量控制、水利统计资料的管理和发布、监督和检查以及奖励与处罚。

（2）删除了5条（老办法第8、第10、第12、第13、第15条）。其中，第8条是水利统计报表审核原则、第 10 条是统计报表填报的规定、第 12 条是统计数据资料的应用方面的规定、第 13 条是对违反《统计法》和《实施条例》的规定、第 15 条是对水行政主管部门的执行情况检查的规定。

（3）修改完善了 12 条，具体见表 7－1。

表 7－1　　《办法》内容调整情况

1999 年版老办法位置	新《办法》位置	主要内容
第 1 条	第 1 条	目的和依据
第 2 条	第 3 条	基本任务
第 3 条	第 2 条	适用范围
第 4 条	第 4 条	统计管理体制
第 5 条	第 19 条	编制原则
第 6 条	第 17 条	统计调查项目分类
第 7 条	第 29 条	数据平台
第 9 条	第 19 条	编制原则
第 11 条	第 33 条	资料保管
第 14 条	第 42 条	处罚措施
第 16 条	第 44 条	制定细则
第 17 条	第 45 条	办法解释
第 18 条	第 46 条	施行时间

（二）与老办法相比

新《办法》增加了 13 条内容，删除或调换了 3 条内容，修改了 17 条内容，具体见表 7－2。

表 7－2　　《办法》内容修改情况

内　容	1999 年版老办法	新《办法》	增加	删除（调换）	修改
总则	4 条（1～4）	7 条（1～7）	3 条		4 条
统计机构和人员	1 条（4）	5 条（8～12）	4 条		1 条
统计调查制度	6 条（5～10）	7 条（13～19）	1 条	1 条	6 条
统计资料的管理和发布	2 条（11～12）	5 条（20～24）	3 条		2 条
监督和检查	1 条（15）	1 条（25）			1 条
奖励与处罚	2 条（13～14）	4 条（26～29）	2 条	1 条	1 条
附则	3 条（16～18）	2 条（30～31）		1 条	2 条
总计	18 条	31 条	13 条	3 条	17 条

六、条文重点

一是对统计机构和人员提出了原则要求。进一步明确了水利统计机构（岗位）设置及统计人员配备相关要求，增加充实了关于统计人员管理和工作经费保障等方面规定。

二是明确了统计项目分类。将水利统计调查项目分为综合统计调查项目和专业统计调查项目。

三是规范了统计项目管理。明确了水利统计调查项目及其统计调查制度制定、审批（或备案）及组织实施等相关规定。

第三节 主 要 内 容

《办法》共分为 6 个部分。包括：总则，第 1 条到第 7 条；机构和人员，第 8 条到第 12 条；水利统计调查项目，第 13 条到第 19 条；水利统计资料，第 20 条到第 24 条；水利统计检查监督、奖励处罚，第 25 条到第 29 条；附则，第 30 条到第 31 条。

一、框架

《办法》的框架分为六大部分：

第一部分：设置了编制目的和依据、适用范围、基本任务、统计管理体制、领导责任、能力建设、统计调查单位责任等内容。

第二部分：对各级水行政主管部门及相关职能机构进行了职责划分，并明确了统计人员的各项职权，充分发挥水利统计专业委员会的平台作用。

第三部分：明确各级水行政主管部门设定水利统计调查之前必须建立水利统计调查制度，并对统计内容、编制原则、调查方法和审定要求进行了规定。

第四部分：建立水利统计数据质量控制体系，制定水利统计数据在数据采集、验审、处理、汇总、评估等各个环节的控制手段和原则，确保数据质量。规定水利统计资料的保密管理、档案保管和成果发布的各项工作。

第五部分：各级水行政主管部门及相关职能机构不仅对下级部门的执法情况进行监督，还应积极协助本级人民政府统计机构查处统计违法行为。确定水利统计年度考核内容，作为评估各级水行政主管部门统计工作执行情况的依据，并明确奖励和处罚的对象。

第六部分：其他方面的规定。

二、条文内容及主要条文解析

【第 1 条　目的依据】

为规范水利统计工作，提高统计效率，强化统计监督，保障数据质量，根据《中华人民共和国水法》《中华人民共和国统计法》（简称《统计法》）等有关法律、行政法规规定，结合水利统计工作实际，制定本办法。

条文解析：本条依照相关法律条文编写，突出水利部编写本法的目的，强调规范性、效率性及提高数据质量等作用。其中，依据法律中的《中华人民共和国水法》体现了水利特色。

【第 2 条　适用范围】

各级水行政主管部门对水资源开发、利用、节约、保护和防治水害以及与此相关的管理服务活动开展的统计工作，应当遵守本办法。

条文解析：本条主要规定并解决“谁开展”和“水利活动包括什么”两个问题。

【第 3 条 基本任务】

水利统计的基本任务是依法开展水利调查活动，进行统计分析，提供统计资料和统计咨询意见，实行统计监督。

条文解析：本条规定了定义了水利统计工作开展的主要内容。

【第 4 条 管理体制】

水利统计工作实行统一管理、分级负责的管理体制。

水利部统一管理全国水利统计工作，制定水利统计的规章制度、标准规范，组织指导全国水利统计工作，汇总、管理和公布全国水利统计资料。

各流域管理机构按照有关法律、行政法规规定和水利部授权，组织协调流域内水利统计工作，负责流域水利统计调查项目的组织实施。

县级以上地方水行政主管部门负责本辖区的水利统计工作。

各级水行政主管部门开展水利统计工作接受同级人民政府统计部门的业务指导。

条文解析：本条提出的“统一管理、分级负责”是目前国家统计局和其他部委统计工作均实行的一种管理体制，是政府统计的特色。

【第 5 条 能力建设】

各级水行政主管部门应建立健全统计制度，完善统计指标体系，改进统计调查方法，组织开展统计培训，维护水利统计信息系统，为水利统计工作提供必要的人员、经费等保障条件，提高水利统计能力和水平。

条文解析：“能力建设”对水利统计工作的开展至关重要。特别是将“提供人员、经费等保障条件”等内容放入本条，一是对各级水行政主管部门提出要求；二是为地方各级水行政主管部门开展工作提供法律依据。

【第 6 条 统计数据质量控制】

各级水行政主管部门应建立健全水利统计数据质量控制制度，严格执行各环节数据审核程序，加强数据质量检查与评估，不断提高水利统计数据质量。

条文解析：为了突出水利统计数据质量的重要，将本条内容放在“总则”中。

【第 7 条 统计调查对象责任】

纳入水利统计范围的国家机关、企业事业单位、其他组织以及个体工商户和个人等统计调查对象，应当真实、准确、完整、及时地提供水利统计调查所需资料，不得虚报、瞒报、迟报、拒报水利统计资料。

条文解析：开展水利统计调查，统计调查对象有义务、有责任配合相关工作。本条对“水利统计调查对象”的范围及统计调查对象的义务进行了界定。明确了“纳入水利统计范围”的各类统计调查对象的责任。

【第 8 条 统计机构和人员设置】

水利部规划计划司归口负责水利统计工作。各流域管理机构、县级以上地方水行政主管部门应确定承担水利统计职能的机构（简称统计机构），设置水利统计岗位，配备统计人员，并指定本部门统计负责人。

条文解析：本条充分考虑了办法的可操作性和实际情况，要求要求各流域管理机构、县级以上地方水行政主管部门“确定承担水利统计职能的机构”。“指定本部门统计负责人”即能够履行有关领导职责，后面提到的水利统计资料的公布和使用等均需要统计负责人。

【第 9 条　水行政主管部门统计职责】

各级水行政主管部门的统计机构的主要职责是：

（一）拟订本级水利统计工作规章制度、统计调查总体方案和工作计划，并组织实施。

（二）建立健全水利统计指标体系，归口管理水利统计调查项目。

（三）组织开展水利统计资料收集、整理、汇总和上报工作，建立和管理本级水利统计数据库。

（四）实行水利统计质量控制和监督，采取措施保障统计数据的完整性、准确性和及时性。

（五）开展水利统计分析和预测、专题研究及业务交流。

（六）指导下级水利统计机构和调查对象的水利统计工作；组织统计业务培训。

（七）负责水利统计资料的管理。

条文解析：本条采取的是统一规定的方法，即对国务院水行政主管部门和地方水行政主管部门的主要职责规定基本一致。

【第 10 条　统计职权】

水利统计机构和统计人员在水利统计工作中依法行使以下职权：

（一）调查、搜集有关资料，检查与统计资料有关的原始记录和凭证，要求业务管理部门提供与统计有关的行政记录，要求被调查对象如实提供水利统计资料，要求改正不真实、不准确的水利统计数据。

（二）将统计调查取得的统计资料和情况加以整理、分析，提出统计报告。

（三）根据统计调查和统计分析，对水利改革发展相关情况进行分析预测与统计监督，提出存在的问题和改进的建议。

条文解析：本条分三部分明确了统计的调查权、统计的报告权以及统计的监督权。

【第 11 条　统计经费】

各级水行政主管部门应将水利统计工作所需经费纳入本部门预算。开展水利普查等重大专项统计调查，可根据工作需要申请专项经费。

条文解析：开展统计调查必须有一定工作经费支撑，本条的具体规定是为县级以上地方水行政主管部门提供法律依据，提供开展工作的所需经费。

【第 12 条　统计人员】

水利统计人员应具备必要的专业知识和专业技能。各级水行政主管部门应当保持水利统计人员相对稳定，统计人员需要变动的，应提前做好培训和交接工作。

条文解析：统计人员的能力建设和稳定对于统计工作来说相当重要，因此，本条对水利统计人员规定要实行岗前培训和持证上岗制度；对于统计人员需要变动的，要做好培训和交接工作，以保障工作的衔接和连续性。

【第 13 条　统计调查项目分类】

水利统计调查项目可分为综合统计调查项目和专业统计调查项目。

综合统计调查项目是指综合反映水利基本信息和总体发展状况的统计调查项目。

专业统计调查项目是指具体反映水利各专业领域工作的统计调查项目。

综合统计调查项目和专业统计调查项目应当明确分工，互相衔接，不得重复。

条文解析：本条是首次将统计调查项目分为综合统计调查项目和专业统计调查项目，并给出了定义。本条的规定具有一定的水利特色。

【第 14 条 调查项目管理】

各级水行政主管部门的统计机构统一组织编制本部门的统计调查总体方案，确定水利统计调查项目，做好水利统计调查活动的组织和协调；其他职能机构无权单独制定水利统计调查项目。

条文解析：本条主要规定水利统计机构对水利统计调查项目的管理，而其他职能机构不能单独制定水利统计调查项目。强调统计调查项目的归口和统一管理的职权在水利部门的统计机构。

【第 15 条 调查制度】

制定水利统计调查项目，应当同时制定该项目的统计调查制度。

水利统计调查制度应当说明调查目的和意义，明确调查内容和方法、调查对象和范围、调查时间和频率、调查组织方式和渠道、调查具体表式、统计资料的报送和公布等内容。

水利统计调查制度中所采用的指标释义、统计标准、计量单位、统计编码等必须符合国家有关标准和规定。

条文解析：本条规定了如何制定水利统计调查项目及其要求。

【第 16 条 审批备案与实施】

综合统计调查项目的调查制度由各级水行政主管部门统计机构组织制定，报同级政府统计主管部门审批或备案后实施。

专业统计调查项目的调查制度由各级水行政主管部门有关职能机构组织制定，经水利统计机构审核并报同级政府统计主管部门审批或备案，由有关职能机构实施。

变更统计调查制度的内容，应当报经原审批机关批准或者原备案机关备案。

条文解析：本条规定符合国家统计局对于部门统计的要求。

【第 17 条 调查表】

水利统计调查表应按要求在右上角标明表号、制定机关、批准或备案机关、批准或备案文号、有效期限等标志。

【第 20 条 水利统计资料定义及管理制度】

水利统计资料包括以纸质、磁盘、光盘等各种介质存放，在水利统计工作中所产生的相关数据、文件、报表、分析材料、统计报告等。

各级水行政主管部门应当按照国家有关规定建立健全水利统计资料审核、签署、交接、归档、保存等管理制度，建立健全水利统计信息共享机制。

条文解析：本条明确了哪些归为水利统计资料，并应建立健全相关制度作为管理水利统计资料的制度保障。

【第 21 条　水利统计资料保管】

各级水行政主管部门应当建立水利统计资料档案。水利统计资料档案的保管、调用和移交应当遵守国家有关档案管理的规定。

条文解析：保管是对水利统计资料进行管理的第一步。

【第 22 条　水利统计资料公布】

各级水行政主管部门应当建立健全水利统计资料定期公布制度，依法定期公布本辖区的水利统计资料，并按要求向同级人民政府统计部门提供水利统计资料。

各级水行政主管部门对外公布或提供水利统计资料，须经本部门统计机构审核，并由部门统计负责人签署或者加盖公章。任何单位、个人未经批准，不得对外提供未公布的水利统计资料。

条文解析：公布统计资料是统计工作的重要环节，各级水行政主管部门有责任、有义务向全社会公布相关的水利统计资料。对对外公布或提供水利统计资料须履行的手续做出规定。

【第 23 条　水利统计资料保密】

各级水行政主管部门必须严格执行国家保密管理的规定，加强对涉密水利统计资料的保密管理。

条文解析：保密管理对于水利统计资料的管理来说非常重要。

【第 24 条　水利统计资料的使用】

各级领导机关、政府部门制定政策、计划，检查政策、计划执行情况，考核经济效益、社会效益和工作成绩，进行奖励和惩罚等，需要使用水利统计资料的，应以水行政主管部门公布的统计资料为准。

条文解析：本条的“使用”，是对各级水行政主管部门内部使用水利统计资料的规定。

【第 25 条　监督检查】

各级水行政主管部门应对水利统计情况定期进行检查，配合同级政府统计机构查处重大水利统计违法行为，对弄虚作假及提供不真实统计资料等问题及时做出处理。

条文解析：统计调查权和监督权是统计机构和人员的职权。检查是其中重要的工作内容，通过检查，提高统计工作质量。

第四节　加强水利统计工作指导意见

水利统计是各级水利部门管理工作的重要职责。针对之前几年国家统计工作改革的要求和新时期水利发展与改革的需要，为进一步加强水利统计工作，推进水利统计制度和方法改革，为可持续发展水利提供统计支撑和服务，2006 年，水利部在调查研究和征求意见的基础上，形成了《关于进一步加强水利统计工作的指导意见》（水规计〔2006〕413 号）。

水利系统各级相关部门根据文件的要求，进一步重视和做好新时期水利统计工作，加强领导，明确职责，更新观念，按照科学发展观的要求，以为经济社会发展、为水利可持续发展、为社会公众提供良好的水利统计服务为目标，以统计成果质量控制为中心，以完善水利统计制度、改革水利统计指标体系、提高水利统计科技和信息化水平为手段，以稳定和加强水利统计队伍为保障，全面、科学、准确、及时地反映水利发展与改革状况，不断提升水利统计工作的水平。

“十一五”时期，是水利事业贯彻落实科学发展观、促进可持续发展的关键时期。各级水利部门要高度重视和加强水利统计工作，不断改进和完善水利统计制度和方法，进一步做好统计调查、统计分析和统计管理，更好地为可持续发展水利提供统计服务，努力开创水利统计工作的新局面。

一、进一步提高对水利统计工作重要性的认识

水利统计工作是水利事业发展中一项重要的基础性工作，是各级水利部门一项重要的职能，是国家统计工作的重要专业领域。“十五”期间，全国水利统计工作围绕水利建设和改革管理的中心任务和目标，形成了以水利综合统计为核心、综合统计与专业统计相结合的统计框架体系，收集、汇编和发布了大量统计数据和资料，全面反映了水利事业的持续快速健康协调发展，为水利建设和管理提供了强有力的数据支撑。

进入“十一五”时期，水利统计工作面临着新的形势和要求。一是国家宏观经济调控和保持经济社会可持续发展，要求进一步加强各行业部门的统计工作，及时准确地把握宏观经济及各领域发展的态势，提高统计数据的可靠性和对发展趋势的分析预测水平。二是国家统计部门开展了国民经济统计核算、环境和资源统计制度、循环经济统计和公共服务业统计等一系列统计改革，并通过《国家统计制度方法改革三年滚动计划（2006—2008年）》，对部门统计工作提出了新的要求。三是新时期水利发展的领域和范围不断拓宽，社会管理和公共服务职能不断加强，保障饮水安全、建设节水型社会、强化城市水务管理、保护生态环境以及发展水利循环经济等新的发展领域，要求建立新的水利统计指标体系，完善水利统计制度和调查方法，以适应可持续发展水利对统计工作的新要求。四是由于市场经济体制改革的进一步深化，政府的行政管理模式发生了深刻变化，水事活动进一步法制化、市场化和规范化，水利统计必须适应形势的变化和要求，加快水利统计工作改革的步伐。为此，各级水利部门应着力解决和改进水利统计工作中存在的思想认识、工作体制、管理制度、指标体系、调查方法、质量控制、统计分析、成果管理、队伍建设等不适应的地方，进一步重视和加强水利统计工作，使水利统计工作真正成为及时掌握水利行业总体发展态势的必要手段、研究和制定水利政策的重要基础、总结和评价水利发展规划执行情况的基本依据。

二、加强水利统计工作的总体思路

当前和今后一个时期，水利工作贯彻落实科学发展观、推进可持续发展水利，给水利统计工作提出了许多新的课题、新的任务。加强水利统计工作的指导思想为：以科学发展观为指导，积极推进可持续发展水利，围绕水利发展的中心工作和国家统计工作改革的总体要求，积极推进水利统计制度方法改革，完善水利统计指标体系，重视统计成果质量控制和统计执法，加强水利统计队伍建设和基础能力建设，不断提升水利统计工作的水平。

加强水利统计工作的总体目标为：围绕水利工作的中心任务，争取在“十一五”期

间，进一步完善水利统计业务支撑体系，基本建立与可持续发展水利相适应的统计指标体系和调查制度，切实提高水利统计数据的准确性、科学性、及时性、权威性和适用性，为水利行业管理、流域管理和区域管理提供基础数据支撑和决策支持，为经济社会发展、为可持续发展水利、为社会公众提供良好的水利统计服务。

加强水利统计工作的总体思路为：一是坚持综合统计和专业统计相结合。水利统计要全面反映新形势下水利发展与改革状况，既要重视综合统计，也要加强专业统计；既要重视水利建设统计，也要重视水资源环境、水利改革与管理等方面的统计；既要重视农村水利统计，也要重视城市水务统计；既要重视区域统计，也要重视流域统计等。二是坚持需要与和可能相结合。水利统计指标设计既要考虑客观反映水利行业发展形势的需要，也要充分考虑统计指标的可行性，采用的调查制度和方法要得当，切实减轻基层统计负担。三是坚持统计成果质量第一。统计数据的质量关系着政府的管理水平，水利统计要准确地反映水利行业发展的真实状况，不断提高统计数据的权威性。四是坚持统计时效性和实用性相结合。统计工作是政府管理的重要内容，统计工作的效率和成果体现了政府的行政能力。要重视水利统计工作的时效性，重视统计成果的分析预测，从不同层面客观评价水利发展的速度、结构、能力、效益和效率等状况，促进各级政府水行政管理水平的提高。

三、加强水利统计工作的主要任务

（一）完善水利统计业务支撑体系

进一步强化水利综合统计归口管理的职能，加强对水利基础数据收集活动的组织协调和业务指导，逐步建立和完善水利统计调查事项登记备案制度、基础数据资源管理和维护制度、统计成果发布制度等；建立综合统计与专业统计、全国统计与基层统计相结合的工作体系和业务支撑体系；在部门管理、流域管理和区域管理的不同层面，建立起统一管理、分工协作、信息共享、协调发展的水利统计管理模式和工作机制。

（二）研究建立现代水利统计指标体系

围绕“十一五”水利发展目标和任务，借鉴国内外统计方面的先进经验方法，不断改革和完善水利统计指标体系，使之能够全面反映水利可持续发展以及“十一五”规划实施情况。在深入研究的基础上，逐步完善水利基础设施、水资源和水环境、行业管理等方面的统计指标体系，在饮水安全、节约用水、防灾减灾、水务管理、建设投资、能力建设等方面充实统计内容、拓宽统计范围。要根据现代水利管理的业务框架，合理设计综合统计与专业统计指标，指标设计要相互衔接，指标口径要科学规范，最终形成以水利活动综合核算、水资源环境综合核算和水利投入产出模型编制为主体的新型综合水利统计制度，并根据综合统计制度细化和补充的需要，结合水行政管理的各专项职能，协调建立专业水利统计制度。

（三）建立科学的水利统计调查方法体系

以提高统计效率为中心，科学制订水利统计数据资源收集计划，建立以全面调查为主、抽样调查以及推算估算方法相结合的统计调查方法体系，逐步确立以经常性调查为主、基准调查、专题调查等相结合的调查体制。综合协调和整合各水利专业统计制度，建立基层水利统计一套表制度，避免重复向基层单位布置统计任务。基于网络技术建立稳定可靠的水利统计数据收集系统，逐步实现统计数据的基层直报、逐级审核、超级汇总、适时更新和同步共享。

（四）研究制定水利统计技术标准和工作规范

针对水利统计业务工作的开展情况，加强水利统计技术标准的研究和制定。重点研究建立水利统计调查方案设计规范、统计调查制度审批备案程序、统计调查制度定期修订程序、基础统计数据采集规范、数据报送和数据处理规程、数据发布和成果管理制度等。着手制订水利统计信息的分类标准，包括水利统计调查对象及其属性特征信息的分类编码标准及各级水利管理相关的水利信息分类标准等。

（五）加强水利统计数据的质量控制

建立覆盖统计调查全过程的数据质量控制体系，对数据采集、数据验审、数据处理、数据汇总、统计调查后评估等各工作环节，明确数据质量控制的要求和标准，建立规范的数据审核规则和控制关系以及统计数据可靠性、适用性评价标准。以提高基层统计数据质量为重点，以水利统计登记和基础统计台账为基础，建立统计调查对象（最小统计单元）和基层填报单位的目录系统，并定期通过基准统计调查，对统计单位目录系统进行维护，通过数据质量抽查校核，对基层填报数据进行评估和修正。从水资源的监测、开发、利用、治理、配置、节约和保护等方面，定期开展主要水利指标基准统计数据的普查、核查、评估和确认工作。

（六）加强基础统计和基层统计工作的规范化

建立规范的统计登记制度和基础统计数据台账制度，结合各项水行政管理业务的开展情况，及时对主要水利统计指标的基础数据进行增减变动登记、补充登记或更正登记，保证水利基础统计数据来源真实可靠。在统计登记的基础上，明确界定基层统计的调查单位和填报单位，对基层统计单位的岗位设置、人员资质、工作流程和基础数据台账建设提出规范化的要求。认真贯彻执行《中华人民共和国统计法》《水利统计管理办法》《水利统计责任人制度》等法律法规，坚决抵制统计弄虚作假行为，重视水利统计普法宣传，加强水利统计执法监督。

（七）重视水利统计分析和预测

在大量的基础统计数据和专项调查研究的基础上，通过综合分析预测和专项统计分析研究对各项水利发展目标执行情况进行监测和评估，特别要针对水利发展中的重点工作和热点问题开展分析研究，提出有价值、高质量的分析研究报告，为水利管理和政策制定提供参考。要善于学习和采用国内外先进适用的统计分析理论和方法，就水利发展的重点领域进行多层次、多角度、多方位研究，不断探索水利可持续发展的客观规律和发展方向，及时对水利发展态势做出评价和预测。

（八）加强水利统计数据资源的统一管理和信息化管理

加强各类数据成果资源的集中化、规范化、信息化管理，通过建立合理的数据库体系，整合各类综合统计和专业统计资料，实现各类基础数据资源的共享和充分利用。重视基础统计信息资源的开发利用，提高统计数据资源的成果转化率，定期汇编、发布各类统计序列资料和期别资料，组织撰写基础数据报告和统计分析报告。不断创新统计成果的表现形式和提供方式，建立统计数据发布和查询平台，提高水利统计公共服务的水平。建立统计数据发布的审核程序，对有保密要求的统计数据资料，要做好有关保密管理工作。

四、进一步加强水利统计工作的有关要求

（一）加强组织领导

各级水利部门要重视水利统计工作，把水利统计工作纳入整个水利发展与改革中。完善统计工作体系，落实水利统计工作的具体承担部门，有条件的可确定统计工作的支撑单位；明确工作职责，制订工作计划，配备专人负责，定岗定编。积极推进水利统计工作改革，注重上下沟通，综合协调，积极尝试和循序渐进。要及时总结经验，查找存在的问题，不断改进水利统计工作，提高水利统计工作的质量和服务水平。

（二）重视队伍建设

水利统计队伍是做好水利统计工作的重要保障。各级水利部门特别是基层水利部门，要进一步加强水利统计队伍建设，形成一支专业化强、相对稳定的统计骨干队伍。一方面，要选用具有水利和统计相关专业能力的高素质人员担任水利统计工作的岗位，重视对水利统计人员的培养和锻炼，建立评比表彰制度和业务培训制度；另一方面，要多关心水利统计人员的思想和生活，帮助解决工作中的后顾之忧，保持水利统计队伍的高素质和战斗力。

（三）保障统计投入

做好水利统计工作，需要在经费上、工作手段上给予保证。要落实水利统计工作专项经费来源渠道，纳入部门预算统筹考虑，尽量满足水利统计提供支撑服务、加强基础性工作和开展专题性研究等方面的经费需求。要保证水利统计工作所需的数据调查、录入、处理、汇总、分析等必要的办公设备和工作条件，营造良好的工作环境，以提高工作效率和工作质量。

（四）做好统计宣传和统计服务

各级水利部门要推进统计信息公开，及时将水利统计工作情况、统计成果在适当的范围内进行宣传，重点反映水利工作的动态、成就和发展趋势；根据“十一五”水利发展与改革管理的实际需要，创新水利统计服务方式，从被动服务向主动服务转变，及时提供全面准确的统计数据成果，为政府水行政管理各项业务工作提供基础。

第八章

水利统计标准规范

GB/T 20000.1—2014《标准化工作指南　第1部分：标准化和相关活动的通用术语》对标准的定义为，通过标准化活动，按照规定的程序经协商一致制定，为各种活动或其结果提供规则、指南或特性，供共同使用和重复使用的文件。统计标准，是指根据经济社会管理现代化的需要，按照国家有关规定制定的统计工作规范，是统计工作现代化、科学化的基础，是实现统计信息交流的共同语言。制定统一、规范的统计标准，既是统计科学化的要求，也是统计数据准确性和可比性的技术保障。目前，水利统计已编制四个标准，本章将进行具体阐述。

第一节　水利统计主要指标分类及编码

SL 574—2012《水利统计主要指标分类及编码》是规范水利统计指标方面的第一个行业标准，同时也是开展水利统计工作以来建立的第一个水利统计行业标准。该标准主要对在水利统计工作中，经常调查、使用、公布，能够反映总体规模，具有实物量或价值量计量单位的指标，给出了分类和编码的标准方式，目的是方便水利行业和有关单位的统计数据处理与交换。

一、编制背景

近年来，随着水利系统内各级单位及不同部门对水利统计工作重视程度的不断增加，其各自新增制定的水利统计调查制度越来越多。但由于没有统一的水利统计指标设定标准，这些水利统计调查制度中存在指标名称相同但统计口径不一致；或指标统计口径相同但指标名称不一致等问题，给统计数据的汇总处理、数据交换和应用等带来极大麻烦。

为规范系统内各级单位及不同部门的水利统计工作，进一步提高水利统计工作的水平和效率，根据水利部2008年行业标准编制计划安排，水利部发展研究中心在水利部规划计划司的主持下，按照《水利标准化工作管理办法》（水国科〔2003〕546号）的有关程序和要求，于2008年6月启动了《水利统计主要指标分类及编码》的编制工作。

二、编制过程

《水利统计主要指标分类及编码》的编制工作历时 4 年，历经了大纲拟定、征求意见、成果审查、成果报批发布四个阶段。编制期间，就水利统计指标体系中应涵盖哪些指标、如何对这些指标进行分类等不同问题多次召开专家咨询会，向国家统计局、部有关业务司局、流域机构、各省（自治区、直辖市）水利（水务）厅（局）等有关单位的专业人士进行了多达 100 人次以上的咨询，并且还由水利部规划计划司正式发文《关于征求〈水利统计指标分类标准〉意见的函》（规计综〔2010〕10 号），统一组织向全国 60 家有关单位和专家进行了大规模的意见征求。2012 年 1 月，《水利统计主要指标分类及编码》通过了水利部国科司组织的水利技术标准报批稿审查会，与会专家认为该标准报批稿符合发布条件，经适当修改后可以报批发布，完善后该标准于 2012 年 12 月由中国水利水电出版社正式印刷出版。

三、主要内容

《水利统计主要指标分类及编码》按照 GB/T 1.1—2009《标准化工作导则　第 1 部分：标准的结构和编写》要求编制，共包含 5 章和 1 个附录，具体为：范围；术语及定义；分类原则；编码方法；水利统计主要指标分组统计代码；附录 A（规范性附录）指标数据元常用分组属性代码。其中，第 3、第 4、第 5 章，即分类原则、编码方法、水利统计主要指标分组统计代码是该标准的重点内容。这些内容为基于计算机的水利统计数据的处理与交换提供了基础。

（一）分类原则

理论上，不论分类层级多还是少，都各自存在利弊。分类层级越多，指标的包含关系越明确，但是并不能保证所有指标的分类层级都统一，造成难于比较指标间相互关系的问题；分类层次越少，虽有利于保证指标分类层级的统一性，但指标的包含关系较为模糊。针对以上遇到的主要问题，经研究咨询最终确定以三个层级来划分水利统计核心指标最为合理可行。

第一层级：在梳理各类水利统计调查制度的基础上，结合《中华人民共和国水法》《中华人民共和国防洪法》的相关规定，以及现阶段部内各业务司局的管理职能和任务，对水利统计主要指标进行了宏观层次上的归类。分为：河湖基本情况、水资源状况、水利工程及相关设施基本情况与能力和效益、洪旱灾害情况、水土流失及治理、经济社会用水、行业管理及能力、水利建设与投入等指标大类（图 8－1）。

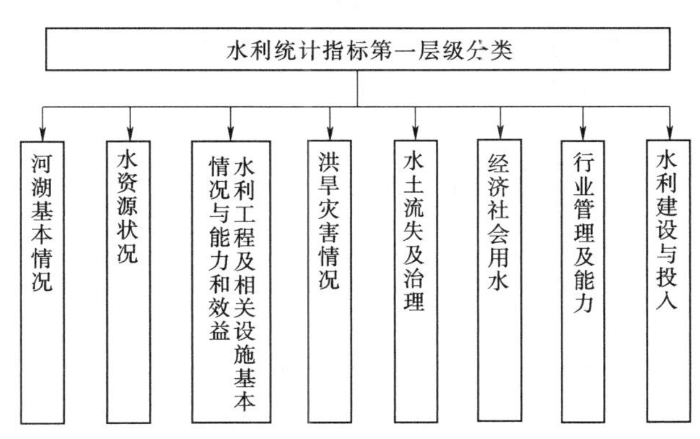

图 8－1　水利统计指标第一层级分类

第二层级：对描述第一层级宏

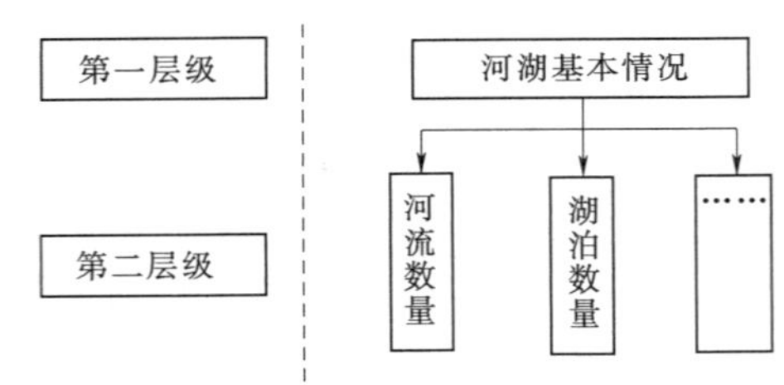

图 8-2 水利统计指标第二层级分类

观调查内容的主要指标进行拆分，将拆分出来的指标数据元的描述内容作为水利统计主要指标第二层级的分类标识。如针对河湖基本情况分为河湖数量统计、河湖自然特征统计等（图 8-2）。

第三层级：即描述某项统计内容的指标数据元。如针对河湖数量统计分为河流数量、湖泊数量等指标数据元。

（二）编码方法

借鉴 JT/T 437—2001《港口主要统计指标分类与代码》、JT/T 438—2001《水利运输主要统计指标分类与代码》、JT/T 431—2001《公路运输主要统计指标分类与代码》中，对指标编码的设置方式，规定水利统计主要指标代码由 6 位数字的复合码组成，其中，复合码的前两位数字代表该指标所在的第一层级，中间两位数字代表该指标所在的第二层级中，后两位数字代表该指标的指标数据元，同时为适应今后增加或调整类目需要，水利统计主要指标的各层级代码均留有一定空码，并设置了带有“其他”字样的收容项。如图 8-3所示。

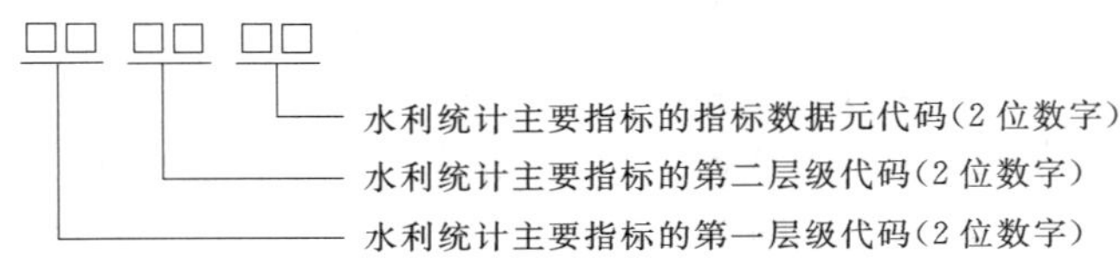

图 8-3 水利统计主要指标各层级代码编码示例

（三）水利统计主要指标分组统计代码

水利统计主要指标分组统计代码是由水利统计主要指标代码和指标数据元的若干分组属性代码两部分组成。因为按照统计指标设定的基础理论，统计指标一般由指标数据元和统计对象、范围两个主要单元组成；或者只由指标数据元组成。如水库设计供水能力和引调水工程设计供水能力，这两个指标只是描述的对象、范围不一致，一个是水库，另一个是引调水工程，但其指标数据元是一致的，都是设计供水能力这一指标数据元。当设计供水能力这个指标数据元和其他统计对象、范围进行组合时，就变成了另外一个统计指标。如年末中型水库设计供水能力、年中大型水库设计供水能力等。因此，该标准将统计对象和范围作为指标数据元的分组标识并进行编码设定（如水利工程及设施的类别、等级等）。

第二节 水利统计基础数据采集技术规范

《水利统计基础数据采集技术规范》规定基础数据采集的内容、分类、方法、质量控制及其管理。

基础数据采集至关重要，“问渠哪得清如许，为有源头活水来”。“基础数据集”就是统计之“源”。水利部于 2013 年发布行业标准 SL 620—2013《水利统计基础数据采集技术规范》。

一、编制背景

（一）编制目的

根据水利部2007年行业标准编制计划安排，在部规划计划司的主持下，按照《水利标准化工作管理办法》（水国科〔2003〕546号）的有关程序和要求，开展了《水利统计基础数据采集技术规范》的编制工作。

编制本标准的主要目的：一是规范统计基础数据采集工作，为水利部门和行业统计制定具体指标框架、计算方法提供示范、指导作用；二是为基层水利单位进行基础数据采集提供指导；三是规范基础数据采集流程，提高统计数据质量。

（二）编制单位

《水利统计基础数据采集技术规范》的主编单位为淮河水利委员会；参编单位为淮委治淮工程建设局和水利部发展研究中心两家单位。

（三）编制原则

按照GB/T 1.1《标准化工作导则　第1部分：标准的结构和编写》的要求，遵照水法、防洪法、水污染防治法等相关法律、法规、规章、技术政策、标准及其规范，以及水利统计工作的特点，本着简明、规范、实用的原则进行编制。

本标准主要采用的技术依据为GB/T 1.1《标准化工作导则》系列标准。

二、编制过程

本标准的编写经过了以下几个阶段：

（1）2008年6—7月，分析收集资料。结合现有水利统计任务，收集整理各类统计报表制度、统计管理办法，认真分析基础数据采集流程及调查方法，基本确定规范包含的主要内容。明确本规范只对水利统计基础数据采集做基本规定，不对具体统计任务和具体指标进行划分。

（2）2008年8月，编写工作大纲。编写组成员分工协作，编写工作大纲并起草《水利统计基础数据采集规范》（草稿）。

（3）2008年9月初，水利部规划计划司在北京主持召开了该项目工作大纲咨询会。咨询会邀请了国家统计局、水资源司、国科司、标准化研究中心、河北省水利厅、内蒙古自治区水利厅、浙江省水利厅、安徽省水利厅、湖南省水利厅、海南省水利厅以及内蒙古乌拉特前旗的专家，共十余人。专家对工作大纲提出了修改意见，并提出下一步工作建议。

（4）2008年9—10月，修改大纲并着手撰写《水利统计基础数据采集规范》（初稿）。

（5）2008年10月底—2009年5月，实地调研。拟订调研工作大纲，分别于10月底在重庆、11月在广东、安徽、江苏等地（市）、2009年5月，在小浪底建设管理局、河南各地（市）开展相关调研。对水利工程建设管理单位、中、小型水库管理单位、大型灌区管理单位、堤防管理单位、自来水厂、市（县）水利局、市水务局及乡镇水利站等不同类型单位开展调研，了解基层业务记录和台账建设情况，以及各类统计指标采集依据等内容，并征求初稿意见。

(6) 2009年5—10月，形成征求意见稿。根据调研结果，完善初稿。其间召开专家咨询会，征询专家意见，对初稿进行全面修改，形成征求意见稿。

(7) 2009年10月19日，按照《水利标准化工作管理办法》中的相关要求，编制组编写完成《水利统计基础数据采集规范》(征求意见稿)后，部规划计划司正式发文《关于征求〈水利统计基础数据采集规范〉(征求意见稿)意见的函》(规计综〔2009〕103号)，统一组织向全国有关单位和专家征求意见。

(8) 2009年11月—2010年1月，对征求到的各类意见进行处理汇总，并修改完善《水利统计基础数据采集规范》(征求意见稿)。

(9) 2010年6月18日，主编单位在北京主持召开了《水利统计基础数据采集规范》(送审稿)的专家咨询会，征求相关专家意见，对规范进一步修改完善。专家咨询会形成了会议纪要，呈送主持单位和国科司。

(10) 2010年7—11月，按照送审稿专家咨询会意义，进一步修改完善规范，于9月底向规划计划司提交了规范报批申请。

(11) 2011年2月—2013年4月，向各司局和有关专家征求意见。

(12) 2013年6月，由水利部正式发布《水利统计基础数据采集技术规范》，于2013年12月正式实施。

三、主要内容

(一) 适用范围

本标准规定了水利统计基础数据采集的基本工作内容和技术要求，包括水利统计基础数据分类、内容与来源、搜集方法、质量控制与管理。适用于水利和相关单位组织实施的基础数据采集活动。

(二) 主要内容

包括分类、内容、来源、基本规定、采集方法、质量控制和管理五部分内容。

(1) 内容、分类与来源。依据现有水利统计工作，明确水利统计基础数据内容、分类和来源。

其中，在分类中：

1) 基础数据可分为动态数据和静态数据。动态数据强调连续性和实效性，反映持续发展变化情况。如，中央直报中的投资完成统计；静态数据是指相对稳定，多为统计对象的属性和空间特征。如，项目所属行政区划、所在流域等。

2) 按调查时间分：经常性调查搜集的数据，如中央直报、年报数据；不连续调查搜集的数据，例如水利普查中的河流特性等有关数据等。

3) 按调查范围分：全面调查搜集的数据，例如水利普查调查的水库特性数据；非全面调查搜集的数据，例如综合年报中只调查水库座数、库容等。

4) 按组织形式分：定期报表搜集的数据，例如中央直报按月统计的数据；专门调查搜集的数据，例如部门临时针对某项业务布置的统计；按业务管理分：河湖自然状况、水资源状况、防洪除涝抗旱、水土流失及治理、水资源节约与保护、水利建设与投入等。

(2) 基本规定。对基础数据采集的基本要求进行规定。

(3) 采集方法。将基础数据采集的方法划分为行政记录法、实测法和测算法三种。其中：

1) 行政记录法：行政记录是明确经济责任的原始凭证，也是业务核算、会计核算、统计核算的依据。行政记录涉及水利业务管理活动的范围，主要包括业务记录、会计记录、统计记录和实测记录等，以档案、资料，电子记录等形式保存。

2) 实测法：实测法宜用于有实测记录的统计对象。对不同统计对象，按要求采用不同方法。

3) 测算法：在没有实测数据和相关行政记录时采用测算法。宜用于在没有实测记录或行政记录的集体、个体管理的农村水利和水土保持等工程设施，特殊的小型、微型农村水利工程。测算应依据相关基础数据和技术参数进行，根据实际情况定期进行动态调整。

4) 三种方法对比：行政记录法较为常用，从行政许可审批、登记、监测、规划、计划、预算等行政记录中搜集基础数据的方法。实测法宜用于有实测记录的统计对象。如供水量、城镇自来水供水量、废污水排放量。测算法在没用实测数据和相关行政记录时采用。包括插补法、相关系数法、比率测算法、总量测算法、典型实测推算法、平衡测算法、统计参数测算法。

(4) 质量控制。对基础数据采集的质量控制进行规定，并对其分法进行说明。

(5) 管理。管理基础数据采集过程中发生的各种形式的资料，以及运用台账管理的一般规定。

(三) 应用注意事项

(1) 在基础数据采集工作开展过程中应着重注意以下几点：

一是执行国家统计标准、报表制度和报送程序，保证同类基础数据口径、范围、时间、时限、数据来源的一致性。二是反映进度的基础数据不得采用覆盖更新方法，应保存原有进度基础数据，实行动态存储。三是所采集的基础数据与台账应妥善保存，不得随意涂改。四是建立完善的基础数据质量控制技术和管理体系。

(2) 在基础数据错差修改应遵守以下规定：

一是基础数据来源或采集错误，应由填报单位修改。二是修正后的基础数据应提供文字说明。三是重大基础数据修改应经上级主管部门审批或备案。

第三节 水利统计通则

SL 711—2015《水利统计通则》是按照水利统计工程的流程、环节概述性规定涉及的统计工作原则、方法等。

一、编制背景

(一) 编制目的

统计在我国社会主义现代化建设中发挥着了解国情国力、指导国民经济和社会发展的重要作用，具有信息、咨询、监督三种职能。水利统计信息是国民经济和社会发展综合信息的重要组成部分，是水利部门综合性最强、覆盖面最广、最规范、系统的信息，因而是水利改革与发展、建设与管理信息的主体，是各级领导了解情况、研究解决问题、进行科学决策和管理的重要依据。

长期以来，水利统计工作在取得重大成绩的同时，也存在一系列的问题，有体制和运行机制方面的问题，也有水利统计基础工作规范化、标准化滞后而产生的众多问题，反映在水利统计调查方案编制、信息分类标准、水利统计体系分类标准、水利统计基础数据采集技术规范、水利统计登记规范、统计台账编制规范等各个环节和各个方面，规范化标准化工作滞后，严重制约了水利统计工作效率和质量的进一步提高，削弱了水利统计工作进一步发挥，统计信息、监督、咨询的职能和作用。

编制水利统计通则及其相应的基础统计工作规范、标准，有助于加强水利统计工作统一规范、管理，协调各项统计任务，整合水利统计信息资源，提高水利统计工作的整体效能，满足水利部门管理和公共信息需求。50多年来的水利统计工作经验为编制水利统计通则奠定了基础，组织开展该项工作条件已具备。

（二）编制单位

水利统计通则由水利部发展研究中心负责编制。

（三）编制原则

水利统计的基本原则是，执行国家有关法律、法规和规章制度，正确处理水利统计活动中形成的各种关系，保障水利统计工作的计划性和统一性原则，水利统计部门依法履行统计职责的原则，调查对象依法履行统计义务的原则，维护水利统计调查对象合法权益的原则，保障水利统计信息社会共享的原则。

规范主要引用以下文件：SL 213—2012《水利工程代码编制规范》，SL 1—2014《水利技术标准编写规定》，SL 574—2012《水利统计主要指标分类及编码》，SL 620—2013《水利统计基础数据采集技术规范》。遵照《水法》《统计法》《水利统计管理办法》《水利统计责任人制度》等相关法律、法规、规章、技术政策、标准及其规范，以及水利统计工作的特点，本着简明、规范、实用的原则进行编制。

二、编制过程

本标准的编写经过了以下几个阶段：

（1）2009年11—12月，分析收集资料。结合现有水利统计任务，收集整理各类统计报表制度、统计管理办法，认真分析基础数据采集流程及调查方法，基本确定规范包含的主要内容。明确本标准只对水利统计基础数据采集做基本规定，不对具体统计任务和具体指标进行划分。

（2）2010年年初工作大纲通过审查。编写组成员分工协作，编写并起草《水利统计通则》（草稿）。由于编制内容发生变化，2011年3月，在原基础上修改工作大纲，再次进行调研同时编写初稿。

（3）2011年5月—2012年6月多次进行了专家咨询。

（4）2012年6月，形成征求意见稿。根据调研结果，完善初稿。其间召开专家咨询会，征询专家意见，对初稿进行全面修改，形成征求意见稿。

（5）2013年11月，提交报批稿。

(6) 2014 年 12 月—2015 年 1 月，向各司局和有关专家征求意见。

(7) 2015 年 3 月由水利部正式发布，2015 年 6 月正式实施。

三、主要内容

(一) 范围

本标准适用于各类行政单位、事业单位和社会组织开展的水利统计活动。

(二) 框架

本标准共有 8 章，主要技术内容有：水利统计任务、水利统计设计、水利统计调查、水利统计整理、水利统计分析和水利统计服务。

(三) 主要条文讲解

1. 水利统计任务

(1) 开展水利统计活动，应设定水利统计任务，做好统计设计、统计调查、统计整理、统计分析，统计服务等内容。

(2) 阐明以上提到的各项内容是什么。其中：

一是设定水利统计任务，需分析统计调查目的和依据，明确统计调查内容和目标要求，论证其必要性。

二是统计设计需制定统计工作方案，用以指导整个统计工作的实施。

三是统计调查是获取统计数据的过程。

四是统计整理是对水利统计数据进行分类、汇总，形成水利统计数据、图、表的过程。

五是统计分析是利用水利统计数据揭示水利现象和规律。

六是统计服务是利用水利统计数据支撑和服务水利工作。

2. 水利统计设计

水利统计设计包括：水利统计设计的内容、水利统计调查表、水利统计调查内容和水利统计指标四部分内容。

(1) 水利统计设计的内容：明确了水利统计设计应确定调查目的、调查对象和范围、调查内容、调查方式和方法、调查时间和频率、调查表式、统计资料报送和使用等内容；确定统计单元的划分、统计调查对象名录获取以及统计数据采集、录入、汇总、审核、抽查等工作的具体方法、步骤和要求。

(2) 水利统计调查表的内容：一是明确了水利统计调查表应包括表式和填表说明。二是明确了水利统计调查表的表式包括三个部分：表头，标明调查表的名称、调查单位（填报单位）的名称、制表机关、批准机关、备案机关、批准文号、备案文号、有效期截止时间；表体，标明调查项目的名称、栏号、计量单位等；表脚，标明填报单位和填报人签名、填报日期以及填报说明等。三是明确了调查表的填表说明主要包括有关项目和指标的含义、口径、计算方法、基础数据来源及填表要求等。

3. 水利统计调查

水利统计调查包括：一般规定、调查方式、调查方法和调查时间四部分内容。其中一般规定和调查方式包括如下内容。一是水利统计调查应建立以周期性的水利普查为基础，以经常性的水利统计报表为主体，综合运用水利抽样调查、重点调查、典型调查等方式进行调查。二是水利统计调查应充分利用调查单位已有水行政管理记录和业务记录获取数据。三是水利统计调查实施过程一般包括确定调查对象、发放调查表、填报单位填报、统计机构收集和数据处理等环节。

4. 水利统计整理

水利统计整理包括对统计数据的审核、修订、排序、汇总、分组、制表和绘图等工作。

一是水利统计数据审核内容包括数据剔重，奇异值、缺失值处理，全面性、一致性、合理性审核与评估等。

二是水利统计数据排序是按照一定排序规则对数据进行排序。

三是水利统计数据汇总是通过数据求和或计数等方式，获得总量指标数值。

四是水利统计数据分组是按照一定的分组规则对调查对象进行分类，数据分组应符合水利相关信息分类标准或水利管理习惯。

五是制表和绘图是将汇总、分组后形成的统计数据用表格或图形形式进行展示，为编制统计报告、开展统计分析提供基础。

5. 水利统计分析

水利统计分析主要包括分析的方法、分析的结果、分析结果的分类三部分内容。

6. 水利统计服务

水利统计服务包括一般规定、发布和管理三部分内容。其中：

(1) 一般规定包括：一是水利统计服务包括水利统计资料的提供、发布和管理。二是利用公开发布的水利统计资料时，应注意统计资料的来源、指标口径与计算方法。三是利用未公开发布的水利统计资料，需按有关规定批准后使用。四是水利统计资料的提供、发布和管理应严格遵守国家有关保密的规定。

(2) 发布包括：一是建立和完善水利统计资料发布制度。二是利用各种媒介方式向社会发布水利统计信息。三是发布对本部门或者对社会发展有重要影响的水利统计数据。四是遵守有关规定，按照一定的程序提交审核、确认。

(3) 管理包括：一是应建立和完善水利统计资料交接和管理制度，确保水利统计资料的连续与完整。二是应按照国家有关规定建立水利统计资料的保存、管理制度，建立健全统计信息共享机制。

第四节　水资源公报编制规程

GB/T 23598—2009《水资源公报编制规程》是在水利部水政资〔1998〕46号文附件《中国水资源公报编制大纲（试行稿）》的基础上，经过10个年度的公报编制实践，逐步进行经验总结和修改补充而成。包括了经济社会指标、水资源量、蓄水动态、供水量与用水量、耗水量与排水量、水体水质、用水指标和水价等内容。本标准适用于全国、水资源一级区、省级行政区水资源公报的编制，地级行政区水资源公报的编制可参考使用。

一、《水资源公报编制规程》的编制背景

定期编发水资源公报是一项政府性行为，是加强水资源管理保护和有效利用的一项基础性工作，制订统一的编制内容和技术要求是编好全国水资源公报的关键。自 1995 年起，水利部先后组织有关单位编写了“中国北方水资源公报编制提纲”和“中国水资源公报编制技术大纲”，全国陆续编发了 10 期《中国水资源公报》。自 2002 年起，水资源公报的主要数据已纳入国民经济统计系列，在《中国统计年鉴》上发布。自 2004 年起《中国水资源公报》中、英文版正式出版发行。在多年的水资源公报编制工作实践中，公报“大纲”进行了多次修改，为了更严谨、更规范地编制水资源公报，不断提高水资源公报的时效性、准确性和权威性，急需制定《水资源公报编制规程》国家标准。

二、《水资源公报编制规程》的编制过程

(1) 2000 年 12 月立项，编制水利技术标准编制计划项目建议书。

(2) 2001 年 11 月签订标准编制合同。

(3) 2002 年 1 月组建了标准编制组，并开始编写“编制工作大纲”、起草《水资源公报编制规程》。

(4) 2003 年 6 月编写完成初稿，2005 年 3 月形成征求意见稿并向各流域、各省厅、各省水文水资源勘测局、国家发展改革委、国家统计局、中国城市规划设计研究院、中国环境科学研究院、水利水电规划设计总院以及多名专家发放了 80 余份征求意见稿进行意见征求。

(5) 2006 年 12 月提交了《水资源公报编制规程》送审稿。

(6) 2007 年 9 月召开了《水资源公报编制规程》专家审查会并邀请了包括徐乾清院士在内的多名水利部相关司局、国家发展改革委、国务院南水北调办、国家统计局、中国环境科学研究院、高校、流域机构、省厅的专家参会。

三、《水资源公报编制规程》的主要内容

(一) 范围

本标准适用于全国、水资源一级区、省级行政区水资源公报的编制，地级行政区水资源公报的编制可参考使用。

(二) 编制原则

一是以“中国水资源公报编制技术大纲”为基础。水资源公报的编制是一个工作量大、涉及面广、错综复杂的水资源统计分析过程，需要多部门（包括环保、地质矿产资源、统计等非水利部门）、多层面、各地区的协调配合。由于“大纲”已实施多年，经过多次修改后已形成一套较为完整的技术规范，便于使用单位掌握、执行。

二是体现先进性、适用性和可操作性。《水资源公报编制规程》在水资源计算、供用水量统计、水质评价等方面采用常规方法，在经济社会指标统计上主要依据《中国统计年鉴》《水利统计年鉴》等权威数据，充分体现其适用性和可操作性。由于目前水资源监测等基础工作还存在不少薄弱环节，但考虑到水资源管理工作的需要，《水资源公报编制规

程》中仍要求进行耗排水量统计、水功能区水质评价、地表水源地水质、地下水水质评价、供水效率以及部分生态与环境用水等，充分体现其先进性。

（三）主要内容

本标准给出了水资源公报编制的基本要求、编制内容及有关术语的定义、计算方法和表格样式。内容包括来水量、蓄水动态、供用水量、水质状况、用水指标、水资源利用程度及中央水事等。本标准共有12章，包括范围、规范性引用文件、术语和定义、总则、经济社会指标、水资源量、蓄水动态、供水量与用水量、耗水量与排水量、水体水质、用水指标和水价以及重要水事。《水资源公报编制规程》要求以行政分区套水资源分区为计算单元提出数据成果，并按流域分区和行政分区分别汇总。其中：

经济社会指标主要包括人口，国内生产总值（地区生产总值），工业增加值，农田、林果、草场灌溉面积，人工鱼塘补水面积，牲畜头数等；水资源量包括降水量、地表水资源量、地下水资源量、水资源总量；蓄水动态包括水库蓄水动态、平原区浅层地下水动态、平原区地下水位降落漏斗；供用水量包括供水量、用水量；耗排水量包括用水消耗量、废污水排放量；水体水质包括地表水水质评价、水功能区水质评价、集中式生活饮用水地表水源地水质、地下水水质评价；用水指标包括综合用水指标和单项用水指标，综合用水指标采用人均用水量和万元国内生产总值（地区生产总值）用水量两个指标，单项用水指标根据用水特性不同，分为农业用水指标、工业用水指标、城镇公共用水指标、居民生活用水指标和牲畜用水指标；供水效率包括工业用水重复利用率、农业灌溉水有效利用系数和城市供水管网漏损率；水价情况包括水资源费征收标准、原水价格、城市供水价格等。

第三篇　统计实务篇

本篇介绍水利部组织实施的重要统计报表制度，主要包括水利综合统计调查制度、水利建设投资统计报表制度、水利服务业统计报表制度、水行政执法统计制度、全国水文统计报表制度、水旱灾害统计报表制度、农村水电统计报表制度等的历史沿革、基础知识、统计范围、调查内容、统计指标及在实际调查过程中应注意的问题等内容。上述这些统计制度均依法在国家统计局进行审批备案，属于国家法定统计调查任务。此外，水利部门还依据《水法》《防洪法》《水土保持法》《水文条例》和《水资源管理条例》等法律法规，根据水文水资源监测评价、水资源公报编制、严格水资源管理考核等需要，组织开展了相关统计工作，本篇仅做简要介绍。

第九章

水利综合统计

水利综合统计是全面反映水利发展基本状况的综合性统计调查。《水利综合统计调查制度》是水利部门制定的开展水利综合统计工作的规范性文件，主要统计水利工程设施的数量分布及能力效益状况，主要反映水利基础设施建设所取得的成就，揭示水资源开发利用、治理保护等水利公共服务的基本能力和水平。

第一节 概 述

最早的水利综合统计主要是农田水利统计，统计内容是灌溉面积和农田水利设施数量的统计，在水利统计资料中记载最早的灌溉面积数据是 1949 年的“农田有效灌溉面积”1592.87 万 hm^2。随着水利事业发展和水利管理需要，水利统计的领域不断拓宽，开始从灌溉统计向防洪、除涝、供水、发电、水保等方面延伸，统计报表制度逐年完善。2013 年，依据第一次全国水利普查形成的统计制度方法和基准数据，水利部对水利综合统计报表制度进行了全面修订和完善，形成了涵盖水利工程设施数量、水利工程供水量、城乡生活用水保障、防洪除涝和河湖治理保护、灌溉面积和节水灌溉发展、水土流失治理、入河湖排污口等多项内容的统计调查体系。根据水利改革发展“十三五”规划目标指标监测需要，2017 年又增加了水利工程供水能力统计内容。

一、基本框架

现行水利综合统计调查制度包括三项调查项目，分别为“水利发展主要指标快报统计”“水利综合情况统计”和“水利工程基本情况统计”，前者为半年报，共有 1 张调查表；后两者为年报，“水利综合信息统计”包括 8 张调查表，“水利工程基本情况统计”包括 7 张基础表。表 9-1 为水利综合统计调查制度基本框架。

表 9-1　　水利综合统计调查制度基本框架

调查项目	表号	表名
水利发展主要指标快报统计	年综 100 表	水利发展主要指标快报统计表
水利综合情况统计	年综 101 表	水利工程数量统计表
	年综 102 表	水利工程供水能力统计表
	年综 103 表	水利工程供水统计表

续表

调 查 项 目	表 号	表 名
水利综合情况统计	年综 104 表	城乡供水统计表
	年综 105 表	灌溉统计表
	年综 106 表	防洪除涝统计表
	年综 107 表	水土保持统计表
	年综 108 表	入河湖排污口统计表
水利工程基本情况统计	年综 109-1 表	跨区域（流域）供水工程调查表
	年综 109-2 表	水库基本情况调查表
	年综 109-3 表	水闸基本情况调查表
	年综 109-4 表	泵站基本情况调查表
	年综 109-5 表	灌区基本情况调查表
	年综 109-6 表	农村集中式供水工程基本情况调查表
	年综 109-7 表	入河湖排污口基本情况调查表

二、报送与填表单位

综合统计数据上报的责任主体是报送单位与填表单位，二者可能一致，也可能不同。报送单位是指直接逐级上报统计年报的水行政主管部门，向水利部报表的报送单位包括国务院南水北调办公室、各流域机构等部直属单位、各省（自治区、直辖市）水利（水务）厅（局）和新疆生产建设兵团，省级水行政主管部门组织计划单列市水利（水务）局和其他地县级水行政主管部门逐级做好统计报送；填表单位是指各类统计调查表的基层填报单位，本制度主要是指县级水行政主管部门（县级行政区划单元为填表的最小统计单元）、隶属于各级人民政府或水行政主管部门的水利工程管理单位。对于地级市级水行政主管部门而言，县级水行政主管部门既是综合统计年报的报送单位也是填表单位。

统计报送单位和填表单位执行本报表制度，应遵循 SL 711—2015《水利统计通则》和 SL 620—2013《水利统计基础数据采集技术规范》的要求，细化工作流程和相关标准规范，明确每一个统计指标的数据来源、收集渠道、采集方式、计算方法以及审核汇总要求，做好培训布置、检查指导、抽查核实和质量分析评估，确保数出有据。水利部制定印发的相关规定和要求，应一并严格执行。

三、填报要求

（一）在地与属地原则

本项调查制度要求按“在地与属地相结合”的原则进行组织填报。其中，“水利发展主要指标快报表”和“水利综合情况统计表”，按“在地原则”进行统计填报。凡辖区内所有已建成的水利工程设施，不论其隶属关系，均由当地县级水行政主管部门负责统计和填报。“水利工程基本情况统计表”，按“属地原则”进行统计。无论其工程位置在何区域，均按隶属关系和行政管理级别，由工程管理单位直接隶属的或同级的水行政主管部门或流域管理机构负责组织填报。

(二) 跨流域分区的填报

依据本报表制度“统计用流域分区”的规定，凡跨两个以上一级流域分区的县级行政区域，均应以流域分区为单元，分别填表。如河南省桐柏县，跨淮河区和长江区，则应在水利统计管理信息系统中建立两条记录，分别为桐柏县（淮河区）和桐柏县（长江区），以便于分流域进行统计汇总。

(三) 跨流域分区的工程

凡由上级水行政主管部门管理或登记审批的统计对象，应编制名录，并按在地原则逐级分解并下发至县级行政区域。其中，对于跨两个以上县级行政区域的水利工程设施，如跨区域供水工程、灌区工程、堤防工程、河流湖泊等，应由地市级及以上水行政主管部门，按照工程隶属关系，及时编制、更新和下发跨区域水利工程设施及河湖名录，将工程效益指标按照工程受益范围逐级分解到县级行政区域，并将跨区域供水工程和灌区工程的处数计入其水源工程所在县级行政区域。

第二节 主要调查内容

本节主要围绕“水利综合情况统计”和“水利工程基本情况统计”阐述。2017 年修订“水利综合统计报表制度”时增加了“水利工程供水能力统计”，增加了“上年基数”和“增减变动”等调查内容，上年基数、增减变动数据均由水利统计管理信息系统自动生成。增加上年基数，主要是为了控制填表单位和报送单位的数据质量，确保统计数据前后一致，避免上级单位审定的上年基数随意发生改变，及时发现和校核当年增减变动引起异常波动，从而影响本年达到数据的真实性。

按照数出有据的原则，填报内容一般应根据各部门、各单位掌握的业务会计记录，各类审批、许可、登记、备案资料等，并参考当年工作计划和投资计划。统计表中的静态指标一般应按照最新批复的设计文件填报，比如水库总库容等指标。没有设计文件则查阅其他资料，可以查阅档案、现场调查、简单估算等方式，通过对资料整理分析后进行填表。

一、统计口径

在了解调查内容时，要特别注意相应的统计口径。本报表制度涉及各类水利工程的统计，包括分县和分单项工程的统计口径存在差异，在数据采集和填报时要特别注意（见表 9-2）。

表 9-2　　水利综合统计的各类工程统计口径

调查内容	表　号	统　计　口　径
水库	年综 101 表/109-2 表	水库：按照水库定义，所有符合定义规定的均纳入统计范围；总库容 10 万 m^3 及以上的水库。已建成但未被使用，且主要配套设施不完善的水库不进行统计。已报废水库应在履行相关手续后才能报减少。塘坝蓄水容积超过 10 万 m^3，但不符合水库定义要求的，仍作为塘坝统计
水闸	年综 101 表	过闸流量大于 $1m^3/s$ 的水闸，不包括橡胶坝，不包括翻板闸和船闸

续表

调查内容	表　号	统　计　口　径
水闸	年综 109－3 表	统计最大过闸流量大于等于 $1m^3/s$ 的水闸工程
水电站	年综 101 表	水电站工程不包含抽水蓄能电站、潮汐电站
泵站	年综 101 表	按照泵站定义，统计所有泵站
	年综 109－4 表	“装机流量”大于等于 $1m^3/s$ 或“装机功率”大于等于 50kW 的泵站
农村集中式供水工程	年综 101 表	统计供水规模在 20 人及以上，并有输配水管网的农村供水工程
	年综 109－6 表	统计“设计日供水量”大于等于 $1000m^3$ 的农村集中式供水工程
机电井	年综 101 表	按照机电井定义，所有符合定义规定的均纳入统计范围； 规模以上：井口井壁管内径大于等于 200mm 的灌溉机电井和日供水量大于等于 $20m^3$ 的机电井的总供水量
水利工程供水能力统计表	年综 102 表	分规模以上工程和规模以下工程分别进行统计。跨区域供水工程：涉及 2 个及以上县级行政区域，包括跨 2 个及以上水资源二级区
水利工程供水统计表	年综 103 表	分规模以上工程和规模以下工程分别进行统计。跨区域供水工程：涉及 2 个及以上县级行政区域，包括跨 2 个及以上水资源二级区
城乡供水统计表	年综 104 表	
灌溉统计表	年综 105 表/109－5 表	统计“设计灌溉面积”大于等于 2000 亩①的所有灌区
防洪除涝统计表	年综 106 表	按照堤防定义，统计除生产堤、渠堤和排涝堤以外，所有符合定义规定的堤防
入河湖排污口统计表	年综 108 表/109－7 表	“废污水年排放量”大于等于 300t/d 或大于等于 10 万 t/a 的入河湖排污口为规模以上
跨区域（流域）供水工程调查表	年综 109－1 表	涉及 2 个及以上县级行政区域，包括跨 2 个及以上水资源二级区

① 1 亩≈$666.67m^2$。

二、水利综合信息统计

（一）水利工程数量统计

水利工程数量调查是为了全面反映我国水利工程数量、分布等情况的基础信息，特别是一定规模以上的各类水利工程特性、规模、能力、效益及管理等基本情况。“水利工程”包括水库、水闸、泵站、机电井、农村集中式供水工程、水电站、塘坝、窖池等，主要统计工程数量，并且是按照规模或按类型划分的情况。水库还包括库容统计，水闸的分类型统计包括分（泄）洪闸、节制闸、排（退）水闸、引（进）水闸等。

工程数量是存量指标，以上年存量数据为基础，根据当年新增、减少工程数量的具体情况，得到截至当年年底的存量，作为下一年统计工作的基础；当年工程新增情况与当年水利建设投资产生的效益息息相关，在审核校对时应与当年投资安排与完成情况进行比对，特别是大型水利工程建成后的能力与效益，一方面应在水利综合统计中反映新增的工程和新增效益，如新增中型水库 1 座，新增灌溉面积 2.14hm^2；另一方面也应在水利建设投资统计年报中反映项目新增效益。

（二）水利工程供水能力统计

供水能力是衡量水利发展水平和保障水安全能力的关键指标。“十五”以来，历次水利发展五年规划均把“新增供水能力”作为规划的发展指标之一。水利工程供水能力的调查一直比较缺失，在2006—2008年实施的水利综合统计报表制度时曾有过调查，全国总的供水能力也曾经在《全国水利发展统计公报》中正式公布。但由于未涉及具体工程，仅有分县数据，数据审核汇总难度较大，此后未再纳入报表制度。

在评估五年规划时，主要分析规划期内大中型水库、重点引调水工程、重点水源工程以及其他水源工程建设情况的基础上，按照蓄、引、提和机电井等工程类型，对各项工程设计供水能力进行汇总估算得出的。这样统计的优点是工程供水能力与当年工程投资直接挂钩，便于跟踪国家对重大建设项目投入效益的评估分析，但缺点是未考虑存量的衰减，逐年累积计算，不便于与现有统计制度中用水总量等相关统计指标相协调。此外，现有的存量一直没有摸清是较为遗憾的事情。

基于此，为了更好地评估和测算“十三五”新增供水能力，在2017年对水利综合统计报表制度进行重新修订审批时，增加了该项调查内容，主要了解上年存量、本年增量、本年减量、本年达到等情况，并根据实际情况，将水利工程分为全部水利工程、规模以上水利工程和规模以下水利工程三种分类，每种分类包括跨区域供水工程、水库工程、塘坝窖池工程、河湖引水工程、河湖取水泵站工程、机电井、非常规水源利用工程等。

（三）水利工程供水量统计

供水量统计对当年各行各业供用水决策、考核各省（自治区、直辖市）用水总量与效率具有重要意义。

“全部水利工程供水”是指县级区域各类蓄（包括库、塘、堰、坝、窖池）、引（包括本区域河湖水闸引水、跨区域调水工程分水、引泉水）、提（包括河湖泵站提水、地下河湖库提水）、井（机电井、人力井）等水利工程从自然界取得的全部水量。上述工程不管是政府、集体、企业或个人投资建设，也不管是独立运行发挥供水作用，还是自来水厂、工厂、矿山等企业自建自有自用的自备取水工程，均应纳入“全部水利工程供水”的“总供水量”统计中。总供水量统计包括规模以上工程的供水量，要区别规模以上与规模以下工程的分类。

本项调查将水利工程分成地表水源工程、地下水源工程和其他水源工程三大类进行统计，重点参考“水资源公报编制规程规范”的调查内容对地表水源、地下水源和其他水源工程进行细分调查。供水量统计的调查结果将与水资源统计进行分省（自治区、直辖市）和分工程类型的比对。

（四）城乡供水统计

城乡供水统计中的“总供水量”主要指城乡集中式（包括自来水厂、农村集中式供水工程）和分散式供水工程的供水，这些水基本上都是由各类水利工程供水并经处理后再供出的。主要分为五项调查内容，分别包括城乡供水工程数量、城乡供水工程受益人口、城乡供水工程设计年供水量和实际年供水量、农村饮水安全巩固提升工程数量及受益人口等。

本项调查主要围绕“十三五”规划目标指标农村集中式供水率和自来水普及率开展农村供水人口、农村自来水人口和农村集中式供水人口的调查。

特别注意，农村供水工程范围，是指县城（不含县城城区）以下的乡镇、村庄、学校，以及国家农（林）场、新疆生产建设兵团团场和连队的农村供水工程；农村集中式供水工程处数应与水利工程数量统计中的农村集中式供水工程处数保持一致。

（五）灌溉统计

灌溉是指给农作物补充所需水分的技术措施。在自然条件下，天然降水在时空上与作物需水不相适应，天然降水年际变化和季节变化都很大，地区分布也极不均衡，不仅不能满足作物需水的要求，还经常发生程度不同的旱灾。因此，必须因地制宜地修建蓄水、引水、提水及完整的灌溉系统工程，将符合质量的水，输送到农田、草场、林地等处，补充土壤水分，以改善植物的生长发育条件。灌溉的主要对象是农作物，故又称作物灌溉或农田灌溉。

灌溉面积根据 GB/T 21010—2017《土地利用现状分类》中对农用地的分类，将灌溉面积分成耕地灌溉面积、林地灌溉面积、果园灌溉面积、牧草地灌溉面积等。灌溉统计包括四方面调查内容：一是调查灌溉面积存量以及当年新增、减少面积；二是调查节水灌溉面积、高效节水灌溉面积以及当年新增、减少面积等；三是调查 2000 亩及以上灌区处数和耕地灌溉面积情况；四是调查灌区渠道长度、衬砌防渗渠道长度等。

本项调查侧重于时点数，截至年底报告期的存量和增量情况。按照《土地利用现状分类》中“其他”农业用地大多与灌溉无关，如畜禽饲养地、设施农业用地、水面养殖等应不计入灌溉面积。

（六）水土保持统计

《中华人民共和国水土保持法》规定，水土保持是指对自然因素和人为活动造成水土流失所采取的预防和治理措施。它既是水利工作的一项长期任务，又是国土整治的一项重要内容，是我国的一项基本国策。第一次全国水利普查显示（2011 年年底时点数），我国水土流失面积 294.91 万 km^2，占国土总面积的 30.72%。可以说，我国是世界上水土流失最严重的国家之一。人类活动是引起水土流失发生、发展或者使水土流失得以控制的主要因素。加剧水土流失的人类活动主要有：不合理利用土地、滥伐森林、陡坡开荒、过度放牧、铲挖草皮、顺坡耕种等。

在水土流失地区，为保护、改良及合理利用水土资源，而采取的各项技术措施，称水土保持措施。主要有农业技术措施、林草措施和工程措施三大类，三类措施紧密配合，进行综合集中治理，可达到减轻或制止水土流失的良好效果。水土保持措施的统计调查主要围绕为防治水土流失，保护、改良与合理利用水土资源，改善生态环境所采取的工程措施和植物措施，不包括耕作技术措施。水土保持工程措施主要包括基本农田（包括梯田、坝地和其他基本农田）、淤地坝、坡面水系工程和小型蓄水保土工程等；水土保持植物措施主要包括水土保持林、经济林、种草和封禁治理等。

通过本项调查，全面查清全国水土保持措施现状，掌握水土保持工程综合治理状况和动态变化情况，为全面反映水土保持建设成就，科学评价水土保持效益及生态服务价值提供基础数据，为编制国家生态环境规划、水土保持治理规划提供依据，为水土保持科学研究、行政管理和综合治理服务。

2016 年，国家发展改革委、国家统计局、环保部、中组部《关于印发〈绿色发展指标体系〉〈生态文明建设考核目标体系〉的通知》（发改环资〔2016〕2635 号）中，将

“新增水土流失治理面积”纳入绿色发展指标体系，作为中央对各省生态文明建设年度考核指标之一，指标权数为0.92%，计算方法为年度完成新增水土流失治理面积占水利部下达的年度水土保持生态建设任务指导性指标的比率。国家考核中采用的“完成新增水土流失治理面积”源自各省通过水利统计管理信息系统上报的水土保持统计年报，是指全口径统计的发展改革、财政、国土、环保、农牧、林业、水利等部门及社会民间资本参与完成的水土保持生态建设任务。水利规划计划部门在填报该项指标时应与水保业务部门在数据的一致性方面进行协商，保证出口的数据是一致的。

（七）防洪除涝统计

通过防洪除涝统计调查，全面了解全国已建成堤防状况、河道治理以及除涝情况等。早些年的统计调查还包括治理土地盐碱化等情况；近年来，随着除涝治理不断深入，当年新增的除涝面积越来越少，特别是北方和西北地区。

本项调查主要包括：一是堤防和达标堤防长度以及保护人口、保护耕地面积的效益等情况；二是河道治理保护情况，了解有防洪任务的河段、已治理河段、划定河湖水功能区数量等情况；三是除涝面积情况等。

（八）入河湖排污口统计

河湖具有一定的自净能力，但是如果入河湖污染物排放量超过了河流的纳污能力，将对河湖生态造成破坏，导致河湖生态功能的萎缩，不利于河湖水资源的可持续利用，并影响到河湖社会经济功能的发挥及社会经济的可持续发展。摸清入河湖排污口的基本情况，对了解河湖污染状况和污染来源至关重要，入河湖排污口统计可为河湖环境治理保护提供科学全面的信息。

通过统计入河湖排污口的数量、入河湖废污水排放量及入河湖排污口许可情况，全面反映河湖污染状况和污染来源，为河湖环境治理保护提供科学全面的信息，为编制水资源环境生态规划，开展水生态环境、科学研究和业务管理工作提供依据。

三、水利工程基本情况统计

水利工程基本情况统计调查主要是以第一次全国水利普查为基础，通过当年工程增减变化统计，摸清规模以上水利工程的基本情况，掌握全国已建成水利工程现状。

本项调查的工程包括跨区域（流域）供水工程、水库、水闸、泵站、灌区、农村集中式供水工程和入河湖排污口，调查内容主要包括工程位置、工程类型、工程特性及能力等。水利工程基本情况统计类似工程一览表，各级水行政主管部门填报“水利工程数量统计表”时，可使用水利工程基本情况统计表对当年新增或减少的分县数据进行复核，以建立较为完备的工程名录库。

开展本项调查要注意“登记原因”等相关内容，需要对工程是否登记录入了解清楚。

第三节　主要调查指标

本节描述的主要指标是从指标分类的角度，将水利综合统计调查制度中的指标分成了数量类指标、面积类指标、长度类指标和能力类指标，并在每一类中按水利调查内容进行细分。

一、数量类指标

（一）水利工程数量

在报表制度中，"水利工程"数量应该是最容易填报的指标，又是最基础的指标，工程数量以及工程的分类与它的效益密不可分。工程数量的基础数据来源于第一次全国水利普查对水利工程的统计，选取已建成发挥效益的水利工程进行统计。主要包括水库、水闸、泵站、水电站、灌区、农村集中式供水工程、入河湖排污口等。

工程的分组均为水利工程的标准分组，如水库、水闸、泵站和水电站的分类均为大（1）型、大（2）型、中型、小（1）型和小（2）型；农村集中式供水工程分为千吨万人以上、千吨千人以上和其他；机电井分为规模以上和规模以下，并且再细分为浅层地下水机电井和深层承压水机电井。水闸和泵站按位置细分为"河湖""水库"两类，主要与水利工程供水量、工程供水能力相对应，区分取水来源；水闸又按类型分为分（泄）洪闸、节制闸、排（退）水闸、引（进）水闸、挡潮闸，此处容易出错的依然是没有"挡潮闸"分类的地区填报了数据。

对新建成的水利工程、损毁减少的水利工程，或者主要指标规模发生变化，导致工程等级或者供水能力发生变化的工程，按照报表制度规定，均要填报"水利工程基本情况统计表"。"水利工程基本情况统计表"的设计是掌握水利工程变化情况最基础的表，便于审核本地区工程数量指标，用以审核"当年新增效益"。

在填报审核时，各省级水行政主管部门着重要对大中型水利工程增减变化留意，特别是跨两个省区的大型水利工程，要注意由哪个省区填报，以防重复统计。

（二）灌区数量

2000 亩及以上灌区划分成 50 万亩以及上、30 万～50 万亩、10 万～30 万亩、1 万～10 万亩、0.2 万～1 万亩等。对于本地区灌区处数的填报，要注意由上一级水行政主管部门确定跨县灌区的处数与面积应如何分配填报，以防止汇总时出现数据重复或遗漏的问题。

（三）水保工程数量

水保工程数量指治理沟道条数、已实施小流域综合治理条数、建成淤地坝座数等；较为容易出错的指标就是"建成淤地坝座数"，这里特指"黄土高原"地区。淤地坝是黄土高原区人民群众在长期同水土流失斗争实践中创造的一种行之有效的既能拦截泥沙、保持水土，又能淤地造田、增产粮食的水土保持工程措施，已有几百年的发展历史。主要分布在山西、陕西、内蒙古和甘肃等省（自治区）。

（四）河湖水功能区数量

对本区域已划定河湖水功能区进行数量的统计，主要分为国家划定个数、省级划定个数、地级划定个数和县级划定个数。

（五）入河湖排污口数量

入河湖排污口统计调查中的大部分指标为静态指标，排污口指标分为以下几类：基本情况、是否登记或者通过环评审批、排入水域类型、污水主要来源、入河湖排污方式，其中登记、同意和审批的废污水年排放量为动态指标。静态指标可采取内业与外业相结合的方式获取，如档案查阅、现场调查核实等，以最新的资料为准，包括相关设计资料、建设资料、管理资料、运行记录等。

对入河湖排污口数量进行统计时主要分为全部数量和规模以上数量两类，再按排入水域分为河流、湖泊、水库；按污水来源分为污水处理厂排放、工业企业直排、市政生活费直排、畜禽规模化养殖排放和其他等。对于规模以上入河湖排污口数量还要区分有水量监测的排污口数量、有水质监测的排污口数量、有政府审批许可的排污口数量、全年监督性监测检查的排污口数量、监督性监测检查不达标的排污口数量等。

二、面积类指标

面积类指标主要在灌溉统计中涉及较多，主要指标包括灌溉面积、灌溉面积分类面积、当年新增和减少耕地灌溉面积、实际耕地灌溉面积、旱涝保收面积、节水灌溉面积、当年新增和减少节水灌溉面积、灌区耕地灌溉面积等。

（一）灌溉面积

灌溉面积按耕地灌溉面积、林地灌溉面积、园地灌溉面积、牧草地灌溉面积划分；实灌面积统计的基础是耕地灌溉面积，又分为“水田”和“水浇地”两类。“十三五”水利改革发展规划中涉及的“新增有效灌溉面积”中的“新增”含义是“净增”概念，是指当年“新增”减去“减少”而得，也等于两年达到耕地灌溉面积之差。“减少耕地灌溉面积”的主要原因分为建设占地、水源不足、工程损毁、退耕和其他，填报时注意“其他”原因所占比例不可能过大，如为统计调整项，则不能计入新增或减少的合计项。

（二）节水灌溉面积

节水灌溉面积划分为喷灌面积、微灌面积、低压管灌面积、渠道防渗面积和其他工程措施面积，前三者之和被称作“高效节水灌溉面积”。“十三五”规划目标指标之一是“新增高效节水灌溉面积”，此处的“新增”就是新增加的含义，是指新增加的喷灌面积＋新增加的微灌面积＋新增加的低压管灌面积之和。

节水灌溉面积上同时采用低压管道输水灌溉、喷灌、微灌工程技术时，依据节水灌溉面积最大的工程类型进行统计，不允许重复统计；连续超过5年没有使用的灌区及灌溉工程不进行统计。

（三）灌区耕地灌溉面积

统计设计灌溉面积为2000亩及以上灌区的耕地灌溉面积。2000亩及以上灌区划分成50万亩以及上、30万～50万亩、10万～30万亩、1万～10万亩、0.2万～1万亩，与此对应的是灌区的耕地灌溉面积。要特别注意的是用设计灌溉面积的标准去分类，统计的是灌区的耕地灌溉面积。

（四）除涝面积

除涝面积的分组为3～5年一遇标准、5～10年一遇标准、10年以上一遇标准。包括累计达到除涝面积、本年新增除涝面积。

（五）水土流失治理面积

水土流失是指在水力、风力、重力及冻融等自然营力和人类活动作用下，水土资源和土地生产力的破坏和损失，包括土地表层侵蚀及水的损失（GB/T 20465—2006《水土保持术语》)。水土流失可分为水力侵蚀、重力侵蚀和风力侵蚀三种类型。

水土流失面积是一个非常重要的指标，但不能通过常规统计而得。目前最新数据是第一次全国水利普查数据，一般五年进行一次遥感测量而得。水土流失综合治理、新增水土流失综合治理是本项统计重点指标；综合治理水土流失面积按工程措施划分为梯田、坝地、水土保持林、经济林、种草、封禁治理和其他措施。2017 年制度修订时，增加了“减少水土流失综合治理面积”按原因分为自然因素和人为因素两类新增水土流失综合治理面积是比较重要的指标，是“十三五”规划目标指标之一，是“新增”的概念，注意是全口径统计概念，包括其他部门用于水土流失综合治理形成的面积。

（六）农场及农业园区等

本部分指标为 2017 年修订制度时新增加的，包括农民用水合作组织管理的灌溉面积、农场及农业园区流转土地面积、农场及农业园区流转土地面积中的灌溉面积、农场及农业园区流转土地面积中的高效节水灌溉面积。

三、长度类指标

（一）渠道

渠道长度和衬砌防渗渠道长度分别按流量进行划分，分为 30m^3/s 及以上、5～30m^3/s、1～5m^3/s、0.2～1m^3/s。

（二）堤防

长度指标是指堤防长度、堤防达标长度、新增达标堤防长度，以及治理达标河段长度等。

对“长度”的分组方式，堤防有按等级分 1 级、2 级、3 级、4 级、5 级及 5 级以下，达标堤防长度分为 1 级、2 级、3 级、4 级和 5 级；“长度”也可以按照堤防所处的位置进行划分，分为河（江）堤、湖堤、圩垸围堤、海堤。基层统计人员在填报时最易出错的是按位置进行填报，往往没有“海堤”的地区填报了数据；《全国水利发展统计公报》和《中国水利统计年鉴》对外公布的堤防长度一般是指五级及以上堤防长度。

与堤防相关联但在报表制度中未体现的有两个指标：一个是堤防达标率，即“累计达标堤防”与“堤防长度”的比值；另一个是 1、2 级堤防达标率，则用累计达标堤防中的 1、2 级堤防长度与“堤防长度”中的“1、2 级堤防长度”进行相比，得到“率”。

（三）河道

河道治理保护相关指标是有防洪任务河段长度、已治理河段长度、治理达标河段长度、河流河道长度、已划定水功能区河道长度。在填报时，要注意有防洪任务河段长度是指流经本区域流域面积 100km^2 及以上河流；河流河道长度中的“河流”是指流经本区域流域面积 50km^2 及以上河流。

四、能力类指标

（一）水库库容

用万 m^3 表示，分为大（1）、大（2）、中型、小（1）、小（2）型等。

（二）农村饮水工程供水人口

农村饮水工程及其效益统计在“十一五”“十二五”“十三五”期间的指标均不同。“十一五”期间统计指标为“解决人畜饮水困难人口”和牲畜数量；“十二五”期间统计指标为“解决农村饮水安全人口”，该阶段的目标是每年解决约6000万人的农村饮水安全人口，截至“十二五”期末共解决饮水安全人口2.2亿人，该项任务在“十二五”期间基本完成；“十三五”期间统计指标为“解决农村饮水安全巩固提升人口”，主要是指针对贫困地区的农村集中式供水工程进行投资，提升贫困地区的农村饮水安全人口。指标的不同反映了不同时期水利建设投资目标任务的不同。

在“十三五”水利改革发展规划中，有2项目标指标与农村饮水工程相关，“农村自来水普及率”和“农村集中式供水人口比例”，涉及3项基础指标，农村供水人口、农村自来水人口和农村集中式供水人口。“农村自来水普及率”是农村自来水人口与农村供水人口的比值，“农村集中式供水人口比例”是农村集中式供水人口与农村供水人口的比值。与农村集中式供水人口相对应的是农村分散式供水人口，二者相加之和等于农村供水人口。

（三）水利工程供水量

水利工程供水设置的指标是动态指标，反映在某一时期所发生的某种变化情况。将水利工程供水分为全部和规模以上两类，每类均按工程类型和供水用途划分。

工程类型主要分为地表水源工程、地下水源工程和其他水源工程；地表水源工程分为跨区域供水工程、水库工程、塘坝和窖池工程、河湖引水闸工程、河湖取水泵站工程、其他地表水源工程；地下水源工程分为浅层水、深层水和微咸水利用；其他水源工程分为污水处理回用、雨水利用、海水淡化和其他。

供水用途分为向区域内供水和向区域外供水，区域内供水分为农业灌溉、工业生产、城镇生活、乡村生活、人工生态环境和其他，其中人工生态环境又分为城镇环境和河湖补水两类。

城乡供水工程供水量分为设计年供水量和实际年供水量。主要划分为城乡集中式供水工程、农村集中式供水工程；城乡集中式供水工程又分为城镇自来水厂和农村集中式供水工程，如图9-1所示。

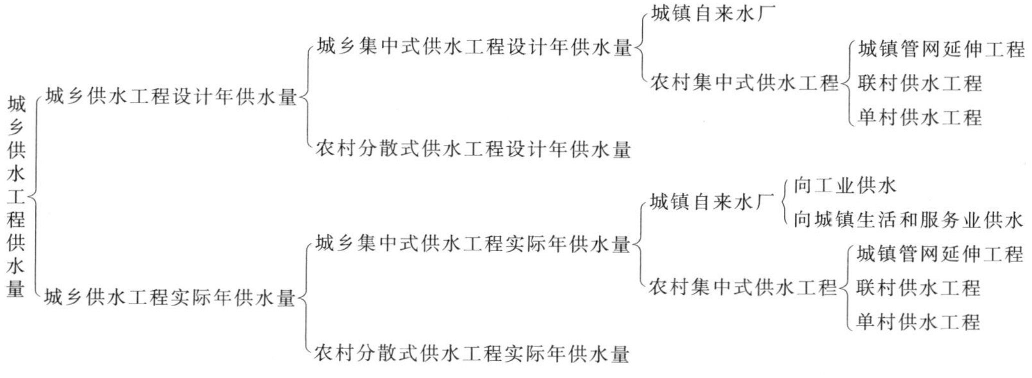

图9-1 城乡供水工程年供水量相关指标图

1. 跨区域调水工程的供水量填报方法

跨区域调水工程是水源区和受益区不在或不全在同一个县级行政区域的水利工程。这些工程的水源区（即工程的取水口及其取水泵站或水闸设施所在的县级行政区）应按“在地原则”统计为水利工程“向区域外供水”的水量，同时为避免重复汇总，受益区（及工程输水渠道出水口或分水口门所在的县级行政区域）应将跨区域调水工程输入本区域的水量统计进入水利工程“总供水量”中，并按工程类型计入“跨区域供水工程”，按供水用途计入“向区域内供水”及其相关细项。如南水北调东、中线的取水工程所在的县级行政区应按“在地原则”统计“向区域外供水”的水量，工程沿线各受益县级行政区，均应统计该工程“向区域内供水”的水量。

各县级水利部门在上报年报数据及年报数据说明时，应专门说明有关“跨区域调水工程的名称、调出或调入本区域水量”情况。

2. “串连”供水工程和补水工程的供水量填报方法

为避免重复统计水利工程供水量，无论是多源互补的水利工程、还是串连供水的水利工程，均只统计工程系统中各子系统通过泵、闸或引水口等方式直接从自然界获取的水量。如一个工程继续囤蓄或输送另一个工程的供出水，则不再统计供水量。

3. “水利工程供水统计表”（《水利综合统计报表制度》年综 103 表）和“城乡供水统计表”（《水利综合统计报表制度》年综 104 表），二者“总供水量”指标的区别和联系

（1）二者的主要区别：一个是对原水供应量的统计，另一个主要是对自来水供应量的统计，两种水的来源和供出水的水质等均存在明显不同。

（2）年综 103 表的水利工程“总供水量”，是指本区域当年利用各类水利工程设施直接从自然界获取的新水量，包括水利单位和乡镇具有水管职能的站所管理的水利设施、农村集体和农户管理的水利设施、企事业单位（包括年综 104 表提到的城乡供水工程管理单位）自建自管的水利设施的当年取水量。

（3）年综 104 表的“总供水量”，主要是指通过净化（或消毒）设施集中处理并达到生活饮用水质量标准，且通过专用供水管网直接配水到户或集中供水点的供水量（即城镇公共供水企业的自来水供应量、农村集中式和分散式供水工程的供水量），从水源上看，包括水利工程从自然界取的部分新水量，还包括海水淡化设施的供水量和污水处理回用设施的供水量。

（四）水利工程供水能力

新增供水能力是历次水利改革发展 5 年规划的重要指标之一，也是“十三五”水利改革发展规划的 16 项指标之一，是衡量水利发展水平和保障水安全能力的关键指标。在本套报表制度中除了“新增供水能力”“减少供水能力”指标外，还包括存量指标，即“供水能力达到”指标。

供水能力作为水利行业一个长期使用术语，是一个时空概念、复合概念、过程概念，其反映供水工程建设对经济生活发展用水需求的保障能力，一般来说是指水利工程系统在一组特定条件下，具有一定供水保证率的最大供水量。供水能力受来水状况、工程条件、用水需求和运行调度方式等条件的制约，有一定的不确定性，因此是一个正常情况下需要去掉小波动影响而关注的长期性概念。供水工程类型繁多，工程之间经常发生各种水力联

系，工程供水能力需要按照单项工程供水系统和复合供水系统区别对待。

单项工程供水系统，一般是由水源工程、输水工程、配水工程、用水户用水组成的单一供水系统，其供水能力是指在给定来水状况、工程条件、用水需求和运行调度方式条件下，可以满足一定保证率要求的供水量。单项工程供水系统的水源工程分为地表水、地下水和非常规水源三大类。以地表水为供水水源的工程主要包括跨流域调水工程、蓄水工程和引提水工程。以地下水为供水水源的工程主要包括机电井工程。非常规水源工程主要包括再生水利用、海水淡化利用、雨水集蓄利用、微咸水利用和矿井水利用等。一般来说，新建工程的供水能力为其设计供水能力，已建且运行时间较长的工程，由于受来水条件、工程运行管护和使用年限等因素影响，实际供水能力小于设计供水能力，可以采用其达标运行期最大值进行修正。

对于由复合工程系统组成的供水能力，是指区域内供水工程组成的供水系统在给定来水条件、用水水平和工程状况下，按照一定规则进行水量调配，所能提供的最大供水量。区域供水能力是以区域内单项工程供水能力为基础，但又不是各个单项工程供水能力的简单相加。一般来说，不同类型的单项工程供水能力之和应大于区域整体供水能力，区域整体供水能力大于区域实际供水量。对于地表水源，应考虑单项工程的水力联系，上下游水量关系和系统联合运行方式，扣除重复量进行平衡汇总分析后得到。对于地下水与其他水源，区域供水能力则按照工程供水能力汇总得到。

跨区域供水工程是指跨两个及以上县级行政区域供水的水利工程，包括各类水源工程（如供水范围超出本县级行政区域的水库、泵站和引水闸等工程）、跨区域输水干线工程及受水区域配套工程。按照目前我国行政区域划分，跨区域供水工程主要有跨省级、跨地（市）级、跨县级 3 类，以河北省为例，跨省的有南水北调中线工程，跨市的有引黄入冀补淀工程，跨县的有引滦入唐等工程。原则上，各县级应当按照上级下发的分水量指标，分别填报本县域内的供水能力。相对跨省级的、跨地（市）级的、跨县级的 3 类供水工程的供水能力填报方法，跨省级供水工程的供水能力由国家管理单位分配到相关省份的水量分配指标，相关省份再细分到相关市县，最终由受水县填报；跨市级供水工程的供水能力由省级管理单位将水量分配指标分配到相关县，最终由受水县填报；跨县级供水工程的供水能力由市级管理单位分配水量指标到相关县，最终由县填报。

（五）农村供水工程受益人口

农村供水工程受益人口主要包括已建成巩固提升工程受益人口、登记建档受益贫困人口、年末农村自来水供水人口、登记建档自来水供水贫困人口等。主要针对“十三五”规划期开始投资的农村供水巩固提升工程的相关效益。

（六）防洪效益

在反映堤防的防洪效益时，经常使用的两个指标是“堤防保护人口数量”“堤防保护耕地面积”，填报时容易出现重复统计问题，造成人口无限制增长，超过了该县的常住人口数量；“保障耕地面积”有时也超出了该区域的耕地面积。

（七）废污水年排放量

废污水年排放量是动态指标，统计中难度最大的指标，该数据的有效性对准确掌握河湖纳污状态至关重要。可根据计量数据，监测数据或按照推荐的方法计算获得。

入河湖废污水量的确定分三种情况：第一种是有计量设施的入河湖排污口；第二种是无计量设施但必须监测的入河湖排污口；第三种是无计量设施且不满足必须监测要求的入河湖排污口。下面分别说明这3种情况排污量的统计方法。

（1）有计量设施的入河湖排污口。如果排污口计量设施为累计流量计量设备时，按累计流量统计得出入河湖年废污水量，当计量设施为非累计流量设备时，根据计量设施工作记录统计得出入河湖年废污水量。

（2）无计量设施但必须监测的入河湖排污口。对于连续稳定排放的排污口，通过监测的瞬时流量结合排污口年排放时间推算得到年废水量。对于季节性排放、间断排放等无规律的排污口，根据实际排放时间分别统计实际排放的废水量。

（3）无计量设施且不满足必须监测要求的入河湖排污口。无计量设施且不满足必须监测要求的入河湖排污量需要通过推算的方法确定。

第四节　年报数据汇总审核

开展水利统计年报工作是各级水行政主管部门岁末年初的重点工作之一，是及时反映水利发展状况和水利管理水平、量化反映水利工作成就的综合性基础工作。本节以水利综合统计年报为例，描述水利统计年报汇总审核的相关要求。水利建设投资统计年报、水利服务业统计年报汇总审核要求相同，第十章、第十一章则不再赘述。

一、加强组织领导，明确责任分工

一是要明确和落实单位领导班子的统计职责分工，负责领导要亲自研究部署年报数据汇总审核处理工作，及时解决工作中遇到的重大问题，落实工作必要的保障条件；二是要按照统一组织、分工负责的原则，组织统计和相关专业技术力量，集中时间，集中场所，全力做好年报数据汇总审核工作；三是要在分工负责基础上，建立统计年报数据质量责任制，针对每一个统计指标，明确参与统计数据收集、汇总、审核、上报等工作的领导人员、统计人员和专业人员的责任，规范统计数据填表、审核、审定、报出的签字认证程序，确保责任落实、工作规范。

二、加强质量审查，反对弄虚作假

坚决反对任何形式的统计违纪违法行为，对统计造假、弄虚作假实行零容忍，发现一起，查处一起，依法依规追究相关单位和人员责任。各有关单位，在年报审核汇总过程中，要不折不扣贯彻落实好中央有关依纪依法依规统计的精神和要求，严格执行统计法规制度的相关规定，严格按照水利统计报表制度的各项要求，坚持全面审核、追根溯源的原则，确保每一项统计任务、每一张统计表、每一个统计指标、每一个统计对象的数据审核到位、整改到位和追责到位，绝不忽略统计数据中隐藏的任何质量问题，绝不放过引起统计数据质量问题的任何责任，包括主体责任、领导责任和直接责任。

数据质量审核重点抓好六方面工作。一是坚持数出有据，无据必查。开展年报数据汇总，必须以直属单位填报和下级水行政主管部门上报的数据、专业部门提供的行政记录、专家会商认可的推估算数据为基础，对于数出无源、数据无据的数据，要重点审核、反复质询、审慎认定。二是坚持数出合理，有疑必查。开展年报数据审核，必须做好统计指标绝对值、占比值、相关值、变动值等的计算分析，及时发现和检查统计数据异常情况，结合业务管理进行数据合理性分析和相关资料佐证，必要时进行现场抽查复核，确保数据真实。三是坚持数出一致，相互衔接。对于同一单位报出的各类统计年报表，要做好相关指标数据的关联比对和一致性分析。发现相关数据出现差异，要及时分析指标口径，核查数据来源，做好衔接协调，坚决杜绝数出多门、数出多样、相互矛盾。四是坚持数出无误，有错必纠。对于审查发现的统计对象和统计指标漏统、错填、少报、多报等问题和上报数据不规范、不完整、不一致的问题，要及时分析原因并质询相关责任单位和责任人，督促做好复核校正、整改重报。五是坚持全程留痕，追查有证。统计负责人员，要对各有关单位填报的统计表、提供的原始资料和审核汇总形成的汇总资料、审核分析处理记录和成果报告等资料，依据统计法有关规定，做好整理归档保存。同时，要依据年报任务分解和职责分工，对有关人员参与统计数据验收、汇总、审核、上报的过程进行详细记录，尤其对有关人员授意或参与统计数据编造、篡改，严重干扰统计调查、统计报告独立性和客观性的行为，要如实记录在案。六是坚持有责必究，追责必严。对检举发现或审核发现的数出无据、弄虚作假、审核把关不严等行为，要依照中央关于统计违纪违法责任人处理处分规定，严肃查处和追究相关单位和相关人员的责任，绝不姑息。

三、规范统计成果，按时完成任务

各省级水行政主管部门应组织完成年报数据汇总审定工作，并以正式公文形式向水利部及相关流域机构提交规范的统计年报成果报告。一是做好年报成果审定。年报成果报出前，要组织相关专家对年报成果进行审查，对年报数据的全面性、完整性、规范性、一致性、合理性、正式性进行审查，出具审查意见。二是编制年报成果报告。要按照各项统计报表制度要求，分别编制水利统计年报成果报告。报告内容应包括：统计数据质量承诺书、专家审查意见、报告编制说明、主要指标汇总表和重要统计对象名录。其中，报告编制说明应包括年报工作开展情况说明、数据汇总审核结果处理情况说明、主要汇总指标增减变动情况解读等内容，文字要求简明扼要，字数应控制在3000字左右；主要指标汇总表应包括年报主要指标的重要分区、重要分类汇总数据，要满足水利部相关要求。三是做好汇总数据处理。统计汇总数据应通过水利统计管理系统直接生成，审定的任何汇总数据必须与水利统计管理系统中的细项数据保持一致；汇总数据审查发现的任何数据质量问题，应追踪核实到具体的统计对象，并通过水利统计管理系统在细项上进行修正；汇总数据一经审定，除非上级单位有数据质量复核整改要求，不得对水利统计管理系统已登录的数据做任何修改调整。四是接受全国汇总审核质询。各省级水行政主管部门在报送年报成果后，应随时接受水利部有关司局、有关单位和流域机构的数据质量审查质询，认真对待上级部门提出的审核意见，按要求及时进行解释答复，必要时进行复核整改，不得以任何理由推诿搪塞、拖延和拒绝回复。

第十章

水利建设投资统计年报

水利建设投资统计是水利统计工作中的一项专业统计调查项目。《水利建设投资统计报表制度》是开展水利建设投资统计工作的规范性文件，主要反映水利建设的投资规模、投资结构、投资来源、投资进展和投资效益。该制度主要分为水利建设投资统计年报和中央水利建设投资统计月报两项调查项目。本章介绍水利建设投资统计年报实务。

第一节 概 述

为全面、系统了解全国水利建设投资的基本情况，及时跟踪投资计划下达、到位及完成情况，反映水利建设和发展成就，为各级水行政主管部门制定政策和进行宏观管理提供依据，特编制水利建设投资统计报表制度。多年来，广大水利统计工作者努力工作，定期收集、整理和汇编统计资料，积累了大量的历史资料，用数据真实反映了水利建设的轨迹和取得的伟大成就，同时为水利规划编制、计划管理、投资政策制定以及投资绩效评价等工作提供重要的基础数据支撑，真正起到了统计信息、咨询、监督和宣传的作用。

一、基础知识

（一）基本概念

按照水利部《水利工程建设项目管理规定》（1995 年 4 月 21 日水利部水建〔1995〕128 号印发，2014 年 8 月 19 日水利部令第 46 号《水利部关于废止和修改部分规章的决定》修改），水利工程建设程序一般分为：项目建议书、可行性研究报告、初步设计、施工准备（包括招标设计）、建设实施、生产准备、竣工验收、后评价等阶段。

一般项目开工后实施投资项目进展统计，跟踪工程完成进度。投资统计数据的源头，一般起点于施工单位人员记录施工和消耗情况，反映工程量及人工、机械、材料等使用情况，建立原始记录；统计人员根据原始记录和概预算确定的单价计算建筑安装费用和设备费用，记录财务部门的财务支出账目，统计其他费用，建立工程量、投资统计台账；提高统计数据质量，必须从数据源头抓起，规范基层工作和基础工作。

根据统计工作和建设管理的需要，对当期及以前各期数据进行分类、整理、分析，编制统计报表、编写分析报告。最后，按档案管理的有关规定对统计资料进行归档。

（二）历史沿革

中华人民共和国成立以来，水利基本建设投资统计就开始了。目前《中国水利统计年鉴》记载的最早的投资完成的数据是 1954 年的记录，当年完成投资 23100 万元，而“十二五”水利建设投资超过 2 万亿元，其中中央投资 7484 亿元，年均 1497 亿元，是“十一五”的 2.6 倍。2016 年水利建设投资 6781 亿元，其中中央投资 1416 亿元。初步匡算，“十三五”水利投资规模约 2.43 万亿元，主要包括两大方面：一是重大水利工程，优先实施和动态管理国务院确定的 172 项重大水利工程，建设投资规模约 1.21 万亿元；二是其他水利工程，包括农村饮水安全巩固提升工程、病险水库除险加固、大型灌排泵站更新改造、小型农田水利工程等，投资规模约 1.22 万亿元。

水利建设投资规模的增长，涉及资金来源更多，资金的用途方向在每个五年规划期都有差异。

（三）与国家统计局固定资产投资统计的差异

固定资产投资是建造和购置固定资产的经济活动，即固定资产再生产活动［建造和购置的不作为固定资产管理的生物资产（如养殖场、林场）和设施等同固定资产投资活动］。固定资产再生产过程包括固定资产更新（局部更新和全部更新）、改建、扩建、新建等活动。

固定资产投资属于实物投资，这一点区别于金融投资。固定资产投资的目的是建造和购置固定资产，它的承担物表现为机器、设备、建筑物等固定资产。而金融投资（如股票和债券投资）则表现为金融资产的增加。

固定资产投资是国民经济再生产活动的一个重要部分。通过固定资产投资，可以增加全社会固定资产总量（这一点区别于单纯购置房屋建筑物、旧设备），扩大社会再生产的规模，提高社会生产的技术水平，调整经济结构，改变生产力的地区分布，增强国家的经济实力，提高和改善人民的物质和文化生活水平。

1. 统计范围

国家统计局包括城乡建设项目投资，房地产开发投资，国防、人防建设项目投资及农户投资。2003 年以前，国家实行计划经济，固定资产投资统计包括基本建设、更新改造和其他项目。由于地方项目逐步增多，取消了“基本建设”概念。

水利部包括中央投资计划及地方安排的建设项目，除固定资产投资外，其他基建前期项目等也纳入统计。

2. 统计口径

国家统计局：1997 年起，除房地产开发投资、非农户投资、农户投资及城镇和工矿区私人建房投资外，固定资产投资的统计起点由 5 万元提高到 50 万元；2003 年以后，所有项目均按规模达到 50 万元以上的项目进行统计；2010 年后改变统计口径，按项目达到 500 万元以上进行统计。

水利部：无投资规模限制。

3. 统计方法

除农户固定资产投资统计采用抽样调查方法外，其他均为全面统计报表。以建设项目为基层填报单位，即一个建设项目填写一张基层表。

水利部：全面统计报表；以建设项目为基层填报单位，即一个建设项目填写一张基层表（不排除项目打捆上报的形式）。

4. 行业统计

在固定资产投资统计基层标准表中，设置“行业类别”标志，每个项目对应一个行业，最后形成分行业统计结果。“水利管理业”（行业代码 79）即指如表 10－1 所示国民经济行业分类，不论资金来源，只要行业代码是 79 类的均作为“水利管理业”的投资内容统计。表 10－1 为国民经济行业分类。

表 10－1　国民经济行业分类

N				水利、环境和公共设施管理业	
	79			水利管理业	
		791	7910	防洪管理	指对河流、湖泊、行蓄洪区和沿海的防洪设施的管理及防涝管理活动
		792		水资源管理	指对水资源的开发、利用、配置、节约等活动
			7921	水库管理	指对水库等水利设施的管理活动
			7922	调水、引水管理	指对运河、河渠、渠道、水利枢纽、水闸的管理活动
			7929	其他水资源管理	指对节水及其他未列明的水资源管理活动
		799	7990	其他水利管理	指水土保持、保护及其他水利管理活动

水利部统计的投资项目涉及行业除 N79 水利管理业外，还包括：

灌溉服务（0511）：灌区续建配套项目，小型农田水利重点县建设项目，千亿粮食项目等。

水力发电（4412）、电力供应（4420）：水电项目或农村小水电项目。水电现代化建设及农网改造项目。

自来水的生产和供应（4610）、其他水的处理、利用与分配（4690）：农村饮水安全及微型农田水利项目。

水利和港口工程建筑（4722）、房屋工程建筑（4710）：水利基础设施建设项目、水利单位能力建设（房屋项目）。

计算机系统服务（6110）、数据处理（6120）：防汛信息系统建设项目及水利专业信息系统建设项目等。

其他专业咨询（7439）：规划或前期项目，小基建类，以及基建项目的前期工作等。

水污染治理（8023）其他环境治理：江河湖库等的水污染综合治理与水生态环境治理项目。

在查阅和使用国家统计局出版的《中国统计年鉴》中水利管理业的固定资产投资数据时，要注意二者的区别。

二、调查范围

水利建设投资统计报表制度分为两类调查范围，分别针对月报和年报。月报主要要求中华人民共和国境内（台湾省、香港特别行政区、澳门特别行政区除外）纳入中央规划或计划的水利建设项目均应填报，即凡当年有水利部掌握的中央政府投资计划的纳入统计；年报则将调查范围扩大为要求中华人民共和国境内（台湾省、香港特别行政区、澳门特别行政区除外）用于水利建设的投资项目均应填报，无论是否有中央政府的投资均应纳入统计，包括地方自主安排用于水利建设的项目。

部分单位在做年报的时候，往往囿于中央政府的投资，地方自主安排的投资上报较少，不能完全反映本地区当年的水利建设投资规模。在逐年完善的过程中，根据当年12月对本地区水利建设投资落实和完成情况的预测，做好当年的年报工作。

三、调查对象与调查频度

各级水行政主管部门，各水利建设项目法人单位即为本项制度的调查对象。目前水利建设投资统计有两种调查频度，一是年度，二是月度。年度即每年上报一次，月度是每月上报一次，一般在每年11月和12月增加频次，由月度改为旬度。2008年第四季度中央扩大内需时，为了水利部200亿元的投资进展情况，当时采用了“周报”形式，要求各级水行政主管部门以“周”为单元按时报送数据。

四、其他要求

对于建设投资统计来说，最重要的是按项目填报，要求项目在县级层面分县填报。某一类型项目也要在县级打捆，例如河北省正定县小型病险水库除险加固项目，可能此项目打捆了5个小型病险水库除险加固工程，这种方式是允许的，但不允许正定县的上级单位，石家庄市对全市的小型病险水库除险加固项目进行打捆，当然省级打捆更不允许。分县填报能够用于分析贫困县水利建设投资的规模与效益，也便于在同一口径上统计项目个数。

在填写数据中凡以“万元”为计量单位的指标，均保留2位小数；工程实物量指标土方、石方保留3位小数，混凝土、金属结构不保留小数。

第二节 主要调查内容

本报表制度主要调查水利建设投资项目的基本情况、项目投资来源、投资计划下达、投资到位、投资完成、工程量及效益情况等内容。月报主要侧重投资计划下达、拨付、完成情况，注重项目个数、项目开工率等与前期工作相关的内容；年报主要侧重全面反映当年各地水利建设投资状况的调查，因此对单个项目的调查内容较为丰富，从项目的基本情况到投资来源与去向的划分，从投资到工程效益均比较详细。

一、调查框架

年报主要调查框架见表10-2。

年建301表、302表、303表、304表和305表为年报统计调查的基础表，主要以单个项目为填报基本单元；年建300表为汇总表，根据项目不同分组进行数据汇总。五张基础表主要围绕全面了解全国水利建设的规模、结构、进度、质量和效益等要求进行设计，选择相应的统计指标来反映全国水利建设的趋势，正确评价水利投资政策效果，有效监控国家投资安全和效率。

表 10-2 年报主要调查框架

表号	表 名	报告期别	填报范围	报送单位	报送日期及方式
年建 300 表	水利建设投资统计年报汇总表	年报	当年在建的水利工程设施、行业能力以及水利前期工作等项目	水利部直属有关单位，各流域机构，各级水行政主管部门	次年 2 月 28 日前，通过水利统计管理系统填报
年建 301 表	项目概况表	年报			
年建 302 表	项目总体投资进度表	年报			
年建 303 表	项目分来源投资进度表	年报			
年建 304 表	项目形象进度表	年报			
年建 305 表	项目效益表	年报			

二、项目个数与规模

基本建设项目一般可划分为单项工程、单位工程、分部工程及分项工程。单项工程是指有独立设计文件，建成后能独立发挥效益的工程。单项工程是基本建设项目的组成部分，也是划分工程用途、事业种类、计算新增固定资产价值和新增生产能力或效益的依据。反映大、中型项目单项工程的建设和投产情况，也是基本建设统计的一项重要内容。水利综合利用枢纽工程项目中，单项工程一般是指水库（大坝、溢洪道、输水洞）、水电站、灌区、房屋等。当水保、人饮、水电等面上比较分散的项目打捆统计时，每一个可独立实施的项目可作为打捆项目的统计项目个数。

调查投资项目的数量，主要包括分析当年上报所有项目数量、在建水利建设投资项目数量、当年新开工项目数量、当年全部投产项目数量等；调查投资项目的规模，主要包括项目建设总规模、形成固定资产规模、本年新开工项目建设规模、本年大中型项目规模，以及截至报告期累计建设规模等。

一定时期新开工或正在施工的建设项目个数可以反映本年建设投资规模，而建成投产的项目个数也是反映建设进度和投资成果的重要指标。另外，建设项目个数统计也是计算投资效果的依据。

为了保证稳定的建设速度，必须安排好施工项目与投产项目的比例，如果施工项目个数过多，特别是新开工项目过多，而投产项目不能相应增加，就会使项目投产率下降，减缓建设速度。建设项目投产率是指一定时期内全部建成投产生产项目个数占同期正式施工项目个数的比率。它是从建设项目速度的角度反映投资效果的指标，计算公式如下：

$$\text{建设项目投产率}=\frac{\text{本年全部建成投产项目个数}}{\text{本年施工项目个数}}\times 100\%$$

三、项目投资进展

调查项目投资进展情况一般调查项目的整体情况及当年的投资计划下达、到位及完成情况。按照基本建设程序实施的项目进行跟踪统计，随着财政资金项目的增多，有些项目并不按着基本建设程序进行，也要纳入统计。

投资计划下达和到位，主要是和投资计划文件和财政资金文件相关；投资完成与工程实物量相关，主要统计当年下达、到位和完成的情况，以及自项目开工截至报告期的下达、到位和完成情况。

四、投资来源与去向

随着水利投资规模的扩大，投资模式的多样化和投资来源的多元化，水利建设和投资活动越来越复杂，特别是在新的投融资体制和建设管理模式下，政府和民间、国内和国外的各种资源等，都需要在水利建设投资统计中掌握投资来源，并且明确投资用途和结构，从而更好地把握水利建设投资的方向性、结构性、效益性和安全性，更好地体现新时期的治水思路，满足经济社会发展对可持续发展水利的要求。

投资来源主要划分为中央政府、地方政府、利用外资、贷款、企业和私人投资、其他投资等；使用去向按照项目投资用途划分为灌溉、供水、除涝、发电、水保及生态、机构能力建设、前期工作和其他，通过项目类型的设置也能分析投资使用去向。

五、项目工程实物量

水利基本建设实物工程量种类很多，如土方（m^3）、石方（m^3）、混凝土（m^3）、打桩（根/m^2）、金属结构安装（t）、隧洞（m）等。土方、石方、混凝土是水利工程中量最大、最具有代表性的主要实物工程量指标。

水利基本建设实物工程量统计，包括水利枢纽、防洪、除涝、灌溉、水电等各类工程的主体工程，以及有长期用途的施工导流和围堰的土方、石方和混凝土方。不包括一般房屋建筑、附属工程（如公路、铁道等）和临时工程所做的土方、石方和混凝土的数量。

本制度的工程实物量主要统计土方、石方、混凝土的本年计划实物量、累计计划实物量、本年完成实物量、累计完成实物量等。

六、项目能力效益

水利建设投资项目的能力效益主要统计新增生产能力（效益）指标的建设规模、本年施工规模、本年新增生产能力（效益）和累计新增生产能力（效益）。制度中设置的生产能力（效益）主要根据水利建设项目的特点进行设计，如水库总库容、耕地灌溉面积、除涝面积、发电装机容量、排灌装机容量、供水能力、改善灌溉面积、改善除涝面积、新建及加固堤防长度、节水灌溉面积、水土保持治理面积等。

第三节 主要调查指标

年报中的指标分为两类，一类是价值类的；另一类是实物类的。同时设置了一些不能用于计算的、描述性的指标，比如项目法人单位名称、项目名称、监理单位名称等，以及一些重要分组，即选项指标，便于更好地分析汇总投资数据。

一、项目投资总规模指标

对一个项目来说，最重要的是了解它的投资规模，整体情况，整个投资来源情况，当年的完成情况等。对于跨年度的建设项目、一些重大工程项目，了解其整体情况是非常必要的。项目总体投资进度表，即年建 302 表，包括项目计划总投资、实际需要总投资、自开工累计完成投资、自开工累计新增固定资产等指标，是描述项目投资总规模的指标。项目计划总投资从资金来源分为：中央政府投资、地方政府投资、企业和私人投资、利用外资、银行贷款、其他投资。根据概算文件而得。

实际需要总投资，有些项目存在调整概算的情况，但又没有得到批复，在项目计划总投资没有根据新的概算进行变更时，实际需要总投资就反映了这样的情况。大多数情况下，实际需要总投资是和项目计划总投资是一致的。

报表制度设置两个指标与固定资产相关，分别为“自开工累计新增固定资产”“本年新增固定资产”，是反映自开始建设至报告期累计完成投资或者全年内中已交付使用的固定资产价值，在填报中容易被忽略。按照会计制度规定，项目在全部投产后才能形成“新增固定资产”，对于重大项目来说，往往在某一年度固定资产增加很多，该指标应按统计特点，与工程实物量计算投资完成一样的方法计算新增加的固定资产。

利用“施工项目计划总投资”与“本年完成投资”数据可以计算项目“建设周期”，计算公式如下，它的含义是，按照本年完成投资水平，全部完成在建项目的计划总投资需要多长时间。

$$建设周期(年)=\frac{施工项目计划总投资}{本年完成投资}$$

二、投资来源渠道指标

投资来源渠道是一种分类，主要分为中央政府投资、地方政府投资、利用外资、企业和私人投资、国内贷款、债券、其他投资。项目分来源投资进度表，即年建 303 表中，无论是计划安排、投资到位还是完成投资，均按一种投资来源渠道进行划分。

中央政府投资又分为预算内拨款，指财政预算内经营性或非经营性基金，一般指发展改革部门下达的投资计划；中央财政水利专项资金，中央财政安排的用于水利建设的专项资金，即指财政下达的资金；2017 年财政资金整合后，以水利发展资金的形式下达；水利建设基金，2017 年已无此项来源；重大水利工程建设基金，主要指南水北调、三峡专项等特殊基金，大部分项目无此项来源；土地出让收益，从 2011 年 7 月 1 日起，各省、自治区、直辖市、计划单列市（简称各地区）所辖市、县（区），统一按照当年实际缴入地方国库的招标、拍卖、挂牌和协议出让国有土地使用权取得的土地出让收入，扣除当年从地方国库中实际支付的征地和拆迁补偿支出、土地开发支出、计提农业土地开发资金支出、补助被征地农民社会保障支出、保持被征地农民原有生活水平补贴支出、支付破产或改制企业职工安置费支出、支付土地出让业务费、缴纳新增建设用地土地有偿使用费等相关支出项目后，作为计提农田水利建设资金的土地出让收益口径，严格按照 10％的比例计提农田水利建设资金。

利用外资指通过外商投资的渠道用于水利建设的资金。企业和私人投资指企业、私人以自己名义投入的各类资金。国内贷款指以项目名义从国内银行或其他金融机构得到的、需要项目投产后收入进行偿还的各类政策性或商业性贷款。国家专项建设基金指国家发展改革委牵头组织，具体由国家开发银行和中国农业发展银行向中国邮政储蓄银行定向发行专项金融债券募集资金，对“看得准、有回报、不新增过剩产能、不重复建设、不发生挤出效应”的重点建设领域直接注入项目的资本金。债券指以项目名义从债券市场（各种资本市场）募集的各类资金。其他投资包括乡镇自筹、群众投工投劳折资等。

三、投资计划安排与到位指标

项目分来源投资进度表，即年建 303 表。该表主要包括计划安排、计划到位及投资完成三类指标，每个指标又按投资来源渠道进行划分。本小节主要介绍计划安排和到位指标。共有 4 个指标，即累计安排投资、本年计划投资、累计到位投资和本年到位投资。

累计安排投资指自项目开工以来截至报告期经有权机关、单位批准或同意安排的计划投资额。

本年计划投资指经有关机关、单位批准或同意安排的当年计划投资额。在数据填报时，应以国家发展改革委的计划文件和财政的资金文件分别填报，注意中央政府投资的不同来源；累计安排投资应该大于等于本年计划投资，无论是总项还是分项需保持此审核关系。

累计到位投资指建设单位自项目开工以来累计收到的各种来源的投资。对于实行国库集中支付的投资，只要建设单位收到国家投资计划，就算投资到位。对于银行贷款，只要收到投资银行批准的贷款指标，就算投资到位。企业自有、企业债券按报告期实际收到的资金数量进行统计；由国外银行直接支付的外资，已经承诺支付、按工程进度或采购设备计算投资后即按到位统计；无偿拨入的设备，应在收到设备时进行统计。

本年到位投资是指本年建设单位收到的工程建设的各种来源的投资，包括以往年度下达的计划投资今年到位数。

投资到位，一般查看财政的资金文件，县级水行政主管部门收到财政的资金文件，即可认定为投资到位了。累计到位投资应该大于等于本年到位投资，无论是总项还是分项需保持此审核关系。

四、投资完成指标

投资完成在报表制度中分成两部分进行不同表达，一部分在“项目总体投资进度表”（年建 302 表）、另一部分在“项目分来源投资进度表”（年建 303 表）。两类表的累计完成投资、本年完成投资合计数应该保持一致，且累计完成投资应该大于等于本年完成投资，无论是总项还是分项需保持此审核关系。

本年完成投资指从本年 1 月 1 日起至本年最后一天止完成的全部投资额。实际完成投资额是以货币表示的工作量指标，包括实际完成的建筑安装工程价值，设备、工具、器具的购置费，以及实际发生的其他费用。没用到工程实体的建筑材料、工程预付款和没有进行安装的需要安装的设备等，都不能计算投资完成额。该项指标非常重要，在计算一段时期水利建设投资规模时，往往采用该指标进行汇总分析。

（一）本年完成投资按构成划分（年建302表）

分为建筑工程、安装工程、设备工具器具购置和其他费用。

（1）建筑工程（建筑工作量）：指各种房屋、建筑物的建造工程，又称建筑工作量；

（2）安装工程（安装工作量）：指各种设备、装置的安装工程，又称安装工作量。

建筑安装工程投资额一般按预算价格计算。实行招标的工程，按中标价格计算。凡经建设单位与施工单位双方协商同意的工程价差、量差，且经建设银行同意拨款的，应视同修改预算价格。建筑安装工程应按修改后的预算价格计算投资完成额。对于某些工程已进入施工但施工图预算尚未编出的，统计报表可根据工程进度先按设计概算或套用相同的结构、类型工程的预算综合价格计算，待预算编出后再进行调整；建设单位议价购料供应给施工单位，材料价差部分未转给施工单位的，建设单位应将这部分价差包括在建安工程投资中。

（3）设备工具器具购置：指把工业企业生产的产品转为固定资产的购置活动，包括建设单位或企业、事业单位购置或自制达到固定资产标准的设备、工具、器具的价值。新建单位及扩建单位的新建车间，按照设计或计划要求购置或自制的全部设备、工具、器具，不论是否达到固定资产标准均计入“设备工具器具购置”中；设备、工具、器具购置投资额一律按实际价格，即支出的全部金额计算；外购设备、工具、器具除设备本身的价格外，还应包括运杂费、仓库保管费等；自制的设备、工具、器具，按实际发生的全部支出计算。

（4）其他费用：指在固定资产建造和购置过程中发生的，除建筑安装工程和设备、工器具购置投资完成额以外的费用，不指经营中财务上的其他费用。包括旧房屋购置，基本畜禽支出，林木支出，退耕退牧还林还草、土壤改良、城市绿化，办公生活用家具、器具购置，建设单位管理费，土地征用、购置及迁移补偿费，政府收费，勘察设计费，研究实验费，可行性研究费，临时设施费，施工机械转移费，设备检验费，负荷联合试车费，土地占用、使用费，建设期应付利息，包干节余，企业债券发行费，合同公证费及工程质量监测费，国外借款手续费及承诺费，汇兑损益，调整器材调拨价格折价，坏账损失，固定资产亏损及损失等。一般按财务部门实际支付的金额计算；国内贷款利息按报告期实际支付的利息计算投资完成额，并作为增加固定资产的费用处理；利用国外资金或国家自有外汇购置的国外设备、工具、器具、材料以及支付的各种费用，按实际结算价格折合人民币计算。

（二）本年完成投资是按用途划分的（年建302表）

主要分为防洪、灌溉、除涝、供水、水电、水土保持及生态、机构能力建设、项目前期工作、其他。

（1）防洪工程投资：指各种防洪工程所完成的投资。包括以防洪工程为主的水库工程投资、堤防加固、河道治理、蓄滞洪区建设等工程性措施和防汛调度、防洪保险、预警系统等非工程设施建设。

（2）灌溉工程投资：指用于灌溉工程建设所完成的投资。包括以灌溉工程为主的水库工程投资、灌区、引水枢纽、渠道、土地平整等投资。

(3) 除涝工程投资：指用于建设除涝工程完成的投资。包括排水渠道、排水闸等工程投资。

(4) 供水工程投资：指用于城镇、工业供水工程建设所完成的投资。包括以供水为主的水库工程投资，不包括用于农业灌溉的引水工程投资。

(5) 水电工程投资：指用于水电工程建设所完成的投资。包括水电站工程的主体工程、临时工程、征地移民投资及电网建设投资。也包括综合利用的水利枢纽工程中的电站厂房投资、电站设备、电站安装工程投资等。

(6) 水土保持及生态工程投资：指用于水土保持工程建设所完成的投资。包括大江大河中上游水土保持、重点治理区及小流域治理投资等。

(7) 机构能力建设：指用于机构能力建设所完成的投资。包括房屋建设和科研设备购置等。

(8) 项目前期工作：指各类水利进行项目建议书、可研、初设等项目前期工作投资。非工程、非基建项目所完成的投资。

(9) 其他：指除上述用途之外的其他工程建设所完成的投资。包括水利企事业单位的旅游、水产等设施投资，目前很多是用于移民投资。

综合利用水库工程一般同时具有多项效益，根据该工程规划立项时的投资分摊的比例计算各种用途投资的完成额，按其主要作用列入防洪、灌溉、水电、供水等分类。

(三) 本年完成投资按投资来源渠道划分 (年建 303 表)

在填报时对于完成的投资很难知道到底是属于哪种渠道的，是中央的还是地方的很难判断。依据财政下达水利发展资金相关文件规定，中央资金主要用于主体工程，不能用于独立费用。除此以外，本年完成投资按来源划分的填报基本对应当年的投资计划安排。

在 2016 年修改报表制度的时候，在年建 302 表中，新增了一个指标，“本年完成投资额（按财务支出核算）”，这个指标是对应目前国家统计局在进行固定资产投资时，投资完成取用财务支出的数据而设置的。设置这个指标是和工程实物量得到的投资完成数据进行比对。

五、工程实物量指标

年建 304 表中设置了土方、石方、混凝土、金属结构对工程进行描述，涉及的指标有全部计划、本年计划、累计完成、本年完成。即从项目的整体情况以及本年的施工情况进行描述。这些指标的审核，往往在填报年报时比较容易忽略。对于前期项目、单纯购置项目或者处在筹建阶段的项目，是不涉及工程实物量的，即不需要填报此表。数据审核时，往往由于忽视或者粗心，把工程实物量指标的单位看成“m^3”，造成数据出现奇大值；应将水利工程项目分成重大水利项目和面上水利项目，分成枢纽水源、水土保持、灌区等项目分别审核实物量。

实物工程量指以自然物理计量单位表示的水利工程建设完成的各种工程数量，包括各类主体工程、施工导流和围堰的工程数量，不包括一般房屋建筑、附属工程、临时工程完成的数量。实物工程量是计算工作量的依据，是反映水利基本建设的成果、考核工程进度的重要指标之一。

土方指水利工程建设中土方的开挖、回填、填筑的数量。包括土坝填筑、灌区渠道、防洪堤防等土方。如监理月报中只有土石方的开挖、回填等数据，则全部计入“土方”中，“石方”则不计入。

石方指水利工程建设中石方开挖、石方回填、石方砌筑（包括干砌石和浆砌石）、抛石护岸等，包括水库大坝、渠道及堤防建筑物中的石方等。

混凝土指水利工程建设中浇筑、衬砌的混凝土的数量。包括水库混凝土大坝、渠道及堤防建筑物中的混凝土等。

全部计划实物工程量指建设项目的设计文件中列入计划的全部实物工程量。一般按批准总体设计文件的实物工程量填列。没有批准总体设计文件的，采用上报设计文件中的工程量数或年内施工工程的计划实物工程量。当累计完成实物工程量超过全部计划实物工程量时，采用累计完成实物工程量加未完工程计划实物工程量。

本年计划实物工程量指年度施工计划中的工程量计划，年度施工计划又有调整的，采用调整数。累计完成实物工程量是指建设项目自开始建设到报告期止累计完成的实物工程量。本年完成实物工程量一般是指从本年 1 月 1 日起至本年最后一天完成的全部实物工程量。

六、工程效益指标

工程效益指标主要包括建设规模、新增生产能力（或工程效益）、本年新增工程效益、本年施工规模。

建设规模指建设项目或工程设计文件中规定的全部设计能力（或工程效益）。包括已经建成和尚未建成投产的工程的效益。它是以实物形态表示的建设项目规模指标，反映建设项目全部建成投产后，能够为社会提供的新增效益。

建设规模应填写设计任务书或计划文件中规定的全部效益。如小浪底水利枢纽除填水库库容 126.5 亿 m^3 外，还要填发电装机容量 180 万 kW。新建项目按全部设计工程效益计算；改、扩建工程按改、扩建后新增加的效益计算，不包括改、扩建前原有的效益。没有总体设计的项目，填本年施工的全部单项工程的设计效益。

新增生产能力（或工程效益）指通过基本建设投资活动而新增加的设计生产能力（或工程效益），是以实物形态表现的基本建设投资效果指标。也是考核投资经济效果的重要依据之一。

本年新增工程效益指在报告期内按照新增效益的计算条件和标准，实际建成投入生产或交付使用的工程效益。

本年施工规模指报告期内施工的单项工程的工程效益，包括报告期以前开工跨入本年继续施工的工程的设计效益和报告期新开工工程的设计效益。也包括报告期内建成投产或报告期施工后又停缓建的单项工程的效益。不包括在报告期以前投产、或已经停缓建的单项工程，以及报告期内尚未正式开工的工程设计效益。本年施工规模是全部建设规模中在本年正式施工的部分，即本年施工的工程的全部设计能力。

累计新增生产能力（累计新增工程效益）是指在截至报告期，该项目累计建成投入生产或交付使用的工程效益。

工程效益指标在填报时最应该注意的是指标的单位，以及效益指标与不同项目类型的对接。比如新建水库有新增库容，病险水库除险加固宜选择“改善库容”；大中型灌区续建配套与节水改造项目对应的效益宜选择“改善灌溉面积”，与新建灌区的新增耕地灌溉面积进行区别填报；比如水土流失治理项目选择“新增治理水土流失治理面积”等。

第四节 重 要 分 组

分组的设置实际上是一种数据的分类方式，便于汇总和分析数据结果，比如最常见的是行政区划分组，能够反映地域之间的差异。分组对于投资统计分析尤为重要，在年报统计中设置较多，月报统计中涉及的分组相对简单。报表制度和水利统计管理系统中规定分组必须按照规范的分类进行选择填报。

一、行政区划

行政区划代码，也称行政代码，它是国家行政机关的识别符号，一般执行两项国家标准：GB/T 2260—2007《中华人民共和国行政区划代码》和 GB/T 10114—2003《县以下行政区划代码编制规则》。由 9 位阿拉伯数字组成［第七位至第九位表示乡、镇（街道办事处）］，相当于机关单位的身份号码。《中华人民共和国行政区划代码》由中华人民共和国国家统计局发布，对我国县以上行政区划的代码做了规定，用六位阿拉伯数字分层次代表我国的省（自治区、直辖市）、地区（市、州、盟）、县（区、市、旗）的名称。如贵州铜仁地区石阡县的行政区划代码为 522224，“52”代表贵州省，“522200”代表铜仁地区。

水利部实施的各项统计调查任务中，一般采用 6 位行政区划代码就能够满足实际需要。第一次全国水利普查采用了 9 位代码，延伸到乡镇。近年来，行政区划的调整变动比较大，因此每年在国家统计局正式发布前会根据民政部发布的最新行政区划代码进行更新，保证所有的分类是最新的。

报表制度中“建设地址”的选项是一套行政区划代码的数字，选填了省、地市、区（县），则代码自动出现，是按在地原则划分项目的一种方式。用于反映水利建设投资分地区的资金规模、资金来源及用途效益等情况，特别在分析东、中、西部地区的水利建设投资时更为有用。

二、流域分区

统计上，按照自然流域水系分区，结合流域管理需要，将流域划分为十个一级流域分区，即松辽流域、海河流域、黄河流域、淮河流域、长江流域（不包括太湖水系）、太湖流域、珠江流域和沿海沿疆及内流诸河流域，进一步细分为 15 个二级流域分区。具体如下。

（一）松辽流域

松辽流域分为松花江流域和辽河流域。

（1）松花江流域。包括嫩江、第二松花江、松花江三个水系，流域范围主要涉及内蒙古、吉林、黑龙江3省（自治区）。

(2) 辽河流域。包括西辽河、辽河干流、浑太河三个水系，流域范围主要涉及内蒙古、辽宁、吉林3省（自治区）。

（二）海河流域

海河流域包括滦河、北三河（潮白河、北运河、蓟运河）、永定河、大清河、子牙河（包括黑龙港及运东地区）、漳卫河、徒骇马颊河七个水系，流域范围主要涉及北京、天津、河北、山西、内蒙古、辽宁、山东、河南8省（自治区、直辖市）。

（三）黄河流域

黄河流域包括黄河上游干流（头道拐水文站以上）、黄河中游干流（头道拐水文站至花园口水文站）、黄河下游干流（花园口水文站以下）三个水系，流域范围主要涉及山西、内蒙古、山东、河南、陕西、甘肃、青海、宁夏8省（自治区）。

（四）淮河流域

淮河流域包括淮河上游（正阳关水文站以上）、淮河中游（正阳关水文站至洪泽湖）、淮河下游及里下河、沂沭泗河四个水系，流域范围主要涉及江苏、安徽、山东、河南等省。

（五）长江流域（不包括太湖流域）

长江流域包括长江上游（宜昌水文站以上）、长江中游（宜昌水文站至湖口水文站）、长江下游（湖口水文站以下）三个一级水系，统计上不包括太湖流域水系。其中，长江上游分金沙江、岷沱江、嘉陵江、乌江四个二级水系；长江中游分汉江、洞庭湖四水、鄱阳湖五河三个二级水系。流域范围主要涉及上海、江苏、浙江、安徽、江西、河南、湖北、广西、重庆、四川、贵州、云南、陕西、甘肃、青海15省（自治区、直辖市）。

（六）太湖流域

太湖流域属于长江下游的一个水系，统计上单列。流域范围主要涉及上海、江苏、浙江3省（直辖市）。

（七）珠江流域

珠江流域包括西江、北江、东江、珠江三角洲四个水系。流域范围主要涉及江西、湖南、广东、广西、海南、贵州、云南7省（自治区）。

（八）沿海沿疆及内陆河诸河流域

(1) 东北沿海诸河及国际河流域。流域范围主要涉及黑龙江省、吉林省。

(2) 山东半岛沿海诸河流域。流域范围主要涉及山东省。

(3) 华南沿海诸河流域。包括海南独岛水系，流域范围主要涉及广东省、海南省。

(4) 东南诸河流域。流域范围主要涉及浙江省、福建省。

(5) 西南诸河流域。流域范围主要涉及云南、西藏、青海等省（自治区）。

(6) 西北诸河流域。流域范围主要涉及内蒙古、甘肃、青海、新疆、兵团等。

（九）其他流域

流域分组的设定是对投资数据从流域的角度进行分类，可分析得出流域的投资规模、投资安排及完成情况。

基础数据采集和最终成果发布的数据分类存在有不一致的地方，年鉴发布数据是以水资源一级分区为分类，包括：

（1）松花江区：包括松花江流域以及黑龙江、乌苏里江、图们江、绥芬河等国际河流中国境内部分。

（2）辽河区：包括辽河流域、东北沿黄渤海诸河以及鸭绿江中国境内部分。

（3）海河区：包括海河流域、滦河流域及冀东沿海。

（4）黄河区：包括黄河流域。

（5）淮河区：包括淮河流域及山东半岛沿海诸河。

（6）长江区：包括长江流域，并含太湖流域。

（7）东南诸河区：包括我国东南部除长江和珠江以外的独立入海的中小河流。

（8）珠江区：包括珠江流域、华南沿海诸河、海南岛及南海各岛诸河。

（9）西南诸河区：包括红河、澜沧江、怒江、伊洛瓦底江、雅鲁藏布江等国际河流中国境内部分以及藏南、藏西诸河。

（10）西北诸河区：包括塔里木河等西北内陆河以及额尔齐斯河、伊犁河等国际河流中国境内部分。

三、项目类型

项目类型在投资统计中是较为重要的分组，与项目的其他分组，如建设阶段、建设性质、项目规模等都有关联。报表制度中总共分为 14 大类，以不重不漏的原则进行编码，按大类、中类、小类，共 5 位代码组成。比如小型病险水库除险加固代码为 02052，其中“02000”表示防洪项目，“02050”表示水库除险加固。

14 大类包括控制性枢纽工程项目、防洪项目、灌溉除涝项目、供水项目、水务项目、非常规水资源利用项目、水电开发利用项目、水保及生态保护项目、滩涂治理及围垦工程建设、机构能力建设、前期工作项目、移民项目和其他水利项目等。

审核数据时，项目类型作为重要的分组，可以分析判断本年计划投资来源数据是否正确，填报时选择最小的分类。

四、隶属关系

水利建设项目按建设单位直属或主管上级机关确定。隶属关系分为中央、省（自治区、直辖市）、地区（州、盟、省辖市）、县（旗、县级市）和其他五大类。

（1）中央：指中共中央、人大常委会和国务院各部、委、署、局、总公司以及直属机构直接领导和管理的基本建设项目和企业、事业、行政单位。主要是水利部直属单位和各流域委员会直接管理的项目。

（2）省（自治区、直辖市）：指由省（自治区、直辖市）政府及业务主管部门直接领导和管理的基本建设项目和企业、事业、行政单位。

（3）地区（州、盟、省辖市）：指由地区、自治州、盟、省辖市直接领导和管理的基本建设项目和企业、事业、行政单位。

（4）县（旗、县级市）：指由县、自治旗、县级市直接领导和管理的基本建设项目和企业、事业、行政单位。当前随着面上项目增多，县级管理的项目投资数量与规模逐年增加。

(5) 其他：不隶属以上各级政府及主管部门的建设项目和企业、事业单位，如外商投资企业和无主管部门的企业，或者隶属于乡镇等。

在进行投资统计分析时会遇到“中央项目”和“地方项目”的区分，一般来说，将隶属关系为“中央属”的项目作为“中央项目”，其他均为“地方项目”。这种提法应与中央政府和地方政府投资加以区别。

五、项目规模

按照项目建设规模划分投资项目，即“大中型”“小型”和“其他”，习惯上将大型和中型项目合称为大中型项目。

水利建设大中型项目划分标准是：①水库：总库容 1 亿 m^3 及以上；②灌溉面积：灌溉面积 30 万亩及以上；③水电工程：发电装机 5 万 kW 及以上；④一、二级堤防工程；⑤送变电工程：电压 33 万 V、22 万 V 和 11 万 V 并线路长 250km 及以上；⑥供水工程：日供水 10 万 t 及以上等。满足其中一个条件均可填报为“大中型”。新建项目按全部设计规模（能力）计算，扩建项目按扩建新增的设计能力达到标准为判断依据。

在统计填报时，遇到比较多的问题就是改建项目，也是填报中容易出错的选项，比如大中型水库的除险加固、大中型灌区的续建配套及更新改造等，都不作为“大中型”项目，按“小型”项目填报。除险加固、灌区续建配套及更新改造、农村饮水安全巩固提升工程、中小河流治理、小型农田水利建设、水土流失治理等均作为小型项目。

其他项目是指不产生或涉及项目设计规模（能力）的项目，比如水利建设前期工作、专题研究等项目。

六、建设性质

项目的“建设性质”是按整个建设项目情况来确定，而不是根据项目的不同建设阶段来划分。建设项目的性质一般分为以下几类：

(1) 新建：一般指从无到有、“平地起家”开始建设的企业、事业和行政单位或独立的工程。现有企业、事业、行政单位一般不属于新建。但如有的单位原有基础很小，经过建设后新增的资产价值超过该企业、事业、行政单位原有固定资产价值（原值）3 倍以上的也应作为新建。

(2) 扩建：指在厂内或其他地点，为扩大原有产品的生产能力（或效益）或增加新的产品生产能力，而增建主要的生产车间（或主要工程）、分厂、独立的生产线的企业、事业单位。行政、事业单位在原单位增建业务用房（如学校增建教学用房、医院增建门诊部、病房等）也作为扩建。现有企业、事业单位为扩大原有主要产品生产能力或增加新的产品生产能力，增建一个或几个主要生产车间（或主要工程）、分厂，同时进行一些更新改造工程的，也应作为扩建。

(3) 改建：指对原有设施进行技术改造或更新（包括相应配套的辅助性生产、生活福利设施），没有增建主要生产车间、分厂等的企业、事业单位。灌区续建配套与节水改造、水库除险加固一般列入改造性质，在立项审批文件中列有新增生产能力或效益时，应列入扩建性质。

（4）单纯建造生活设施：指在不扩建、改建生产性工程和业务用房的情况下，单纯建造职工住宅、托儿所、子弟学校、医务室、浴室、食堂等生活福利设施的企业、事业及行政单位。

（5）迁建：指为改变生产力布局或由于城市环境保护和安全生产的需要等原因而搬迁到另地建设的工程。

（6）恢复：指自然灾害、战争等原因，使原有的固定资产全部或部分报废，以后又投资恢复建设的单位。尚未建成投产的建设项目，因自然灾害损毁重建，不作为恢复项目，仍按原有建设性质填报。

（7）单纯购置：指现有企业、事业、行政单位单纯购置不需要安装的设备、工具、器具，而不进行工程建设的单位。有些单位虽然本年只从事购置活动，但该项目设计中规定有建筑安装活动，应根据立项时规定的建设性质填报。建设过程中不能改变建设性质。

（8）前期工作：指水利规划、工程项目前期、专题研究和基础性工作（含业务建设）。在国家统计局的固定资产投资统计中没有“前期工作”的分类，考虑水利部实施的水利建设投资统计调查与国家统计局的固定资产投资统计口径和范围不同，根据需要，设置了该分类选项。

七、建设阶段

“建设阶段”的选项是一个变化的分类指标，比如某项目2016年处于筹建阶段，2017年可能就正式施工了，属于“本年正式施工项目”。建设阶段的选择决定了如果是基本建设项目，在“本年正式施工”阶段，有相应的工程实物量发生。

（1）筹建项目：指正在进行前期工作尚未正式施工的项目。按照国家有关规定，建设规模较大的建设项目，在正式开工以前，经批准可以设立专门的筹建机构，为建设做准备工作。包括研究和论证建设方案、组织审核设计文件和预算，订购设备、材料，办理征地拆迁和平整场地等。筹建项目已发生的投资额，应计算投资完成额，但不计算施工项目个数。

（2）本年正式施工项目：指本年正式进行过建筑安装施工活动的建设项目。包括本年新开工项目，本年续建项目，以前年度全部停、缓建在本年恢复施工的项目，本年进行过施工、又在本年内全部建成投产或全部停、缓建的项目。不包括以前年度建成投产在本年进行收尾的项目，以及以前年度全部停、缓建在本年进行维护工程的项目。

（3）本年收尾项目：指以前年度已经全部建成投入生产或交付使用，但有遗留工程尚未竣工，在本年内进行收尾工程的项目。如果以前年度没有报过全部建成投产，而在本年度继续施工，不论其遗留工作量大小，都按正式施工项目统计。

（4）停、缓建项目：指根据国民经济宏观调控及其他原因，经有关部门批准停止建设或近期内不再建设的项目。停缓建项目分为全部停、缓建项目和部分停、缓建项目。全部停、缓建项目是指经批准并已收到全部停、缓建通知的项目，包括报告期内有部分工程需要做到一定部位或仓库、生活福利施工工程经上级批准本年继续施工的项目。

1）全部停、缓建项目指经有关部门批准不再建设或短期内整个项目停止建设的项目。

2）部分停、缓建项目指建设项目仍在施工，但其中的部分单项工程经有关部门批准停止或近期内不再建设并已停止施工的项目。报告期部分停缓建项目仍应作为施工项目统计。

（5）单纯购置：仅指建设性质为“单纯购置”项目。

（6）前期工作：指水利规划、工程项目前期、专题研究和基础性工作（含业务建设）四类项目。

项目填报单位在选择建设阶段、建设性质时应该根据项目情况做好两者的匹配。比如建设阶段和建设性质应同为“前期工作”，而“筹建”阶段一般是对应项目建设性质的“新建、改建、扩建”等；两类指标的“单纯购置”应统一。

第十一章

水利服务业统计年报

《水利服务业统计调查制度》作为一项年报制度，至2018年已执行了10年。属于专业统计调查项目，此项统计制度的实施对于全面反映水利行业发展情况，反映水利活动对经济增长的贡献，支撑水行政主管部门管理、国家服务业统计和国民经济核算的需要都起到了关键的作用。

第一节　概　　述

水利服务业是我国服务业的重要组成部分。建立水利服务业统计调查制度，开展水利服务业统计工作，并在此基础上进一步实施水利行业增加值核算具有十分重要的现实意义。

一、编制背景

服务业是国民经济的重要组成部分，服务业的发展水平是衡量现代社会经济发达程度的重要标志。做好服务业统计工作是促进服务业发展的一个关键环节和重要基础工作，为掌握各行业投入产出状况、核算行业增加值，揭示服务业发展现状、衡量服务业发展水平、评价服务业发展程度及其对经济增长的贡献，探讨服务业发展潜力、判断地区间服务业发展差距，完善我国GDP核算提供了重要帮助，进而为相关政策制定提供了强有力的支撑。

在国务院《关于加快发展服务业若干政策措施的实施意见》（国办发〔2008〕11号）中，专门强调了服务业统计工作的重要性，要求“加快建立科学、统一、全面、协调的服务业统计调查制度和信息制度，建立政府统计和行业统计互为补充的服务业统计调查体系”。在国家统计局《关于商请提供服务业统计资料的函》（国统办〔2007〕68号）以及国家统计局对水利部统计工作的巡查意见等文件中，进一步对水利服务业统计工作做出了具体要求，要求水利部加快研究建立和完善水利服务业统计制度。

长期以来，在水利服务业统计方面进行了积极尝试，如目前开展的水利建设投资统计、水利财务经营收费统计等，都在不同层面为核算水利服务业增加值提供了重要帮助。但应当看到，由于并没有制定完善的水利服务业统计调查制度，没有明确增加值核算的目标及方法，水利服务业增加值核算还存在明显不足。因此建立完善的水利服务业统计调查制度、打造高效水利服务业工作体系，对于全面反映水利行业发展情况，反映水利活动对经济增长的贡献，满足国家服务业统计及国民经济核算的需要具有十分重要的意义。

二、研究建立过程

为建立完善的水利服务业统计调查制度，水利部规划计划司于2008年组织水利部发展研究中心开始了《水利服务业统计调查制度建设及试点研究》工作。经过一年时间的努力，在对水利服务业的统计对象、统计范围、统计内容、指标体系、报表下发及数据收集汇总方式、基层数据采集方法、数据质量控制方式等方面进行全面、深入的理论分析及试点检验的基础上，建立形成了《水利服务业统计调查制度》研究成果。2009年水利部将《水利服务业统计调查制度》报送国家统计局审批后，正式成为一项部门统计制度。

三、实施情况

《水利服务业统计调查制度》的统计对象范围是中华人民共和国境内（台湾省、香港特别行政区、澳门特别行政区除外）凡乡镇及以上从事水利活动的各类企事业单位和行政、社团等法人单位，也包括为水利工程建设而专门成立的项目法人单位。调查的主要内容是这些单位的资产、负债、收入、支出、利润等财务状况，固定资产及投资情况，以及取供水情况。该制度的实施采取“统一布置、逐级实施、分专业审核、数据共享”的工作模式，即各级水利部门中负责统计工作的部门具体承担报表下发、汇总上报等任务，而人事、财务、计划、水资源、水保等管理部门协助做好业务指导、督促检查、审核把关等工作。调查数据于每年3月31日前逐级审核汇总上报至水利部，每年5月底前由水利部将最终数据报送至国家统计局。

2014年，为了进一步做好水利服务业统计工作，水利部根据《国家服务业统计调查制度》有关要求，并结合水利工作实际需要，对《水利服务业统计制度》（国统制〔2014〕98号）的有关内容进行了修订。此后，根据国家统计局《部门统计调查项目管理办法》规定进行制度修订。

第二节 主要调查内容

《水利服务业统计调查制度》是开展水利服务业统计调查阶段时所应遵守的一种技术规范，是在按原始记录或核算资料为基础，按一定的表格形式和时间顺序，自下而上搜集水利服务业统计资料过程中，为保证所搜集资料的统一性和时效性，由国家统计部门统一制发，要求各级统计人员在组织统计调查中必须遵循的统一规定。

一、总体框架

《水利服务业统计调查制度》是开展水利服务业统计调查阶段时所应遵守的技术规范。它是在以原始记录或核算资料为基础，按一定的表格形式和时间顺序，自下而上搜集统计资料，为保证所搜集资料的统一性和时效性，由国家统计部门与国务院各业务部门统一制发，要求各级统计人员在组织统计调查中必须遵循的统一规定，主要包括报表制度说明、报表目录、调查表式、指标解释及审核要求四大部分。

本报表制度的总体框架见表 11－1。

表 11－1　　《水利服务业统计调查制度》框架

表号	表　名	填报范围	报送单位	报送日期及方式
年服 01 表	水利单位基本情况	从事各种水利活动的法人单位	各级水行政主管部门	次年 3 月 31 日前。基础数据采用水利统计管理系统上报，正式汇总报表采用邮寄方式报送
年服 02 表	水利行政单位财务状况	从事各种水利活动的且执行行政单位会计制度的单位		
年服 03 表	水利事业单位财务状况	从事各种水利活动的且执行事业单位会计制度的单位		
年服 04 表	水利企业财务状况	从事各种水利活动的且执行企业单位会计制度的单位		
年服 05 表	水利民间非营利组织财务状况	从事各种水利活动的且执行民间非营利组织会计制度的单位		
年服 06 表	水利单位取供水情况	从事水利取供水业务的法人单位		
年服 07 表	水利单位固定资产及投资情况	从事各种水利活动的法人单位（含水利工程建设项目法人单位）		

二、调查对象和范围

水利服务业统计对象、范围的不同决定了该制度实施的难易程度。经深入理论分析及实践检验后，将该制度的统计对象范围界定为中华人民共和国境内（台湾省、香港特别行政区、澳门特别行政区除外）凡乡镇及以上从事水利活动的各类企事业单位和行政、社团等法人单位，也包括为水利工程建设而专门成立的项目法人单位。

（一）调查对象的确定

GB/T 4754—2017《国民经济行业分类》规定行业分类的基本单元是产业活动单位，所谓产业活动单位是指在一个场所从事一种或主要从事一种社会经济活动，能够相对独立组织生产经营或业务活动，能够掌握收入和支出等业务核算资料的单位。同时提出根据不同的调查目的和对象，也可以采用法人单位作为数据汇总基本单元。所谓所谓是指依法成立，有自己的名称、组织机构和场所，能够独立承担民事责任，独立拥有和使用（或授权使用）资产，承担负债，有权与其他单位签订合同，会计上独立核算，能够编制资产负债表的单位。考虑到水利服务业统计调查制度所统计的资产、财务指标填报要求较高，因此选取在会计上独立核算，且能够编制资产负债表的法人单位作为统计调查对象的基本单元。

（二）调查范围的确定

《国民经济行业分类》划分行业的基本原则是经济活动的同质性，即每一个行业类别都按照性质相同的经济活动❶归类。水利没有成为国民经济中相对独立的行业，不同水利

❶ 联合国制定并推荐各国使用的《全部经济活动的国际标准产业分类》（ISIC）将“活动”定义为生产某种产品的过程，一项单一的活动就是生产同类产品的过程。

活动被分别划分在第一产业、第二产业、第三产业中，其中，农业灌溉属于第一产业，水电生产与供应、水的生产与供应属于第二产业，其余的各类水利活动归属于第三产业（服务业）。

第三产业（服务业）中水利活动也并不是相对独立的。除水利设施管理、水资源管理等活动被划分到水利管理业大类外，其他如水行政管理、水利科研、水利工程设计、工程水文勘察、城市排水设施管理等活动均分属于其他行业范畴。因此，以《国民经济行业分类》为标准，水利服务业仅指水利管理业。

但是，仅对水利管理业进行统计并不能满足水行政主管部门管理的需要，也并不能代表水利服务业的整体状况，因此需要对水利服务业进行规范性定义。从狭义上讲，水利服务业是指服务于防洪、水资源开发、利用、保护、治理等的各类行政、管理、科研等活动；从广义上讲，水利服务业还包括与水利有关的其他服务业业态，如水利教育、文化等活动内容。参照《国民经济行业分类标准》，狭义水利服务业见表 11－2。

表 11－2　　水利服务业对应国民经济行业分类表

类别	第三产业							
门类	M科学研究、技术服务和地质勘查业			N水利、环境和公共设施管理业			S公共管理和社会组织	
大类	75 研究与实验发展	76 专业技术服务	78 地质勘查业	79 水利管理业	80 环境管理业	81 公共设施管理业	94 国家机构	96 群众社团、社会团体和宗教组织
小类	7510 自然科学研究与实验发展（水资源等研究活动）	7660 环境监测（入河排污口污水排放监测；水土流失监测）	7819 其他矿产地质勘查（地下水资源地质勘查）	7910 防洪管理	8011 自然保护区管理（内陆湿地及水域生态系统保护区）	8110 市政公共设施管理（城市污水的排放）	9425 经济事务管理机构（水利行政事务管理）	9621 专业性团体（水利专业性团体）
	7520 工程和技术研究与试验发展（水利工程技术）	7672 工程勘察设计（水利及水电工程的勘察设计）	7820 基础地质勘查（水文地质调查与勘查）	7921 水库管理		8131 风景名胜区管理（河湖型风景区的管理）	9427 行政监督检查机构（水土保持、河流、湖泊、污水的检查、监督、稽查、查处活动）	9622 行业性团体（水利行业性团体）
				7922 调水、引水管理				
				7929 其他水资源管理				
				7990 其他水利管理				

根据水利服务业定义及水利单位行政管理体制和运行机制，将统计范围划分为四个层次：一是水利部门内从事狭义水利服务业的各类单位，即 A；二是包括范围一，以及隶属于其他部门或者社会上从事狭义水利服务业的单位，即 A+D；三是隶属于水利部门，从事广义水利服务业活动的单位，如水利医院、学校等都纳入到统计范围，即 A+B；四是水利部门内所有单位和隶属于其他部门或者社会上从事狭义水利服务业的单位，即 C+D。关系图见图 11－1。

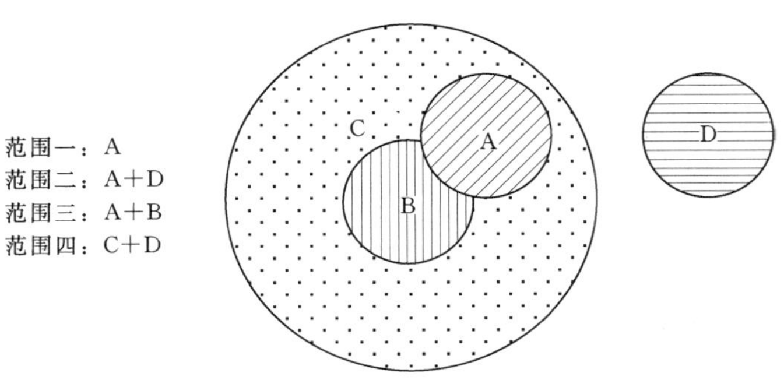

图 11－1　水利服务业涉及的范围

注：A 为水利部门内从事狭义水利服务活动的各类单位；B 为隶属于水利部门的教育、文化、卫生等服务业活动单位；C 为水利部门所有的单位，包括农田灌溉、水电等单位；D 为隶属于其他部门或者社会上从事狭义水利服务业的单位。

由于范围一和范围三只涉及水利部门内单位，报表的下发和收集依靠水行政主管部门的行政命令就可推动，而范围二和范围四还涉及水利部门外单位，在现行管理体制下，需要依靠水行政主管部门和统计部门联合推动。由于该统计制度在制定之初就已明确要纳入到国家统计局的部门统计制度，因此将统计调查对象的范围设定为中华人民共和国境内（台湾省、香港特别行政区、澳门特别行政区除外）凡乡镇及以上从事水利活动的各类企事业单位和行政、社团等法人单位，也包括为水利工程建设而专门成立的项目法人单位。这样不仅可以摸清部门内属于水利服务业行业范畴的单位基本情况，也可摸清部门内属于其他行业范畴的单位基本情况。

三、主要调查内容

根据水利服务业增加值核算需要和水行政主管部门的具体要求，《水利服务业统计调查制度》包含四部分内容共 7 张基层单位报表：单位基本情况（1 张）、财务状况（4 张）、取供水情况（1 张）和水利单位固定资产及投资情况（1 张）。各类被调查单位必须填报的共性内容为基本情况、财务状况、固定资产情况。

（一）基本情况

基本情况包括法人单位名称、组织机构代码、联系方式、单位类型、所属流域、主要服务和产出形式、执行等内容，为掌握被调查单位基本情况提供信息，是分类汇总的基础依据。

（二）财务状况

财务状况包括单位资产规模、当年收支情况等内容，为增加值核算提供基础数据。

（三）取供水情况

取供水情况包括取供水的实物量和价值量信息等内容，为掌握有供水业务单位的供水能力及水费收入提供帮助。

（四）固定资产情况

固定资产情况包括固定资产投资来源和固定资产年内变动情况等内容，为摸清被调查单位水利建设投资使用情况提供依据。

第三节 主要调查指标

开展水利服务业统计的目的之一就是计算行业增加值，以满足国家层面服务业统计及国民经济核算需要，而核算增加值主要需要的是单位的财务状况指标，因此这些财务状况指标必须是《水利服务业统计调查制度》的主要调查指标。

一、选取原则

《水利服务业统计调查制度》的调查指标选取遵循以下几个原则。一是要满足增加值核算和水行政主管部门管理的要求。首先根据增加值核算方法，把握不同会计制度下增加值核算对具体指标的要求；其次要满足水行政主管部门掌握水利单位固定资产投资和取供水统计的需要。二是要能够全面描述和系统反映水利服务业单位运行状况。指标设计不仅要囊括增加值核算、取供水、固定资产投资所需指标，其指标体系构架也要能够便于水行政主管部门全面系统地掌握水利服务业单位当年投入产出过程和资产负债状况、取水来源和供水去向、固定资产资金来源和固定资产增减状况。三是指标设计要规范严密，指标含义、口径、计算方法、数据来源、指标间逻辑关系必须明确，并且保证数据收集过程中的可操作性。四是指标体系的设计要遵循科学性和客观性、整体性和全面性、合理性和实用性等原则。指标选取既要有代表性，又要简洁直观。

二、选取方法

水利服务业指标体系的构造重点主要是指标的选取及指标之间结构关系的确定。根据不同统计内容，在借鉴会计报表及相关统计指标体系设计经验的基础上，依据水利服务业指标体系设计原则，选取指标并构造指标体系，完成水利服务业报表设计。具体方法如下。

（一）单位基本情况表

单位基本情况表指标体系的设计主要以国家统计局第二次经济普查中法人单位基本情况表为框架，从中提取出能够反映水利服务业单位基本情况的指标，并将单位类型、主要服务和产出形式等指标内容依据水利服务业定义进行了细化，在此基础上，还将所属流域指标和职工工资情况等指标加入进来，形成具有水利服务业特点的单位基本情况统计表2018年国家统计局组织实施第四次经济普查，经济普查后获取的有关名录可作为水利服务业单位的基础名录库。

（二）单位财务状况表

单位财务状况表指标体系的设计主要是参考统计对象执行的会计制度及其会计报表设置格式，即预算会计[1]和企业会计的会计要素[2]、会计等式[3]、会计报表编制内容，将行政、事业单位、社会团体的资产负债表与收支情况表混合、企业单位的资产负债表与利润表混合，在力求统计报表格式层次关系清晰、合理的前提下，将会计指标精简并重点突出增加值核算指标，形成水利行政、事业、企业单位和社会团体财务状况表（图 11－2）。

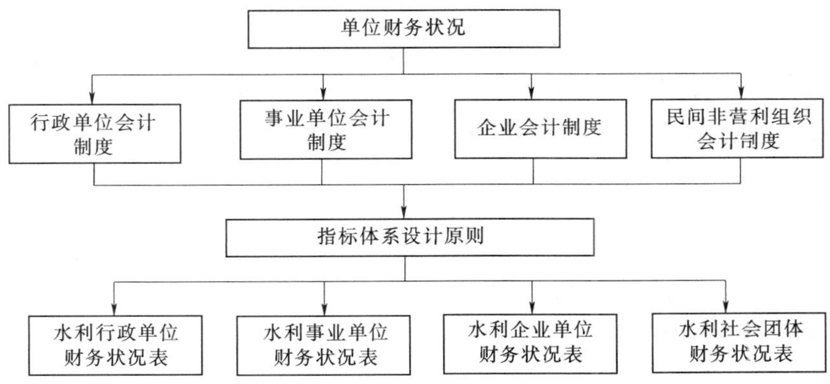

图 11－2　水利服务业单位财务状况表设计思路

（三）单位取供水情况表

单位取供水情况表指标体系的设计主要以水的实物量供给和使用账户（水资源环境经济核算）及国有水利工程管理单位水费收入及供排水成本费用表（水利部财经司）为参考依据，将取水来源和供水去向细分后，形成了单位取供水情况表（图 11－3）。

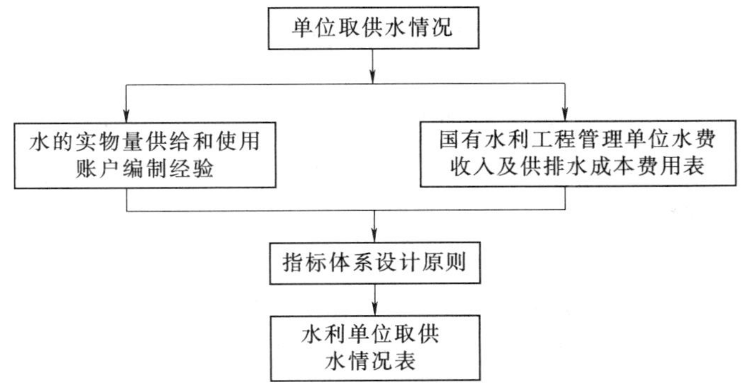

图 11－3　水利单位取供水表设计思路

[1] 预算会计是各级政府、使用预算拨款的各级行政单位和各类事业单位核算和监督各项财政性资金活动、单位预算资金的运动过程和结果以及有关经营收支情况的专业会计。

[2] 预算会计要素分为五大类：资产、负债、净资产、收入和支出。企业会计要素分为六大类：资产、负债、所有者权益、收入、费用和利润。

[3] 预算会计的恒等式为：资产＋支出＝负债＋净资产＋收入，即资产部类＝负债部类。企业会计的恒等式为：资产＝负债＋所有者权益。

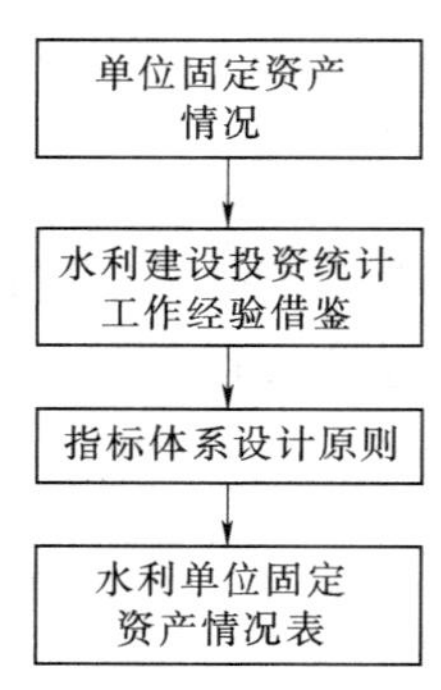

图 11-4 水利单位固定资产情况表设计思路

(四) 单位固定资产情况表

单位固定资产情况表指标体系的设计主要以水利建设投资统计(水利部规计司)为基本框架，对水利资产类型进行细化的基础上，对建设资金投入和固定资产增减情况进行统计，形成了单位固定资产情况表(图 11-4)。

三、主要指标

开展水利服务业统计的目的之一就是计算行业增加值，以满足国家层面服务业统计及国民经济核算需要。而核算增加值主要需要的是单位的财务状况指标，因此这些财务状况指标必须是《水利服务业统计调查制度》的主要调查指标。

由于各行业可取得的资料基础不同，因此计算方法也不一样，根据一般规律：农林牧渔业、工业增加值采用生产法计算，建筑业和其他服务业增加值采用收入法计算。水利服务业增加值核算宜采用收入法计算，因此《水利服务业统计调查制度》所需的调查指标包括七大类。

(一) 固定资产折旧指标

固定资产折旧：指一定时期内为弥补固定资产损耗按照核定的固定资产折旧率提取的固定资产折旧，或按国民经济核算统一规定的折旧率虚拟计算的固定资产折旧。它反映了固定资产在当期生产中的转移价值。

各类企业和企业化管理的事业单位的固定资产折旧是指实际计提并计入成本费中的折旧费；不计提折旧的政府机关、非企业化管理的事业单位和居民住房的固定资产折旧是按照统一规定的折旧率和固定资产原值计算的虚拟折旧。

原则上，固定资产折旧应按固定资产的重置价值计算，但是目前我国尚不具备对全社会固定资产进行重估价的基础，所以暂时只能采用上述办法。

年服 02 表中有关指标为“资产总计”“固定资产原价”；年服 03 表中有“累计折旧”“本年折旧”“固定资产账面价值(净值)；年服 04 表与年服 03 表相同。

(二) 劳动者报酬指标

劳动者报酬：指劳动者因从事生产活动所获得的全部报酬。包括劳动者获得的各种形式的工资、奖金和津贴，既包括货币形式的，也包括实物形式的，还包括劳动者所享受的公费医疗和医药卫生费、上下班交通补贴、单位支付的社会保险费、住房公积金等。对于行政和事业单位来说，劳动者报酬不仅包括在职劳动者的报酬，还包括离退休人员的工资。尽管离退休人员已不再核算期从事生产活动，但在我国的现有工资制度下，在职职工的工资构成中一般都没有包括对职工未来退休后的生活支付，因此离退休工资可以看作是离退休人员的劳动报酬。

此类指标在年服 01 表中涉及“从业人员期末人数”“在岗职工人数”“从业人员工资总额”“在岗职工工资总额”；年服 04 表中“应付职工薪酬”等。

(三) 生产税净额指标

生产税净额：指生产税减生产补贴后的余额。

生产税指政府对生产单位生产、销售和从事经营活动以及因从事生产活动使用某些生产要素（如固定资产、土地、劳动力）所征收的各种税、附加费和规费，包括增值税、营业税、印花税、房产税、车船使用税等。

生产补贴与生产税相反，指政府对生产单位的单方面收入转移，因此视为负生产税，包括政策亏损补贴、粮食部门价格补贴、外贸企业出口退税收入等。

本类指标涉及年服04表中“营业税金及附加”“管理费用中的税金”“本年应交增值税”等。

（四）营业盈余指标

营业盈余：指单位在生产过程中产生的盈余收入，该收入不包括生产单位提供金融资产和出租土地等获得的利息、红利和地租等财产收入。

年服04表中的营业利润、投资收益、营业外收入、营业外支出、利润总额、本年应交增值税、净利润等。

（五）收入和支出指标

在行政、事业、企业和民间非营利组织财务状况表中，本年收入的分类是有差异的，行政单位财务状况表是年服02表，本年收入包括拨入经费、预算外资金收入、其他收入；事业单位财务状况表是年服03表，本年收入包括财政补助收入、上级补助收入、附属单位缴款、事业收入、拨入专款、经营收入、其他收入；企业单位财务状况表是年服04表，包括营业收入、主营业务收入；民间非营利组织财务状况表是年服05表，本年收入包括捐赠收入、会费收入、提供服务收入、政府补助收入等。

本年支出指标主要反映基本支出和项目支出、经营支出等；均涉及工资福利支出、商品和服务支出、对个人和家庭的补助等。由于服务业增加值核算的需要，其中商品和服务支出需要了解取暖费（降温费）、差旅费、因公出国（境）费、劳务费、工会经费、福利费等；对个人和家庭的补助需要了解抚恤金、生活补助、救济费、助学金、奖励金和生产补贴。

（六）取供水指标

取供水指标主要包括全年取水量、应付取水费用、应付水资源费；全年供水量、实际供水量和计费水量、应收水费、实收水费等。

取水量主要按来源划分为地表水、地下水和其他水源，包括污水处理回用、集雨工程、海水淡化、海水直接利用等；供水量按去向划分为第一产业、第二产业和第三产业，且三大产业又有细项。

（七）固定资产指标

固定资产指标主要包括年初固定资产原值、本年新增、本年减少、年末固定资产原值。固定资产类型划分为主要工程设施和设备、办公用房及其他建筑物、设备及传导设施、设施周边土地及防护林要等资产和其他类型。

第十二章 中央水利建设投资月报及重大工程专报

本章主要从中央水利建设投资统计月报（简称“月报”）和节水供水重大水利工程专报（简称“重大专报”）两项专业调查项目入手阐述主要调查内容和主要调查指标。这两项专业调查项目在加快水利基础设施建设、中央水利投资计划执行月调度会商会议中发挥了重要作用。

第一节 概 述

在日常管理中，中央水利建设投资统计月报已经成为跟踪掌握水利建设项目进展、考核省级水行政主管部门投资计划执行以及部领导和相关业务部门采取督导、约谈、通报等行政措施的重要依据。

一、基本框架

中央水利建设投资统计月报始于 2005 年，当时数据发挥作用不大；从 2008 年第四季度扩大内需实施周报后，投资统计工作受到各方关注，数据的支撑作用日渐显现；2009 年由旬报过渡到月报，一直延续至今。目前实施的中央水利建设投资统计月报是“水利建设投资统计报表制度”要重要组成部分，调查表和指标设置相对简单；节水供水重大水利工程专报调查频度也是月报，一部分利用月报统计获取当年重大水利工程投资计划执行情况；另一部分利用节水供水重大水利工程专报获取截至报告期的累计投资完排、累计投资完成等情况，分别在第二节、第三节具体阐述。

二、调查范围

中央水利建设投资统计月报的调查范围是当年水利部掌握的下达到各流域、各省级水行政主管部门、新疆生产建设兵团、各计划单列市的中央政府投资；一般会由水利部确定报送的范围，按照资金来源和项目类型的划分，将该地区的中央政府投资和地方配套投资计划下发给各省（自治区、直辖市），以便审核校对，搜集应该报送的项目。

节水供水重大水利工程专报的调查范围包括 172 项节水供水重大水利工程，不包括南水北调工程、海水淡化工程。节水供水重大水利工程主要分为六大类，包括重大节水工程

（大中型灌区续建配套与节水改造）、重大引调水工程、重点水源工程、新建大型灌区工程、江河湖泊治理骨干工程、其他工程。

每年中央政府投资有一定的变化，包括资金来源渠道和用途方向等，但节水供水重大水利工程的分类一直是六大类。

三、填报要求

要求每月 2 日前上报数据，2 日下午 18 时关闭系统录入功能。遇 2 日为法定假日，系统关闭日期顺延。如周末，可延长至周一；国庆假期，数据上报截止日期为 10 月 8 日。水利部要求各流域、各省级水行政主管部门通过水利统计管理系统填报数据，同时报送由统计负责人签字或者单位盖章的纸质传真件。要求水利统计管理系统中的数据应与签字汇总表（纸质）保持一致。

目前采用的对于月报上报认定标准是，直报系统中省级虚拟单位显示红色，点开各地市级虚拟单位显示红色，即认可该地区数据全部上报；签字汇总表不能在两日按时报送的以直报系统数据为准进行审核汇总，同时要求领导签字后及时补报。

项目报送时应分县报送，重大项目和面上项目均应报送完整，与中央政府下达投资计划保持一致；10、11、12 月按水利部要求，一般将报送频度调整为旬报，每月三期，报送截至 10 日、20 日、30 日的数据，相应的系统关闭时间调整为 12 日、22 日、2 日。

第二节 月　报

本节主要介绍月报的主要调查内容、调查指标和实际工作中常见的填报问题。

一、主要调查内容

月报主要由两张调查表组成，包括项目基本情况表（月建 401 表）和项目投资进展情况表（月建 402 表）。

围绕当年中央水利建设投资计划进行统计，主要了解当年中央投资和地方投资安排计划、已下达投资、已拨付投资、已完成投资等；了解当年投资计划涉及项目、开工项目、已完工项目等情况；了解项目初步设计或实施方案完成情况。

“中央水利建设投资统计月报”在水利部“数据”资源中的“统计公报”进行展示（图 12-1、图 12-2），报告的主要内容依据月报数据汇总分析而得，包括中央预算内投资计划执行情况、中央财政水利发展资金执行情况等，其中预算内投资计划包括投资计划分解下达、投资到位、投资完成等进行分析，并从全部项目、重大水利工程角度分项目类型进行汇总分析；财政水利发展资金分项目类型进行分析拨付投资、完成投资等情况。

二、主要调查指标

（一）基本情况指标

主要包括：描述性指标和分组指标。

描述性指标是指项目名称、项目单位负责人、统计负责人、单位负责人电话、统计负

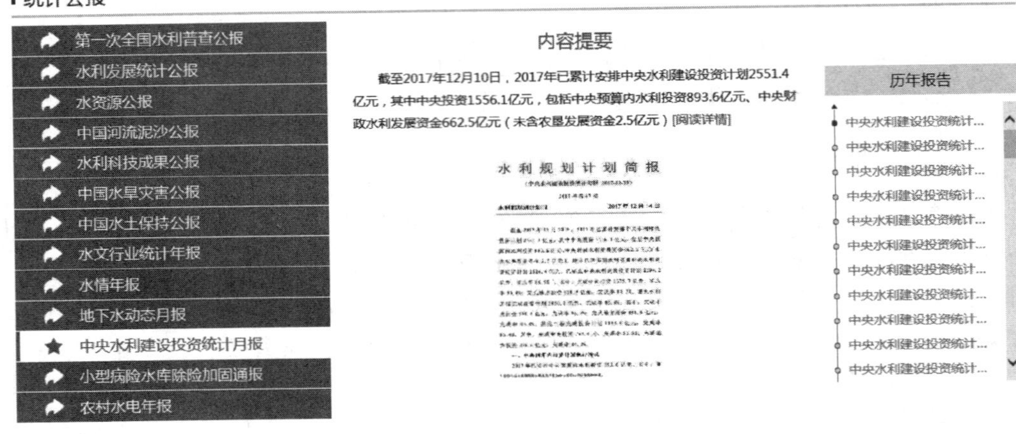

图 12-1　水利部网站统计公报栏展示的成果

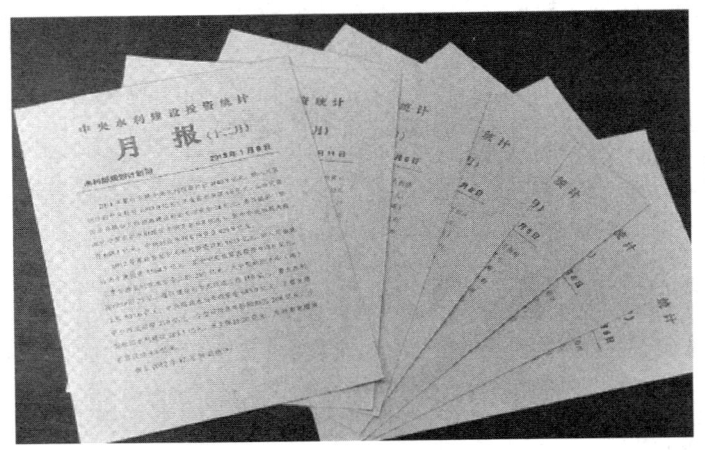

图 12-2　中央水利建设投资统计月报示例

责人电话等。

分组指标是指用于数据分组便于汇总分析的指标，包括项目建设地址、项目类型、所属流域、资金来源、是否有中央投资、是否 172 项重大水利工程、投资计划下达年度、项目初步设计或实施方案编审情况等指标属性。以下对重点分组指标进行说明：

（1）投资计划下达年度。是区分投资下达年度的重要分组，按年度划分，如 2017 年、2016 年等。

（2）2017 年下达项目资金来源。按照当年计划下达的来源分类填写。该指标是月报分类型汇总的依据，往往依据水利部掌握的具体分类计划进行填报，在计划下达时通知给有关单位。

（3）是否有中央投资/是否 172 项重大水利工程是系统汇总统计报表的主要分类依据，必须正确填写；“是否有中央投资”是指当年是否有水利部转发展改革委或财政下达的中央投资计划，如填“否”，则为地方自主安排项目，不纳入月报的整体汇总；“是否重大项目”是指是否是172项节水供水重大水利工程，用于重大水利工程的汇总分析。

(4) 项目初步设计或实施方案编审情况分为不需要、未完成、已完成三类。在汇总时，将“不需要”与“已完成”进行相加得到。

(5) 项目个数。凡系统中录入一个项目，有编码，“投资计划下达年度”选择2017年，就自动计入2017年投资计划安排的项目数量。

(二) 投资计划与下达指标

(1) 投资计划指标。中央投资计划和地方投资计划两项指标，中央投资根据中央计划文件填报，地方投资是指省级或市级计划文件对该项目的计划投资，县级水行政主管部门根据省级或市级计划文件预算文件或者财政文件进行填报。

(2) 投资下达指标。主要包括已下达到项目单位中央投资计划、已下达到项目单位地方配套投资计划、已下达省级配套投资计划、已下达地县级配套投资计划、已下达其他配套投资。已下达到项目单位中央投资计划是指本年度下达到县级水行政主管部门的中央投资计划。县级水行政主管部门收到中央计划文件，即视为已下达；已下达到项目单位地方配套投资计划是指本年度省级或市级下达的计划文件对该项目的配套投资。县级水行政主管部门收到省级或地市级对该项目配套的投资计划文件，即视为已下达。其他配套投资是指该项目除中央和地方政府投资以外的其他配套投资，主要包括银行贷款、投工折资、债券等。依据银行贷款或其他配套投资到达项目单位资金账户的凭证填报；投工折资投资需有相关文件证明出工数量、每工日报酬及农民签字或手印的证明文件；债券应办理相关的贷款手续才能列入已下达其他配套投资。

(三) 投资拨付与完成指标

(1) 拨付指标。包括已拨付项目单位中央投资、已拨付项目单位省级配套投资、已拨付项目单位地县级配套投资、已拨付项目单位其他配套投资。已拨付项目单位投资本年度已拨付到县级财政账户或者财政集中支付中心的投资，中央和省级、地市级、县级配套投资收到同级财政部门文件即视为已拨付；其他配套投资需出具相关证明文件。

(2) 完成指标。包括已完成中央投资和已完成地方配套投资。已完成投资指针对年度投资计划，自项目开工到截至报告期累计完成的全部投资额。包括各种已完成的建筑工程投资；经验收合格的设备、工具、器具购置费；已经发生的设备安装费用以及实际发生的其他费用等。其中，没用到工程实体的建筑材料、工程预付款和没有进行安装的需要安装的设备等，不能计入已完成投资。已完成中央投资和已完成地方投资按照计划文件下达中央投资和要求地方配套投资的比例填报。

(四) 工程量与投资效益指标

(1) 工程实物量。包括已完成土方、石方、混凝土。从项目单位监理报告中获取相关数据。

(2) 投资效益指标。根据工程建设目标和建设进展覆盖效益情况据实填报。主要涉及新建及加固堤防长度、新增河道清淤疏浚和岸线整治长度、新增灌区渠道整治和防渗长度、新增水土流失治理面积等。

三、投资计划考核

（一）概述

2011 年中央一号文件和中央水利工作会议对水利改革发展做出战略部署，未来 10 年水利投资将达 4 万亿元。水利建设投资规模大、增长快的特点更加突出，水利工程项目多、类型多、建设主体基层化的趋势更加显著。近年来，水利部及国家审计、稽查等部门不断加强对水利投资的监督检查，发现了水利投资计划管理的有关问题，一些地方中央水利投资完成情况较慢、部分项目建设进度滞后、配套资金落实不到位等现象普遍存在。

省级水行政主管部门是落实中央水利投资计划、推动计划安排实施、发挥中央投资效益的关键环节，水利投资计划管理任务重、难度大，加强投资计划管理的需求更为迫切；但目前对省级水行政主管部门投资计划管理的激励约束手段明显不足、依据不充分。为有效规范省级水行政主管部门投资计划管理，按照水利部领导的指示，规划计划司组织制定了考核办法。

考核办法依据当年形势变化，总共经历了三个阶段：第一阶段是 2012 年 11 月规计司下发《省级水行政主管部门中央水利投资计划执行考核办法（试行）》，后对 2012 年、2013 年、2014 年中央水利建设投资计划进行考核；第二阶段是 2015 年 5 月，按照水利部出台的《加快推进水利工程建设实施意见》（水规计〔2015〕105 号）和加快推进水利工程建设工作视频会议的相关要求修改了具体评分和项目考核目标；第三阶段是 2017 年 10 月，根据中央水利发展资金的变化，以及面临资金整合等形势进行了办法修订。以下内容均以 2017 年 10 月发布《中央水利投资计划执行考核办法》（水规计〔2017〕402 号）为依据。

（二）考核相关规定

1. 考核原则

一是科学规范、客观公正。严格按照考核办法制定的评分规则进行打分，做到评分有依据。

二是统一组织、分工负责。考核工作由规划计划司负责组织，相关业务司局和单位分工配合日常管理、具体项目的进展情况进行考核打分。主要涉及水资源司、财务司、建设与管理司、水土保持司、农村水利司、国家防办、水文司、水电移民司、发展研究中心等单位。

三是定量与定性考核相结合，以定量考核为主。定量考核主要依据规划计划司负责实施的中央水利建设投资统计月报；定性考核主要涉及年度考核的日常管理打分。

四是考核与奖惩挂钩。对年度综合考核结果为优良的被考核单位在全国范围通报表扬，安排中央投资计划时予以倾斜，在前期项目审查审批工作中予以优先安排；对年度综合考核结果为不合格且整改工作进度慢、效果差的被考核单位，水利部将商国家有关部门调减或暂停安排中央投资，并向有关省级人民政府或有关部门提出追究相关责任单位和责任人责任的建议。

2. 考核对象

即考核单位，主要是各省（自治区、直辖市）水利（水务）厅（局），各计划单列市水利（水务）局，新疆生产建设兵团水利局。各流域管理单位虽有年度计划但不作为考核对象，如某地区当年没有下达中央水利建设投资计划，也不进行考核。

3. 考核依据

主要依据是国家印发实施的中央预算内投资和中央财政水利发展资金相关管理办法，《加快推进水利工程建设实施意见》（水规计〔2015〕105 号）中确定的重点目标任务及完成相关要求，水利部、国家发展改革委、财政部与各地共同签署的《推进节水供水重大水利工程建设责任书》，中央和省级有关部门的投资计划、资金下达文件，国家有关部门的审计、稽查及专项检查报告以及中央水利建设投资统计月报等相关统计资料。其中，中央水利建设投资统计月报是考核的主要依据。

（三）考核内容与方法

考核实行定期进度考核与年度综合考核相结合的考核方式。

定期进度考核每年两次，根据中央水利建设投资统计月报，对被考核单位的中央预算内水利投资计划执行情况和中央财政水利发展资金执行情况进行评分，考核时点为每年 6 月 30 日、9 月 30 日；年度综合考核每年一次，根据中央水利建设投资统计月报，对被考核单位的中央预算内水利投资计划执行情况和中央财政水利发展资金执行情况以及日常管理情况进行考核，考核时点为每年 12 月 31 日。

中央财政水利发展资金额采用月报中各单位上报的已分解用于水利建设项目的资金额，这是与以往考核办法最大的区别。2017 年的中央财政水利发展资金下达方式发生了变化，中央对省级的掌握只有一个数据，未能落实到具体项目，又涉及扶贫县的资金整合，故以各单位上报的已用于水利建设项目的资金额作为基数进行计算。

定期进度考核与年度综合考核的内容与分值不同，主要区别如下：

（1）6 月底定期进度考核。打分依据是中央水利建设投资统计月报，主要分为中央预算水利投资计划和中央财政水利发展资金两部分，其中预算内分为中央与地方执行情况，分别从下达（25 分）、到位（15 分）和完成（10 分）进行赋分；财政资金分为中央与地方执行情况，分别从到位（30 分）、完成（20 分）进行赋分。

（2）9 月底定期进度考核。打分依据是中央水利建设投资统计月报，主要分为中央预算水利投资计划和中央财政水利发展资金两部分，其中预算内分为中央与地方执行情况，分别从下达（5 分）、到位（15 分）和完成（30 分）进行赋分；财政资金分为中央与地方执行情况，分别从到位（20 分）、完成（30 分）进行赋分。

（3）年度综合考核。打分依据是中央水利建设投资统计月报，主要分为中央预算水利投资计划、中央财政水利发展资金和日常管理情况 3 部分打分。前两部分按 80 分计，后一部分按 20 分计。预算内分为中央与地方执行情况，分别从到位（10 分）和完成（30 分）进行赋分；财政资金分为中央与地方执行情况，分别从到位（10 分）和完成（30 分）进行赋分。日常管理情况 20 分，包括投资计划工作管理情况、工程资金使用管理情况、各专项工程日常管理情况、稽查及质量安全检查涉及日常管理情况等。

四、月报常见问题

数据审核是月报工作的重点，花费时间和精力最多的环节。严格对每期上报数据进行审核，是控制月报数据质量的重要手段，也是保证月报数据能够有效衔接的重要保证。鉴于时间紧、审核工作量大，部级月报审核采用分组负责的工作模式，共 4～5 名统计人员同时参与分省审核与错误、异常信息沟通反馈修改等，然后由 1 人进行全国汇总。

除系统设定的一般逻辑审核外，数据审核用到的功能模块主要是报表分析中分地区汇总和分资金来源汇总的月报固定表，适当配合综合查询功能模块查找问题数据。当期审核计划的完整性与准确性；与上期数据进行环比分析。

关注月报中常见的问题，也是汇总审核的要点，主要包括如下内容。

（一）资金来源与计划对比规范

审核各地区数据时，经常发现资金来源填写错误，如预算内投资项目选择了水利发展资金，或者预算内投资项目中的类型选择错误，如重大水利工程中的江河湖泊骨干治理工程与灾后薄弱环节中的主要支流治理弄错等。填报项目资金来源时，应严格对照中央投资计划单，汇总数据超过投资计划的为异常或者出现当年没有下达中央投资的资金来源也应查明原因，有可能将地方自主安排项目纳入统计。因此同时要规范填报“是否中央项目”和“投资计划下达年度”。

（二）与上期数据对比合理

报表分析可以直接生成上下期月报数据差值，对于个别指标比上期减少的要查明原因，尤其关注中央投资的几个指标和地方配套投资合计数；比上期适度增加是合理的；与上期相比存在突增数据需要重点关注并核实，主要问题集中在“完成工程量”和“投资效益”指标上。已下达项目单位地方配套投资计划、已拨付项目单位地方配套投资，经常会出现数据在“省级”“地县级”两项分类指标中变化，导致与上期相比数据波动较大。

（三）重大项目填报准确

是否 172 项重大水利工程需正确规范填写，关系到重大项目专报数据的汇总。往往是有些打捆的重大项目，比如大中型灌区续建配套与节水改造项目、江河湖泊骨干治理工程等容易将小项目漏选“是”，导致重大项目汇总数据出现差异，或者将不属于 172 项重大水利工程的项目错填为“是”。

（四）水利发展资金规模与用途变化

2017 年，中央财政水利发展资金以“任务清单”的方式下达各地区，能够掌握各地区整体投资规模，但无法分清用于各类用途的投资计划安排数，再加上 2017 年涉农资金整合，贫困县可以将资金整合后统筹使用，使得分用途数据经常变化，由于资金被整走，导致投资规模也在变化。

数据规范性方面：项目名称简化、随意不规范；资金来源类型漏填；建设地址漏填；是否中央属、是否重大项目漏填；三方签字纸质传真不及时，个别数据与系统不一致；计划下达、到位、完成均有不同程度的漏填等问题。

数据准确性方面：投资计划年度选错；重大项目类别选错；非重大项目选填成重大项目；本年度下达投资填错；上下期数据波动异常，随意修改上期数据；调整上年度地方完成投资数据到本年度地方完成数据的现象；投资完成大于投资计划等。

数据真实性方面：经审计专项检查后调减投资完成数据；统计报告完成投资额与完成工程实物量和工程实际达到的形象进度不相适应；错报、漏报、虚报完成计划投资额和工程实物量。

第三节 重大工程专报

2014 年 5 月 21 日国务院总理李克强主持召开国务院常务会议，部署加快推进节水供水重大水利工程建设，决定在 2014 年、2015 年两年和“十三五”期间，我国将分步建设 172 项重大水利工程。为了更好地跟踪 172 项节水供水重大水利工程投资进展情况，水利部规划计划司发文对该项工作进行布置，作为重大专报开展月度统计。

一、重大工程概述

172 项节水供水重大水利工程的具体情况如下。

（一）按项目类型分

172 项节水供水重大水利工程包括重大农业节水工程、重大引调水工程、重点水源工程、江河湖泊治理骨干工程、新建大型灌区工程、其他工程六大类，总投资规模达 1.8 万亿元，如图 12－3 所示。

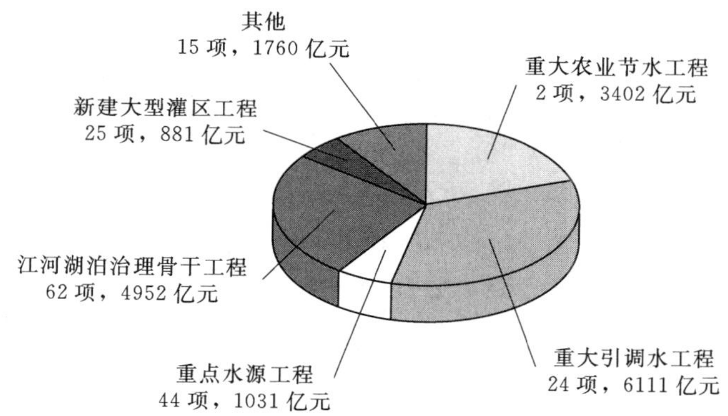

图 12－3　172 项节水供水重大工程规划建设规模

（二）按建设进度划分

截至 2017 年年底，国务院确定的 172 项节水供水重大水利工程已开工建设 122 项，在建投资规模超过 9000 亿元。其中，2014 年之前在建重大水利工程 40 项，新开工 17 项；2015 年新开工 28 项，2016 年新开工 21 项，2017 年新开工 16 项。

（三）按投资规模划分

172 项工程中，单项投资规模超过 1000 亿元的有 2 项，300 亿～1000 亿元的 7 项，100 亿～300 亿元的 12 项，50 亿～100 亿元的 17 项，其他 134 项，分与总投资比例的 17%、18.9%、10.1%、6.4%和 47.6%（表 12－1）。

表 12－1　　172 项重大工程中单项工程投资规模超过 100 亿元的项目

投资规模/亿元	个数	项　目　名　称
＞1000	2	南水北调西线一期、南水北调东中线后续工程（未纳入重大专报进行统计）
300～1000	7	大藤峡、古贤、引江济淮、滇中引水、淮河入海水道二期等
100～300	12	珠江三角洲水资源配置、内蒙古引绰济辽一期、引汉济渭、鄂北水资源配置、白龙江调水、引呼济嫩、夹岩、东庄、鄱阳湖水利枢纽、阿尔塔什、向家坝灌区等
50～100	17	出山店、高陂、迈湾、白濑、驮英水库及灌区、吉林西部供水、引呼济嫩、引洮二期、平潭水资源配置、吉林中部引松供水、尼尔基引嫩扩建一期、亭子口灌区、都江堰灌区毗河供水一期、松原灌区、西霞院输水等

二、主要调查内容

在直报系统中，专门设置了节水供水重大水利工程建设项目专报统计任务。报表设计从项目完整性角度出发，项目一旦开工即填报重大专报表，反映整个项目的建设情况以及当年投资安排等情况，如图 12－4 所示。

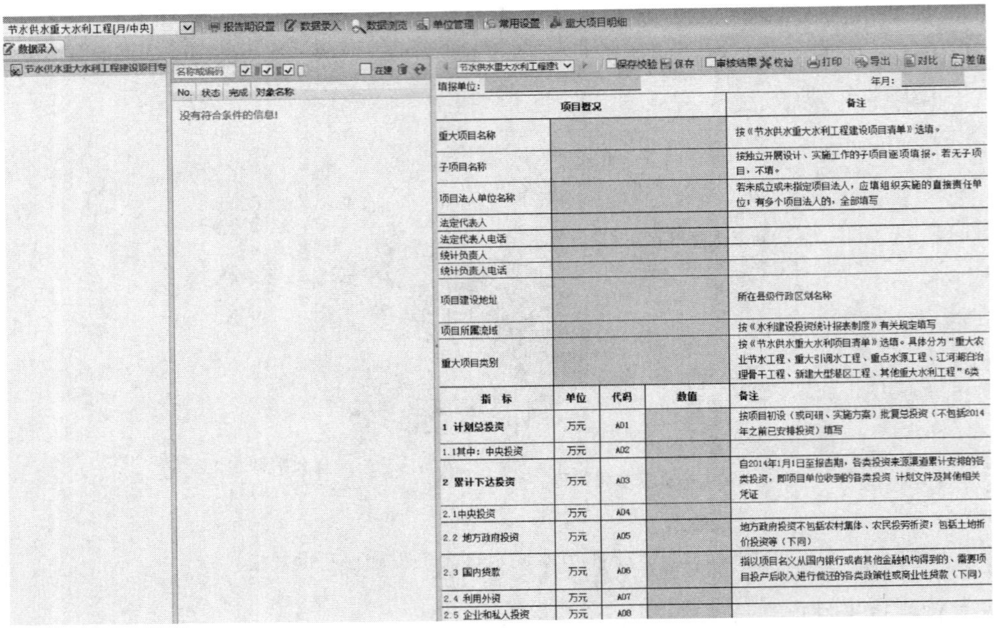

图 12－4　重大工程专报调查表示意图

在填报时，要求按独立开展设计、实施工作的子项目逐项填报，并与 172 项节水供水重大水利工程建设项目清单进行关联。

重大工程专报主要调查重大水利工程的基本情况、项目总体情况（总计划、累计下达、累计到位、累计完成）和项目当年情况（本年计划下达、本年到位、本年完成）三部分内容。

项目基本情况主要了解项目名称、项目建设地址、项目所属流域、法人单位名称与电话、统计负责人名称与电话、重大项目类别等内容；项目总体情况主要从不同资金来源的计划、下达、到位、完成等掌握项目整体情况，特别是中央投资、企业和私人投资、债券融资等渠道投入的资金；项目当年情况涉及当年安排的各类资金来源等。

三、主要调查指标

（一）投资总体情况

（1）计划总投资。如是2014年之前已开工建设的项目，按项目初设（或可研、实施方案）批复总投资（不包括2014年之前已安排投资）填写；如是2014年后开工建设的项目，按项目初设（或可研、实施方案）批复总投资填写。

（2）累计下达、到位、完成投资指标。均是指自2014年1月1日至报告期，各类投资来源渠道累计安排的投资、项目单位累计收到的各类资金拨付或财政文件到账通知、累计完成的投资等。完成投资主要依据项目建筑施工形成的实物工程量、设备购置和移民征地款支付等情况，主要以项目单位掌握的计划合同执行、项目监理报告为依据进行计算。

（二）当年投资情况

本年度下达投资、到位投资、完成投资均是指当年1月1日至报告期的各种情况。这部分数据，特别中央投资的下达、到位、完成与月报的投资计划下达、到位、完成是一致的。资金来源分为中央政府投资、地方政府投资、企业和私人投资、贷款、其他投资等，比月报涉及的来源更多，更详细，有助于了解重大水利工程的投资情况。

（三）汇总分析情况

重大水利工程统计专报是在月报数据审核完毕确认后的基础上开展的，工作流程包括数据提取、数据审核、数据汇总和报告编制等步骤。重大水利工程统计专报的主要内容是基于当年中央水利建设投资计划安排和完成的情况进行统计汇总分析的，对于重大工程自开工至报告期的累计完成情况，一般用于具体项目分析或提供其他用途需要。

（1）数据提取。提取条件：在直报系统中，选择属性特征“是否重大项目”为“是”，“是否有中央投资”为“是”，“投资批次”为当前年度的项目。

提取途径：在直报系统中，进入报表中心模块，选择重大项目投资进度明细表，输入报告期和投资批次等特定条件，可以选择汇总单个地区或者全国的重大水利工程项目明细，如图2-5所示。

（2）数据审核。在计算机系统配置审核条件基础上，辅助人工审核。主要利用Excel表格，给每个子项目匹配上所属重大项目名称，然后按172项重大项目进行汇总；主要审核当期计划的完整性与准确性、分项目进行环比审核等（表12-2）。

表12-2　　重大工程项目细项审核对比表

项目名称	重大项目名称
2017年黄河下游防洪工程（山东局）	黄河下游防洪工程（含金堤河干流工程）
2017年金堤河干流河道治理工程（黄委管辖工程）	黄河下游防洪工程（含金堤河干流工程）
2017年黄河下游防洪工程（河南局）	黄河下游防洪工程（含金堤河干流工程）
2017年金堤河干流河道治理工程（黄委管辖工程）	黄河下游防洪工程（含金堤河干流工程）
2017年黑河黄藏寺水利枢纽	黄藏寺水利枢纽

续表

项　目　名　称	重 大 项 目 名 称
卫运河治理工程	卫运河治理
2017 年广西大藤峡水利枢纽工程	西江大藤峡水利枢纽工程
2017 年太湖水环境综合治理骨干引排工程——太湖流域水资源监控与保护预警系统	太湖水环境综合治理骨干引排工程
2017 年石家庄冶河灌区改建工程	大中型灌区续建配套节水改造骨干工程
2017 年遵化市农田水利设施维修养护	无
2017 年邯郸漳滏河灌区改建工程	大中型灌区续建配套节水改造骨干工程
2017 年魏县军留灌区改建工程	大中型灌区续建配套节水改造骨干工程
2017 年宁晋县地下水超采综合治理工程	无

（3）数据汇总。按照投资计划、投资完成等汇总分项目、分类型的基础表（图 12-5、表 12-3）。

图 12-5　重大工程明细表的汇总分析图

表 12-3　2017 年节水供水重大水利工程投资计划落实情况项目汇总表（分项目）

截止日期：2017 年 6 月 30 日　　　　投资：亿元

序号	项目名称	投资计划			已完成投资					
		小计	中央投资	地方配套	小计	完成率/%	中央投资	完成率/%	地方配套	完成率/%
	合计（111 项）	1196.30	600.28	596.02	1015.28	84.87	567.71	94.57	447.57	75.09
一	2014 年前在建项目（38 项）									
（一）	重大农业节水工程（2 项）									

续表

序号	项目名称	投资计划			已完成投资					
		小计	中央投资	地方配套	小计	完成率/%	中央投资	完成率/%	地方配套	完成率/%
1	大中型灌区续建配套节水改造骨干工程	125.20	95.00	30.20	107.98	86.25	88.21	92.85	19.77	65.47
2	田间高效节水灌溉工程（规模化节水示范）									
（二）	重大引调水工程（3项）									
3	吉林中部城市引松供水工程									
4	云南省牛栏江滇池补水工程									
5	青海引大济湟调水总干渠工程									
（三）	重点水源工程（2项）									
6	重庆金佛山水库	2.11	0.99	1.12	2.91	138.07	0.99	100.00	1.93	171.55
7	湖南涔天河水库扩建工程	6.87	6.87		6.87	100.00	6.87	100.00		
（四）	江河湖泊治理骨干工程（22项）									
8	河北省双峰寺水库	1.00	1.00		1.00	100.00	1.00	100.00		
9	江西峡江水利枢纽									
10	江西浯溪口水利枢纽									
11	河南河口村水库									
12	新疆克孜河卡拉贝利水利枢纽	3.00	3.00		2.95	98.47	2.95	98.47		
13	松花江干流治理工程（黑龙江、吉林）	19.51	14.63	4.88	18.40	94.34	14.63	100.00	3.77	
14	嫩江干流治理工程（黑龙江、吉林）	9.06	7.84	1.22	8.46	93.34	7.75	98.78	0.71	58.40
15	长江中下游河势控制和河道整治工程	3.00	0.60	2.40	2.42	80.50	0.60	100.00	1.82	75.63

（4）报告编制。重大工程专报主要包括前期和投资计划执行两部分内容。前期主要包括重大项目项目建议书、可行性研究及初设情况，项目开工情况等；投资计划执行包括2014年至报告期累计下达、到位及完成的各方面情况，以及当年下达投资计划执行情况，包括计划下达和投资完成等。文字报告附所有重大单个项目的具体列表。

第四节 月 调 度

自2015年开始，水利部印发《加快推进水利工程建设实施意见》，开展中央水利建设投资计划执行月调度会商，全面梳理当前影响水利工程建设的重要因素和薄弱环节，对存在问题较多、投资计划执行较慢的省份，采取“一省一单”的方式进行督办，全面推动重大水利工程建设。

一、月调度形式

月调度会商会议基本于每月上旬左右以视频会的形式组织召开，一般由水利部部长或副部长主持，水利部各相关司局和单位负责人、部分省区水利厅负责人在主会场出席会议，规划计划司、建管司、农水司、水保司等业务司局对各领域水利建设进展情况汇报；重点省份做交流发言；各流域机构、各省（自治区、直辖市）水利（水务）厅（局）、各计划单列市水利（水务）局、新疆生产建设兵团水利局主要负责同志、分管负责同志和相关人员在分会场参加会议。

二、月调度内容

月调度数据主要来源于中央水利建设投资统计月报。通过水利统计管理系统进行数据收集、审核、汇总和分析。以2017年节水供水重大水利工程水利建设投资进展跟踪情况为例，主要包括重大水利工程建设进展、灾后水利薄弱环节建设、年度投资计划执行情况3部分内容。

（一）重大水利工程建设进展情况

主要分为以下两部分：

（1）前期工作进展情况。对照2017年新开工15项重大水利工程的目标任务每项工程的前期进展情况，分析未开工单项工程的进展。

（2）投资计划执行情况。分重大节水工程、江河湖泊治理骨干工程、重点水源、重大引调水工程、新建大型灌区、其他工程六大类型分析重大水利工程的分解下达率、资金到位率以及投资完成率；分地区重大水利工程中央投资计划完成情况排序、排名；分项目重大水利工程中央投资计划完成情况、未完投资等分析。

（二）灾后水利薄弱环节建设情况

（1）前期工作进展情况。分类型（主要支流和中小河流治理、小型病险水库除险加固、重点区域排涝能力建设、基层预警预报系统）、分地区完善前期工作的灾后水利薄弱环节项目个数和投资规模进行统计排名分析。

（2）投资计划执行情况。分类型、分地区对投资下达情况、开工情况、投资完成情况进行排名分析。

（三）年度投资计划执行情况

（1）地方水利建设投资落实情况。分省分析地方落实水利建设投资情况及同比、环比分析。地方落实水利建设投资及完成情况统计是2016年以来新增加的月度统计内容，主要由各流域、各省（自治区、直辖市）、新疆生产建设兵团、各计划单列市等上报汇总数据。此项内容在第十四章第一节介绍。

(2) 中央投资安排情况。分预算内和中央财政水利发展资金的落实情况、投资下达情况。

(3) 中央投资计划分解情况。分析分类型、分地区投资计划下达情况、下达率排名及未分解下达资金统计分析。

(4) 项目开工情况。分类型、分地区对项目开工率进行分析，对于工率进行地区排名，开工滞后地区点名。

(5) 中央投资计划完成情况。分类型、分地区投资计划完成情况，进行环比、同比分析。

三、“一省一单”

月调度会后往往以“一省一单”的形式为领导提供参考，督促相关地区加快水利基础设施建设。“一省一单”是以省（自治区、直辖市）为基本单位，对该地区的当年投资计划进行分类型分析，主要指标有投资计划、投资完成、计划下达率、投资完成率、开工率、地方配套到位率等，同时提供该地区重大项目的分项目完成情况，如以河北省 2017 年中央水利投资计划完成情况（截至 2017 年 9 月 30 日）为例，见表 12-4。

表 12-4　“一省一单”样例（以河北省为例）

截止日期：2017 年 9 月 30 日　　　　单位：亿元

项目名称	投资计划			投资完成			投资完成率/%			投资计划下达率/%	地方配套到位率/%	项目个数/个	开工率/%
	小计	中央投资	地方配套	小计	中央投资	地方配套	小计	中央投资	地方配套				
合计	**90.39**	**72.14**	**18.25**	**34.37**	**22.51**	**11.86**	**38.02**	**31.20**	**64.97**	**99.93**	**79.06**	**427**	**46.60**
一、中央预算内投资	**33.81**	**16.43**	**17.37**	**20.73**	**9.19**	**11.54**	**61.32**	**55.93**	**66.42**	**99.82**	**78.01**	**56**	**51.79**
（一）重大水利工程	22.52	12.56	9.96	14.64	8.56	6.09	65.04	68.13	61.14	100.00	76.75	11	100.00
1. 大中型灌区续建配套节水改造骨干工程	5.11	3.57	1.53	0.57	0.57		11.22	16.03		100.00	7.60	8	100.00
2. 重大引调水工程	14.41	6.98	7.43	12.27	6.98	5.29	85.16	100.00	71.22	100.00	100.00	1	100.00
3. 江河湖泊治理骨干工程	3.00	2.00	1.00	1.80	1.00	0.80	60.00	50.00	80.00	100.00	10.00	2	100.00
（二）灾后水利薄弱环节建设	2.30	1.15	1.15	0.06		0.06	2.61		5.22	100.00	26.09	3	33.33
主要支流治理	2.30	1.15	1.15	0.06		0.06	2.61		5.22	100.00	26.09	3	33.33
（三）农村饮水安全巩固提升	6.98	1.47	5.51	5.78	0.42	5.36	82.71	28.27	97.22	100.00	100.00	23	47.83
（四）中型水库	0.54	0.39	0.14							88.74		8	
永定河综合治理与生态修复	0.54	0.39	0.14							88.74		8	

续表

项目名称	投资计划			投资完成			投资完成率/%			投资计划下达率/%	地方配套到位率/%	项目个数/个	开工率/%
	小计	中央投资	地方配套	小计	中央投资	地方配套	小计	中央投资	地方配套				
（五）大中型病险水库（闸）除险加固	0.41	0.25	0.17	0.10	0.10	0.00	23.85	39.42	0.50	100.00		2	50.00
（六）水土保持及生态修复	0.85	0.51	0.34	0.13	0.12	0.01	14.91	23.53	1.97	100.00	21.56	5	40.00
（七）行业能力建设	0.21	0.10	0.10	0.03	0.00	0.02	12.22	2.32	22.10	100.00	22.10	4	75.00
水文水资源工程	0.21	0.10	0.10	0.03	0.00	0.02	12.22	2.32	22.10	100.00	22.10	4	75.00
二、中央财政水利发展资金	**56.58**	**55.71**	**0.88**	**13.64**	**13.32**	**0.32**	**24.10**	**23.91**	**36.21**	**100.00**	**100.00**	**371**	**45.82**
（一）灾后水利薄弱环节建设	5.05	4.25	0.80	1.48	1.21	0.27	29.32	28.56	33.36	100.00	100.00	46	32.61
1. 中小河流治理	4.83	4.03	0.80	1.48	1.21	0.27	30.66	30.12	33.36	100.00	100.00	24	62.50
2. 小型病险水库除险加固	0.22	0.22								100.00		22	
（二）水资源监控能力建设	0.03	0.03		0.01	0.01		33.43	33.43		100.00		6	83.33
（三）农田水利建设	0.66	0.66		0.14	0.14		21.84	21.84		100.00		38	28.95
（四）水土保持工程建设	0.32	0.25	0.08	0.26	0.21	0.05	79.24	83.47	65.74	100.00	100.00	6	83.33
（五）河湖水系连通工程	0.14	0.14								100.00		1	
（六）山洪灾害防治	0.59	0.59		0.02	0.02		3.43	3.43		100.00		45	20.00
（七）地下水超采区综合治理	49.00	49.00		11.62	11.62		23.71	23.71		100.00		134	75.37
（八）水利工程设施维修养护	0.79	0.79		0.11	0.11		13.31	13.31		100.00		95	25.26

注：永定河综合治理与生态修复工程中的600万元下给林业部门实施，故计划未掌握

其中：节水供水重大水利工程完成情况

项目名称	投资计划			投资完成			投资完成率/%			投资计划下达率/%	地方配套到位率/%	项目个数/个	开工率/%
	小计	中央投资	地方配套	小计	中央投资	地方配套	小计	中央投资	地方配套				
合计	**22.52**	**12.56**	**9.96**	**14.64**	**8.56**	**6.09**	**65.04**	**68.13**	**61.14**	**100.00**	**76.75**	**11.00**	**100.00**
2017年大中型灌区续建配套节水改造工程	5.11	3.57	1.53	0.57	0.57		11.22	16.03		100.00	7.60	8.00	100.00
2017年引黄入冀补淀工程	14.41	6.98	7.43	12.27	6.98	5.29	85.16	100.00	71.22	100.00	100.00	1.00	100.00
2017年承德双峰寺水库工程	1.00	1.00		1.00	1.00		100.00	100.00		100.00		1.00	100.00
2017年永定河泛区工程建设	2.00	1.00	1.00	0.80		0.80	40.00		80.00	100.00	10.00	1.00	100.00

第十三章

水利普查概要

国务院于2010年1月下发《关于开展第一次全国水利普查的通知》，决定于2010—2012年开展第一次全国水利普查。

第一次全国水利普查是一次综合性、全方位的普查，也是一项艰巨的基础性、开创性工作。水利普查是对全国所有的江河湖泊、水利工程、水利机构以及重点社会经济用水户进行调查，不是水利某个单项业务的调查，而是包含了河流湖泊基本情况、水利工程基本情况、河湖开发治理保护情况、经济社会用水、水土保持情况、行业能力建设情况6个方面的综合性、系统性普查，以及灌区和地下水2个专项普查。

第一节 背景和安排

一、重要意义

水资源是基础性的自然资源和战略性的经济资源，是生态环境的控制性因素，是经济社会发展的重要支撑和保障。水利是支撑国民经济和社会发展的重要基础产业，是生态环境建设与保护的重要基础保障，在构建社会主义和谐社会、全面建设小康社会中肩负着重要的职责。

我国江河众多，人口稠密，治水历史悠久，人类经济社会活动与江河治理开发与保护的关系十分密切。中华人民共和国成立以来，特别是改革开放后，我国经济社会得到了全面快速的发展，综合国力状况发生了巨大的变化，党和国家高度重视水利建设，兴建了大量的水利基础设施，为保障经济建设和社会稳定做出了巨大贡献。随着经济社会的快速发展、大规模的水利建设，以及全球气候变化的影响，我国江河湖泊的自然资源状况、水土资源开发利用情况、水利基础设施的运行状况等均发生了很大的变化。

当前，我国经济社会发展和水利事业正处于快速发展与变革的关键时期，对保障国家水安全提出了严峻的挑战，水利工作也正处于从传统水利向现代水利、可持续发展水利转变的关键阶段，系统掌握我国江湖湖泊及其资源与生态环境的状况，准确把握水利发展面临的形势与阶段性特征，科学合理地确定水利建设与管理的任务，更好地为经济社会又好又快发展服务，对系统掌握我国江河湖泊及其资源环境状况以及水利行业发展能力等基础水信息提出了新的要求。但是，在2010年以前，我国尚未开展过一次全国范围内的水利普查工作，国家综合国力和国情信息中基础水信息资料不全面、不系统，不能及时地反映我国江河湖泊及其资源环境的整体变化状况，不适应新时期我国资源环境管理工作和水利工作的需要。因此，针对目前水基础信息不系统、不深入、不及时、不全面、不权威、缺乏国家基础平台的实际情况，为深入贯彻落实科学发展观，推进水利现代化进程，根据《中华人民共和国水法》《中华人民共和国防洪法》《中华人民共和国统计法》等有关法律法规的规定，按照国务院确定的“三定”方案与职责，在全国范围内开展一次水利普查工作意义十分重大。

二、目标与任务

（一）普查目标

水利普查是一项重大的国情国力调查，是国家资源环境调查的重要组成部分，是国家基础水信息的基准性调查。开展全国水利普查是为了全面查清我国江河湖泊和水利工程的基本情况，系统掌握我国江河湖泊开发治理保护状况，摸清经济社会用水状况，了解水利行业能力建设情况，建立国家基础水信息平台，为国家经济社会发展提供可靠的基础水信息支撑和保障。开展全国水利普查，有利于谋划水利长远发展，科学制定水利及国民经济和社会发展规划；有利于加强水利基础设施建设与管理；有利于实行最严格的水资源管理制度，推进水资源合理配置和高效利用；有利于深化水利管理体制改革，增强水利公共服务能力；有利于提高全社会水患意识和水资源节约保护意识，推进资源节约型、环境友好型社会建设。

（二）普查任务

一是全面查清我国江河湖泊的基本情况。通过对我国江河湖泊进行全面系统的调查，查清江河湖泊的数量及其分布，查清我国江河湖泊的水文特征状况。二是全面查清我国水利工程基本情况。通过对我国水利工程的普查，查清我国各类水利工程的数量与分布、规模与能力及效益等基本情况。三是查清我国经济社会用水状况。通过对城乡居民生活用水，农业用水、工业用水、建筑业用水、第三产业用水等国民经济各行业用水以及河道外生态环境用水的调查，全面查清我国经济社会用水状况。四是全面查清我国江河湖泊开发、治理、保护情况。通过对我国江河湖泊取水口、水源地、入河湖排污口、河湖治理情况等普查，查清我国江河湖泊开发、治理、保护的基本情况。五是查清我国水土保持情况。通过对全国土壤侵蚀情况、侵蚀沟道、水土保持治理措施等的调查，掌握水土流失、治理情况及其动态变化等。六是查清我国水利行业能力建设情况。通过对各类水利单位和机构的调查，全面查清水利单位的数量及分布、从业人员数量及结构、资产规模及运营状况等。七是建立国家基础水信息平台。通过水利普查，进一步完善基础水信息标准和统计调查制度，建立健全基础水信息登记和台账管理系统，建立国家基础水信息数据库（包括普查综合成果空间数据库及属性库，主题空间数据库及属性库）和信息管理系统，建立水信息资源整合和共享机制，形成规范、统一、权威的国家基础水信息平台。

三、对象和范围

第一次全国水利普查的范围为：中华人民共和国境内（未含香港特别行政区、澳门特别行政区和台湾省）所有河流湖泊、水利工程、重点经济社会取用水户以及水利单位等对象。具体普查对象如下：

河流湖泊：流域面积 50km^2 以上的河流和常年水面面积 1km^2 以上的湖泊。

水利工程：包括水库、水电站、水闸、泵站、引调水、堤防、农村供水、塘坝、窖池及灌区和地下水取水井等 11 类工程。

重点经济社会取用水户：城乡居民生活、工业、建筑业及第三产业等用水单位，灌区、规模化畜禽养殖场及公共供水企业等取用水户。

河湖开发治理保护：包括河湖取水口、地表水水源地、入河湖排污口、有治理保护任务的河流与湖泊。

水土保持：包括水蚀、风蚀、冻融侵蚀区域，侵蚀沟道，淤地坝等主要水土保持措施。

水利单位：包括水利行政机关、事业、企业、社团、乡镇水利管理单位 5 类单位。

四、普查的时间

第一次全国水利普查的时点为 2011 年 12 月 31 日 24 时，时期为 2011 年度。凡是 2011 年年末的资料，如“2011 年年末单位人员”等数据，均以普查时点数据为准；凡是年度资料，如“2011 年供水量”等数据，均以 2011 年 1 月 1 日—2011 年 12 月 31 日的全年数据为准。

五、进度安排

第一次全国水利普查的时间为 3 年，2009 年 7 月—2012 年 6 月。初步划分为前期准备、清查登记、填表上报、汇总发布四个阶段。

1. 前期准备阶段（2009 年 7 月—2010 年 6 月）

主要任务包括：水利普查立项、成立组织机构、落实工作经费、编制普查方案和清查登记方案、开发应用软件、开展普查试点、技术培训、宣传动员等。

2. 清查登记阶段（2010 年 3 月—2011 年 3 月）

在 2010 年底前完成普查对象的清查登记、基层水利台账管理系统建设，包括河湖、水保等基础资料的收集整理、分析、现场查勘和复核等工作。主要任务是完成江河湖泊、水利工程、土壤侵蚀及治理单元、水利单位以及水源地、取水口、入河湖排污口等普查对象的清查登记工作，编制普查对象和普查单位的标准名录，完成普查填表前的各项基础资料准备工作。

3. 填表上报阶段（2011 年 4—9 月）

主要任务包括：正式填表、数据录入、处理、上报和审核验收、普查质量抽查等。

4. 汇总发布阶段（2011 年 10 月—2012 年 6 月）

主要任务包括普查数据汇总发布、普查资料分析应用、普查数据资源管理和空间数据库建设、成果鉴定验收和宣传等。

在工作进度安排上，河湖名录是其他各项普查对象进行清查工作的基础，因此，河湖基本情况普查中河湖名录编制必须在其他各项普查对象进行清查之前完成。在普查指标设置上，各项普查内容之间存在一定的指标关联关系，如河湖名录、河湖编码与水利工程、河湖开发治理保护、经济社会用水调查等存在关联，水利工程基本情况普查中的水闸、泵站工程与河湖取水口的取水工程存在关联，灌区用水调查与灌排工程存在指标关联等。这些存在关联的普查指标，在普查表填报中通过表间审核关系得以体现。在普查组织实施上，各项普查内容中有些普查内容可放在一起组织实施，如灌区用水与灌区专项普查、以村为单元填报的各普查表可放在一起组织实施。

第二节 主要内容

第一次全国水利普查包括河湖基本情况普查、水利工程基本情况普查、经济社会用水情况调查、河湖开发治理保护情况普查、水土保持情况普查、水利行业能力建设情况普查，以及灌区和地下水两个专项普查。

一、河湖基本情况普查

河湖基本情况普查调查的是我国流域面积 50km² 及以上河流的名称、位置、长度、面积等基本特征，重点普查流域面积 100km² 以上河流的河源河口位置、河流比降、多年平均年降雨量和年径流量等水文特征；对于具有水文站（或水位站）的河流，查清水文站（或水位站）的名称位置、观测项目、设施状况等情况；对于具有实测和历史洪水调查资料的河流，利用已有资料填报最大洪水的发生情况。同时对重要区间流域（河段）进行普查。

查清我国常年水面面积 1km² 及以上湖泊的名称、位置、水面面积、咸淡水属性等基本特征，重点普查常年水面面积 10km² 以上湖泊的平均水深、容积等形态特征。同时对一些特殊湖泊，如著名干湖（罗布泊）等进行普查。

二、水利工程基本情况普查

水利工程基本情况普查调查的是我国各类水利工程的数量、分布等基础信息，重点查清一定规模以上的各类水利工程的基本情况、工程特征、作用与效益及管理情况等，对规模以下的工程主要查清数量及规模情况。

1. 水库工程

重点调查总库容为 10 万 m³ 及以上的水库工程，10 万 m³ 以下的水库工程简单调查，仅查清其数量和总库容。

2. 水电站工程

重点调查装机容量 500kW 及以上的水电站工程，装机容量 500kW 以下的水电站工程简单调查，仅查清其数量和装机容量。

3. 水闸工程

重点调查过闸流量 5m³/s 及以上的水闸工程；过闸流量 1～5m³/s（含 1m³/s）之间的水闸工程简单调查，仅查清其数量和过闸流量；过闸流量 1m³/s 以下的水闸工程不调查。

4. 泵站工程

重点调查装机流量 $1m^3/s$ 或装机功率 50kW 及以上的泵站工程；装机流量 $1m^3/s$ 且装机功率 50kW 以下的泵站工程简单调查，仅查清其数量和规模。

5. 引调水工程

重点调查跨流域且跨水资源三级区的引调水工程，不包括应急供水和临时生态补水的引调水工程。

6. 堤防工程

重点调查堤防级别 5 级及以上的堤防工程，5 级以下堤防工程仅查清数量及长度。

7. 农村供水工程

重点调查供水规模 $200m^3/d$ 及以上或供水人口在 2000 人及以上的集中式供水工程；供水规模 $200m^3/d$ 以下且供水人口在 2000 人以下的集中式供水工程和分散式供水工程以村为单元调查其数量及供水规模。

8. 塘坝工程

调查容积 $500m^3$ 及以上的塘坝，以村为单元查清其数量、总容积及主要效益。

9. 窖（池）工程

调查容积 $10m^3$ 及以上、$500m^3$ 以下的窖（池）工程，以村为单元查清其数量、容积及主要效益。

三、经济社会用水情况调查

经济社会用水情况调查是在摸清各类经济社会用水户数量及有关情况的基础上，采取用水大户逐个调查与一般用水户典型调查相结合的方式，结合流域和区域经济社会发展主要指标调查，查清城乡生活，农业、工业、第三产业等国民经济各行业用水情况，以及河道外生态环境用水状况。

居民生活用水户：以县级行政区为单元，参考城市化水平，采用 PPS 抽样（按规模大小成比例的概率抽样）方法，至少抽取 100 个典型居民生活用水户（包含城镇和农村居民用水户）进行调查，主要调查用水人口、用水来源及用水量等指标。

灌区及规模化畜禽养殖场：重点调查跨县灌区和万亩以上的非跨县灌区，没有万亩及以上灌区的县，可适当降低灌区规模标准至 2000～5000 亩；根据当地规模及以下灌区实际情况，区分地表水灌区、地下水灌区和混合灌区三种类型选取一定数量的典型灌区进行调查；主要调查灌溉面积、取水量及用水量等指标。重点调查大牲畜大于等于 100 头（匹）、或小牲畜大于等于 500 头、或家禽大于等于 15000 只的规模化畜禽养殖场，主要调查牲畜存栏数和用水量等。小型畜禽养殖场不调查。

公共供水企业：对所有城镇供水企业和日供水量超过 1000t（或用水人口超过 1 万人）的农村供水单位进行调查，主要调查供水企业的水源类型、用水人口、取水量、供水量等。

工业用水户：重点调查给定标准以上工业用水大户。根据各地工业企业用水情况将用水大户的确定标准分为年取水量 15 万 m^3、10 万 m^3 和 5 万 m^3 三个档次，自上而下分析县域内年用水量大于等于以上标准的工业企业数量是否超过 50 家，若超出则选用该档标准，若不足则降档分析，但最低标准为5万m^3。用水大户以外的其他工业用水户，区分高用水工业和一般工业，采用PPS抽样方法，抽取典型工业用水户进行调查。主要调查工业总产值、从业人员数量、主要产品用水量、取水量、用水量和排水量等。

建筑业和第三产业用水户：重点调查年取用水量不小于5万m^3的第三产业、机关及企事业用水大户，用水大户以外的第三产业用水户抽样调查，采用分层随机系统抽样方法确定；建筑业只选取一定数量的建筑业企业进行典型调查（一般选取5～10个）。主要调查服务领域、主要社会经济指标、用水量和排水量等。

四、河湖开发治理保护情况普查

河湖开发治理保护情况普查调查的是我国河流湖泊的开发利用与治理保护的总体情况。重点调查河湖取水口及取水量、地表水水源地及供水量、河湖治理及水功能区划、入河湖排污口及入河湖废污水量等情况。

1. 河湖取水口

普查范围为河流湖泊（含河流上的水库）上的所有取水口，重点调查取水流量0.20m^3/s及以上的农业取水口和年取水量15万m^3及以上其他取水用途取水口，主要包括取水口的基本情况、取水用途及取水量、取水许可及管理等；规模以下取水口仅查清数量及取水量。

2. 地表水水源地

普查范围为向城镇集中供水的地表水饮用水水源地，以及向乡村集中供水且供水人口1万人及以上或日供水量1000m^3及以上的地表水饮用水水源地。主要调查水源地基本情况、水源保护区、供水用途、供水量及管理情况等。

3. 河湖治理保护情况

普查范围为流域面积100km^2及以上河流和常年水面面积10km^2及以上湖泊的治理保护情况。重点调查具有防洪任务的河段和湖泊。河流治理保护情况普查主要包括基本情况、河流治理及达标情况、水功能区划等；湖泊治理保护情况主要普查内容包括湖泊基本情况、湖泊治理情况、水功能区状况等。

4. 入河湖排污口

普查范围为河流湖泊（含河流上的水库）上的所有入河湖排污口。重点普查规模以上（入河湖废污水量300t/d及以上或10万t/a及以上）的入河湖排污口基本情况、排污口设置许可情况、污水类型及入河湖废污水量等。规模以下排污口仅查清数量。

五、水土保持情况普查

水土保持情况普查调查的是我国土壤侵蚀的分布、面积和强度，侵蚀沟道的数量、分布与基本特征，主要水土保持措施的数量、分布及治理等情况。

1. 土壤侵蚀普查

土壤侵蚀普查包括水蚀、风蚀及冻融侵蚀3种类型，主要内容包括土壤侵蚀影响因素（包括降水、土地利用、水土保持的生物措施、工程措施及耕作措施、地表粗糙度及覆被情况、地貌类型、坡度坡向等）的基本状况，评价土壤侵蚀的分布、面积与强度，分析土壤侵蚀的动态变化和发展趋势。

2. 侵蚀沟道普查

侵蚀沟道普查包括西北黄土高原和东北黑土区的侵蚀沟道，主要内容包括侵蚀沟道的位置及面积、长度、沟道纵比等几何特征。

3. 水土保持措施普查

以县级行政区为单元调查基本农田（主要指梯田、坝地等）、水土保持林、经济林、种草、封禁治理等各类措施面积以及淤地坝、坡面水系、小型蓄水保土等工程措施情况，详细调查黄河流域黄土高原地区的水土保持治沟骨干工程，分析各种治理措施的状况、数量及分布情况。

六、水利行业能力建设情况普查

水利行业能力建设情况普查调查的是我国境内主要从事水利活动的法人单位，水行政主管部门或其所属单位管理的从事水利活动的法人单位，以及乡镇水利管理单位的单位名称、类型等基本情况，包括各类单位主要业务活动、人员情况、资产财务状况、资质情况、信息化情况以及供水单位供水情况等。

七、灌区专项普查

灌区专项普查调查的是我国灌溉面积及其分布，灌区的数量、分布、灌溉面积、灌排工程设施等情况。

以行政村为单元，查清我国总灌溉面积、不同水源工程的灌溉面积、井渠结合灌溉面积、低压管道输水灌溉面积、喷灌面积、微灌面积、2011 年实际灌溉面积等情况。

重点调查 2000 亩及以上灌区，主要调查灌区整体情况，包括灌区概况、灌溉面积、管理情况等；调查灌排渠系状况，流量在 $1m^3/s$ 及以上的灌溉渠道、灌排结合渠道和流量在 $3m^3/s$ 及以上的排水沟道及相应建筑物，以灌区为单元进行逐条调查；流量为 $0.2\sim1m^3/s$ 的灌溉渠道、灌排结合渠道和流量为 $0.6\sim3m^3/s$ 的排水沟道及相应建筑物，以灌区为单元按照流量分级填报其数量、长度等。2000 亩及以下灌区，主要查清其数量、灌溉水源类型及灌溉面积等情况。

八、地下水取水井专项普查

地下水取水井专项普查调查的是我国地下水取水井的数量、分布及取水量等情况，查清地下水水源地情况。

(1) 取水井分为机电井和人力井。重点调查规模以上机电井（包括井口井管内径 200mm 及以上的灌溉机电井、日取水量 $20m^3$ 及以上的供水机电井），查清水井位置、埋深、水泵型号、地下水类型等基本情况，水源类型、取水用途及取水量等取水状况以及管理情况；规模以下机电井和人力井以村为单元调查，主要查清数量、取水量及供水效益等情况。

(2) 调查日取水能力在 0.5 万 m^3 及以上的地下水水源地，查清其位置、地下水类型等基本情况，取水用途、取水量等取水状况以及管理情况。

第三节 主 要 成 果

水利部、国家统计局于2013年3月26日对外发布了《第一次全国水利普查公报》。第一次全国水利普查首次查清了我国江河湖泊的基本情况，掌握水资源开发、利用和保护的现状，摸清经济社会发展对水资源的需求，为完善治水方略、谋划水利改革发展提供了更为科学可靠的决策依据。

一、第一次全国水利普查公报

第一次全国水利普查全面查清了我国江河水系和水土流失的基本情况，查明了水利工程设施的数量和能力，摸清了经济社会发展对水资源的需求，了解了水利行业能力建设状况，形成了全面反映水资源开发、利用、保护和管理等方面情况的基础信息库。同时，在高分辨率电子底图上，建立了数字河流水系，标绘了重要水利对象的空间信息，形成了水利对象的空间分布图。通过水利普查，不仅查清了大江大河、大中型工程情况，而且获得了多年来一直想掌握但没有条件获取的中小河流、小微型工程基本资料，全面了解了这些点多、量大、面广，与群众生活、农业生产、生态环境密切相关的河流、水利设施的基本情况。比如，第一次查清了流域面积在50km^{2}以上河流的条数和长度，第一次查清了9000多万个小微型水电站、水闸、泵站、地下水井、农村供水工程数量和分布情况，第一次查清了50亩以上灌区数量和面积，第一次查清了青海湖、西藏纳木错、新疆艾比湖等西部重要湖泊容积。总之，通过水利普查，摸清了水利家底，填补了重大国情国力信息空白，完善了国家基础水信息体系。

（一）河湖基本情况

（1）河流。共有流域面积50km^{2}及以上河流45203条，总长度为150.85万km；流域面积100km^{2}及以上河流22909条，总长度为111.46万km；流域面积1000km^{2}及以上河流2221条，总长度为38.65万km；流域面积10000km^{2}及以上河流228条，总长度为13.25万km。

（2）湖泊。常年水面面积1km^{2}及以上湖泊2865个，水面总面积7.80万km^2（不含跨国界湖泊境外面积）。其中，淡水湖1594个，咸水湖945个，盐湖166个，其他160个。

（二）水利工程基本情况

（1）水库。共有水库98002座，总库容9323.12亿m^3。其中：已建水库97246座，总库容8104.10亿m^3；在建水库756座，总库容1219.02亿m^3。

（2）水电站。共有水电站46758座，装机容量3.33亿kW。其中：在规模以上水电站中，已建水电站20866座，装机容量2.17亿kW；在建水电站1324座，装机容量1.10亿kW。

（3）水闸。过闸流量1m^3/s及以上水闸268476座，橡胶坝2685座。其中：在规模以上水闸中，已建水闸96226座，在建水闸793座；分（泄）洪闸7919座，引（进）水闸10970座，节制闸55137座，排（退）水闸17198座，挡潮闸5795座。

(4) 堤防。堤防总长度为413679km。5级及以上堤防长度为275495km，其中：已建堤防长度为267532km，在建堤防长度为7963km。

(5) 泵站。共有泵站424451座。其中：在规模以上泵站中，已建泵站88365座，在建泵站698座。

(6) 农村供水。共有农村供水工程5887.46万处，其中：集中式供水工程92.25万处，分散式供水工程5795.21万处。农村供水工程总受益人口8.12亿人，其中：集中式供水工程受益人口5.49亿人，分散式供水工程受益人口2.63亿人。

(7) 塘坝窖池。共有塘坝456.51万处，总容积303.17亿m^3；窖池689.31万处，总容积2.52亿m^3。

(8) 灌溉面积。共有灌溉面积10.02亿亩。其中：耕地灌溉面积9.22亿亩，园林草地等非耕地灌溉面积0.80亿亩。

(9) 灌区建设。共有设计灌溉面积30万亩及以上的灌区456处，灌溉面积2.80亿亩；设计灌溉面积1万（含）～30万亩的灌区7316处，灌溉面积2.23亿亩；50（含）～1万亩的灌区205.82万处，灌溉面积3.42亿亩。

(10) 地下水取水井。共有地下水取水井9749万眼，地下水取水量共1084亿m^3。

(11) 地下水水源地。共有地下水水源地1847处。

（三）经济社会用水情况

经济社会年度用水量为6213.2亿m^3，其中：居民生活用水473.6亿m^3，农业用水4168.2亿m^3，工业用水1203.0亿m^3，建筑业用水19.9亿m^3，第三产业用水242.1亿m^3，生态环境用水106.4亿m^3。

（四）河湖开发治理情况

(1) 河湖取水口。共有河湖取水口638908个。

(2) 地表水水源地。共有地表水水源地11662处。

(3) 治理保护河流。全国有防洪任务的河段长度为373910km。其中：已治理河段总长度为123571km，占有防洪任务河段总长度的33.0%；在已治理河段中，治理达标河段长度为64624km。

（五）水土保持情况

(1) 土壤侵蚀。土壤水力、风力侵蚀面积294.91万km^2。

(2) 侵蚀沟道。西北黄土高原区侵蚀沟道666719条，东北黑土区侵蚀沟道295663条。

(3) 水土保持措施面积。水土保持措施面积为99.16万km^2，其中：工程措施20.03万km^2，植物措施77.85万km^2，其他措施1.28万km^2。

(4) 淤地坝。共有淤地坝58446座，淤地面积927.57km^2，其中，库容在50万～500万m^3的骨干淤地坝5655座，总库容57.01亿m^3。

（六）水利行业能力建设普查

共有水利行政机关及其管理的企（事）业单位43632个，从业人员133.63万人，其中：大专及以上学历人员58.97万人，高中（中专）及以下学历人员74.66万人。共有乡镇水利管理单位29416个，从业人员20.55万人，其中：具有专业技术职称的人员为

10.20万人。

二、正式出版成果

（一）《第一次全国水利普查培训教材》

编辑出版了一套13本的培训系列教材，以及教学课件、多媒体教材，为水利普查大规模规范化培训奠定基础。13本教材包括1本普查总体方案培训教材、8本专业培训教材、2本数据处理培训教材、2本工具书及多媒体教材，具体为《水利普查总体方案》《河湖基本情况普查》《水利工程基本情况普查》《经济社会用水情况调查》《河湖开发治理保护情况普查》《水土保持情况普查》《水利行业能力建设情况普查》《灌区专项普查》《地下水取水井专项普查》《水利普查数据处理与软件使用》《水利普查空间数据采集及处理》《水利普查工作手册》《水利普查500问》。

（二）第一次全国水利普查成果丛书

2016年出版，该套丛书共有10册，包括《全国水利普查综合报告》《河湖基本情况普查报告》《水利工程基本情况普查报告》《经济社会用水情况调查报告》《河湖开发治理保护情况普查报告》《水土保持情况普查报告》《水利行业能力情况普查报告》《灌区基本情况普查报告》《地下水取水井基本情况普查报告》《全国水利普查数据汇编》。系统全面汇编了第一次全国水利普查成果。每本书除文字介绍外，还包括相应的普查成果汇总表和相关附录。

（1）《全国水利普查综合报告》，是第一次水利普查成果的系统集成和综合分析，全面介绍我国河流湖泊基本情况、水利基础设施情况、水资源开发利用、江河治理保护与管理等情况，共分为七章，包括普查任务与技术方法、河湖基本情况、水利基础设施情况、水资源开发利用情况、江河治理保护情况、水土流失与治理情况、水利机构人员情况等，同时附录A展现了第一次全国水利普查成果表44张，附录B为第一次全国水利普查成果图。

（2）《河湖基本情况普查报告》，重点介绍河湖基本情况普查的技术方案、组织实施和主要成果。共分四章，包括概述、河流普查主要成果、湖泊普查主要成果、典型河流湖泊等。附录A列出了全国流域面积3000km^{2}及以上河流名录和分布图；附录B列出了全国常年水面面积100km^{2}及以上湖泊名录和分布图。

（3）《水利工程基本情况普查报告》，第一次全国水利普查水利工程基本情况普查主要成果的系统提炼与综合分析。共分八章，分别从概述、水库工程、堤防工程、水电站工程、水闸工程、泵站工程、农村供水工程、塘坝和窖池工程。

（4）《经济社会用水情况调查报告》，全面介绍我国城乡居民生活、工业、建筑业、第三产业、农业、生态环境用水的情况及特点，以我国经济社会用水规模、用水水平、用水效率和用水特点。共分八章，分别从概述、居民生活用水、工业用水、建筑业及第三产业用水、农业用水、生态环境用水、总用水量及供水量、重点区域供用水状况等。

（5）《河湖开发治理保护情况普查报告》，全面介绍我国河湖取水口、地表水水源地、江河治理和入河湖排污口等数量、分布情况以及地表水开发利用情况等，共分为五章，包括概述、河湖取水口、地表水水源地、江河治理情况、入河湖排污口。

（6）《水土保持情况普查报告》，介绍了我国土壤侵蚀、侵蚀沟道和水土保持措施等情况。共分为五章，从概述、普查技术路线与工作流程、土壤侵蚀普查成果、侵蚀沟通普查成果、水土保持措施普查成果等进行描述。

（7）《水利行业能力情况普查报告》，本书是水利行业能力建设情况普查成果的集成，系统介绍了各类水利机构的数量及分布、从业人员数量及结构等情况。共分为六章，第一章介绍了水利行业能力普查的组织实施情况及主要普查成果；第二章至第六章按不同单位类型，从地区、区域、单位类型、机构规格等多个层面，分别介绍水利机关法人单位、水利事业法人单位、水利企业法人单位、乡镇水利管理单位和社会团体法人单位的机构数量及分布、从业人员数量及结构等。

（8）《灌区基本情况普查报告》，重点对多国的灌溉面积、灌区数量与分布、灌排工程等基本情况进行了全面展示。共分五章，包括概述、灌溉面积、灌区总体情况、大型灌区、中型灌区，以及附录A灌区渠（沟）系工程普查成果表、附录B为灌溉面积及灌区分布普查成果图。

（9）《地下水取水井基本情况普查报告》，是对第一次全国水利普查地下水取水井专项普查主要成果的系统提炼与综合分析，共分五章，主要包括概念、地下水取水井情况、地下水开发利用情况、地下水水源地情况、重点地区地下水开发利用情况，包括相关附表。

（10）《全国水利普查数据汇编》，本书是第一次全国水利普查的成果集成，共分七章。包括水利普查对象基本情况、河湖基本情况、水利工程基础设施情况、水资源开发利用、河流治理保护情况、水土流失与治理情况、水利机构及人员情况等数据成果，共涉及373张表格。

三、工作成果

（一）人才队伍

普查期间，各级水行政主管部门成立了水利普查领导小组及其办公室，组建了近百万普查人员队伍并开展大规模培训，形成了制度健全、人员分工明确的组织体系。普查为水利统计工作培养了一支专业素质较高的人才队伍。

（二）工作制度

为更好地开展普查工作，编制了工作方案、经费使用管理办法以及数据处理、数据审核等相关制度与方法。包括《第一次全国水利普查总体方案》《第一次全国水利普查工作实施方案》《水利普查经费使用管理办法》等。

（三）普查技术

本次水利普查综合运用了社会经济调查和资源环境调查的先进技术与方法。普查既利用常规调查方法对水利工程设施、机构和经济社会用水户进行现场调查、数据登记，又利用二代1∶50000国家基础测绘信息和遥感影像等资料，采用现代信息处理技术，编发普查工作底图，提取江河湖泊数据，标绘重点水利工程设施空间位置，进行普查数据的验证复核，同时，充分利用了网络直报、海量数据处理与管理等技术加强普查数据汇总分析、质量监控。本次普查使用的国产卫星遥感影像面积超过540万km^2，1∶50000基础测绘更新成果也是第一次在重大国情国力调查中广泛使用。

第十四章

其他主要水利统计调查

本章主要介绍水利规划计划、政策法规、防汛抗旱、水土保持、水文和人事劳动等水利管理专业组织开展的其他专业统计调查。有的已在国家统计局审批或备案，有的属于业务管理方面开展的调查。

第一节　水利建设投资落实统计

水利建设投资落实统计包括水利前期工作经费落实统计与地方建设投资落实统计两项调查。主要用于全口径调查各级用于水利建设的投入规模、资金来源与用途，用于全面预测分析当年水利建设投资规模。

一、前期工作经费落实统计

地方水利前期工作经费落实情况是规划计划司根据业务需要进行的一项长期统计调查。一般是当年 12 月预测全年地方水利前期工作经费落实情况。前期工作经费主要从投资来源和使用方向进行分析，按投资来源划分为地方财政性资金、国内贷款、利用外资、企业和私人投资等，2017 年增加了“投融资平台公司投资”分类；按使用方向划分为规划、项目建议书、可行性研究、专题研究、基础工作和其他等，见表 14－1。

表 14－1　　**地方水利前期工作经费落实情况表**

<table>
<tr><td rowspan="3">年份</td><td rowspan="3">类别</td><td rowspan="3">合计</td><td colspan="8">按投资来源分</td><td colspan="6">按使用方向分</td></tr>
<tr><td rowspan="2">地方财政性资金</td><td colspan="3"></td><td rowspan="2">国内贷款</td><td rowspan="2">利用外资</td><td rowspan="2">企业或私人投资</td><td rowspan="2">其他</td><td rowspan="2">规划</td><td rowspan="2">项目建议书</td><td rowspan="2">可行性研究</td><td rowspan="2">专题研究</td><td rowspan="2">基础工作</td><td rowspan="2">其他</td></tr>
<tr><td>地方财政一般预算内资金</td><td>地方水利建设基金等政府性基金</td><td>其他</td></tr>
<tr><td></td><td></td><td>D1</td><td>D2</td><td>D3</td><td>D4</td><td>D5</td><td>D6</td><td>D7</td><td>D8</td><td>D9</td><td>D10</td><td>D11</td><td>D12</td><td>D13</td><td>D14</td><td>D15</td></tr>
</table>

地方水利前期工作经费落实情况一般用于水利规划计划年度会议、水利规划计划工作年度报告等。主要从全省和省级两个角度分析当年用于水利前期工作经费的规模。

二、地方建设投资落实统计

地方建设落实投资统计是规划计划司根据业务需要进行的一项长期统计调查。一般是当年 12 月预测全年地方落实水利建设投资的全口径数据，以掌握年度地方水利投资情况。2016 年起，每月开展相关调查，主要调查地方当年落实水利建设投资及当年投资完成情况，指标设置比较简单，数据来自各流域、各省级汇总数据，见表 14－2。

表 14－2　　　　地方落实投资与完成月报统计表

<table>
<tr><td rowspan="3">地区</td><td colspan="4">本年累计落实</td><td colspan="4">本年累计完成</td></tr>
<tr><td rowspan="2">合计</td><td rowspan="2">中央</td><td colspan="2">地方</td><td rowspan="2">合计</td><td rowspan="2">中央</td><td colspan="2">地方</td></tr>
<tr><td>配套中央</td><td>自主安排</td><td>配套中央</td><td>自主安排</td></tr>
<tr><td></td><td>B1</td><td>B2</td><td>B3</td><td>B4</td><td>B5</td><td>B6</td><td>B7</td><td>B8</td></tr>
</table>

年底的预测则较为复杂，要了解地方投资的来源，包括财政性资金、贷款、企业和社会投资等，同时了解资金的去向，包括用于节水供水重大水利工程、农村饮水巩固提升工程、中小河流治理、山洪灾害防治、病险水库除险加固、小型农田水利建设等各类用途。每年根据当年投资计划的侧重不同对调查指标进行微调，比如 2016 年的全口径统计如图 14－1 所示。

<table>
<tr><td rowspan="2">项目类型</td><td rowspan="2">合计</td><td colspan="3">中央政府投资</td><td rowspan="2">地方小计</td><td rowspan="2">地方配套小计</td><td rowspan="2">省级小计</td><td>财政性资金</td><td>贷款</td><td>利用外资</td><td>企业和私人投资</td><td>其他</td><td rowspan="2">市级小计</td></tr>
<tr><td>中央小计</td><td>发改部门</td><td>财政部门</td><td></td><td></td><td></td><td></td><td></td></tr>
<tr><td>合计</td><td>70466160</td><td>18276963</td><td>11130788</td><td>7146156</td><td>52189197</td><td>19306876</td><td>9312780</td><td>6585031</td><td>2448293</td><td></td><td>221136</td><td>58320</td><td>2831187</td></tr>
<tr><td>（一）重大水利工程（172项）</td><td>15071837</td><td>6250380</td><td>6180210</td><td>70170</td><td>8821458</td><td>6633977</td><td>4558084</td><td>2549918</td><td>1777366</td><td></td><td>180800</td><td>50000</td><td>1229710</td></tr>
<tr><td>1. 重大农业节水工程</td><td>652927</td><td>473888</td><td>473538</td><td>350</td><td>179039</td><td>179039</td><td>111715</td><td>111715</td><td></td><td></td><td></td><td></td><td>25638</td></tr>
<tr><td>2. 重大引调水工程</td><td>4534339</td><td>1514420</td><td>1444600</td><td>69820</td><td>3019919</td><td>2171248</td><td>2019748</td><td>976748</td><td>993000</td><td></td><td></td><td>50000</td><td>136000</td></tr>
<tr><td>3. 重点水源工程</td><td>3110853</td><td>1165997</td><td>1165997</td><td></td><td>1944856</td><td>1151235</td><td>510319</td><td>395519</td><td>72000</td><td></td><td>42800</td><td></td><td>535463</td></tr>
<tr><td>4. 江河湖泊治理骨干</td><td>4315200</td><td>1900970</td><td>1900970</td><td></td><td>2414231</td><td>2038531</td><td>1284364</td><td>703998</td><td>442366</td><td></td><td>138000</td><td></td><td>376220</td></tr>
<tr><td>5. 新建大型灌区工程</td><td>1170152</td><td>545149</td><td>545149</td><td></td><td>625003</td><td>600135</td><td>150649</td><td>90649</td><td>60000</td><td></td><td></td><td></td><td>147590</td></tr>
<tr><td>6. 其他工程</td><td>1288366</td><td>649956</td><td>649956</td><td></td><td>638410</td><td>493789</td><td>481289</td><td>271289</td><td>210000</td><td></td><td></td><td></td><td>8800</td></tr>
<tr><td>（二）灾后水利薄弱环节建设</td><td>10984679</td><td>3590986</td><td>1391215</td><td>2199771</td><td>7393693</td><td>3386404</td><td>1102642</td><td>1102572</td><td></td><td></td><td></td><td>70</td><td>544077</td></tr>
<tr><td>1. 主要支流治理</td><td>4125093</td><td>1325215</td><td>1325215</td><td></td><td>2799878</td><td>1359030</td><td>498448</td><td>498448</td><td></td><td></td><td></td><td></td><td>176478</td></tr>
</table>

图 14－1　地方水利建设投资落实全口径统计表示意图

2017 年的全口径统计则分成四大块，即中央预算内水利投资项目、中央水利发展资金项目、其他中央资金安排项目、地方自主投资项目；中央政府投资分为预算内投资、财政专项资金、政策性融资；地方各级政府的投资主要分为财政性资金、政策性融资、投融资平台公司投资；企业和私人投资主要分为中央企业投资、省属企业投资、市县属企业投资、民营资本投资等，如图 14－2 所示。

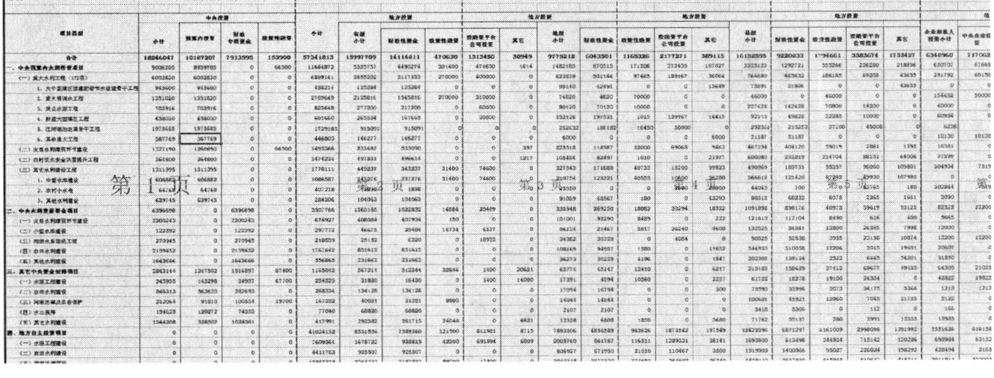

图 14－2　全年预算地方落实全口径统计分类示意图

地方落实投资月度数据一般用于月调度会议，年度数据用于水利部厅局长会议、水利规划计划年度会议、水利规划计划工作年度报告等。

第二节 水行政执法统计

水行政执法统计实施的主体是水利部政策法规司。近年来，配合河长制专项调查开展了河湖专项检查等统计，全面支撑了水政执法监察工作。

一、概述

1990 年，水利执法统计工作开始实施，并于 1995 年、2001 年对统计报表制度分别进行修订，2007 年报国家统计局备案。最初的水利执法统计报表共 1 套计 4 种表式，即《水事违法案件统计表》《水事纠纷统计表》《重要水事违法案例登记表》和《水政监察队伍基本情况统计表》。主要是对水事违法案件、水事纠纷、重要水事违法案例和水政监察队伍建设等水利执法基本情况的综合统计（图 14－3）。

图 14－3　1990 年全国水利执法统计工作会议

2015 年启动水行政执法统计制度的修订工作，于同年 12 月在国家统计局备案。目前，水行政执法统计报表制度已全面实施。在以往基础上增加了调查内容和调查频度，由基层定报表、基层年报表、综合年报表组成，主要反映水政监察队伍基本情况、水行政执法活动开展情况、日常执法巡查监督活动、水事违法案件查处、行政事业性规费征收、水事纠纷的发生及调处情况、行政复议和行政应诉情况等；调查频度由年报扩展为秋报、年报。

水行政执法统计比较全面地反映了全国水政监察队伍建设情况、水利执法成果和水事秩序情况，为分析研究水法规的贯彻实施，确定执法重点，开展水利立法、执法和政策制定都起到了重要作用。

二、主要调查内容

主要调查内容分为 7 项，涉及基层表、登记表和汇总表，具体包括：

第一项是水事违法案件调查，统计管理范围内所有发生的水事违法案件。设置了“基层水事违法案件登记表”，发生一起填报一起，包括案件名称、发生时间、立案时间、当事人情况、法人情况、案情的基本情况、案件类型、案件处理情况、案件执行情况、结案情况等。

第二项是日常巡查监督活动调查，统计管理范围内水政监察队伍开展的所有日常巡查监督活动。设置了“日常巡查监督情况登记表”，巡查一起填报一起，包括巡查单位、基本情况、巡查重点、出动执法力量等情况。

第三项是水事纠纷调查，统计管理范围内所有发生的地区之间水事纠纷。主要包括上年遗留、当年发生、已解决的、未解决的水事纠纷案件，以及水事纠纷造成的损失情况等。省际水事纠纷作为重点纠纷事件逐一填报“省际水事纠纷登记表”，调查纠纷发生、处理、损失等情况以及特点分析。

第四项是水政监察队伍调查，统计管理范围内全部水政监察队伍。设置了“水政监察队伍登记表”，以一支队伍为基本填报对象，调查内容包括队伍基本情况、人员情况、执法设备情况等；分性别、年龄、文化程度等对水政监察队伍进行汇总分析。

第五项是水利规费调查，统计管理范围内所有征收及追缴的水利规费。包括水资源费、河道采砂管理费、河道工程修建维护管理费、水土保持补偿费以及其他规费的征收及追缴费用。

第六项是行政复议案件调查，统计管理范围内所有审理的行政复议案件。包括行政处罚、行政强制、行政许可、行政收费、信息公开、行政不作为等案件的申请受理情况，申请人、被申请人、已审结、应拆及判决情况等。

第七项是行政应诉案件调查，统计管理范围内所有应诉的行政诉讼案件。包括行政处罚、行政强制、行政许可、行政收费、信息公开、行政不作为等案件的复议后应诉情况，原告、判决、裁定等情况。

三、信息系统

“水行政执法信息系统”可以将国家、省级、市级、县级四级行政执法基础信息形成互联互通的数据库，并随时对其中相关要素进行汇集、存储、统计、分析等，实现数据录入、审核、汇总等功能。通过信息系统强化水行政执法统计监督，可以使水行政执法信息更加规范化、制度化，能够有效提高水行政执法工作的透明度，进一步提高水行政执法工作效率。

该系统于2011年正式建成并投入运行，2016年集中进行全国试运行，2017年正式启用。主要用户涉及水政监察总队、水政监察支队、水政监察大队三类；主要包括数据填报、数据汇总、数据审核、数据查询和统计分析五大功能。

第三节 防汛抗旱统计

根据国务院批准的《水利部职能配置、内设机构和人员编制规定》，国家防汛抗旱总指挥部办公室作为国家防汛抗旱总指挥部（简称国家防总）的办事机构，设在水利部。防汛抗旱统计是由国家防汛抗旱总指挥部办公室负责实施的一项统计调查任务。

一、概述

1992年，国家防总、国家统计局制定颁发了《洪涝灾害统计报表制度（暂行）》。1999年，根据工作实际，对暂行制度进行了修订和完善。2004年，增加了城市旱灾统计内容。2009年，修订了洪涝灾害部分内容。2015年《水旱灾害统计报表制度》（国统制

〔2015〕124号）在国家统计局再次审批。

编制《水旱灾害统计报表制度》主要依据是《中华人民共和国防洪法》《中华人民共和国防汛条例》《国家防汛抗旱应急预案》《防汛抗旱突发险情灾情报告管理暂行规定》《防洪减灾经济效益计算办法（试行）》等，为及时、准确、真实、全面地反映我国水旱灾害发生的基本情况以及对国民经济影响和人民生命财产造成的损失，科学评估水旱灾害，为防汛抗旱救灾决策、防汛抢险、抗旱救灾决策提供依据，为防灾、减灾和救灾服务。

二、主要调查内容

主要调查内容分为洪涝灾害和干旱灾害两部分。洪涝灾害统计报表分实时报、过程报、月报和年报；干旱灾害统计报表分旬报、月报和年报。洪涝灾害和干旱报表应按行政区划、所属流域两种统计方式上报。

1. 统计范围

洪涝灾害统计范围是指因降雨、融雪、冰凌、溃坝（堤）、风暴潮、热带气旋等造成的江河洪水、渍涝、山洪、滑坡和泥石流等，以及由其引发的次生灾害。由于降雪、冰雹、龙卷风、地震等其他自然灾害引发的次生灾害造成较大人员伤亡和水利设施损失的事件也要纳入统计。

干旱灾害统计范围是指因降水少、水资源短缺，对城乡居民生活、工农业生产造成直接影响的旱情，以及旱情发生后给工农业生产造成的旱灾损失。林业、牧业、水产养殖、水运交通、水力发电、乡镇企业等方面因旱造成的损失，应在抗旱工作中加以反映。

2. 内容与指标

洪涝灾害统计主要包括洪涝灾害的基本情况、农林牧渔业、工业信息交通运输业、水利设施等方面的损失，死亡人员基本情况、城市受淹情况，以及抗洪抢险和减灾效益等综合情况。具体指标见表14－3。

表14－3　　洪涝灾害统计主要调查内容与指标

调查内容	主要指标
洪涝灾害基本情况统计表	受灾人口、受淹城市、倒塌房屋、死亡人口、失踪人口、转移人口、直接经济损失等
农林牧渔业洪涝灾害统计表	农作物受灾成灾绝收面积、因灾减产粮食、死亡牲畜数量、水产养殖损失面积等
工业交通运输业洪涝灾害统计表	停产工矿企业数量、铁路中断条次、公路中断条次、机场港口关停个数、供电中断条次、通信中断条次、工业交通运输业直接经济损失等
水利设施洪涝灾害统计表	损坏水库/机电井/水文测站/灌溉设施/水闸/机电泵站数量、损坏堤防长度、堤防决口长度等
死亡人员基本情况统计表	死亡人员人数、不同原因死亡的人数
城市受淹情况统计表	淹没范围面积、受灾人口、死亡人口、生命线工程中断历时指标、建筑物受淹等
抗洪抢险综合情况统计表一、表二	防汛物资消耗编织袋、砂石料、木材、钢材、救生衣、投入抢险人数等
洪涝灾害实时统计表	受灾人口、受淹城市、倒塌房屋、死亡人口、失踪人口、转移人口、直接经济损失等

干旱灾害统计主要包括旱情发生的时间、地点、受旱面积、受旱程度，对城乡居民生活、工农业生产造成的影响，以及抗旱情况、抗旱效益等。主要调查指标见表14-4。

表14-4　干旱灾害统计主要调查内容和指标

调查内容	主要指标
农业旱情动态统计表	作物受旱面积、缺水缺墒面积、牧区受旱面积、因旱人畜饮水困难、水利工程蓄水情况等
农业抗旱情况统计表	投入抗旱人数、设施、资金，抗旱用电、用油，抗旱浇灌面积等
农业旱灾及抗旱效益统计表	实际播种面积、粮食总产量、旱灾损失粮食、旱灾损失经济作物等
城市干旱缺水及水源情况统计表	水库、江河湖泊取水供水量，日缺水量、正常用水量、影响人口、影响工业产值、干旱程度等
城市干旱缺水及抗旱情况统计表	干旱缺水情况，年节约水量、应急水源建设情况等
干旱缺水城市基本情况及用水情况统计表	城市总人口、GDP、年工业总产值、万元GDP用水量、万元工业产值用水量、正常年用水量等
干旱缺水城市供水水源基本情况统计表	正常年用水量、地表水和地下水供水量等

3. 调查表与统计频度（表14-5）

表14-5　洪涝干旱统计调查频度

调查内容	调查表名称	统计频度
洪涝灾害统计	洪涝灾害基本情况统计表	过程报
	农林牧渔业洪涝灾害统计表	年报
	工业交通运输业洪涝灾害统计表	年报
	水利设施洪涝灾害统计表	年报
	死亡人员基本情况统计表	年报
	城市受淹情况统计表	年报
	抗洪抢险综合情况统计表一、表二	年报
	洪涝灾害实时统计表	实时报
干旱灾害统计	农业旱情动态统计表	旬报
	农业抗旱情况统计表	旬报/年报
	农业旱灾及抗旱效益统计表	年报
	城市干旱缺水及水源情况统计表	月报
	城市干旱缺水及抗旱情况统计表	年报
	干旱缺水城市基本情况及用水情况统计表	年报
	干旱缺水城市供水水源基本情况统计表	年报

三、统计应用

国家防总每年编辑出版《中国水旱灾害公报》，主要包括综述、洪涝灾害、干旱灾害、防汛抗旱行动与防灾减灾成效以及各地区水旱灾情概述、水旱灾情统计以及名词解释、指标说明等内容。在洪涝灾害和干旱灾害部分分成基本情况、灾情特点和主要过程进行阐述。

“十三五”水利改革发展规划目标指标有两项与防洪抗旱减灾相关，即“洪涝灾害年均损失率”“干旱灾害年均损失率”（表 14－6）。

表 14－6　　水利改革发展“十三五”规划与防洪抗旱减灾相关的指标

指　标	数据来源	定义	涉及统计指标	当年数据计算方法
洪涝灾害年均损失率/%	中国水旱灾害公报、国家统计局数据	规划期内洪涝灾害年损失率的算术平均值	当年全国洪涝灾害直接经济损失量、当年GDP总量	当年全国洪涝灾害直接经济损失量/当年GDP总量
干旱灾害年均损失率/%	中国水旱灾害公报、国家统计局数据	规划期内干旱灾害年损失率的算术平均值	当年全国干旱灾害直接经济损失量、当年GDP总量	当年全国干旱灾害直接经济损失量/当年GDP总量

第四节　其他专业统计

除上述专业统计外，水利部在国家统计局审批的制度还有全国农村水电统计报表制度、大中型水利枢纽和水电工程移民统计报表制度；备案的制度还有，全国水利档案统计年报制度、全国水文情况统计报表制度。其中人事统计、水电统计、水文统计等数据纳入了《中国水利统计年鉴》和《全国水利发展统计公报》，下面对此做简要阐述。

一、人事统计

（一）概述

1998 年，水利部建立了全国水利人事统计报表制度，逐步形成涵盖公务员统计，事业单位、公有经济企业单位工作人员统计，机关、事业单位工作人员工作统计，水利行业劳动工资统计，水利行业职工教育培训统计等内容的科学报表制度。十几年来，水利人事统计工作紧密围绕水利人事工作发展的大局，开展了统计分析和调研工作，编印了水利人事统计年报，并为全国《人力资源和社会保障事业发展年度统计公报》和《水利统计公报》等提供了基础数据。

（二）主要调查内容

目前，人事统计主要统计水利部及各直属单位、各级水行政主管部门的单位数量、从业人员数量、工资薪酬、职工职称情况、技术工人结构情况等内容。

（三）统计应用

人事统计成果主要应用于《全国水利统计发展公报》《中国水利统计年鉴》正式出版物，内部编印相关人事统计年鉴。

二、水利财务信息统计

（一）概述

2013 年，水利部财务司对水利财务信息统计调查内容进行修订完善，形成水利财务基本情况、水利单位收入支出情况、水利资金安排情况、涉水政府性基金和行政事业性收费情况、水利工程供水价格等水利财务信息。共包括 5 张调查表，其中水利工程供水价格表为基础表，其余 4 张为汇总表。2016 年修改为 4 张报表，水利资金安排情况不再上报。要求上报截止时间为次年 2 月底。

县级水行政主管部门进行最基层的汇总填表，地市级和省级水行政主管部门填报本级和直属单位数据，最终形成全国汇总数。

水利财务基本情况表不统计在建项目法人（建设单位）；水利单位收入支出情况表，统计在建项目法人（建设单位），作为事业单位填列相应财务情况，企业与基层水利单位不填此列；涉水政府性基金和行政事业性收费情况表，根据本地区基金和行政事业性收费情况进行填报；水利工程供水价格表要求灌区管理单位填报所有大型灌区、中型灌区，小型灌区由县级水行政主管部门选择 2 处填报，各市级、县级水行政主管部门选择 2 处（如果有）不承担向灌区供水任务的水库，填报非农业供水价格情况。

（二）主要调查内容

分别对水利财务基本情况、水利单位收入支出情况、涉水政府性基金和行政事业性收费情况、水利工程供水价格涉及的调查内容进行介绍。

水利财务基本情况主要指全国水利行业财务基本情况，主要指行政单位（不含基层水利机构）、事业单位（不含水管单位）、企业单位（不含水管单位）、水管单位、基层水利服务体系 5 类的机构数量，人员情况以及人员分年龄、职称、学历等构成情况，单位总资产等。

水利单位收入支出情况，主要包括事业和行政单位按农林水事务进行划分后的单位收入、基本支出与项目支出情况。

政府性基金和行政事业性收费统计全国各类涉水政府性基金、行政事业性收费征收和使用、从土地出让收益中计提的农田水利建设资金等用于工程建设、工程维护和其他用途的资金支出情况。

水利工程供水价格统计主要包括灌区的基本情况，如灌溉规模，包括设计灌溉面积、有效灌溉面积、实际灌溉面积等；供水量包括农业供水量和非农业供水量等；供水成本包括农业供水成本费用和非农业供水成本费用、实收水费、水价等。

（三）信息系统

2016 年启用“水利财务管理信息系统”（czzx. mwr. gov. cn)，其中地方水行政主管部门需要填报的数据包括“地方水利财务信息系统”。该项系统中关于水利财务信息的统计任务有 4 张调查表，即水利行业基本情况、地方水利单位收入支出、政府基金行政事业性收费收支和水利工程供水价格报表。省级用户主要功能是报送管理、用户权限管理等，为省级用户及时跟踪各级用户情况，管理各级用户提供了途径。

三、水文统计

（一）概述

为全面、系统反映我国水文行业发展的基本情况，为制定水文行业政策、编制发展规划、指导水文现代化建设、开展水文行业管理等提供依据，遵照《中华人民共和国统计法》和《部门统计调查项目管理暂行办法》，水利部组织编制了全国水文统计年报。

水文事业是国民经济和社会发展的基础性公益事业。水文工作以水情、雨情、河道、泥沙、水质等基本资料的采集、传输、处理、存储、分析计算和预测、预报及其服务为主要任务，目的是为合理开发利用和管理水资源，实现水资源优化配置、防治水害、保护水资源等提供水文信息，为解决社会经济发展中的水问题提供重要的科学依据。

水文统计是水文行业管理的一项重要的基础工作。自中华人民共和国成立以来水利部门就开展了水文统计工作。1988 年，开展了系统的水文统计工作，当时统计的内容十分简单，统计指标很少，仅有 1 张综合报表。1992 年，根据当时水文管理工作的需要，对水文统计的内容进行了扩充，对统计指标进行了细化，形成了统计报表的基本框架，但统计手段落后，主要为人工报表形式。随着信息化水平的提高，1998 年开发了水文统计软件，并在全国水文系统进行了推广应用，提高了水文统计的效率和准确性。2003 年，通过现代网络技术，建立基于 Web 和网络数据库管理的全国水文统计年报管理系统，实现各流域机构和各省（自治区、直辖市）水文统计信息的远程登录、远程填报、远程维护，信息的集中管理，统一发布，基于互联网的查询，以及各信息申报单位用户的管理等。各单位通过远程登录、异地填报，系统自动汇总、校核、刊误，提高了水文统计的工作效率、时效性和准确性。2014 年 9 月组织对全国水文统计年报进行修订，按国家统计局“部门统计调查项目规范样式”梳理和修改，并在国家统计局完成备案（国统办函〔2015〕119 号）。

（二）主要调查内容

本报表为年度报表制度，设置 1 张基层单位报表（基础表）、11 张综合报表，共涉及 241 个统计指标，内容涵盖水文站网、水文设施设备、机构人员以及经费投入等情况。统计范围为全国各级水文机构及各类水文测站。

（1）水文站网部分。水文站网是水文工作的战略布局和重要基础，是水文统计的主要内容之一。水文站网统计分别从水文测站、观测项目、测验方法等不同的角度反映水文站网发展变化：①水文测站，包括水文站、水位站、雨量站、水质站、地下水监测站、墒情站、蒸发站、试验站等各类水文测站数量的统计，主要反映水文站网的整体规模；②观测项目，包括流量、水位、水质、泥沙、水温、冰情、比降、地下水、土壤墒情、蒸发、降水等水文测验项目，主要反映具有独立使用价值的水文资料情况；③测验方法，主要统计分析各类水文测站的测验方法，从普通自记、固态存储、自动测报等方面进行统计，并对驻测、巡测、站队结合、委托等测验管理方式进行统计，主要反映水文测站的工作手段和现代化水平等。经对以上 3 个方面的统计分析，能基本体现水文站网的发展与变化。

（2）水文设施设备部分。水文设施设备是整个水文测报工作的物质基础。近年来，随着水文事业的快速发展和新仪器新设备的不断推广应用，水文设施设备的统计指标也根据实际情况进行了相应的调整。目前，水文设施设备统计从不同的用途角度，分为测验部分、测绘部分、水质部分、通信部分、计算机部分、交通工具部分、生产业务用房部分以及固定资产等几个大类，每个大类又分为若干项具体的统计指标。水文设施设备的统计分析成果将客观直接地反映全国水文事业发展、水文科技进步和水文现代化水平的状况。

（3）机构人员部分。机构和人才队伍是水文现代化建设的重要内容。机构人员部分统计主要是反映水文系统的机构设置情况以及水文从业队伍人员的分布情况。机构方面，主要统计各级水文机构的设置情况及其人员配置状况。人员方面，主要统计在职人员、离退休人员、委托观测人员的数量；在职人员中，统计分析从行政人员、技术人员和工人的数量和比例；技术人员中，统计分析各级职称人员的数量和比例。机构和人员的统计分析成果对于指导全国水文系统机构建设和人才队伍建设具有重要的参考价值。

（4）经费投入部分。经费投入是确保水文事业健康稳定发展和各项水文业务正常开展的重要保障。随着水文投入渠道的变化和财政预算科目的调整，经费投入统计内容也进行了相应的变化和调整。经费投入部分分为事业经费和基建经费两大部分，分别按现有的财政预算科目和各种不同的投入渠道进行统计汇总，并将当年的统计成果与历年的进行分析比较。此外，还对人均指标进行了分析和计算。经费投入统计成果客观反映了水文经费投入的基本情况和存在的问题，对制定水文投入政策、完善水文投入机制等具有重要的参考价值。

（三）统计应用

通过互联网远程登录全国水文情况统计报表制度管理系统，完成统计成果的录入填报工作，经审核后以纸质文件一并报水利部水文局。水利部水文局对上报数据进行复核，形成全国水文统计年报，作为政府信息刊印公布；提供《全国水利发展统计年报》《中国水利统计年鉴》使用。

四、水电统计

1．概述

为全面掌握全国农村水电建设、生产、经营、管理及产生的社会经济效益情况，有效地实施农村水电行业管理，为有关部门制定农村水电政策、发展规划、计划，实施水能资源有效管理，根据《中华人民共和国统计法》《中华人民共和国统计法实施细则》以及国家统计局《部门统计调查项目管理办法》等相关的法律、法规，制定本报表制度。

2．主要调查内容

“农村水电”特指从事农业生产为主的农业人口居住的农村地区的水电。农村水电包括的农村水电站指单站装机 5 万 kW 及以下的水电站；水利系统直属水电站；农村水电网指水利系统管理的电网（地方电网指除国家电网、南方电网和农村水电网以外的电网）。主要对有农村水电站或水利系统直属水电站的省（自治区、直辖市）、地（市、州、盟）、县（区、市、旗）的农村水电建设、经营、管理情况等进行统计。

3．统计应用

每年编辑“农村水电年报”。“新增农村水电装机容量”是“十三五”水利发展主要指标之一，截至“十二五”末，新增农村水电装机容量 1400 万 kW，超额完成了“十二五”目标 1000 万 kW 的任务；“十三五”目标确定为 600 万 kW。

五、水资源统计

现有水利部水资源司主管实施的水资源统计调查项目以及组织实施情况主要有 3 部分内容。

1.《中国水资源公报》

自1998年开始，水利部每年组织编制并正式出版《中国水资源公报》，由水资源司负责、中国水利水电科学研究院承担具体支撑工作，为此专门制定发布了国家标准GB/T 23598—2009《水资源公报编制规程》。

《中国水资源公报》内容包括：水资源量、蓄水动态、水资源开发利用、水体水质4个方面，涉及降水量、水资源量，水库蓄水量、地下水存储量、分来源供水量、分用途用水量及消耗量、分行业废污水排放量，万元工业增加值用水量、农田灌溉水有效利用系数、城乡居民人均生活用水量，河流、湖泊、水库水质及水功能区水质达标状况等30余项水资源相关指标。

2. 用水总量统计

为支撑最严格水资源管理“水资源开发利用控制红线”考核等工作，水利部于2014年印发《用水总量统计方案》（办资源〔2014〕57号），启动全国用水总量统计工作，具体由水资源司负责。

用水总量统计内容包括：用水量、供水量、经济社会用水指标3个方面，涉及分季度、分用途（农业、工业、生活、生态环境补水4类及子类）用水量，分水源类型（地表、地下、其他水源3类及子类）供水量等20余项水资源相关指标。

主要应用于最严格水资源管理制度评估、《中国水资源公报》及其他相关水资源评价等。

3.《水资源管理年报》编制

根据水资源管理相关业务工作需要，水资源司先后组织开展了《水资源管理年报》《水务管理年报》《地下水通报》等编制工作。从2013年起，《水资源管理年报》《水务管理年报》和《地下水通报》等整合为新版《水资源管理年报》，除纳入原有3项年报信息外，还增加了最严格水资源管理制度实施、节水管理、水资源保护、各类试点建设和能力建设等方面的内容和指标。新版《水资源管理年报》组织编制工作仍由水资源司负责，部水资源管理中心承担具体编制工作。

《水资源管理年报》内容包括：总量控制制度落实情况（水资源配置）、用水效率控制制度落实情况（水资源节约）、水功能区限制纳污制度落实情况（水资源保护）、管理责任和考核制度落实情况、试点建设、水务管理、能力建设、水资源管理大事记等方面，涉及50余项水资源管理相关指标。

第十五章

水利统计管理系统

目前，水利部关于水利统计方面的业务系统比较多，如规划计划司开发管理的水利统计管理信息系统、农村水电局的农村水电信息系统、国家防总实施的水旱灾害统计系统、农水司关于农村供水工程的统计系统、政法司水行政执法系统、人事司人事教育统计系统等。本章主要结合规划计划司实施的统计任务介绍水利统计管理系统。

第一节　系　统　概　述

伴随水利统计工作的发展，相应的水利统计信息化经历了手工填报、电子报表、单机系统以及直报系统等几个阶段。水利统计信息化发展提高了水利统计工作效率，有力地保障了统计工作的顺利开展。

一、系统特点

当前正在使用的水利统计管理信息系统（sltj. mwr. gov. cn，系统首页如图 15 - 1 所

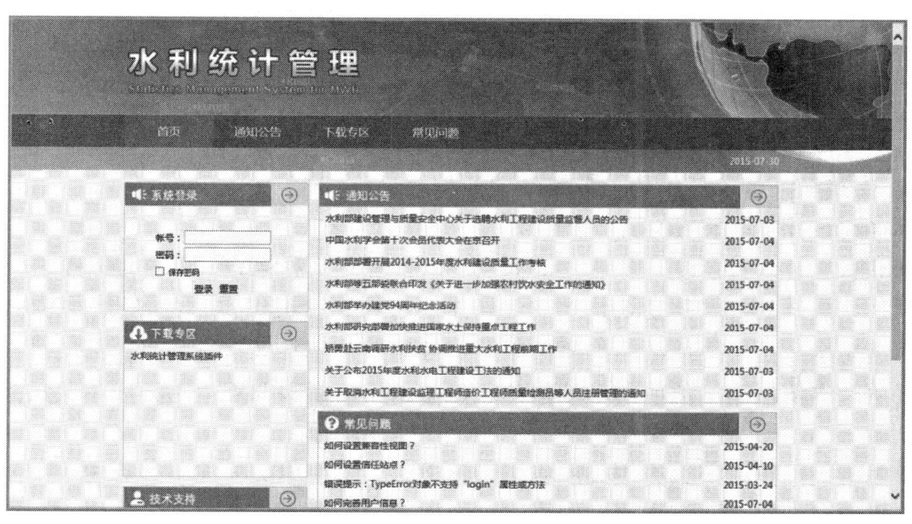

图 15 - 1　水利统计管理系统首页

示）作为水利统计工作体系的重要组成部分，作用于统计数据的录入、编辑、审核、查询和汇总的整个生命周期，服务于水利统计管理单位和基层水利统计工作部门的各工作阶段，对水利统计工作中采集基础数据的全面性、准确性起到了重要支撑作用。

本系统以“统一直报、分级授权”为手段，构建水利统计调查任务统一设计，水利统计数据统一收集、处理与分析的信息平台，完善水利统计工作机制，提高水利统计工作效率，为水利统计信息的深层次挖掘和应用打下坚实基础，为国家水利投资项目建设管理、水利发展规划、水资源管理与保护、水生态文明建设等问题提供可靠的信息支撑。

（一）支持多业务、多任务、多批次、多表单的填报模式

多业务和多任务是指针对水利统计填报工作，系统涵盖水利建设投资统计、水利综合统计和水利服务业统计 3 方面业务。

其中“水利建设投资统计”业务包含：水利建设投资统计年报、中央水利建设投资统计月报、节水供水重大水利工程专报 3 项任务；“水利综合统计”业务包含：水利综合信息统计年报、水利工程基本情况统计年报、水利发展主要指标快报 3 项任务；“水利服务业统计”业务包含水利服务业统计年报 1 项任务。

多批次和多表单是指中央水利建设投资统计月报在一个数据库中涉及多批次（即多年）的投资计划统计跟踪情况；多表单如表 15－1 所示，不同统计任务涉及不同表单。

表 15－1　　水利统计管理系统中涉及的统计任务表

分　类	具体任务	报送频度	备　注
水利建设投资统计	中央水利建设投资统计月报	月度	2 张表单
	节水供水重大水利工程专报	月度	1 张表单
	水利建设投资统计年报	年度	5 张表单
水利综合统计	水利综合信息统计年报	年度	8 张表单
	水利工程基本情况统计年报	年度	7 张表单
	水利发展主要指标快报半年报	半年度	1 张表单
水利服务业统计	水利服务业统计年报	年度	7 张表单

（二）支持新任务、新指标、自定义的开放式设计

由于水利统计报表制度会定期更新，指标和调查表也有调整的可能，如 2017 年新修订的水利综合统计调查制度，相比以前的制度就增加了 2 张调查表，增加若干指标、删除若干指标；本系统最基本的要求是完成水利部规划计划司组织实施的各项水利统计任务，但并不能够完全满足有关地区的需要。因此，各流域、各省级水行政主管部门可利用该系统中设置适合本流域、本地区的统计任务，建立相应指标和调查表，完成相关任务的填报工作。

如果是省级用户，那么有中央和省级两种模式。其中中央模式，查看中央下发的表单数据；如果选择省级模式，本级自定义表单和定制的中央表单数据都能查看（如果没有定制表单和自定义表单将展示中央表单）如图 15－2 所示。

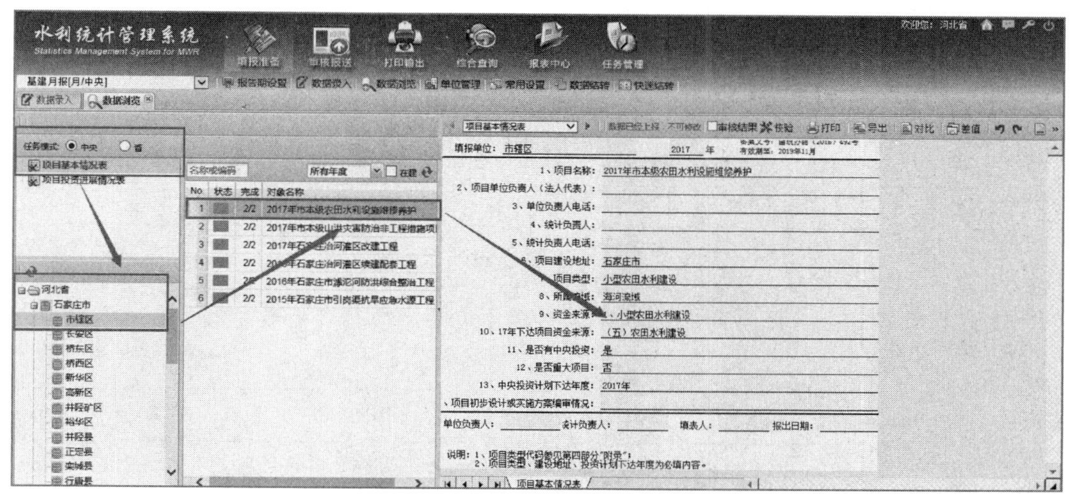

图 15-2　水利部模式浏览界面

（三）支持分级管理模式、设置相应权限、多功能组合设计

本系统采用分级管理模式，设置系统管理员、水利部、各流域各省级、各地（市）级、各县级等不同层级，采取相应权限设置。

系统功能齐全、最大限度满足业务需求（8 大模块 40 多个功能），主要功能模块如图 15-3 所示。

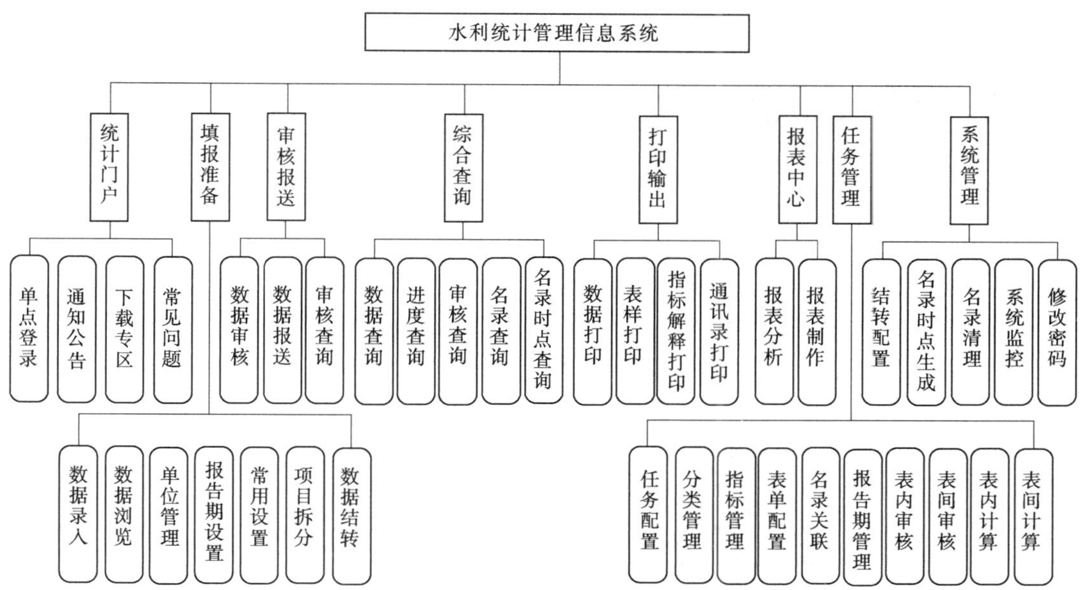

图 15-3　水利统计管理系统功能框架

二、现有数据量

截至 2017 年 11 月底，现有系统的数据量见表 15－2。水利统计管理系统功能布局如图 15－4 所示。

表 15－2 **水利统计管理系统相关数据量统计表**

分　类	具 体 任 务	起始年度	数 据 量
水利建设投资统计	中央水利建设投资统计月报	2015—2017	820003 条记录；2015：15318 个；2016：11489 个；2017：11241 个
	节水供水重大水利工程专报	2015—2017	8840 条记录
	水利建设投资统计年报	2015—2016	56753 条记录
水利综合统计	水利综合信息统计	2015—2016	6223 条记录
	水利工程基本情况统计	2015—2016	水库 74123 条；水闸 48686；泵站 50623 条；灌区 16129 条；农村集中式供水工程 38254 条；入河排污口 10659 条
	水利发展主要指标快报	2015—2017	9208 条记录
水利服务业统计	水利服务业统计	2015—2016	122297 条记录

图 15－4　水利统计管理系统功能布局

三、用户权限管理

根据用户需求，系统采用分级管理模式进行单位和用户的管理，主要规则是上级单位管理本级及下级的单位和用户，可查看用户名和密码设置情况。在单位管理菜单，用户可以通过数据浏览随时查看下级单位的填报的数据（表 15－3）。

表 15－3　　水利统计管理系统用户权限分类

<table>
<tr><th colspan="2">分　类</th><th>对应任务与项目</th><th>对　应　功　能</th></tr>
<tr><td colspan="2">水利部</td><td>管理所有统计任务，全国所有项目</td><td>填报准备、审核报送、打印输出、综合查询、报表中心、任务管理、系统管理</td></tr>
<tr><td colspan="2">流域/省级</td><td>填报审核汇总所有统计任务，流域委或省级所辖项目</td><td>填报准备、审核报送、打印输出、综合查询、报表中心、任务管理、系统管理（受限）</td></tr>
<tr><td colspan="2">地（市）级</td><td>填报审核汇总所有统计任务，各地市级所辖项目</td><td>填报准备、审核报送、打印输出、综合查询、报表中心、系统管理（受限）</td></tr>
<tr><td colspan="2">县级</td><td>填报审核所有统计任务，各县级所辖项目</td><td>填报准备、审核报送、打印输出、综合查询、报表中心、系统管理（受限）</td></tr>
<tr><td rowspan="2">特殊用户权限</td><td>流域委</td><td>所有任务开放，查看流域分区对应地区的建设项目</td><td>报表分析能够汇总权限内的项目；不能录入，只能查询浏览</td></tr>
<tr><td>相关司局</td><td>投资统计任务开放，财务司对应服务业统计任务。
农水司：预算内农村饮水安全巩固提升、大型灌排泵站更新改造，财政的农田水利建设；
建管司：预算内重大水利工程；
财务司：中央财政水利发展资金涉及的所有项目；
水保司：预算内水土保持及生态修复工程，财政水土保持工程建设与淤地坝治理；
水电局：预算内农村小水电</td><td>报表分析能够汇总权限内的项目；不能录入，只能查询浏览</td></tr>
</table>

用户在登录时，首先要记住网址（http：//sltj. mwr. gov. cn）、登录名（一般为行政区划代码），首次登录后需要修改密码。用户名和密码均可由省级单位进行设置和修改。要求密码设置不低于 10 位，包括大写字母、小写字母、特殊字符和数字至少有三种在内。系统运行的浏览器、需要的插件等均可从系统主页下载安装，以保证系统的正常运行。

四、首页

在首页上设置“下载专区”，一般发布报表制度、用户手册、特别的操作方法等，也有常见问题的答疑，如图 15－5 所示。系统的基本功能主要包括数据录入、数据审核、数据报送、数据浏览、综合查询等。一般县级用户掌握基本功能即可完成数据报送任务。

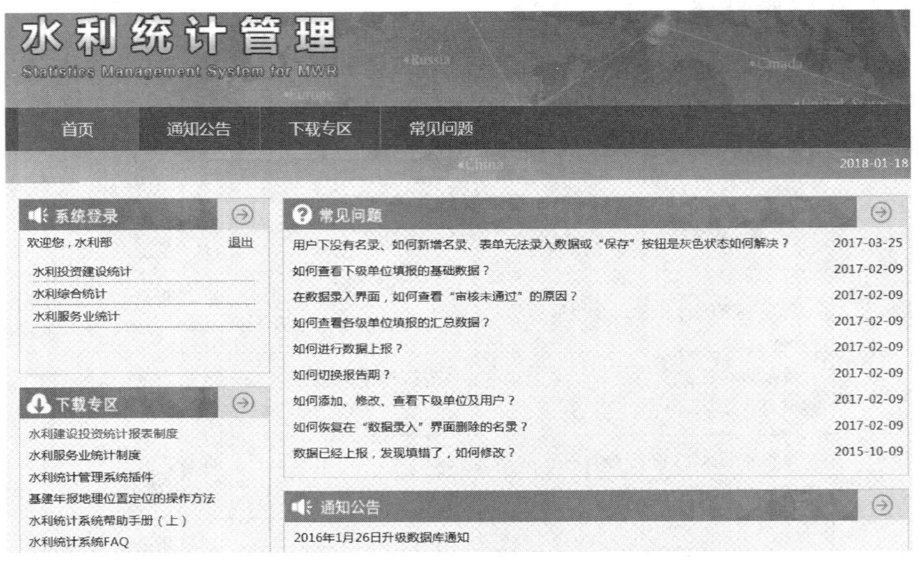

图 15－5 水利统计管理系统水利部用户登录首页

第二节 基 本 功 能

一、填报准备

在数据填报前，有一项工作必须完成，称为“填报准备”。即要明确进入系统后做什么工作、了解各项任务结构和调查主要内容、了解系统的设计框架。

（一）各级用户需要完成的工作

1. 流域或省级用户

各流域和各省级用户，除填报本级项目或直接管理的工程等，需要对各地（市）级用户上报的数据进行审核、查找问题、汇总分析等。

2. 地市级用户

各地市级用户，除填报本级项目或直接管理的工程等，需要对各县级用户上报数据进行审核、查找问题、汇总分析等。

3. 县级用户

县级用户包括县级水行政主管部门用户或者项目建设法人等，是数据填报的最基础单位，主要工作是填报数据。

（二）任务与时间选择

进入系统后，在页面左上角选择具体的统计任务，确定进入哪项具体任务。这里的“月”“半年”“年”是指填报周期，“中央”是指中央部署的统计任务（图 15－6）。

进入任务后，如图 15－7 所示，选择“基建月报（月/中央）”，再选择“报告期设置”

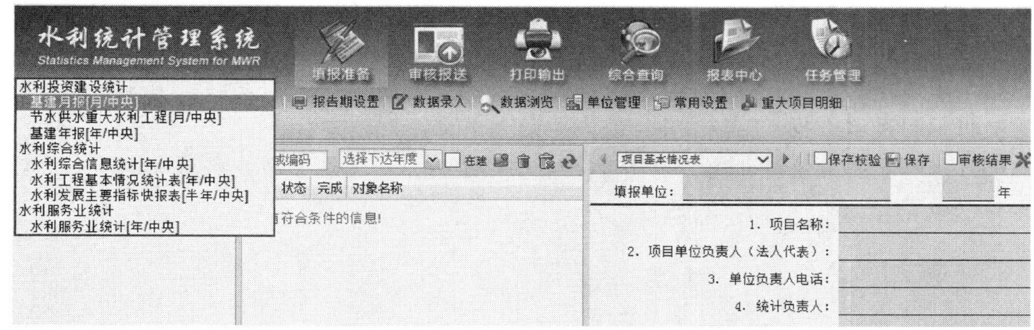

图 15－6　水利统计管理系统统计任务选择

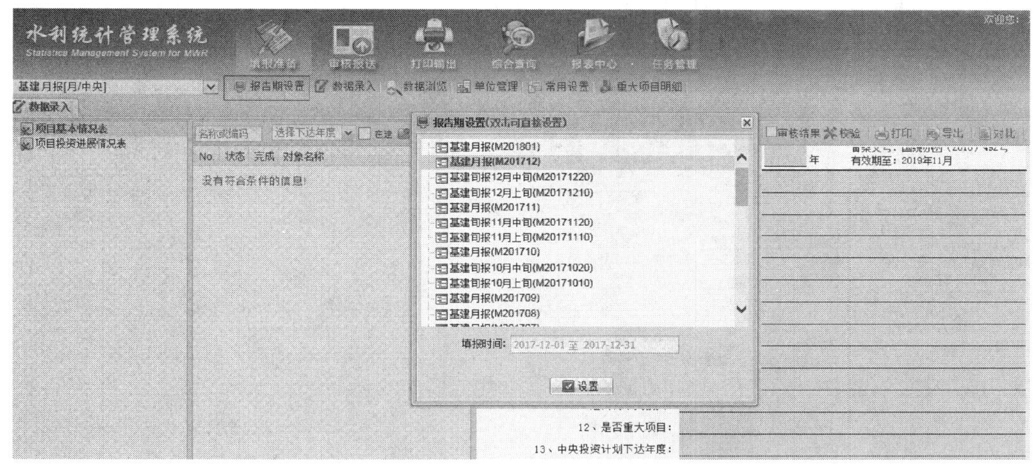

图 15－7　水利基建月报（月/中央）报告期设置

后出现弹窗，选择需要进入的时期。

（三）结转内容

任何一种统计任务的已上报数据或称已完成的统计任务，均可由系统进行锁定，数据不能再被改动。

(1) 水利综合统计年报。在完成“水利综合信息统计（年/中央）”时，由系统管理员将上一年度数据结转到当前年度的“上年基数”，用户填报当前年度数据；“水利发展主要指标快报表（半年/中央）”半年度数据的“上年基数”结转自上年水利综合信息统计年报，全年数据预测结转自上半年数据。

(2) 水利工程基本情况统计。水利工程基本情况属于工程名录库性质，因此无需结转，上年的工程名录已存在。对有名录的数据，表单一般和名录关联；各级用户按照填报要求录入新增工程，建立新的工程名录；如属于改扩建、毁坏、报废、主要规模发生变动等登记原因，则在原有名录库基础上修改，保存后即完成数据填报。

(3) 水利建设投资统计年报。存在两种结转关系，一种是从当年基建月报（月/中央）中结转；另一种是从上年基建年报（年/中央）中结转。结转后对所有已完工项目进行判断处理，在续建项目修改各项指标，增加新开工项目等。投资项目也属于有名录的数据，表单和名录关联。

（4）中央水利建设投资统计月报。主要从上月或上旬数据进行结转，应用较多。结转后的项目填写进度数据。

（5）水利服务业统计年报。从上年年报数据进行结转，属于单位名录库性质，结转后对需要修改完善的指标进行填报。

二、数据录入

数据录入菜单提供在当前报告期的数据录入、保存、修改；名录的新增、删除；表内的合理性和强制性校验、校验结果展示及精确定位；数据的对比、差值；Excel 导出、打印等功能。同时提供了便捷的小功能，如显示比例、撤销与恢复、全屏模式、清空表单、清理错误颜色、指标解释等。可在表单之间进行切换，如图 15－8 所示。

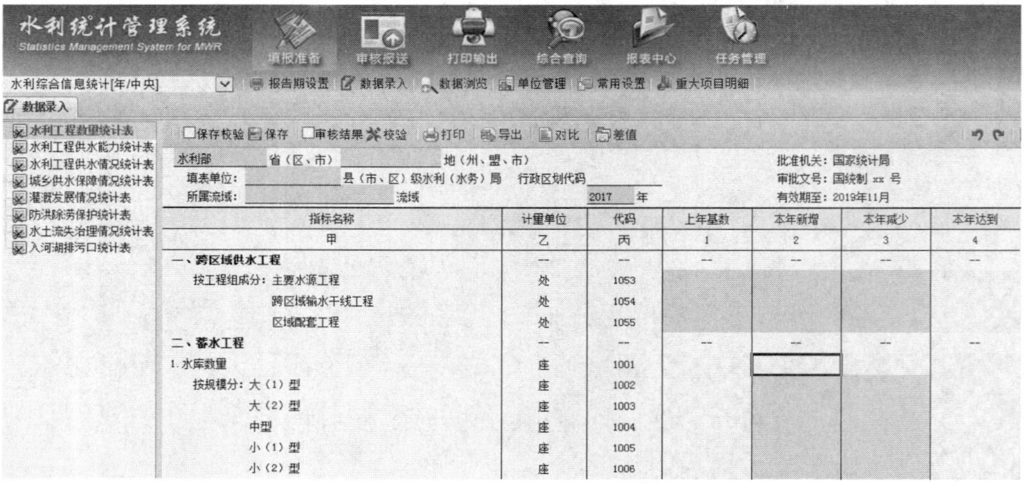

图 15－8　水利基建月报（月/中央）报告期设置

图 15－8 所示淡蓝色的填空区是需要用户填写数据的，“上年基数”如显示为灰色，则表示数据不能改动，用户不能填写数据；“本年达到”显示为灰色，表明数据是由公式计算得到，如本年达到的水库数量应为上年基数＋本年新增－本年减少，故也显示灰色。公式计算一般存在于总项等于分项之和的设定。

系统的数据录入和 Excel 表之间可以由复制和粘贴完成数据的转换，前提是系统的表单指标顺序和 Excel 表的指标顺序一致。此项功能特别适合于水利服务业统计年报中的财务报表的填报、水利建设投资统计年报中的投资进度等数据的填报，方便不能通过系统报数、可发送电子表让其他用户进行填报的情况。

三、数据审核

（一）审核方式与范围

审核方式（校验类型）分成两类，一类是合理性审核，即对存在特殊情况的数据进行合理性质疑询问，如确实符合实际情况，则可以通过继续上报；如水利建设投资统计年报中，“本年新增固定资产投资”如果不为空，那么“本年新增效益”也不为空是一条合理性审核，因为存在本年新增效益不在系统所列分类中该指标为空的情况；另一类是强制性审核，即如不能通过强制性审核关系，则数据无法上报，必须修改正确后才可以上报。如水库数量应等于大（1）型水库＋大（2）型水库＋中型水库＋小（1）型水库＋小（2）型水库，属于强制性审核。

审核范围（校验范围）包括表内和表间两种，表内关系较多，如水利建设投资统计年报中的累计安排投资应大于等于表内的本年计划投资等；同时也需要满足一些表间关系，如水利建设投资统计年报中年建 302 表中的“本年完成投资”应等于年建 303 表的“本年完成投资”。

（二）单条记录审核

数据审核在系统中有两个录入。一是单条记录审核，主要在“数据录入”模块。每当完成一条记录，即可进行数据审核。数据录入时候，表格上面有各种小图标，如图 15－9 所示。

图 15－9　数据录入时的图标

“保存校验”即保存的同时进行数据校验，数据填报后最重要的是先保存，接着审核，再进行修改。数据审核即点选“审核结果”，主要依据系统设定的各种审核关系进行审核。

如单条记录数据审核没有错误，则显示框如图 15－10 所示。

审核方式: 强制性 合理性　审核范围: 表内 表间

N..	校验类型	公式	校验范围	公式说明

没有错误信息!

图 15－10　审核提示框

（三）审核报送

数据审核的第二个入口在“审核报送”模块，适合上级单位对下级单位的所有数据一起进行审核。如图 15－11 所示，“水利部”用户点选某个地区，再选择任务、期别、通过检验类型和校验范围的设置后，点选“开始审核”即可进行批量审核。

如批量审核时，数据存在错误，则界面右侧将出现具体审核执行情况。粉红色的文字表示审核记录均为强制性审核，提示“强制性”校验不通过，则具体点选某一记录进行修改；如显示绿色文字表示校验通过。

同时这一模块还提供了“审核查询”，即列出了本项统计任务中的各种审核校验关系，方便用户了解和学习，如图 15－12 所示。

四、数据报送

在数据录入、数据审核结束后，就可以进行数据报送了。该项功能也在“审核报送”的大模块下面。数据报送模块提供本级的数据上报、申请退回本级已上报的数据和对下级

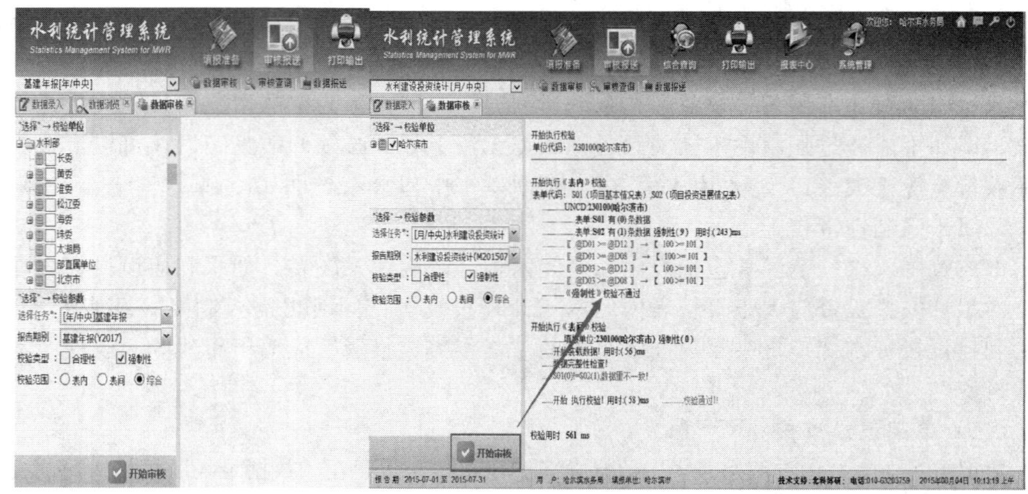

图 15-11 批量审核

水利综合信息统计[年/中央]　数据审核　审核查询　数据报送

数据录入　审核查询

全选 [年/中央]水利综合信息统计　表内　表间　综合　合理性　强制性　审核未通过　提交查询

水利工程数量统计表
水利工程供水能力统计表
水利工程供水情况统计表
城乡供水保障情况统计表
灌溉发展情况统计表
防洪除涝保护统计表
水土流失治理情况统计表
入河湖排污口统计表

No.	公式配置	校验范围	校验类型	公式解释
1	@Eq(@B2001,@B2008 + @B2015)	表内	强制性	全部供水工程供水总供水量 = 全部供水工程供水总供水量：（向区域内供水 + 向区域外供水）
2	@Eq(@B2021, @B2022 + @B2023 + @B2024...	表内	强制性	规模以上水利工程供水总供水量：向区域内供水 = （农业灌溉 + 工业生产 + 城镇生活 + 乡村生活 + 生...
3	@Ge(@B2005 , @B2018)	表内	强制性	全部供水工程供水总供水量：河湖取水泵站工程 >= 规模以上水利工程供水总供水量：河湖取水泵站工程
4	@Ge(@B2009, @B2022)	表内	强制性	全部供水工程供水总供水量：农业灌溉 >= 规模以上水利工程供水总供水量：农业灌溉
5	@Ge(@B2002, @B2017)	表内	强制性	全部供水工程供水总供水量：水库工程 >= 规模以上水利工程供水总供水量：水库工程
6	@Ge(@B2004, @B2019)	表内	强制性	全部供水工程供水总供水量：河湖引水闸工程 >= 规模以上水利工程供水总供水量：河湖引水闸工程

图 15-12 审核查询

上报的数据进行退回，让其修改重新上报；同时还可以通过表单详情直接定位到相应的表单，方便用户查询浏览数据。以水利发展主要指标快报表（半年）统计任务为例，水利部审核各管理单位的数据，状态包括“审核通过”“未审核”“申请退回，等待处理”等。“操作”边上有“表单详情”可点击进行查看，如图 15-13 所示。

任务	批次	管理单位	状态	操作	
(半年)水利发展主要指标快报表	H201702	水利部海河水利委员会	审核通过	退回	表单详情 过程信息
(半年)水利发展主要指标快报表	H201702	淮委	审核通过	退回	表单详情 过程信息
(半年)水利发展主要指标快报表	H201702	水利部黄河水利委员会	审核通过	退回	表单详情 过程信息
(半年)水利发展主要指标快报表	H201702	长委	审核通过	退回	表单详情 过程信息
(半年)水利发展主要指标快报表	H201702	珠委	审核通过	退回	表单详情 过程信息
(半年)水利发展主要指标快报表	H201702	天津市	申请退回，等待处理	退回	表单详情 过程信息
(半年)水利发展主要指标快报表	H201702	河北省	审核通过	退回	表单详情 过程信息
(半年)水利发展主要指标快报表	H201702	山西省	审核通过	退回	表单详情 过程信息
(半年)水利发展主要指标快报表	H201702	内蒙古自治区	审核通过	退回	表单详情 过程信息
(半年)水利发展主要指标快报表	H201702	辽宁省	审核通过	退回	表单详情 过程信息
(半年)水利发展主要指标快报表	H201702	吉林省	未审核	审核	表单详情 过程信息

图 15-13 数据报送情况

数据报送模块进行的“审核”，也是通过系统内设的合理性和强制性审核关系进行审核，上级单位可以发现一些没有通过的合理性审核关系，再向下级用户进行质询。

如以苏州市为例，则可以看到投资任务的上报情况，图 15－14 显示（年）基建年报 2017 年的“审核未通过”，（月）基建月报 2018 年第 1 期的“未录入”。通过数据报送也可以起到掌握下属地区上报状态的一种方式。

任务	批次	管理单位	状态	操作
(年)基建年报	Y2017	苏州市	审核未通过	校核 表单详情 过程信息
(月)基建月报	M201801	苏州市	未录入	表单详情 过程信息
(月)节水供水重大水利工程	M201701	苏州市	上级审核通过	申请退回 表单详情 过程信息
(月)节水供水重大水利工程	M201701	常熟市	审核通过	退回 表单详情 过程信息
(月)节水供水重大水利工程	M201701	张家港市	审核通过	退回 表单详情 过程信息

图 15－14　查看地区数据报送情况

五、数据浏览

数据浏览在“填报准备”功能下，用户可以查看当前任务和报告期下的本级及下级单位数据，这里的数据为实时数据即用户只要填写就会显示，和是否审核或上报没有关系。适用于浏览某地区的全部记录，查看项目的填报状态；也适应于数据填报，如图 15－15 所示。

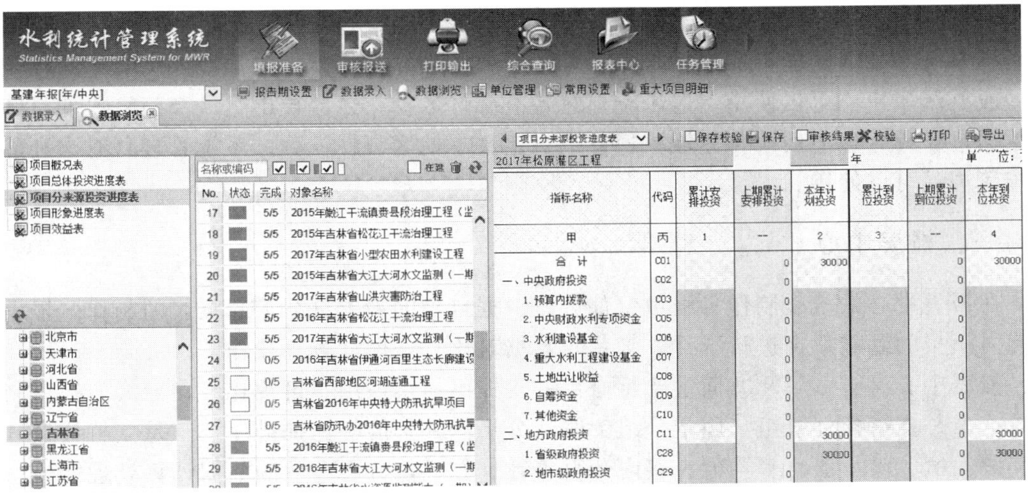

图 15－15　数据浏览

图 15－15 中“状态”中的 3 种颜色方框分别代表新增、空白和已填 3 种状态，可以通过筛选完成项目的选择，更方便项目填报；完成则表示需要填报的 5 张表已填报表数情况。

在本模块功能中也可以进行数据填报、数据审核，区别于“数据录入”的优势是，能够一次显示某地区的多条记录，方便修改和录入。

六、综合查询

该模块包括数据查询、进度查询、进度统计、审核查询、名录查询等。用得较多的是数据查询，如图 15－16 所示，能对本级及下级单位所填写的基础数据进行过滤查询、导出表格等操作；进度统计适用于上级单位对下级单位填报数据进度的查询，可以很清楚地看到各单位的填报状态，对于查看较多单位的填报状态，进度统计优于“数据报送”，更适合于省级和水利部层面。

查询条件可以进行多个关键词的匹配，比如查询“年度下达批次”为 2017 年，“2017 年资金来源”是“农村饮水巩固提升工程”，然后点“提交查询”，即可得到某地区的所有项目数据，也可通过“导出”，生成 Excel 表格进一步处理。该项功能适用于查询某一项目的特殊奇异值等相关问题，能够定位到具体项目。

图 15－16 数据查询

第三节 高 级 功 能

本系统的高级功能主要包括报表中心、任务管理、系统管理等。报表中心中的报表分析一般各级用户均可以使用，适用于汇总各类统计数据，也能导出上级部门需要的签字盖章数据；任务管理适用于各流域、各省级自定义本地区统计任务；系统管理只有水利部和系统管理员可以使用。

一、报表中心

在报表中心的报表制作各级单位都可以根据自身的需求进行汇总报表的制作，报表分析能对填报的基础数据进行统计、汇总、数据对比、差值计算等操作。

报表中心具有以下几方面主要特点：一是提供易学易用、可视化＋向导式的报表制作工具；二是支持指标分组、固定分组、时间分组，并且能够拖拽排序；三是支持计数、求和、最大值、最小值、平均值，表内计算等计算方式，具有高效的数据计算处理能力；四是支持数据反查、数据对比、差值计算的分析，以及导出及打印等功能。

（一）报表分析

一般由水利部编制各项任务的汇总表，为各级用户汇总审核本地区数据提供方便。在报表分析我们能对填报的基础数据进行统计、汇总、数据对比、差值计算等操作，数据的范围为本级及所有下级单位的数据。进行操作前，需要选定报告期和数据范围（选择“更改单位”），如图 15－17 所示。

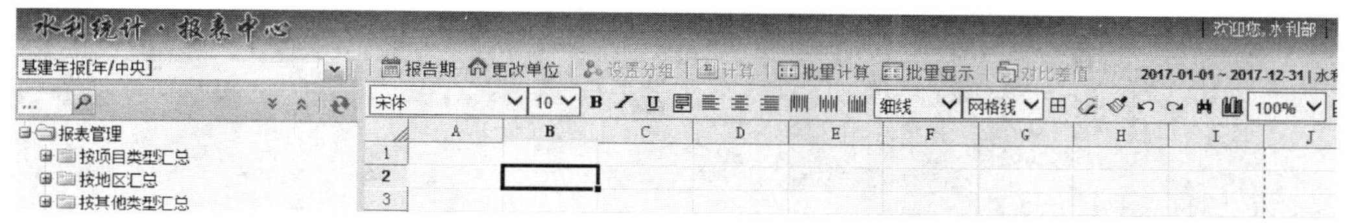

图 15-17 报表分析

适用于各地（市）级、各省级、水利部等对不同地区选择后进行审核，这项功能在月报中使用较多，每次均采用“更改单位”设置审核不同地区数据。“更改单位”设定后，报表分析中的所有表单均按同一数据范围生成汇总数据。

（二）统计报表

统计的是本级及下级所有单位的项目明细表，主要适用于当汇总审核发现问题时，或者对某一地区所有项目（单位）等数据进行一览表审核时均可采用此项功能。此模块可以理解为一定期别、一定条件下的数据查询，优于“数据查询”的功能是能够将该项目的所有表单（即所有指标）均用“导出”的形式生成 Excel 表格；“数据查询”功能则一次性只能导出一张表单，对于数据关联造成一定局限。在查询“中央水利建设投资统计月报明细”“重大项目明细”的时候较为常用（图 15-18）。

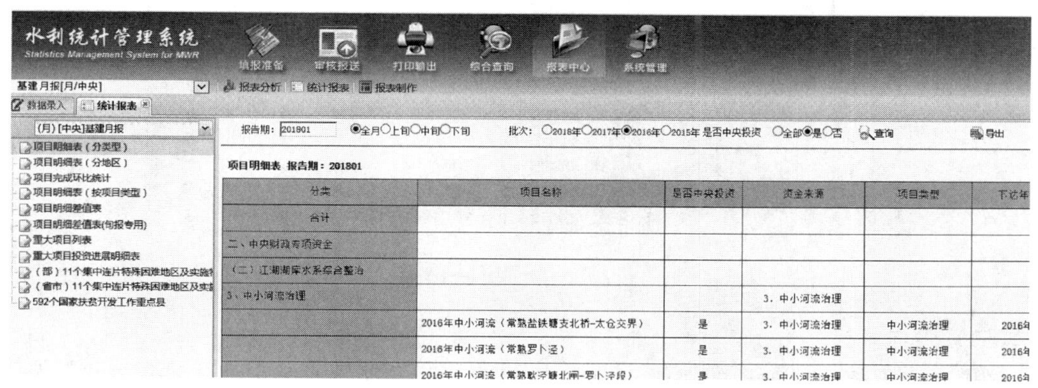

图 15-18 统计报表

（三）报表制作

各级单位都可以制作统计报表，统计报表的显示规则为下级可以看到上级制作的统计报表，上级看不到下级的报表。主要通过“新建报表”“属性设置”等完成报表制作。一般情况下，报表横向为统计指标，纵向为类型分组，需要分别对统计指标和类型分组的属性进行设置。

二、任务管理

任务管理模块主要对中央和省级用户开放，中央和省级能够新建填报任务；管理各自的指标和分类；能将表单和名录关联；管理报告期；还能够添加表内、表间审核公式和表内表间计算公式。主要功能包括报告期管理、表内审核和表间审核（图 15-19）。

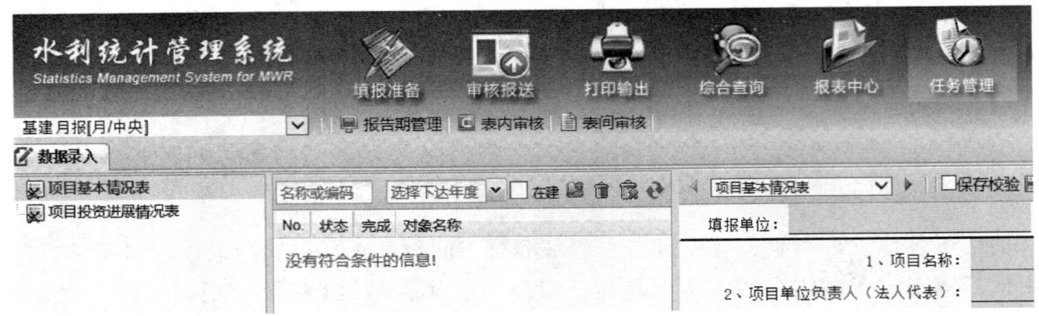

图 15-19 任务管理

（一）报告期管理

提供管理报告期的功能，管理员可以将某个报告期锁定，锁定之后该报告期的数据不能修改，如图 15-20 所示。

报告期管理

[月/中央]基建月报
[月/中央]节水供水重大水利工程
[年/中央]基建年报

锁定 解锁

N...	名称	批次号	开始时间	结束时间	是否锁定
1	基建月报(M20...	M201801	2018-01-01	2018-01-31	否
2	基建旬报12月...	M20171202	2017-12-01	2017-12-20	是
3	基建旬报12月...	M20171201	2017-12-01	2017-12-10	是
4	基建月报(M20...	M201712	2017-12-01	2017-12-31	是
5	基建旬报11月...	M20171102	2017-11-01	2017-11-20	是
6	基建旬报11月...	M20171101	2017-11-01	2017-11-10	是
7	基建月报(M20...	M201711	2017-11-01	2017-11-30	是
8	基建旬报10月...	M20171002	2017-10-01	2017-10-20	是
9	基建旬报10月...	M20171001	2017-10-01	2017-10-10	是
10	基建月报(M20...	M201710	2017-10-01	2017-10-31	是

图 15-20 报告期管理

（二）表内审核

提供表内审核公式管理的功能，如图 15-21 所示，能够对表内公式进行新增、修改、删除等操作，保证表单数据的正确性和合理性。

审核公式 (区域内)审核公式

关键字：公式中包含的关键字，如S1　公式类型：公式类型　是否有效：请选择......

查询 重置

新建 编辑 删除 公式排序

No.	配置公式	审核...	公式说明	公式类型	公式范围	有效性	任务名称	索引代码	管理单位	索引表名称
1	@IsNotNull(@JB07)	1	项目类型不为空	强制性	表内	是	基建月报	S01	0	项目基本情况表
2	@If(@Eq(@JB12 ,"1") && @Eq(@JB09 ,"12") , @I...	1	如果是中央项目并且为2017年下达项目,那么17年下...	强制性	表内	是	基建月报	S01	0	项目基本情况表
3	@IsNotNull(@JB08)	2	所属流域不能为空	强制性	表内	是	基建月报	S01	0	项目基本情况表
4	@IsNotNull(@JB10)	3	项目初步设计或实施方案编审情况不为空	强制性	表内	是	基建月报	S01	0	项目基本情况表
5	@IsNotNull(@JB09)	4	中央投资计划下达年度不为空	强制性	表内	是	基建月报	S01	0	项目基本情况表
6	@IsNotNull(@JB13)	5	是否重大项目必填	强制性	表内	是	基建月报	S01	0	项目基本情况表
7	@IsNotNull(@JB06)	6	项目建设地址不为空	强制性	表内	是	基建月报	S01	0	项目基本情况表
8	@If(@Eq(@JB12 ,"1")&& (@Eq(@JB09 ,"11") ‖ @...	7	如果项目是中央属并且下达年度是15或16年项目，...	强制性	表内	是	基建月报	S01	0	项目基本情况表
9	@IsNotNull(@JB01)	8	项目名称不为空	强制性	表内	是	基建月报	S01	0	项目基本情况表
10	@IsNotNull(@JB12)	9	是否中央属必填	强制性	表内	是	基建月报	S01	0	项目基本情况表

图 15-21 表内审核

（三）表间审核

提供表间审核公式管理的功能，如图 15－22 所示，能够对表间公式进行新增、修改、删除等操作，保证表单数据的正确性和合理性。

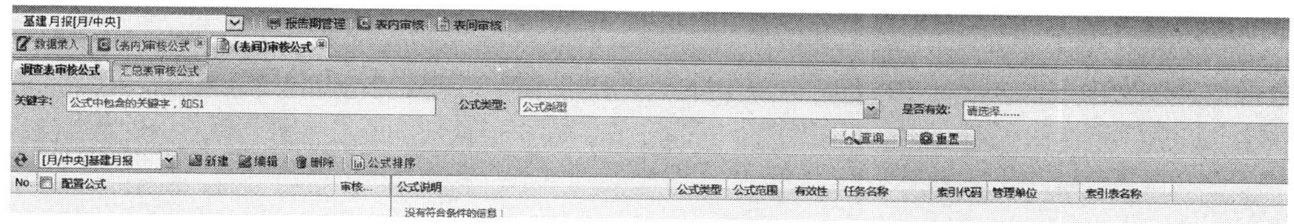

图 15－22 表间审核

三、系统管理

各级用户可以在系统管理（如图 15－23 所示）对已经删除的名录进行清理和还原、进行名录迁移、修改密码等。

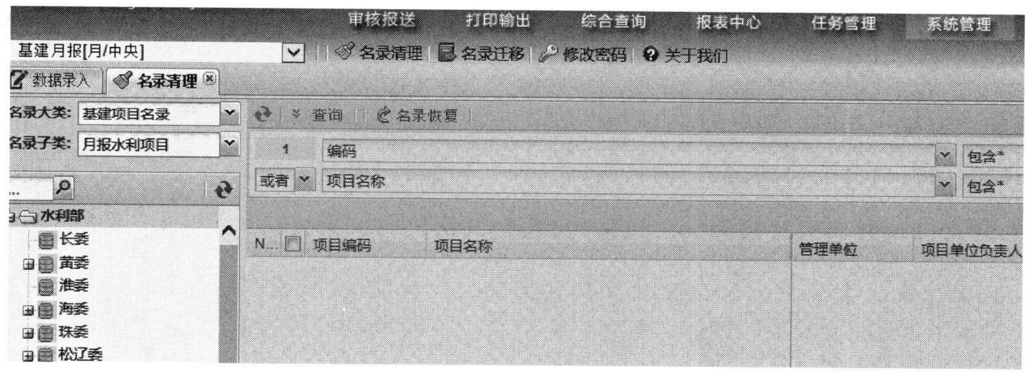

图 15－23 系统管理

在"名录迁移"菜单，如图 15－24 所示，默认能够看到本级及下级单位的名录信息，用户可以在这里对名录进行移动。

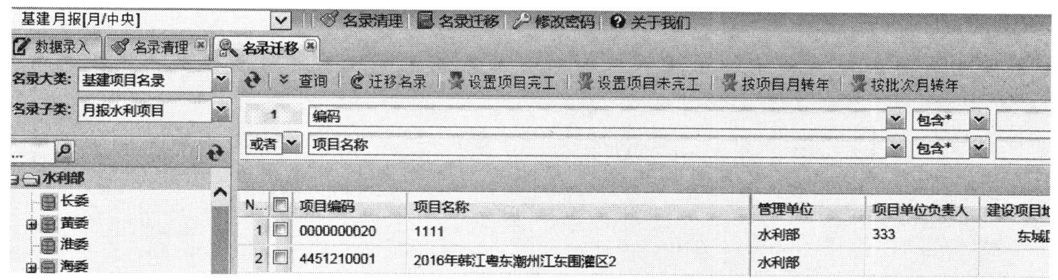

图 15－24 名录迁移

第四篇 研究分析篇

本篇主要展示近年来编者团队组织开展的水利统计相关研究和数据分析成果，涵盖水利统计体制机制、水相关指数及指标体系、水资源环境经济核算以及水利投资成效等方面内容。

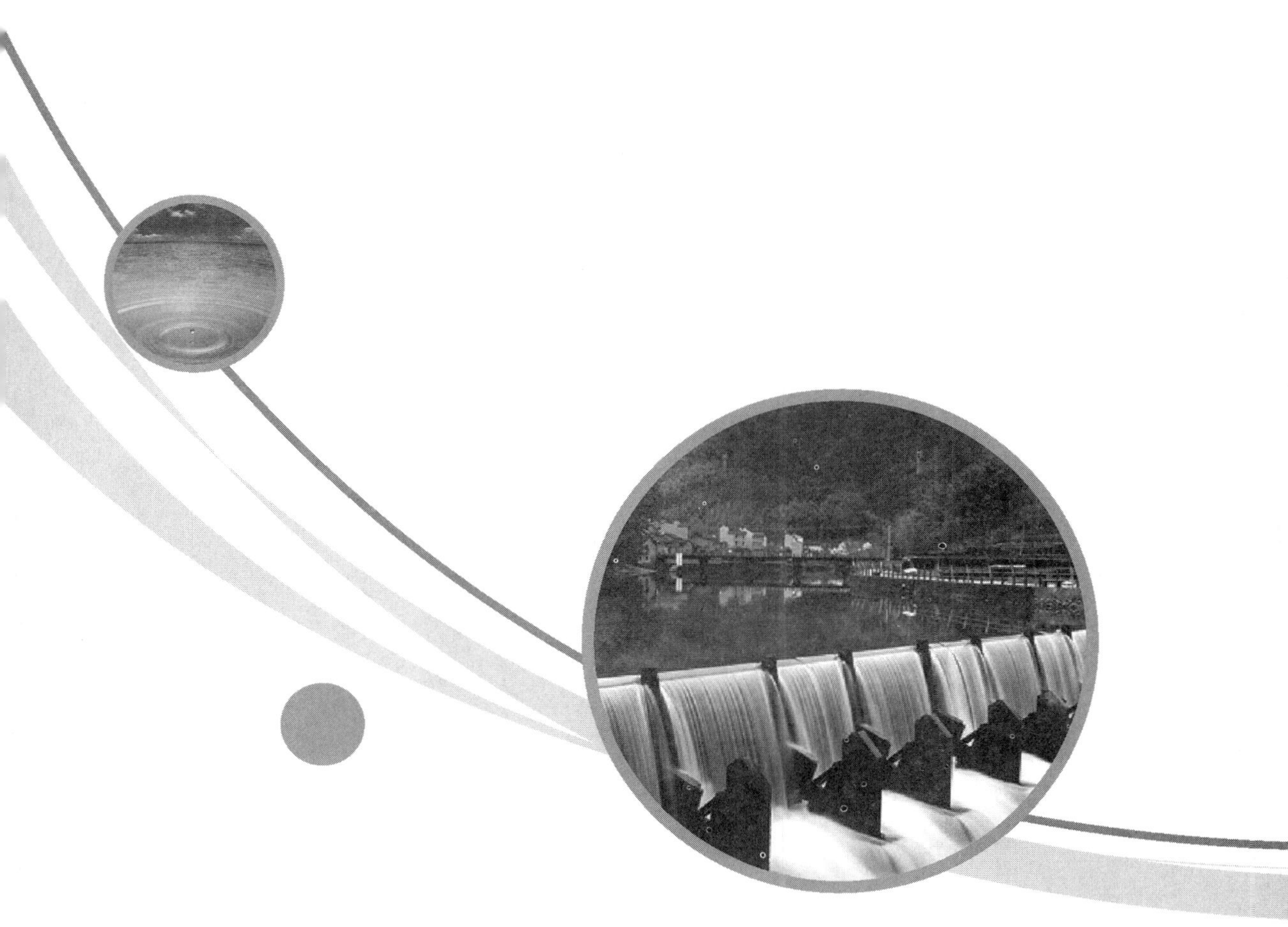

第十六章

水利统计体制机制研究

水利统计是水利工作的重要基础支撑工作，随着我国行政管理体制改革逐步推进和水利事业的迅猛发展，水利统计体制机制也不断健全完善，初步形成了水利部统一管理、各级水行政主管部门分级负责的统计管理体制和水利统计机构归口管理、水利专业部门各负其责、业务支撑单位具体承担的统计工作模式。总体来看，当前的水利统计管理体制和工作模式，比较符合我国的行政管理体制和水利工作实情，为确保水利统计工作顺利实施奠定了良好基础。但在水利统计工作机制方面，与日新月异的水利改革发展形势以及政府职能转变等要求相比，还有较大的改进和提升空间。近年来，按照国家相关改革和政策精神要求，结合水利统计工作实际和需求，编者所在团队组织开展了水利统计工作精细化管理、水利统计应急反应机制等方面的研究工作，为推动水利统计工作机制不断完善提供参考依据和支撑。

第一节　水利统计工作精细化管理研究

精细化管理是我国学者在消化、吸收国外先进管理理念的基础上，提出的一种符合我国实际的管理模式和方法，主要通过完善规章制度和工作安排，细化分工和责任，加强决策、实施和效果的全过程监督、控制和评估，最大限度降低决策失误、执行偏差和投资风险，全面提升工作效率和水平。随着信息技术的广泛应用以及决策过程的规范化、科学化要求越来越高，精细化管理已逐步成为国内政府部门和企业加强管理、控制风险的重要趋势，在很多地方和领域得到广泛应用，并取得良好效果。开展水利统计工作精细化管理研究，将精细化管理的先进理念、方法等运用到水利统计工作各个环节和整个过程，有利于破解当前水利统计工作中存在的突出问题，进一步提升水利统计工作水平，充分发挥统计对水利改革发展的基础支撑作用。

一、精细化管理的内涵及基本要求

（一）精细化管理的内涵

20 世纪 80 年代末、90 年代初，国外先进的管理理念及思想陆续引入我国，并逐步在企业和政府管理中得到了应用。与此同时，我国学者也在消化、吸收国外先进管理理念的基础上，结合实际开展了本土化研究，提出了一些具有中国特色的管理理论和方法，其中比较具有代表性的是精细化管理。

“精细”一词，顾名思义就是“精确而细致”，是相对于粗放而言的，精细化虽然没有一个明确的定义，但并不妨碍对这一用词的理解和使用。

精细化管理就是将某项管理责任具体化、明确化的系统工程。通过规则的系统化和细致化，手段的程序化、标准化、数据化和信息化，使组织管理各单元精确、高效、协同和持续运行，全面提升工作效率和水平。精细化管理通过规范流程、优化资源、量化目标、细化责任、监督控制，实现经营活动的有序竞争，达到目标效益最佳化。精细化管理的内涵可以概括为以下几点：

一是“精”，做精，精益求精，不仅追求把产品做精，也把服务和管理做精；

二是“准”，准确、准时，体现在情报准、判断准、决策准、沟通准、操作准；

三是“细”，细致，体现为把工作做细，把管理做细；

四是“严”，严格控制偏差，严格执行标准和制度。

（二）精细化管理的基本要求

实施精细化管理的基本要求主要包括以下几个方面。

1. 科学化

科学化虽然似乎并不包括在精细化中，但是仔细分析后不难发现，精细化工作的前提是科学化，在科学化的基础上开展精细化，才能达到精细化的目的。如果管理的内容、流程、分工设计不科学，那么开展精细化的管理就是无本之木，越是精细化反而越达不到目的。

2. 细化

细化是精细化管理最主要的措施之一，是实现其他要求的基础。实行精细化管理，首要任务是在明确最终管理目标的前提下，将具体目标、任务、流程、进度、责任细化，使规范、高效的管理行为落实到每一个细微环节，为精细化管理的成功实施奠定坚实的基础。

3. 量化

量化是细化的深入，是实行科学管理的重要手段，是实行严格管理的重要条件，也是实行标准化管理的重要基础。数字是最具说服力的工具。实行精细化管理就要摒弃传统的粗放式管理模式，用具体、明确的量化标准，取代笼统、模糊的管理要求，改变经验式的管理模式。将量化标准渗透到管理的各个环节，以量化的数据作为提出问题的依据、分析判断的基础、考察评估的尺度，使无形的管理变成有形的管理。利用量化的数据规范管理者的行为，并对管理进程进行导引、调节、控制，从而便于及时发现问题，及时矫正管理行为。

4. 流程化

流程化管理是将任务或工作事项，沿纵向分为若干个前后相连的工序单元，将作业过程细化为工序流程，然后进行分析、简化、改进、整合、优化。实行流程化管理要求管理者做好工作流程的建立、改进和完善工作，对已有的工作流程要经常予以审视，有意识的分析改进，使其更趋于合理。要及时与相关人员沟通，使其熟悉流程的各个环节，自觉按流程要求工作，这样就可以大大减少业务运作失误，提高工作效率。

5. 标准化

标准化是实现精细化管理的重要一环，其实质就是通过制定、发布和实施标准，建立共同的和可重复使用的规则，从而实现最佳秩序和效益。标准化要求对每项工作建立细化和量化的标准，用标准来约束工作流程，用标准评估和考察工作成果。没有执行标准，就无法操作，无法检查考核，只有建立了标准，才能使得管理工作有据可依，才能有效避免工作中的随意性。

6. 协同化

精细化管理的重要任务是考虑整体流程中各衔接点、各部分的配合，把工作链、执行链变为责任链，加强内部团队之间的合作，提高组织系统的结构性效率，实现各块资源的最优配置。现实情况是企业和政府机构中的分工越来越细，交点越来越多，而交点往往是盲点，沟通的环节越多，出错的概率就越高。要避免出错，就必须注重协同化。例如，在实物或事务衔接中，衔接的数量、时间、服务方式与质量，衔接双方责任人，衔接的记录与信息流程等，都可作为协同化的内容。精细化管理就是要通过对衔接工作不断细化，改善协作状况，提高整体效率。

（三）水利统计精细化管理的内涵及要求

所谓水利统计精细化管理，就是将精细化管理的基本理念落实到水利统计制度设计、组织实施、成果发布、应用等各个环节，按照精细化管理的基本要求和内容，完善制度规则，加强全过程管理，建立流程清晰、机制健全、责任明晰、监督有效的统计工作新机制。推进水利统计精细化管理，既要体现精细化管理的基本要求，也要结合水利统计工作的特点和现状，需把握好以下几点。

1. 重视科学，因地制宜

根据水利统计工作的性质，把握其特点，按照管理的科学规律，把精细化管理的内涵和水利统计工作自身的特点有机地结合，制定一套切实有效可行的水利统计精细化管理的管理体系和方法，有力地推进水利统计工作的效率和水平。

2. 健全制度，岗责完善

要根据水利统计工作的发展现状，不断细致深入地研究制定各种针对性强、操作性强、检查评价容易的工作标准、工作规范和工作制度，不断完善统计管理制度。要从体制机制上完善岗位设置，明确分工，保证权责一致，促进责任落实，做到分工明确、协调配合。

3. 流程合理，衔接良好

合理的管理流程，是水利统计精细化管理的基础。按照精简程序、理清环节、分清责任、明确标准的要求，健全和优化管理工作流程，在流程设计中做到目标明确、环节清晰，形成上下互动、左右联动、环环相扣的有机链条，努力实现各环节间的“无缝”链接，有机配合，信息共享，既相互促进又相互制约，既提高效率又减少差错。

4. 加强监管，有效评估

新形势下开展水利统计工作，必须重视评估和监督机制建设，做好评估方法和监管方式的创新，充分运用各种监督评价手段，加强监管，让监督措施真正起到“奖优、治庸、罚劣”的作用。

二、水利统计工作存在的主要问题

面对新形势、新要求，水利统计工作还有许多不适应的地方，存在一些亟待解决的问题。主要有以下几个方面。

（一）水利统计数据的质量仍有待提高

一些省份的统计数据随意性和倾向性非常明显，有时连续两期的报表数据跳跃性很大，年际数据衔接度不够，有些地区还经常会出现基础性错误，甚至存在人为随意改动数据的现象，数据质量不高仍然是目前水利统计工作的薄弱环节。

（二）统计规定执行力不强

对于现有的制度和规定，存在执行走样的问题。比如，按照文件规定，通过信息系统报送统计数据的同时要报送领导签字盖章的正式文件，年报报表要提交报表说明文字和审核错误明细表，但执行起来总有几家单位未能按要求报送，给审核数据带来一定的困难。

（三）水利统计指标体系仍不健全

统计设计是统计工作环节的第一步，是完成统计调查的基础，直接影响到数据的填报和汇总，影响到数据分析。当前的水利统计指标体系还不够规范，有的指标比较陈旧，有的指标设计有歧义，有的缺乏标准解释，有的未明确计算方法，有的统计调查口径和范围界定不清晰；指标体系设置尚不能满足新时期加快水利改革发展的要求。比如，在水利投资全口径统计、最严格水资源管理、水利现代化指标统计等方面还存在空白点。这些问题多是在历年统计工作中逐渐留存并积累下来的，需要充分予以重视，逐步加以规范。

（四）调查方法和技术手段仍较为单一

一是调查方法比较单一。当前主要采用的仍是逐级填报的全面调查方式的报表制度，全面的水利普查尚属首次，而一些统计工作量大、缺乏基础监测记录信息的指标更适合采用典型调查和抽样调查的方法，这类调查统计开展较少。二是审核数据的方式还不够全面。目前主要审核还集中在汇总阶段，数据的录入等中间过程相应的方法较为缺乏，汇总阶段的审核仅依靠会审未能加入调研、复核、评估等技术手段。三是统计技术规程规范不健全。基层统计台账建设、统计数据存储和管理等工作规范化制度化建设仍显不足。

（五）多头统计重复统计现象依然存在

统计业务分散管理、统计与相关部门联系不紧密等导致统计数据难以整合利用的情况还没有彻底改变。一是统计对项目建设规划、投资计划下达等情况掌握不清。各地区的规计部门不注重把项目批复和下达投资计划等文件签发给统计员备档，造成投资建设统计时无源可查，对数据审核把握难度加大。二是统计与相关业务部门沟通不足。统计人员与业务处室沟通协调不够，缺乏有效的共统共审的机制，造成多头统计、重复统计、交叉统计。三是统计数据共享利用不充分。每年通过水利发展统计公报、水利统计年鉴等方式向社会发布的统计数据仅为小部分，其他统计指标数据因为各种原因未能公开发布。

（六）统计数据分析应用仍显薄弱

当前，各部门、各级领导日益重视用数据展示成绩、反映问题，对统计数据的需求更加强烈，相比需求而言，在数据资料整理汇编和分析应用上仍显薄弱。一是汇编整理成果形式较少。主要还停留在基础数据的整理和汇编，公报、年鉴是成果的主要应用方式。二是提供统计服务领域较窄。对不同部门数据需求了解不深，主动整理提供数据或联合开发数据资源的情况不多，形成有特色有影响力的成果不多。三是深入统计分析不足。在历史数据的总结分析和深度发掘不同区域和行业的对比分析、未来趋势的预测分析等方面还存在差距，统计数据价值未能得到充分挖掘和发挥。

三、国内外精细化管理经验借鉴

对国内外的政府管理机构、企业实施精细化管理的做法和经验进行梳理、总结和归纳分析，为更好地实施水利统计精细化管理提供参考和借鉴。

（一）国内精细化管理实施情况

精细化管理近年来在我国风起云涌，在部分企业、城市及行业管理中得到探索应用和推广，积累了一些经验和成果。

1. 企业精细化管理

精细化管理在我国企业中的应用较多，基本上覆盖了人力资源管理、行政管理、财务会计管理、项目管理、采购管理、成本管理、设备管理、生产管理、仓储管理、物流管理、质量管理、营销管理等企业经营必需的各环节。企业主要的精细化途径包括以下内容。①细化量化。根据工作需要合理设置工作岗位，明确每个岗位的工作职责，把岗位的工作目标化，把目标的实现流程化，把流程化的工作细化，进而量化每一个工作细节的效率要求、成果数量和评价标准。②流程设计。编制作业指导书，设定每项工作从开始到结束的完整流程，明确每一步骤的工作内容和方式，简洁明了的告诉工作人员如何做。明确工作环节之间的衔接，流程设计要注重各部门之间的协作关系，避免出现断节的情况。③制度建设。建立明晰的制度规范各个工作环节，按照细化量化的要求，在制度建设过程中做出相应的规定。同时，重点抓好制度的落实，严格按照制度办事，做到用制度约束人，用制度管理人，用制度培养人。④标准化建设。建立各项工作的工作标准，通过标准的建设使企业在生产经营活动中有章可循，使管理者有据可依，促使企业的管理和生产规范化、标准化、制度化，提高企业的生产效率和管理水平。

中国电信公司通过细分客户类型，合理定位目标客户，利用精细化营销的理念来指导政企客户市场的营销工作。首先通过对客户价值、客户忠诚度、客户与竞争对手的关系 3 个方面的分析实现目标客户的定位，对用户进一步细分，深挖不同类型用户的需求，相应的提供不同类型的标准化产品，从规范性、可感知性和持续性 3 个方面来提升服务水平。

国美电器通过《国美经营管理手册》将整个企业的经营活动规范成为了一套严格的定岗分工责任系统，在这个系统中，管理如同流水线一般，每个人都是流水线上的一个零件，他的职、权、责被明确界定，大家各司其职。这本手册将各个体系、各个部门、各个层级、各个岗位的工作都作了详细描述。细到每个岗位上的人一看到这本手册，就知道该干什么、怎么干、做到什么标准；细到每一个行动、每一件事情，第一步做什么，第二步要做什么，第三步要做什么，都非常详细和清晰。

焦作市新时代高速公路有限公司建立了“五精四细”的精细化管理办法，提高高速公路收费站的工作效率。“五精”是精神、精华、精髓、精通、精密。精神是敬业精神，建立以客户需求为核心，高效、便捷、顺畅、细致的服务体系；精华是指要有核心竞争力，工作水平位列业内前茅；精髓是指构建“和谐”收费站；精通是指加大员工培训，做到从站长到每一位收费员都精通每一份政策文件，精通每一笔收费业务；精密是指把各项工作分工落实到人，精密的分工保证执行力。“四细”包括细化制度、细化岗位和职能、细化分配每一项任务、细心对待每一位过往司机 4 项内容。

2. 财政部门的精细化管理

随着我国行政体制改革的不断深入，精细化管理在一些部门也逐渐得到了应用，为相关领域行政效率的进一步提高提供了有力支撑。特别以财政部为代表，早在 2007 年发布的《关于 2008 年中央部门预算编制有关问题的补充通知》（财预〔2007〕436 号）中就提出了预算精细化的原则。之后一系列的规定分别对预算、资金、支付、财政监督、财政信息化等方面的精细化管理提出了要求。

2009 年 9 月，财政部出台了《关于推进财政科学化精细化管理的指导意见》（财办〔2009〕37 号）（简称《意见》），对推进财政科学化精细化管理作了全面部署。《意见》指出，推进财政科学化精细化管理是落实科学发展观的必然要求，是新形势下做好财政工作的迫切需要。科学化、精细化管理是一个有机的整体，科学化管理是精细化管理的前提，精细化是在科学化指导下，按照统筹兼顾的原则，把科学化管理的要求落实到财政管理各个环节，落实到财政干部的岗位职责，体现集约管理、注重效益的要求。《意见》将科学化、精细化管理的内涵与财政工作紧密结合起来，提出了财政科学化精细化管理的基本要求，包括突出依法理财、注重流程设计、完善岗责体系、加强绩效考核、健全配套制度、运用科技手段、坚持以人为本等方面。

《意见》对推动财政领域各方面工作的科学化精细化进行了详细的阐述。第一是要健全政府预算体系；第二是要加强预算编制管理；第三是要强化预算执行管理；第四是要严格财政监督；第五是要推进财政法制建设；第六是要加快财政管理信息化建设；第七是要加强管理基础工作和基层建设；第八是要提高组织保障水平。

《意见》出台后，财政部相继制定了一系列规定落实科学化、精细化各个方面的要求，包括《财政支出绩效评价管理暂行办法》（财预〔2011〕285 号）、《关于推进预算绩效管理的指导意见》（财预〔2011〕416 号）、《财政部关于进一步做好预算信息公开工作的指导意见》（财预〔2010〕31 号）、《国际金融组织贷款赠款项目财务管理暂行办法》（财际〔2011〕10 号）、《中央本级项目支出定额标准管理暂行办法》（财预〔2009〕403 号）、《医院财务制度》（财社〔2010〕306 号）、《医院会计制度》（财会〔2010〕27 号）、《基层医疗卫生机构财务制度》（财社〔2010〕307 号）、《基层医疗卫生机构会计制度》（财会〔2010〕26 号）等。

3. 水利行业推进精细化管理的探索

长期以来，水利行业也在精细化管理方面不断探索，部分领域已经取得了一定的成绩，主要包括水利工程施工项目精细化管理、水利工程管理的精细化、水利预算项目精细化管理等方面。

水利部预算执行中心在提高水利预算项目精细化管理水平方面采取了一系列有效的做

法。一是以项目库滚动管理为核心，打牢项目管理基础，建立水利部和二级单位两级项目库，各单位按照统一的格式申报项目，同时做好 3～5 年的预算项目规划，规划中的项目纳入项目库，实行滚动管理。二是以项目全生命周期管理为重点，形成完整的管理工作体制机制，建立“规划先行，专家评议，课题竞争，公开招标，注重实效”的预算管理新模式。三是以信息化为推动力，建成和完善水利部中央级预算项目管理系统，改善项目管理的方法手段，努力提高项目管理的效率和水平。

海河水利委员会编制了“海委规划计划工作平台”，为海委的规划计划工作提供了支撑和指导，是精细化管理理念在水利规划计划领域一次很好的实践。该平台将水利规划计划工作各方面工作内容、工作要求和工作流程做了非常细致的介绍。例如，在项目立项方面，对委直属水利基本建设项目从提出立项申请到项目前期工作技术文件的编制、审核、申报、审查和批复等环节均做了详细规定；在投资计划管理方面，细化并明确了委直属项目年度投资建议计划编制、审核上报、年度投资计划下达、调整、执行监督等工作程序和要求。

天津市水务局在引滦入津工程等重大枢纽工程管理中积极推行精细化管理。一是实施岗位聘用制改革，变身份管理为岗位管理，将部门划分为职能管理、运行操作和维修养护 3 类，将工作岗位分为技术岗、管理岗、工勤岗三类，并编制岗位说明书，确定岗位的工作内容、权利和责任，建立与岗位相对应的薪酬体系；二是对业务流程进行梳理整合，建立健全管理制度体系，争创国家级水管单位；三是建成引滦入津工程管理信息系统，实现泵站水闸远程自控、数据自动采集、输水安全在线预警、输水过程全程监视、业务工作程序化管理以及网上办公，提升现代技术应用水平；四是创建学习型组织，提高干部职工的能力素质，制定并实施人力资源发展规划和年度培训计划，建立以师傅带徒弟、技能比武、岗位练兵、专业技术培训等为主要内容的人力资源培训体系。

（二）国外精细化管理实施情况

国外并没有精细化管理的准确表述，但是精细化管理的理念在西方发达国家的应用较多，有着比较成熟的做法和应用。

1. 美国

美国政府高度完备的预算内容和预算内容安排所体现出的政府对纳税人的高度负责诠释了预算精细化的重要意义。美国 2009 财年联邦预算由正文、分析视角、历史表格、附录 4 个部分组成，正文内容突出了国家总体战略以及财政发展前景，尤其强调了对财政支出绩效的管理，通过对财政资料的历史对比与未来预测，清晰地展示出国家财政的变化趋势，为政府“减税、削减无绩效支出、加强政府支出的透明与可问责、优化社会保障”等重点预算建议提供了数据支撑，在联邦各行政机构的预算中，每个机构都重点陈述本机构的预算年度支出目标与绩效、资金节省状况以及往年财政支出实现的效果，而正文中只是指导性的原则和概括性的数据，更详细的项目资料和数据信息则体现在分析视角、历史表格、附录三份文献中，这 3 份预算解释性文献将联邦预算中的所有支出按照性质、功能、机构、绩效进行了历史对比与未来预测，使政府在本财年的资金安排计划与安排细致清晰地展现出来。美国政府财政预算的精细化编制很好地实现了增进预算的透明度、可理解性、精细度、可信度、支出控制等目的。

美国田纳西河流域管理早在20世纪30年代就已开始，1933年美国国会通过《田纳西河流域管理局法》，依照该法成立了田纳西河流域管理局对该流域进行管理。通过长期以来的不断修订，已经形成了较为完整的法律架构。该法案在法律的高度上对该对管理局的职责、人员组成、任免制度、下属机构的组建等都做出了极其明确的规定，并且赋予了管理局高度的行政管理权力，同时以法律形式明确了流域管理局与其他机构和私人的协调关系，规定出了限制和罚则，对管理局的行政、经营、管理制度和工作方法都做出了明确规定。依照该法，田纳西河流域的管理通过2个机构实现，田纳西河管理局董事会和地区资源管理理事会。董事会由3个成员组成，行使管理局的一切权力，董事会成员由总统提名，国会任命，任期5年，直接向总统和国会负责。地区资源管理理事会是具有咨询性质的机构，目的是提供咨询性意见，促进地方参与流域管理，其成员包括流域内各州的州长指派的代表，流域内各相关行业的代表，以及地方各社区的代表，通过这种构成方式体现了对各个利益诉求方广泛的代表性。

2. 加拿大

精细化管理要以系统的标准为依据，标准化是精细化的重要组成部分。加拿大1998年启动标准化战略计划，全国各个行业和组织的有关人员参与了标准化战略的制定，1999年向社会公开草案征求公众意见，2000年公布了最终方案。该战略为促进加拿大友好的经济、社会和环境提供了必要的标准化措施和指南。比如，温哥华各个小市区的路牌底色和字的颜色是不同的，而同一个小市区内都是相同的，这就带来了很大的方便，看到不同的颜色就知道进入了哪个小市区。路牌的路名也是按标准化的要求定的，东西走向都统一叫大道，南北走向的统一叫街，用数字编号，叫第几大道、第几街，这既方便了游客，也便于进入电脑数字化管理。

3. 国外其他先进的流域管理

美国田纳西河流域管理早在20世纪30年代就已开始，1933年美国国会通过《田纳西河流域管理局法》，依照该法成立了田纳西河流域管理局对该流域进行管理。通过长期以来的不断修订，已经形成了较为完整的法律架构。该法案在法律的高度上对田纳西河流域管理局的职责、人员组成、任免制度、下属机构的组建等都做出了极其明确的规定，并且赋予了管理局高度的行政管理权力，明确了流域管理局与其他机构和私人的协调关系，规定了限制和罚则，对管理局的行政、经营、管理制度和工作方法也做出了明确规定。依照该法，田纳西河流域的管理通过两个机构实现，田纳西河管理局董事会和地区资源管理理事会。董事会由3个成员组成，行使管理局的一切权力，董事会成员由总统提名，国会任命，任期5年，直接向总统和国会负责。地区资源管理理事会是具有咨询性质的机构，目的是提供咨询性意见，促进地方参与流域管理，其成员包括流域内各州的州长指派的代表、流域内各相关行业的代表以及地方各社区的代表等，通过这种构成方式体现了对各个利益诉求方广泛的代表性。

法国曾实行以省为基础的水资源管理，然而1964年法国颁布新《水法》，建立了以流域为基础的水资源管理体制，1992年对《水法》又进行了修订，确定了水资源集中管理的主要机构是流域委员会和流域水管理局。法国的流域委员会相当于“水议会”，由流域内有关行政区的地方官员代表、中央政府部门代表、用水者和社会组织的代表及学者和专家组成，主席由这些代表选举产生，旨在增强水资源开发利用决策中的民主性。委员会为非常设机构，每年召开 1～2 次会议，对流域长期规划和开发利用方针、收费计划提出权威性咨询意见，并通过相关决议。流域水管理局是流域委员会的执行机构，具体行使法律和流域委员会赋予的流域管理职能。

（三）国内外精细化管理经验的启示和借鉴

通过对国内外不同领域实行精细化管理的经验和效果进行分析，可以给水利统计工作带来以下几点启发。

1. 精细化管理是经济社会发展的必然要求

通过对国内外不同行业精细化管理实践的分析可以看出，精细化管理已经逐步得到公认，实施精细化管理是各类机构和单位的共同趋势。实行精细化管理能够显著提高工作效率，是现代经济社会发展必然的要求。水利改革发展不仅事关防洪安全、供水安全、粮食安全，而且关系到经济安全、生态安全、国家安全，2011 年中央一号文件要求把水利工作摆上党和国家事业发展更加突出的位置，这就要求我们加强水利统计工作，推动水利统计工作精细化管理势在必行。

2. 精细化是一个完整的系统工程

精细化是一个完整的系统工程，需要建立一个以精细化管理为理念的指导意见，构建以工作内容精细化为核心、日常管理精细化为基础的精细化管理体系。财政部发布《关于推进财政科学化精细化管理的指导意见》对整个财政预算体系精细化管理的开展提供了依据，住房和城乡建设部以《中华人民共和国城乡规划法》为根本依据，细化各种不同类型城乡规划的管理办法，提供了实现城乡规划精细化管理的基础保障，加拿大政府发布的标准化战略为该国经济社会环境的精细化管理提供了指南。水利统计工作不仅是水利工作的重要基础支撑也是服务和支撑经济社会发展的重要基础工作，因此有必要用指导意见规范和引导精细化管理。

3. 精细化管理体系的核心基本一致

精细化管理的内容虽然多样，但核心基本一致，就是以细化、量化、流程化、标准化、协同化为核心框架的管理体系。通过分析国内外不同类型的机构和单位开展精细化管理的实践和经验，可以看出采取的方法无外乎就是通过细化责任和分工，量化各种约束指标，明确各类标准和规章制度，设计科学的工作流程，做好工作过程中的衔接协作等。在推进水利统计精细化管理的过程中也应该以细化、量化、流程化、标准化、协同化为核心内容。

4. 精细化是一个逐步系统、完善和细化的过程

精细化不是一时之功，需要在实践中不断完善。从国内外的经验来看，某一机构或单位都不可能依靠某一项规定来实现精细化管理，精细化管理的实现必须依靠一系列制度的建立和贯彻，逐步建立完善的系统来实现。财政部在出台《关于推进财政科学化精细化管理的指导意见》之前就已开始推动精细化管理，《指导意见》发布之后又陆续推出一系列规章制度来推进和完善财政预算的精细化管理体系。住房与城乡建设部的城乡规划精细化管理体系是以《中华人民共和国城乡规划法》为核心，由各种不同类型规划的管理办法共同组成完整体系。

需要注意的是，不同行业和不同类型的机构或单位实行精细化管理的方法和措施各不相同，侧重点也不一样，需要结合水利工作实际来推进水利统计工作精细化管理。

四、加强水利统计精细化管理的对策措施

针对水利统计工作存在的不足，按照水利统计精细化管理内涵及要求，借鉴国内外相关政府部门及企业的精细化管理经验，研究提出加强水利统计精细化管理的总体思路和对策措施。

推进水利统计精细化管理，要抓好以下几个关键点。一是突出制度建设。完善水利统计工作相关制度，保证各工作环节能够依规办事。要将工作中采取的有效做法通过建立和完善制度的方式稳定下来，使各项工作有章可循，同时根据水利统计工作的发展形势不断健全各项工作规范。二是注重流程设计。以精简程序、理清环节、分清责任、明确流程为原则，健全和优化水利统计工作流程，形成环环相扣的有机链条，努力实现各工作环节之间有机合作，信息共享，既相互促进又相互制约，既提高效率又减少差错。三是完善岗责体系。按照有岗有责、权责对等的基本原则，建立健全岗责体系，从机制上保证权责一致，促进责任落实，确保严格按照管理标准和工作规范，优质高效地完成本职工作。四是加强绩效考核。要根据岗责体系的要求，按照奖优、治庸、罚劣的原则，合理确定考核标准，坚持定性与定性考核相结合，强化考核结果的运用，积极推进水利统计工作绩效考核，促进工作效率的提高，保证制度的落实、流程的顺畅、岗责体系的有效。五是运用科技手段。水利统计工作精细化要求运用先进科学技术，大力推进信息化、网络化建设，以信息化、网络化推动精细化，建立环节畅通、标准统一、功能完善、安全可靠、覆盖统计工作各个流程、与项目规划、前期、投资计划等工作衔接良好的信息系统，努力创新水利统计工作方式，提高工作质量和效率。

（一）健全水利统计工作管理体系

1．强化综合统计机构的职能

水利统计工作实行统一管理、分级负责、相互协作的管理体制。水利部规划计划司下设综合与统计处，综合与统计处作为水利部综合统计机构负责全国水利统计工作。综合统计机构应加强对业务司局统计工作调查的梳理，明确统计工作的各项环节必须由综合统计机构全面负责、统一协调。综合统计机构应组织各司局开展统计调查项目的设计，并由综合统计机构上报国家统计局，完成调查项目的备案或审批。水利统计数据应由综合统计机构对外统一公布。

2．规范水利统计工作内容及流程

按照精细化的要求对水利统计工作的基本内容及主要流程进行规范。基本流程为：①提出水利统计调查计划，编写调查方案；②确定统计指标、调查报表、调查方法和方式，开展统计调查；③根据调查方案，确定采取的调查手段，同步更新统计信息系统，并完成测试；④逐级下发水利统计报表制度通知；⑤调查对象按调查制度要求开展调查，完成基础数据采集；⑥基础数据审核汇总，逐级上报；⑦完成数据汇总发布工作，开展统计分析；⑧考核评价数据质量并进行抽查。

3. 提高水利统计工作机构和人员的保障水平

各级水行政主管部门应明确承担水利统计工作的具体机构和专职或兼职统计人员，有条件的地区可设置统计工作技术支撑单位，在水利统计机构委托和指导下承担水利统计具体工作。各级水利综合统计机构应承担本级水利统计工作的综合管理与业务协调等工作，组织统计设计、开展统计调查、完成统计整理、发布统计数据。各级水行政主管部门应确定至少一名专职人员从事水利统计工作。

（二）建立健全各项工作制度，加强规范化建设

1. 修订水利统计管理办法

《水利统计管理办法》是为科学、有效规范和组织水利统计工作，加强水利统计工作的监督管理，提高水利统计工作的整体效率，保障水利统计资料的真实性、准确性、完整性和及时性的一项具体管理办法。加快修订《水利统计管理办法》，使各级水行政主管部门能以此为指导和依据开展水利统计工作。

2. 建立培训上岗制度

水利统计工作要求具备水利专业、投资计划、统计理论和计算机等多方面知识的复合型人才参与，要求建设一支专业、全面、高素质的队伍。针对新进人员，要特别建立培训上岗制度。首先要参加部级综合统计机构的新进人员岗位培训，完成规定学时的学习，全面了解水利统计工作；其次每年要参加水利部举办的定期专业培训；要在当地完成统计机构举办的统计专业培训，取得统计人员上岗证。辅之培训上岗制度，各级水利统计机构还应建立统计人员变更时的工作交接制度，以保证统计工作和统计数据的有效衔接。

3. 加强水利统计数据质量的评估和检查

开展统计数据的评估和检查有利于提高统计数据质量。把水利统计数据质量作为评估统计工作实绩的重要内容，坚持定性分析和定量分析相结合，上级考查和基层自查相结合，督促各单位提高认识。统计数据的检查可由部级综合统计机构组织，各流域委协助开展，采用抽查方式，到基层单位或现场复核数据，从错填率、误差率、完整性、合理性、全面性等角度进行数据质量的全面评估。

4. 建立和完善水利统计工作的评比考核

水利统计工作的评比考核制度实际上是提高统计工作水平、提高统计人员积极性的激励机制。将从各单位数据报送、数据质量、评估复核以及参与工作积极性等方面进行评比，制定评分标准、评分权重、评分办法及组织形式等具体实施细则，年终由水利部规划计划司统一组织，评比打分，对排名靠前的单位采取多种形式进行表扬与奖励，排名靠后的单位采取通报批评、与下一年度投资计划安排挂钩等形式予以惩罚。投资计划安排工作挂钩。

（三）强化投资计划管理支撑，提高业务水平

1. 做好水利建设项目单位的登记及管理工作

水利建设投资统计的基础数据是由基层项目建设单位统一采集的。中央投资计划较易掌握，可从上至下进行计划追踪，地方安排的水利建设项目的统计相对来说并不规范。按照 SL 620—2013《水利统计基础数据采集技术规范》的相关规定和要求，进一步明确水利建设项目单位应到各级水行政主管部门进行登记备案，完成登记后即开始对水利建设投

资进行统计。同时应与同级统计机构加强沟通合作，掌握水利建设项目单位的基本情况。

2. 参与投资计划编制与追踪工作

水利统计工作与投资计划工作密切相连。统计人员应参与到投资统计的安排和编制中，特别应了解投资计划项目库的内容，了解年度上报计划以及投资计划的最终使用情况，才能更好地完成投资计划的追踪和管理，提高审核投资统计数据的能力。尽可能参与水利工程竣工和验收等工作，了解投资与效益的关系，并发挥统计数据的支撑作用。另一方面，应利用统计数据加强投资计划的考核，充分发挥统计的监督作用，督促投资计划的尽快分解下达、落实和完成。

3. 实行统计岗位轮换制度

岗位轮换能够考查统计工作人员的适应性，开发统计工作人员的多种能力、提高换位思考意识。水利统计工作岗位是一种服务性质的岗位，涉及面广，要与业务部门、统计机构和外部门打交道，是多面手的要求。为了更好地适应工作，应建立统计岗位轮换制度，统计人员应熟悉水利各方面业务工作，有利于统计工作的顺利开展。

（四）推动信息化建设，不断提高统计技术水平

1. 建设统一的数据采集和处理软件

实现统计信息化，能够提高统计管理的标准化、规范化水平，有效减少中间环节对统计数据的干扰，切实保障统计数据质量，减轻调查对象负担。利用现有的网络体系，整合各专业统计信息系统，开发建立各专业统一的、方便使用的数据采集处理软件平台。特别要加快水利统计直报系统升级改造，使基层调查对象能够利用直报系统提高工作效率。

2. 建立数据交换和共享机制

打破统计数据壁垒，实施数据共享，是提高信息发展水平的重要途径。一方面应建立与外部门的数据交换和共享机制。可以充分利用各级统计机构的基础统计数据。如分县市社会经济统计资料，经济普查各类单位数据等，研究并建立与水利业务有关联部门的数据交换和共享机制；另一方面应建立内部业务部门的数据交换和共享机制。建立水利统计数据信息平台；在统一平台和数据交换共享机制的保障下，设计并建立统一的数据库结构，以保障能够充分实现和满足数据交换和共享的要求。

第二节 水利统计应急反应机制研究

我国经济社会发展正处于一个新的历史发展阶段，水利支撑经济社会发展的作用越来越显著，对水利建设、管理和改革的要求越来越高。在水利支撑和服务经济社会发展的过程中，由于国内外经济形势的变化，水利行业作为贯彻落实国家宏观经济政策调控目标的重要领域，发挥着不可替代的社会管理和公共服务职能作用，需要对各类投资、建设、管理等各类活动和行为进行动态的、适时的掌握，并进行相应的决策，同时要对各类涉水突发事件及时了解和处置，因此开展临时性、应急性的信息收集和数据统计工作越来越多。这些都对水利统计工作提出了更高的要求，要求水利统计具备相应的应急能力，建立高效的应急统计工作机制。

一、研究背景和意义

（一）研究背景

近年来，水利统计在实际工作中开展了一些应急统计工作，如2008年第四季度全球经济危机爆发后，国家出台并采取了一系列拉动内需的政策措施。水利部积极响应，于2008年12月及时启动了针对中央新增投资计划落实情况统计周报编制工作；又如，汶川地震发生后开展了水利设施损毁情况统计，以及实施汶川、玉树地震后恢复重建的水利建设统计等工作，都属于临时性、应急性的统计工作，积累了一定的经验。应当看到，应急统计毕竟不同于经常性统计工作，往往与国家经济环境的变化、自然灾害、涉水事件的突然发生紧密相关，如果没有工作预案、没有快速的反应机制以及统计队伍等就难以及时向有关领导和部门、社会各界等提供全面准确的信息，将给科学决策带来一定的影响。

随着工业化、城镇化深入发展，全球气候变化影响加大，自然灾害发生的频率、影响的范围与危害程度均呈增长态势，各种重大的涉水突发事件不断以新的形式和影响水平呈现出来。此外，当前和今后一段时间是我国水利发展的关键时期，需要开展大量时间紧任务重的工作，统计工作作为管理决策的重要支撑，也面对着更高的要求。水利部组织召开的2009年水利规划计划工作会议上明确提出，研究建立高效的水利统计信息反馈体系和应急机制。

（二）建立水利统计应急反应机制的意义

研究建立水利统计应急反应机制，增强对重大事件的快速反应和应急处理能力，可有效保障水利统计数据上报渠道畅通，及时、准确地为党中央、国务院及各有关部门提供决策依据，为社会各界提供重要的水利统计信息，具有重要意义。

1. 满足国家依法行政的要求

突发公共事件自古有之，人类社会形成之初就面临着各种自然灾害的威胁和社会灾难的挑战。如今，随着我国经济社会的快速发展，突发公共事件的产生就更加频繁，并成为我国政府的一项重要课题。政府的应急能力和管理水平作为一国综合国力的重要组成部分，已成为评价政府工作与进步程度的一个重要标志。2006年6月，国务院在《关于全面加强应急管理工作的意见》中明确指出，各地、各有关部门要加强应急管理统计分析工作，完善分类分级标准，明确责任部门和人员，及时、全面、准确地统计突发事件发生及产生影响的相关情况，并纳入经济和社会发展统计指标体系。要研究建立突发事件发生后统计系统快速应急制度，及时调查掌握突发事件对国民经济发展和城乡居民生活的影响并预测发展趋势。2007年8月，《中华人民共和国突发事件应对法》正式颁布实施，其中提出："履行统一领导职责或者组织处置突发事件的人民政府，应当按照有关规定统一、准确、及时发布有关突发事件事态发展和应急处置工作的信息。"实践证明，准确的数据主要来自科学、可靠的统计工作。因此，建立水利统计应急反应制度也是依法行政的必然要求。

2. 为应对突发涉水事件和决策信息获取提供必要支撑

在实际工作中可看到，当突发涉水事件发生甚至已经造成重大影响时，各级党委、政府需要了解掌握事件及影响的变化动态，这就要求各级水利统计部门切实发挥好"情报员"的作用，会同相关部门通过采取非常规的工作方式，迅速收集和提供有关情况并作出分析评估，为及时、科学、有效开展应急处置、应急救援和恢复重建工作提供有力的信息情报和决策依据。因此，建立突发事件应急统计机制，做好应急统计工作对于及时向社会公众发布突发事件信息，妥善处置突发事件以及有序、有效开展善后处置、恢复重建具有重要意义。

3. 适应水利发展与改革对水利应急统计的要求

2011年以来，党中央、国务院围绕加快水利改革发展、保障国家水安全等作出一系列重大决策部署，印发了《中共中央 国务院关于加快水利改革发展的决定》（中发〔2011〕1号），召开了中央水利工作会议，提出了“节水优先、空间均衡、系统治理、两手发力”的新时期水利工作方针，水利事业迎来投资大规模增长、工程设施加快建设、体制机制改革持续推进的又一个春天。为全面、及时、真实反映水利建设、管理与改革进展，充分发挥信息反馈、决策支持作用，对提高水利统计支撑能力特别是应急反应能力提出了更高要求，任务十分艰巨。因此，构建水利统计应急反应机制，是适应水利发展与改革的要求。

4. 完善水利统计工作自身体系发展的需要

经过长期的努力，水利统计工作逐步发展成为一个任务完整、调查方法比较齐全、指标体系相对完善、机构保障能力较高的工作体系，为水利科学决策提供了有力支撑。但应当承认，从应对突发性事件、支撑应急决策角度看，水利统计工作体系还存在明显不足，突出表现在应对突发水事件的统计预案缺失、紧急状态下的统计手段单一、加密高频统计时的人员力量不足等问题。因此，加强应急统计工作机制的建设，弥补短板，提高水利统计综合实力，是水利统计工作自身体系发展和完善的客观需要。

二、国内相关部门经验借鉴

自2003年以来，有关部门在突发公共事件应急管理体制机制建设中把统计应急机制建设也作为重要内容来抓，并进行了有益的探索和实践，积累了一定的经验，对加快推进水利应急统计建设具有重要的借鉴意义。

（一）相关部门应急反应机制建设情况

近年来，国家统计局、民政部、原卫生部、交通运输部、原国家安全监督管理总局和原环境保护部等部门贯彻落实中央精神，围绕突发公共事件应急管理进行体制机制建设，取得一定进展。

1. 国家统计局

2002年“非典”期间，国家统计局通过启动快速调查制度，就“非典”疫情对社会服务业的影响，迅速展开调查并做出定量分析，为上半年GDP核算提供了重要依据。同时还利用5000家工业企业联网直报系统开展了“非典对工业企业生产情况的影响”等多项网上调查，及时为国家采取宏观调控措施提供依据。根据“非典”期间应急统计工作的经验，为确保党中央、国务院迅速了解和掌握一些重大情况，特别是有关突发性经济事件和重大自然灾害的信息，报经国务院批准，国家统计局建立了统计快速应急制度（包括统计应急的组织系统、突发情况信息报送制度、月度国民经济发展预计调查报告制度、统计系统快速专项调查制度等）。2004年2月，国家统计局首次启动统计系统快速应急制度以应对禽流感疫情，重点对疫情区急需的各种药品、物资、资金、技术服务等需求和到位情况以及禽流感对农村社会经济特别是对农民生产、生活和收入的影响等进行了较全面、准确的统计分析。2004 年 5 月，为快速、及时、准确地反映国家宏观调控措施的落实情况，国家统计局再次启动统计系统快速应急制度。2005 年 5 月，在《国家突发公共事件总体应急预案》指导下，国家统计局进一步完善了快速应急反应制度，并在全国统计系统推行实施。在其后的一些重大突发事件中，如南方低温雨雪冰冻灾害、汶川特大地震以及应对国际金融危机、保持国民经济平稳较快发展中，应急统计制度的启动和相关工作的实施，为党中央、国务院及时掌握重大情况并有效指挥应急处置工作提供了快速、准确的数据信息和决策依据。

2. 民政部

为应对频繁发生的各类自然灾害事业，民政部较早建立了专门针对突发性自然灾害的应急统计制度。2008 年 5 月 7 日，民政部发布了修订后的《自然灾害情况统计制度》，针对灾情、救灾、损失三个方面统计工作做出了规范，并对上报指标进行了详细解释说明。2008 年 5 月 12 日汶川地震发生后，民政部迅即启动汶川地震灾情和救助统计工作，按照《自然灾害情况统计制度》相关规定，要求有关县级民政部门要在第一时间掌握灾情，并在灾害发生后 2 小时内上报市（州）级民政部门；市（州）级民政部门要在 2 小时内审核、汇总后上报省厅。灾情稳定之前，严格执行 24 小时零报告制度。为及时、准确掌握灾区灾情数据，为中央及四川省各级政府决策部署救灾救济工作提供了有力的数据支撑。2009 年 11 月，全国发生大范围雨雪灾害，民政部组织各地、各部门启动应急统计工作，第一时间上报灾情和救灾工作情况，确保了灾害信息报送及时、准确和救灾工作的顺利开展。

3. 原卫生部

卫生应急工作自 2003 年开始建设。为加强突发公共事件卫生应急管理，提高突发事件应急处置能力，原卫生部提出：卫生应急工作“指挥网络化、应急信息化、执行程序化、决策智能化”的总目标，制定（修订）发布了《全国卫生统计工作管理办法》（卫生部令第 3 号）等统计管理制度，强调数据整合与综合利用，规范数据查询与信息发布。研究建立统计数据质量控制体系，确保统计数据真实、准确、完整、及时；制定卫生统计数据质量控制方案及考核办法，加强统计执法检查，考核评估各省（自治区、直辖市）统计数据质量等工作。

4. 交通运输部

为切实加强和规范交通运输安全生产与应急信息统计工作，保障统计信息及时、准确、全面，充分发挥统计在加强交通运输安全生产监管和快速高效应对突发公共事件中的作用，交通运输部于 2011 年颁布实施了关于《交通运输安全生产与应急信息统计办法》，从适用范围、统计对象、统计内容、统计口径、统计机构及职责、统计人员、组织实施、信息利用、奖惩制度等方面对交通运输安全生产监管和快速高效应对突发公共事件中的相关工作进行了明确规定。

5. 原国家安全监督管理总局

原国家安全监督管理总局非常重视信息调度统计工作，专门成立了统计司，并将信息调度中心按行政编制纳入参照公务员法管理序列，与统计司合署办公，明确了包括拟订安全生产应急救援和信息统计的规章、规程、标准等9项主要职责，综合管理全国安全生产信息调度统计工作。2008年，制定下发了《安全生产应急管理统计分析和总结评估工作制度（试行）》（安监总厅应急〔2008〕78号）。该制度明确了安全生产应急管理总结评估报告制度、重大及以上生产安全事故和较大未遂伤亡事故救援总结报告制度和安全生产应急管理工作季报制度；明确要求各级安全生产监管部门都要建立本级相应的统计分析和总结评估工作制度，确保能够全面、准确、及时地掌握有关情况，并按要求汇总、分析、总结、上报。

6. 原环境保护部

原环境保护部下设直属事业单位环境应急与事故调查中心，对外加挂“环境保护部环境应急办公室”和“环境保护部环境投诉受理中心”的牌子，负责环境应急与事故调查。原环境保护部于2009年启动国家环境信息与统计能力建设项目，在贯彻落实党中央、国务院关于节能减排工作部署的大背景下，以实现“十一五”期间重点污染物减排的目标指标为紧要任务，围绕建立与完善“三大体系”的要求，以加强数据传输、共享和应用能力、业务支撑能力、统计基础能力等环保信息化能力为建设内容的大型环境信息化项目。该项目为中央及省、市、县四级环保部门信息化基础网络和部门的应用系统服务，是今后环境信息化整体推进的重要的支撑环境和条件。

（二）经验启示

总结分析相关部门已经开展的应急统计工作举措和经验，主要有以下几方面启示。

1. 建立突发事件应急预案

为有效防范一些突发事件对统计工作的影响，加强统计系统对突发事件的快速反应和应急处置能力，保障统计系统信息上报渠道的畅通，及时、准确地为有关部门提供决策依据，为社会各界提供重要的统计信息，需要编制突发事件应急预案。例如，原环境保护部编制了《国家突发环境事件应急预案》，针对不同污染源所造成的环境污染、生态污染、放射性污染的特点，实行分类管理，充分发挥部门专业优势，使得采取的应急处置措施更具针对性。

2. 建立统计快速应急制度

建立健全统计快速应急制度，对应急统计的组织、信息报送、调查报告等方面进行明确规定，使得水利突发事件发生时应急统计有章可循。例如，国家统计局分别于2004年2月和5月两次启动统计系统快速应急制度，并于2005年进行了完善，在全国统计系统推行实施。交通运输部制定印发《交通运输安全生产与应急信息统计办法》，已于2011年1月1日起全面施行。

3. 加快应急统计信息平台建设

应急统计的任务要求各类统计信息要迅速传达和报送，如果没有完善的应急统计信息平台，就达不到这一要求，开展应急统计就失去了工具支撑。“要提升应急系统的现代化水平，要以大量数据、图像及在此基础上做出的决策为抗灾服务。我们的决策应以科学的分析和统计为支撑。平时就要建立救灾物资、人员和专家储备数据库并联网，以便在灾害到来或发出预警时，能立即进行统一调配。”应急统计信息平台建设滞后，就会造成对信息的分析加工不够，从而使信息准确性、时效性较差。例如，原卫生部制定并实施了《全国卫生统计数据管理规定》，提出卫生应急要“指挥网络化、应急信息化、执行程序化、决策智能化”。

4. 加强应急统计机构和人员建设

在应对突发事件的过程中，应急统计人才队伍发挥着不可替代的作用，要加强应急统计机构和人员的建设。例如，原环境保护部专门组建了环境应急办公室，下设6个处。交通运输部在《交通运输安全生产与应急信息统计办法》中对统计机构及职责、统计人员方面也进行了明确规定。

5. 建立奖励和惩罚制度

对应急信息统计工作进行定期考核，对成绩突出的统计机构和统计人员应通报表彰并予以奖励，对因应急统计和报送不真实、不及时而造成重大损失或严重影响的，严格按有关规定追究相关人员的责任。例如，四川省民政厅在《关于进一步加强汶川地震灾情和救助统计工作的紧急通知》中提出要严格责任追究，交通运输部在《交通运输安全生产与应急信息统计办法》中也对奖惩制度进行了明确规定。

三、建立水利统计应急反应机制的总体思路

在查找分析当前水利统计应急工作存在的不足、借鉴相关部门开展应急统计工作经验的基础上，立足水利和水利统计工作实际，提出建立水利统计应急反应机制的思路、原则和框架。

（一）指导思想

深入贯彻落实党中央、国务院关于水利工作和统计工作的重大决策部署，紧紧围绕支撑水利改革发展需求，结合水利工作实际，研究构建水利统计应急反应机制框架和相应工作体系，制定水利统计快速应急机制预案，实现对应急统计信息的快速收集、处理及决策功能，提高水利统计系统应对突发事件的反应能力，为各级政府及有关部门提供决策依据，为有关部门应对水利突发事件、获取重要决策信息提供有力支撑。

（二）基本原则

1. 立足实际、注重实效

建立水利统计应急反应机制必须坚持实践导向，要充分调查研究、上下互动、协调一致、反复论证、科学决策，全面了解基层水利统计工作实际。要充分调动中央及各级地方水利统计部门的积极性与创造性，形成全部门共同推进水利统计发展的新局面。要从实际出发，注重时效性和可操作性，确保机制建设具有针对性，能够发挥实效。

2. 统筹兼顾、突出重点

水利统计是一项系统性工程，建立水利统计应急反应机制必须突出阶段性、层次性特征，既要考虑涉水自然灾害的突发，也要考虑社会涉水事件的发生；就要考虑建设中的问题，还要考虑到管理与改革的问题。同时在综合考虑各种突发事件和决策需要的同时，又要把握重点、分清主次，力争有的放矢，根据工作需要，集中精力和人员开展当前最为突出，决策部门、公众最为关心、关切的信息需求情形，建立相应的统计应急机制。

3. 加强估判、重在预防

要加大对水利中心工作的学习和认识的提高，对水利全局、水利大势进行科学合理的预期分析，针对潜在的、可能的水利信息需求建立相应的准备机制，并把应对水利突发事件的统计工作落实在日常工作之中，加强基础水利统计工作，完善网络建设，增强预警分析，做好预案演练，提高防范意识，将预防与应急统计有机结合起来，有效控制危机，力争实现早发现、早报告、早控制、早解决，将水利突发事件造成的损失减少到最低程度。

4. 自主推动、协调配合

各级水利统计部门要按照有关方面要求，结合自身需要，主动建立应急统计工作机制，按照阶段性目标逐步推动，同时要加强与本系统其他部门以及其他系统有关单位的沟通协调，寻求在资金、人员、政策方面的支持，逐步建立一套科学、有效的应急工作机制。

（三）基本思路

以当前实际为出发点，以水利统计发展需求为导向，以解决现实问题为重点和着力点，以建立水利统计应急反应机制为目标，在分析水利统计工作现状和水利应急统计存在的主要问题的基础上，梳理水利统计应急反应机制发展的需求，逐步建立和完善水利统计应急反应机制。具体思路如下。

1. 分析制约水利统计应急反应的机制问题

全面梳理水利应急统计存在的主要问题，为构建水利统计应急反应机制框架奠定基础。

2. 研究国内相关部门应急反应机制建设情况

对国内相关部门的应急反应机制建设情况进行分析，结合水利统计应急反应机制的需求，总结经验，得出启示。

3. 构建水利统计应急反应机制框架

根据水利应急统计的主要内容、收集方法，及水利统计应急反应制度，构建水利统计应急反应的机制框架。

4. 谋划水利统计应急反应机制建设的政策措施

围绕建立水利应急统计的工作制度、机构建设、信息平台建设等方面，谋划水利应急统计的政策措施，循序渐进，有计划有步骤地推进机制建设。

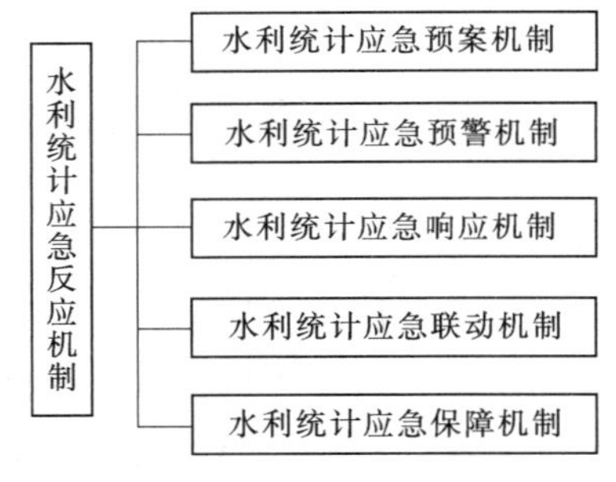

图 16－1 水利统计应急反应机制框架

（四）机制框架

根据上述指导思想、基本原则和基本思路，提出水利统计应急反应机制框架，如图 16－1 所示。

四、构建水利统计应急反应机制体系

水利应急统计任务往往具有特殊性、复杂性、随机性和影响广泛性等特点，因此必须把水利统计应急反应机制的建立作为一项系统性的工作来抓。应急反应机制作为一个系统，要实现高效、科学的运作，全过程的管理，应包括以下几个部分：应急预案机制、应急预警机制、应急响应机制、应急联动机制和应急保障机制。

（一）应急预案机制

应急预案是为应对水利紧急统计任务的发生而事先制订的处置方案。其主要内容是针对水利紧急统计任务的紧迫性和复杂性，为应急预警、应急响应、应急联动、应急保障等各个方面预先做出的详细安排，包括目标、原则、适用范围、责任、技术准备、技术方案等方面。预案的制定既要全面、系统、周到，又要留有余地，确保方案灵活、机动，以适应特殊情况和新问题的变化。水利统计应急预案机制即是建立水利统计应急预案体系，并对应急预案进行动态管理。

水利统计应急预案体系建设应以“纵向到底、横向到边”为原则，建立国家、流域、省、市、县五个层级，东、中、西部全覆盖的应急统计预案体系。其中，国务院水行政主管部门主要负责组织编制完成全国水利统计应急预案，同时做好各级应急预案编制工作的指导，制定预案编制指南，明确预案编制的组织要求、内容要求和审批程序等；各流域管理机构负责编制完成本流域水利统计应急预案，并报国务院水行政主管部门备案；各省级水行政主管部门负责编制完成本省水利统计应急预案，并报国务院水行政主管部门和流域管理机构备案；市级和县级水行政主管部门负责编制完成本地区水利统计应急预案，并报上一级水行政主管部门备案。

在水利统计应急预案体系建设过程中要注重以下几点。一是制定内容科学、完善的水利统计应急预案。水利统计应急预案的编制应按照《国务院有关部门和单位制定和修订突发公共事件应急预案框架指南》《国家突发公共事件总体应急预案》《国家防汛抗旱应急预案》等文件的要求，至少包括总则、组织机构及职责、预警机制、应急响应、应急联动、应急保障、附则等方面内容。二是做好衔接工作。根据水利应急统计的特点，做好不同层级水利统计应急预案之间的衔接，特别是流域与各省级之间，做到联系紧密，机制顺畅。水利统计应急预案还要做好与各级政府总体应急预案、各相关专项应急预案、各级水行政主管部门应急预案、各级统计系统应急预案等的衔接，为应急联动创造条件。三是注重对水利统计应急预案的动态管理。水利统计应急预案是根据以往的经验和水利紧急统计任务的特点等编制的，与实际情况可能存在一定的差距，并且不同类型的水利紧急统计任务可能具有不同的特征，因此，必须加强对水利统计应急预案的动态管理，各级水行政主管部门应定期开展应急预案的检查和评估，根据评估结果对预案进行必要的修订完善，不断增强预案的科学性、针对性和实效性。

（二）应急预警机制

水利统计应急预警是指在建设好应急统计预案的基础上，当收到突发事件预警时，根据事态变化和预警级别进入相应的水利应急统计警备状态，提供决策需要的应急统计信息，做好各项应急统计的准备工作，根据情况适时启动应急统计预案。

水利统计应急预警机制的主要作用是为应急统计做好准备工作，同时根据事态变化为管理和决策提供统计数据支持。其主要内容包括以下几部分。一是为突发事件的预测预警提供数据支持。做好数据采集和报送工作，必要时提高采集、报送的频率，为灾害预防或降低灾害损失创造条件。二是根据预警等级，进入相应的应急统计工作状态。做好统计数据的采集、报送、分析等工作，供决策参考。三是做好应急响应的准备工作。包括检查有关设备、直报系统、通信线路。

(三) 应急响应机制

参照《国家防汛抗旱应急预案》等，水利突发事件可分为4个等级，每个等级均有不同的应急响应机制，水利统计应急响应就是按照紧急统计任务的不同要求提供统计数据支持。水利统计应急响应机制就是根据需要在全国或部分地区实施快速信息报送制度和水利应急统计调查制度，具体包括以下内容。

1. 建立工作岗位A、B角制度

全国各级水行政主管机构应急统计工作岗位均应设立A、B角，建好通信联络网，并确保24小时畅通，保证全国应急统计工作的快速开展。

2. 建立突发情况信息报送制度

突发情况信息报送制度主要包括制定应急报表制度、应急数据采集制度和应急数据汇总制度。应急报表制度制定统一的应急统计范围、口径和标准；应急数据采集制度规范各项指标的信息应从何种途径获取；应急数据汇总制度则规定省、部两级的汇总方式，以提高应急统计效率，把握审核要点，层层负责。特殊情况或突发性事件发生地的水利统计部门，应在24小时内，通过电话、网络或传真等方式，向水利部报告突发事件的相关信息，如突发事件的时间、地点，突发事件造成的影响和影响范围等。发生地的水利统计部门应根据水利部要求的时间、频率、范围、内容持续报送相关信息和统计数据。

3. 建立重点时间阶段水利统计数据预计报告制度

根据全球气候变化对我国的影响程度和以往经验，由水利部决定适时启动这一制度。在此期间，各流域机构和省级水行政主管部门要在规定的时间范围内，按照规定频率，根据相关调查资料，综合预测当期本流域或本省的水利统计数据，及时提供给水利部及相关部门，同时充分利用水利部门掌握的统计资料，准确、及时地反映特殊情况或突发性事件发生时期水利部门工作进展状况。鉴于此类数据不是根据正常的统计制度取得的正式统计数据，而是根据预计或抽样调查取得的资料而形成的对整体数据的预计和推断，因此只适宜作为内部决策参考，不宜对外公开使用。

4. 建立水利统计系统的快速专项调查制度

根据水利突发事件的影响和国家的需要，通过各流域机构和省级水行政主管部门的统计机构及相关专业处室，开展专项快速调查，了解有关国民经济、社会发展方面的重大水利问题和突发水利事件对国民经济发展、城乡居民生活的影响、预计情况以及民情民意。调查可采用抽样调查、重点调查、网上调查、入户调查和科学估算等统计调查方法，可在部分地区实施，具体方案根据实际情况制定。发生重大水利问题和突发水事件时，要适当简化调查审批、组织调查、资料收集、资料报送等有关程序，实施特事特办。快速专项调查制度采取快速制定、快速批准下达、快速上报的方法执行。相关统计信息和分析意见主要供有关领导和行政部门决策参考未经批准不得擅自向社会公布。

5. 建立水利应急统计信息报送制度

执行紧急统计任务过程中的统计数据和调查结果，需要迅速向上汇报，以便管理者及早做出判断和决策，以免延误时间。建立水利应急统计信息报送制度，主要是规范水利应急统计信息报告的内容、时限和范围，明确规定哪些信息需要上报，上报到哪些部门或向谁报告，在什么时间内上报，由谁负责上报信息以及信息上报的格式和方式等内容。要保证水利应急统计信息报告的畅通、及时和灵敏，就必须建立起相应的责任追究制度，将信息报告的责任落实到各级管理部门，落实到具体岗位和个人，没有按有关规程实行报告制度的要追究其相应责任。

6. 建立与国家相关部委统计数据库的信息共享制度

通过建立高效的各职能应急统计部门、各有关人员之间相应的信息传播制度，形成水利统计与各行业部门统计、各地方特色统计相互补充、协调、信息高度共享的有机统计网络。建立及时准确的信息搜集系统，充分发挥各职能应急统计部门如国家统计局等综合数据库的作用，增强信息共享的程度，提高信息的利用率，逐步推动应急联动协作制度的运行和完善。同时，积极利用网上应急调查系统开展调查，切实保障网上直报系统的正常运行，确保该系统在应急快速调查中的作用。

（四）应急联动机制

水利突发事件往往具有很强的复杂性，需要多部门联合行动，合理配置资源，才能更加有效地应对突发事件。因此有必要建立水利统计应急联动机制。水利突发事件的应急联动是指水利突发事件的应急管理主体将各相关部门（如水利、生态环境、公安、卫计、财政、交通等）和资源（如车辆、物资、人员等）纳入到一个统一的指挥调度体系，协调指挥各相关部门，合理配置相关资源，进行应急处置的联合行动。

主要有以下特点：

一是需要多个部门参与。水利突发事件的发生可能造成多方面的影响。如人员伤亡、财产损失、环境污染等。这些影响并不局限于某一职能部门的权责和能力范围，要有效应对，通常需要两个或两个以上相关部门来协调配合解决。

二是需要成立应急联动指挥中心。当水利突发事件需要两个以上部门参与应对时，就需要成立应急联动指挥中心进行协调指挥。所有具有不同管辖范围或者对事件应对承担某些职责的部门都应委派一个指挥员，共同决定应对水利突发事件的策略、方案等，按照协调的突发事件行动预案的安排，共同分担管理责任，保证整个应急处置行动的顺利进行。

三是实现信息资源共享。有效的应急联动必须建立在发达的信息网络平台上，以达到信息的快速、有效互通。突发事件的应急统计往往需要多个部门的介入，各部门如果无法实现信息共享，就会妨碍信息的互通，影响应急响应的速度和效果。因此，必须在平时做好信息资源共享的技术准备工作，为应急状态下的信息资源共享奠定坚实的基础。

（五）应急保障机制

水利统计应急保障机制是指通过人才、资金、物资、通信、技术等方面的储备，开展适时的培训和演练，确保水利应急统计顺利实施的一整套运行制度。水利统计应急保障机制在水利统计应急反应机制中占有重要地位，无论是应对任何类型的水利灾害，在应急处置与救援阶段都需要大量的人力、物力、财力以及相应的通信和技术保障。

1. 通信保障

水利应急统计过程中，必须确保通信联系在任何情况下都能畅通无阻，使应急系统能够有效运转，有关数据能够及时准确地传送到位，从而使应急统计工作有条不紊地开展。为此，需要建立健全应急状态下的有线通信系统和无线通信系统，完善公用通信网络，形成较为良好的通信保障制度。

（1）要完善各流域机构和省级水行政主管部门的计算机网络系统。建立多手段、多路由，有线与无线相结合、微波和卫星相结合，反应快速、灵活机动、稳定可靠的应急通信系统。通过政务专网上报水利统计数据。建立以信息采集为基础，通信传输为保障，计算机网络为依托，决策支持为核心的应急统计信息化系统，提高快速反应能力。

（2）要加快水文气象站点建设，根据各地区、流域实际情况和上报的需求，加快审批和建设各类雨量观测站点和水情观测站点，提高雨水情预报的时效性和精度，提升防汛抗旱快速反应能力。建立国家水利应急统计中心计算机网络，与各省、流域实现数据共享并能同步接收气象云图、部分实时雨量、洪水流量等资料。

（3）要推进计算机网络化建设，加强对现有设施，特别是网络设备、通信工具和应用系统的管理和维护，进行定期检测和维护，提高设施的完好率，确保各种设施在突发事件或特殊情况下能够正常运转、保障应急任务顺利执行。

（4）建立和完善数据容灾备份系统。为了应对突发事件，防止统计数据在不可预见的情况下丢失、损坏或被恶意破坏、攻击等原因造成损失，建成统计数据同城或异地容灾备份系统，并在此基础上，建立满足于统计信息资源存储、备份的灾难恢复系统。

2. 人才队伍保障

应急统计中，统计队伍发挥着不可替代的关键作用。加强水利统计队伍建设，重点从以下几方面下手。

（1）提高水利统计人员的应急能力。水利统计人员在应急统计过程中扮演着重要角色，其能力水平高低对应急统计工作的成效有着决定性影响。应全方位培养水利统计人员的危机应对能力，包括分析能力、决策能力、协调能力、沟通能力等。

（2）加强统计技术人员队伍建设。应急统计工作一般具有很强的专业性质，专业技术人员在应急统计中发挥着重要作用。应将应急知识和统计知识的培训相结合，培养复合型的应急专业人才，不断充实水利统计队伍。

（3）加强专业统计队伍与非专业统计队伍的结合。组建重、特大水利灾害专业应急统计队伍和非专业应急统计队伍（志愿者等），并通过培训、演练强化应急统计能力，加强专业水利统计队伍与非专业水利统计队伍的合作等。

3. 经费保障

在水利突发事件的应急统计中需要消耗大量的人力、物力等资源，必须有稳定的经费来源作为工作保障。应急统计的目的在于确保国民经济发展、社会稳定和人民生命财产安全，具有社会公共服务的性质，在经费方面应当主要由政府提供财政支持。目前，我国财政应急预案体系已初步形成，财政部于2004年制定了《突发事件财政应急保障预案》，规范了突发事件应急经费的管理。

面对水利突发事件的高发态势，要加强预警预测、应急响应、协调联动等一系列应急统计机制的硬件、软件建设，都需要进一步加大水利统计经费投入。同时，应加强对临时增加的应急统计专项资金的监督和管理，规范经费的拨付程序，对经费的使用进行严格监督，保证其规范性、安全性和有效性。

4．宣传培训

干部群众特别是相关水利统计工作人员对应急预案不了解、不熟悉，会直接影响到应急预案实施的效果。加强宣传与培训，是提高干部群众和水利统计工作人员应对突发事件整体能力的重要途径。通过宣传可以让广大干部群众熟悉应急预案和相关法律法规，确保紧急情况下广大干部群众对水利统计工作的配合和理解。通过培训可以提高水利统计工作人员在不同情况下开展应急统计的能力，保障应急统计工作顺利实施和完成。

第十七章

水相关指数研究

指数或称统计指数，是用以定量评价和分析事物发展总体水平及变化规律的综合性指标。如联合国开发计划署提出的人类发展指数，主要用以衡量联合国各成员国的经济社会发展总体水平；中国统计学会提出的地区发展与民生指数，主要用于全面反映各地区经济社会发展和民生改善情况。在水领域方面，英国生态与水文中心提出水贫困指数用于评价不同国家和地区的相对缺水程度，亚洲开发银行与亚太水论坛联合发布水安全指数用于定量评价亚太国家和地区的水安全状况，具有一定的国际影响力。我国是一个水情非常复杂、水问题异常突出、水治理任务艰巨的发展中大国，研究提出适用于我国的综合性水指数，有助于更加全面地认识我国的水问题和水利发展状况，制定实施更具针对性、导向性的水战略和水政策。2011 年以来，本书编者团队分别开展了水贫困指数、水安全指数、水利与经济社会发展协调指数等方面的探索研究工作。

第一节　水贫困指数研究

一、水贫困指数的理论基础与框架结构

长期以来，随着经济及人口的持续增长，人们对水资源的需求和利用程度不断加强，水资源供需矛盾日益凸显，水资源短缺逐渐成为社会和经济可持续发展所面临的亟待解决的问题，许多学者和机构致力于研究寻求评价水资源短缺的理论依据和科学方法。2002 年，英国生态与水文中心研究提出水贫困指数（Water Poverty Index，WPI）[1]，用于定量评价 147 个国家和地区的相对缺水程度，很快在全球范围内引起广泛关注。本书编者团队利用水贫困指数分析框架，构建了符合我国实际的水贫困指数指标体系，并开展了实证分析。国际上研究水资源短缺的视角和方法非常多，有的学者从资源承载力角度研究，有的从水资源管理角度，比如建立水市场、水银行等；也有从消费角度切入研究，比如水足迹和虚拟水贸易等。水贫困理论从一般的贫困理论出发，同时考虑水资源的开发、利用和管理以及人们利用水资源的能力和生计影响等因素，研究视角相对独特，以期为集成的水资

---

❶ Using the Water Poverty Index to monitor progress in the water sector [R] . Wallingford, UK: Research Report of Center for Ecology & Hydrology, 2002.

源管理提供理论依据。

（一）水贫困的理论基础

全球水伙伴（Global Water Partnership，GWP）曾对水资源的获取和使用与贫困之间的关系做过专题研究，基本结论是：全世界人均消费水平低于每天 1 美元的人数与得不到安全饮用水的人数近似吻合：人均消费水平低于每天 2 美元的人数与没有安全卫生设施的人数近似吻合。虽然该研究未能证实上述关系是具有量化意义的因果关系还是巧合，但是水资源短缺对于人们的生计以及对于人们的生存、健康和生活质量的影响是显而易见的，这种影响将间接导致贫困发生。图 17－1 以农村地区为例，定性展示了水资源短缺导致贫困的因果路径关系。

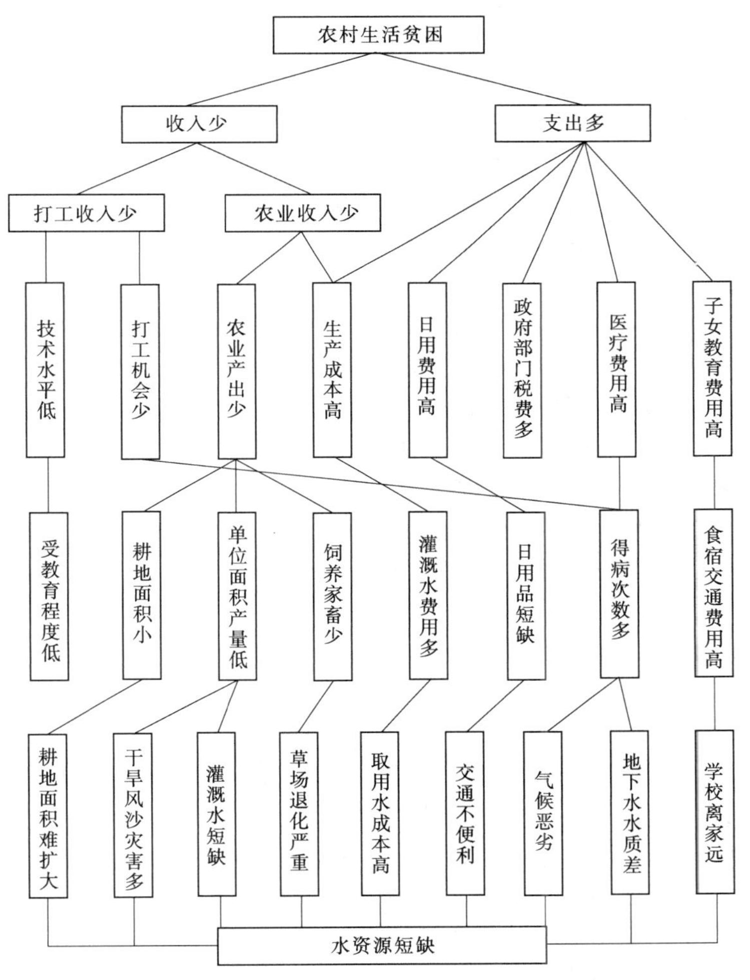

图 17－1 农村地区水资源短缺与贫困因果关系问题树

水贫困的理论基础主要源于 Sen（1995）、Desai（1995）和 Scoones（1998）等关于贫困理论的研究成果。Sen（1995）认为，贫困是基本技能缺乏的结果，也是分辨一个社会状况缺乏的结果。贫困是一个相对的概念，贫困的发生不仅依赖于人们的生存状况，而且依赖于个人的能力。Desai（1995）将贫困定义为能力的剥夺，其研究表明，要有效地维持生计，人们必须具备5种能力，即：延长生命的能力、确保生命繁衍的能力、健康生活的能力、社会交往的能力、拥有知识和自由表达思想的能力，而贫困发生正是由于上述能力不足造成的。此观点与Scoones提出的可持续生计框架的观点有异曲同工之处。Scoones认为，人们生计活动的世代相传和贫困的减少依赖于人们所具有的生计资本，他将生计资本确定为以下5种：①自然资本，阳光、清洁的空气、土地、水、森林、矿产等；②物质资本，机器、厂房、工具、设备设施等；③金融资本，信贷、储蓄、汇款等；④人力资本，教育、知识、技能培训、健康状况、迁移支出等；⑤社会资本，期望在市场中得到回报的社会关系投资，包括财富、权力、声望和社会网络等。

以上5种资本类型组合起来为人们提供生产要素和生计支持，为人们福利的持续增长提供机遇，不同资本类型之间可以相互补充或者相互替代。一个赤贫的社区正是由于上述5种生计资本中的部分或者全部不足而导致的。

（二）水贫困的定义

水贫困这一概念提出已有20余年，但是有关它的定义还一直处于争论之中，至目前仍然没有一致的观点。何栋材等（2009）对不同学者们提出的有代表性的定义进行了梳理和评述。Salameh（2000）将水贫困定义为某一地区居民家庭生活和食物生产所需水资源的可获得性（丰富程度或者匮乏程度）。这一定义主要关注水资源的可得性，而没有考虑水资源难以利用的社会原因。Feitelson和Chenoweth（2002）将水贫困定义为一个国家或者一个地区的人们在任何时候都负担不起可持续清洁水供应的费用的一种状况。该定义的可取之处在于，在确定水贫困的内涵时，将向人们提供清洁水供应的成本与国家负担该成本的能力二者之间建立起有机的联系，从而引导人们将水贫困与生计资本、生计能力关联起来。Fitch和Price（2002）将水贫困定义为一个家庭将其收入的3%以上用于水费支出时的状态。该定义的与众不同之处是首次将居民家庭水费支出与家庭收入联系了起来。从可操作性的角度来看，它考虑了家庭对水费开支的支付能力，但是没有涉及与水贫困相关的其他维度。

Sullivan等（2002）将水贫困定义为一个社会没有充足而稳定的水供应的状态并进一步解释产生水贫困主要有两方面原因：一是没法得到水，二是收入贫困。这种说法将水贫困和水供应与居民收入之间的联系凸显了出来。Maggie（2003）将水贫困定义为：那些自然生计基础持续受到严重干旱或者洪水威胁的人们；那些生计依赖于粮食耕作或者采集自然产品，而其水源不可靠或者不足的人们；那些自然生计基础容易受到侵蚀、退化或者被政府没收（例如要建设重要基础设施）而得不到正当补偿的人们；那些生活在远离常年饮用水供水区的人群；那些不得不花费家庭收入很高比例（如大于5%）用于水的人群；那些不得不支付远高于市场价格购买水的贫民区居民；那些供水已经受到生物和化学污染而无法使用，或者无替代水源的人群；每天要花费数个小时来采集水，因而其安全、教育、生产力和营养状况处于风险之中的妇女和女孩；那些生活在有着高度与水有关疾病的地区而缺乏保护手段的人群。这一定义是迄今为止对水贫困做出的最为全面的定义，将水贫困的实质、外在表现及对应人群做了界定，但是作为科学学术定义，显得较为繁琐，且有些内容与水贫困关系不是十分密切。Cullis和Regan（2004）将水贫困定义为获得水的能力的缺乏或者利用水的权利的缺乏。该定义揭示了造成水贫困的深层原因，水贫困不仅仅是由于资源的短缺，或是用水者能力的不足，它同时还涉及水的管理，是一个多维度的综合问题。

（三）水贫困指数的定义及其框架结构

2000—2002年，英国生态与水文中心研究员 Sullivan 博士团队连续发表多篇文章，在 Scoones（1998）提出的5种生计资本贫困理论基础上，系统提出了水贫困指数的概念、体系框架、计算方法、典型案例及国际比较分析成果等。特别是其利用世界发展报告和世界资源研究所的相关数据，计算发布了全球147个国家和地区的水贫困指数，获得了世界范围内的广泛关注，英国生态与水文中心据此做出了首幅全球 WPI 地图。

水贫困指数是用来评价国家或地区间相对缺水程度的综合性指数，由资源、设施、能力、使用、环境5个分指数组成，分别表示潜在水资源状况、供水设施状况、水资源利用能力、水资源使用效率、水资源利用对环境状况的影响等。其构建的理论基础主要源于 Scoones（1998）的贫困理论，5个分指数分别对应5种生计资本。①资源分指数（潜在水资源状况）：指可以被利用的地表及地下水资源量及其可靠性或可变性，用以反映水资源的天然存储量以及变化情况，对应5种生计资本中的自然资本。②设施分指数（供水设施状况）：指社会大众接近清洁水源的程度和用水的安全性，综合考虑农业国家或地区的基本需水和卫生需水，主要包括自来水和农业灌溉普及率等，用以反映基础设施建设情况对人类获取水资源能力的影响，对应5种生计资本中的物质资本。③能力分指数（水资源利用能力）：综合考虑基于教育、健康及财政状况等方面的水资源管理能力，用以反映社会经济状况对人类获取水资源能力的影响，即，经济贫困导致的水资源获取能力的缺失，对应5种生计资本中的金融资本。④使用分指数（水资源使用效率）：综合反映生活、工业和农业各部门的用水效率，用以反映人类水资源利用效率对水资源量的影响，对应5种生计资本中的人力资本。⑤环境分指数（水资源利用对环境状况的影响）：主要指水资源利用行为对环境产生的影响，包括水质状况和生态环境可能受到的潜在压力等，用以反映人类行为对水资源天然储量和质量的影响，对应5种生计资本中的社会资本。

5个分指数分别下设若干具体指标，构建起由水贫困指数、分指数、具体指标组成的3层框架结构。需要说明的是，水贫困指数为研究水资源短缺问题提供了一个较为独特、系统的研究视角和分析框架，在实际研究工作中，需根据不同研究尺度和研究对象的特点，选取有针对性的具体指标进行测算分析。

二、水贫困指数（WPI）指标体系构建

水贫困指数提出以来，我国学者应用水贫困指数的分析框架，结合我国实际开展了一系列不同尺度的实证研究分析。邵薇薇等（2007）利用水贫困指数对我国主要流域的水资源状况进行研究分析；曹茜等（2012）利用水贫困指数对我国赣江流域水贫困情况进行综合评价；靳春玲、贡力（2010）利用水贫困指数对兰州市水安全状况进行评价；孙才志等（2012）利用水贫困指数构建了农村水贫困评价指标体系，用于分析农村地区的水贫困状况及空间格局机理。这些研究工作开拓了我国水资源问题研究的思路和方法，加深了对我

国水资源短缺状况的理解和认识。已有相关研究主要聚焦在流域层面及典型区域或城市，缺少对全国省级区域层面的实证研究和对比分析。本书编者团队在水贫困指数的分析框架下，综合考虑我国的水资源状况、水资源工作特点及数据可获取性等因素，选取有代表性的具体指标，构建了符合我国实际的水贫困指数指标体系，并提出了水贫困指数的计算方法。

（一）水贫困指数的指标筛选

水贫困指数的3层框架结构已经明确，构建水贫困指数指标体系的关键是筛选确定5个分指数下的具体指标。本研究按照指标数量精简、指标概念清晰且有代表性、指标数据可获取等原则，主要采取理论分析法和专家咨询法，筛选确定了18项具体指标，建立了系统、完整的水贫困指数指标体系，见表17-1。

表17-1　水贫困指数指标体系

目标层	准则层	指标层	备注
水贫困指数	资源分指数	人均水资源量/（m^3/人）	反映水资源量状况
		水资源密度/mm	反映空间分布状况
		雨量集中分布率/%	反映时间分布状况
	设施分指数	耕地有效灌溉率/%	反映农业设施水平
		工业废水处理达标率/%	反映工业设施水平
		城市自来水普及率/%	反映生活设施水平
	能力分指数	人均GDP/（万元/人）	反映经济能力状况
		居民可支配收入中水费比例/%	反映支出能力状况
		环境污染治理投资占GDP比重/%	反映调控能力状况
	使用分指数	农田实灌亩均用水量/（$10^3 m^3/hm^2$）	反映农业用水效率
		万元工业增加值用水量/（m^3/万元）	反映工业用水效率
		工业用水重复利用率/%	反映生活用水效率
		人均日生活用水量/[L/(人·d)]	反映生活用水效率
	环境分指数	水开发强度/%	反映生态环境状况
		水土流失累计治理面积/（$10^3 hm^2$）	反映生态环境状况
		森林覆盖率/%	反映生态环境状况
		单位径流量中化学需氧量排放量/（g/m^3）	反映水污染状况
		单位径流量中氨氮排放量/（g/m^3）	反映水污染状况

各项指标含义如下：

（1）人均水资源量：评价地区水资源总量情况（包括地表及地下水资源量），以单位人口的水资源量表示，其值越高，表明地区水资源总量越丰富。

（2）水资源密度：评价地区水资源的空间分布情况，以单位土地面积上的水资源量表示，其值越高，表明地区单位面积上的水资源越丰富，侧面反映地区水资源利用的可靠性。

（3）雨量集中分布率：评价地区水资源的时间分布情况，以全年12个月降雨量的均方根与平均值的比值表示，其值越高，表明地区降雨分布越集中，季节变化对降雨影响较大。

(4) 耕地有效灌溉率：评价地区农业基础设施的建设情况，以有效灌溉面积占区域耕地面积的比例表示，其值越高，表明农田水利设施的建设水平和农业灌溉水平越高。

(5) 工业废水处理达标率：评价工业废水处理设施的建设情况，以工业废水（达标）处理量占废水排放总量的比例表示，其值越高，表明工业废水处理设施建设越完善，废水外排对水环境的影响越小。

(6) 城市自来水普及率：评价城市供水基础设施的建设情况，以城市用水人口数与城市人口总数的比值表示，其值越高，表明城市居民自来水的普及率越高，侧面反映了社会大众接近清洁水源的程度。

(7) 人均 GDP：评价地区的社会经济状况，以人均国内生产总值表示，其值越高，表明地区的经济状况越好，通过经济手段对水资源的调控能力越强。

(8) 居民可支配收入中水费比例：评价居民对水资源的利用能力或购买力，以水费占居民全年可支配收入的比例表示，其值越高，表明居民水资源的购买力或利用能力越低。

(9) 环境污染治理投资占 GDP 比重：评价政府调控对环境污染的治理能力，以环境污染治理投资与国内生产总值的比值表示，其值越高，表明政府对环境污染治理的力度越大。

(10) 农田实灌亩均用水量：评价农业生产的用水效率，以农田实际单位有效灌溉面积的耗水量表示，其值越高，表明农业用水效率越低。

(11) 万元工业增加值用水量：评价工业生产的用水效率，以产生每万元工业增加值的耗水量表示，其值越高，表明工业生产单品的用水成本较高，用水效率低。

(12) 工业用水重复利用率：评价工业生产的用水效率，以工业重复用水量占总用水量的比例表示，其值越高，表明工业生产的水利用效率越高。

(13) 人均日生活用水量：评价生活用水的利用效率，以每一用水人口平均每天的生活用水量表示，其值以居民生活用水量定额为界，超过定额，其值越高，用水效率越低。

(14) 水开发强度：评价水资源潜在压力，以供水量或用水量占水资源总量的比例表示，其值越高，表明供水紧张，水资源压力较大。

(15) 水土流失累计治理面积：评价生态环境压力，以水土流失累计治理面积表示，其值越高，地区水土流失治理效果越好，生态环境压力相应减轻。

(16) 森林覆盖率：评价生态环境压力，以森林面积与地区总面积的比值表示，其值越大，表明生态环境的维护越好。

(17) 单位径流量中化学需氧量排放量：评价水质，以单位地表径流中废水排放的化学需氧量表示，其值越大，表明地表水体污染越严重，水质越差。

(18) 单位径流量中氨氮排放量：评价水质，以单位地表径流中废水排放的氨氮量表示，其值越大，表明地表水体污染越严重，水质越差。

(二) 水贫困指数的计算方法

在搜集整理各项具体指标的原始数据基础上，通过对原始指标数据进行标准化处理和逐级加权平均两个步骤，计算得出水贫困指数和 5 个分指数的数值。

1. 原始指标数据标准化处理

由于18个具体指标的含义、数值、量纲等不尽一致，难以直接进行对比分析和加权计算，需要先进行标准化（无量纲化）处理。

对于人均水资源量、水资源密度等正向指标，指标值越大表示水资源状况越好（即水资源短缺程度越低），标准化处理公式为：

$$y_{ijt}=\frac{x_{ijt}-x_{jt_{\min}}/1.05}{1.05x_{jt_{\max}}-x_{jt_{\min}}/1.05} \tag{1}$$

式中：y_{ijt} 为第 i 个评价对象的第 j 个分指数的第 t 个指标的标准化值；x_{ijt} 为原值；$x_{jt_{\max}}$ 和 $x_{jt_{\min}}$ 为 x_{ijt} 的最大值和最小值。将各个指标数据系列的最大值乘以1.05、最小值除以1.05，是为了避免0和1的边界值问题。

对于居民可支配收入中水费比例、水开发强度等负向指标，指标值越大表示水资源状况越差（水资源短缺程度越高），标准化处理公式为：

$$y_{ijt}=\frac{1.05x_{jt_{\max}}-x_{ijt}}{1.05x_{jt_{\max}}-x_{jt_{\min}}/1.05} \tag{2}$$

利用上述公式进行标准化处理后的指标数值均在0～1，数值越大表明该指标反映的水资源状况越好。

2. 加权平均计算水贫困指数

根据标准化处理后的指标值，可逐级加权平均计算得出每个评价对象的5个分指数值和水贫困指数值：

$$Y_{ij}=100\,\frac{\sum_{t=1}^{m_j}y_{ijt}}{m_j} \tag{3}$$

$$WPI_i=\frac{\sum_{j=1}^{5}w_j\,y_{ij}}{\sum_{j=1}^{5}w_j} \tag{4}$$

式中：WPI_i 为第 i 个评价对象的水贫困指数值；Y_{ij} 为第 i 个评价对象的第 j 个分指数值；w_j 为第 j 个分指数的权重；m_j 为第 j 个分指数下设的具体指标数量。

利用上述公式计算得到的水贫困指数值及各分指数值均在0～100，数值越大表明评价对象的水资源状况越好、水资源短缺程度越低；数值越小表明水资源状况越差、水资源短缺程度越高。

三、水贫困指数计算及分析结果

本研究利用上一节提出的水贫困指数指标体系及计算方法，其中水贫困指数加权计算采取等权重法（即均衡法），选取长序列权威统计数据，逐年、分省测算了2005—2012年全国31个省（自治区、直辖市）（不含香港、澳门特别行政区及台湾省）的水贫困指数及5个分指数（见表17-2），对各省份指数测算结果进行了初步对比分析。

（一）水贫困指数

2005—2012年间各省份水贫困指数的变化趋势大体一致。其中，浙江、福建、江西、辽宁等地区的水贫困指数排名一直位居前位，资源、设施、能力、使用、环境分指数的得分普遍较高，说明这几个地区的水资源短缺程度相对较轻；相反，西藏、宁夏、青海、甘肃、海南、贵州等地区的水贫困指数排名一直靠后，资源、设施、能力、使用、环境分指数的得分普遍较低，说明这几个地区的水资源短缺程度相对较重。2005—2011年间，上海的水贫困指数排名一直靠前，2012年突然下降，主要原因是资源和环境分指数得分突然下降，说明上海该年度的水资源短缺程度严重（表17-2）。

表17-2　　2005—2012年我国分省水贫困指数计算结果

行政区	2005年	2006年	2007年	2008年	2009年	2010年	2011年	2012年
北京	0.46	0.60	0.56	0.55	0.58	0.53	0.58	0.53
天津	0.50	0.50	0.54	0.55	0.55	0.58	0.54	0.55
河北	0.56	0.60	0.55	0.55	0.54	0.56	0.57	0.55
山西	0.47	0.51	0.52	0.54	0.51	0.54	0.53	0.53
内蒙古	0.52	0.57	0.58	0.53	0.52	0.56	0.58	0.55
辽宁	0.59	0.66	0.64	0.59	0.58	0.60	0.62	0.59
吉林	0.50	0.57	0.55	0.50	0.51	0.51	0.54	0.49
黑龙江	0.52	0.53	0.55	0.52	0.49	0.50	0.50	0.49
上海	0.59	0.61	0.61	0.62	0.59	0.61	0.63	0.50
江苏	0.56	0.66	0.62	0.62	0.58	0.59	0.59	0.56
浙江	0.72	0.75	0.68	0.72	0.71	0.70	0.75	0.65
安徽	0.57	0.60	0.59	0.60	0.58	0.61	0.61	0.56
福建	0.66	0.72	0.68	0.69	0.61	0.62	0.68	0.62
江西	0.61	0.66	0.65	0.65	0.59	0.61	0.68	0.60
山东	0.56	0.61	0.60	0.61	0.59	0.63	0.59	0.59
河南	0.58	0.62	0.58	0.57	0.51	0.54	0.56	0.53
湖北	0.54	0.57	0.58	0.58	0.56	0.58	0.59	0.54
湖南	0.57	0.59	0.60	0.58	0.55	0.57	0.59	0.54
广东	0.58	0.62	0.62	0.57	0.58	0.59	0.66	0.57
广西	0.53	0.54	0.54	0.55	0.52	0.53	0.53	0.49
海南	0.48	0.51	0.51	0.46	0.46	0.51	0.47	0.49
重庆	0.56	0.57	0.58	0.59	0.52	0.55	0.57	0.56
四川	0.58	0.60	0.56	0.57	0.53	0.52	0.53	0.52
贵州	0.51	0.53	0.52	0.49	0.48	0.49	0.51	0.49
云南	0.55	0.53	0.55	0.56	0.53	0.56	0.57	0.53
西藏	0.33	0.30	0.30	0.37	0.33	0.37	0.38	0.39
陕西	0.60	0.62	0.60	0.58	0.57	0.61	0.60	0.55
甘肃	0.47	0.53	0.54	0.53	0.46	0.48	0.50	0.47
青海	0.47	0.48	0.47	0.48	0.50	0.52	0.51	0.48
宁夏	0.41	0.38	0.42	0.40	0.36	0.41	0.40	0.37
新疆	0.55	0.57	0.55	0.52	0.51	0.56	0.54	0.52

注　不包括台湾省、香港特别行政区、澳门特别行政区数据。

（二）资源分指数

资源分指数得分由人均水资源量、水资源密度和降雨集中分布率 3 项指标决定，以 2012 年数据为例，资源分指数得分以降序排列排在前十位的是海南、重庆、福建、广西、广东、新疆、贵州、四川、青海、湖南，主要为南方省份；排在后十位的是山西、甘肃、山东、吉林、河南、上海、宁夏、河北、天津、北京，主要为北方省份，资源分指数排名大体上反映了我国水资源南多北少的分布。西藏和青海人口少、人均水资源量较高，但是由于降雨分布不均匀和水资源密度较低，导致两省的资源分指数综合得分较低、排名相对靠后（表 17－3）。

表 17－3　2005—2012 年我国分省资源分指数计算结果

地区	2005 年	2006 年	2007 年	2008 年	2009 年	2010 年	2011 年	2012 年
北京	0.14	0.18	0.17	0.31	0.25	0.19	0.23	0.19
天津	0.2	0.05	0.15	0.31	0.2	0.21	0.18	0.21
河北	0.12	0.19	0.21	0.32	0.16	0.19	0.18	0.22
山西	0.14	0.19	0.25	0.32	0.2	0.23	0.2	0.3
内蒙古	0.25	0.22	0.33	0.38	0.22	0.33	0.33	0.33
辽宁	0.21	0.36	0.41	0.32	0.28	0.37	0.4	0.34
吉林	0.22	0.35	0.38	0.24	0.27	0.36	0.39	0.27
黑龙江	0.29	0.31	0.36	0.42	0.33	0.4	0.38	0.35
上海	0.5	0.37	0.42	0.53	0.39	0.48	0.48	0.24
江苏	0.31	0.46	0.47	0.43	0.38	0.38	0.4	0.34
浙江	0.65	0.72	0.66	0.74	0.54	0.65	0.76	0.44
安徽	0.43	0.49	0.51	0.59	0.42	0.55	0.52	0.4
福建	0.61	0.73	0.77	0.74	0.57	0.52	0.75	0.54
江西	0.63	0.72	0.62	0.7	0.52	0.58	0.74	0.44
山东	0.22	0.26	0.24	0.33	0.18	0.32	0.13	0.29
河南	0.25	0.32	0.35	0.31	0.14	0.3	0.29	0.27
湖北	0.47	0.56	0.49	0.61	0.44	0.48	0.53	0.34
湖南	0.72	0.62	0.66	0.7	0.61	0.57	0.65	0.45
广东	0.55	0.54	0.68	0.66	0.57	0.59	0.58	0.5
广西	0.58	0.51	0.51	0.6	0.63	0.54	0.56	0.53
海南	0.51	0.6	0.52	0.68	0.58	0.76	0.55	0.66
重庆	0.65	0.56	0.55	0.6	0.52	0.46	0.54	0.59
四川	0.5	0.49	0.41	0.54	0.43	0.46	0.42	0.45
贵州	0.52	0.52	0.56	0.57	0.5	0.53	0.55	0.47
云南	0.56	0.49	0.49	0.54	0.47	0.43	0.5	0.44
西藏	0.48	0.51	0.6	0.53	0.48	0.4	0.46	0.41
陕西	0.36	0.36	0.41	0.33	0.36	0.41	0.38	0.35
甘肃	0.22	0.27	0.37	0.33	0.27	0.25	0.31	0.3
青海	0.39	0.44	0.44	0.43	0.39	0.49	0.44	0.45
宁夏	0.12	0.15	0.06	0.05	0.03	0.16	0.19	0.23
新疆	0.43	0.38	0.48	0.4	0.49	0.46	0.52	0.49

（三）设施分指数

设施分指数的得分由耕地有效灌溉率、工业废水处理达标率、城市用水普及率等3项指标决定。以2012年数据为例，设施分指数得分以降序排列排在前十位的是北京、上海、江苏、天津、浙江、河北、福建、山东、广东、江西，这些地区都属于经济发展较好地区。设施分指数得分排在后十位的是青海、宁夏、重庆、云南、内蒙古、吉林、黑龙江、甘肃、贵州、西藏，其中2个属于东北地区，4个属于西南地区，3个属于西北地区，1个属于华北地区，内蒙古、吉林和黑龙江地区的节水灌溉率和城市自来水普及率低是造成设施水平较差的主要原因，青海、宁夏、甘肃、云南、贵州、重庆的节水灌溉率低于全国平均水平，西藏的工业废水处理程度不高（表17－4）。

表17－4　2005—2012年我国分省设施分指数计算结果

地区	2005年	2006年	2007年	2008年	2009年	2010年	2011年	2012年
北京	0.81	0.8	0.88	0.85	0.89	0.88	0.87	0.84
天津	0.9	0.89	0.91	0.88	0.81	0.82	0.82	0.79
河北	0.86	0.85	0.8	0.82	0.77	0.78	0.78	0.76
山西	0.53	0.56	0.49	0.53	0.48	0.48	0.53	0.52
内蒙古	0.46	0.48	0.52	0.39	0.37	0.42	0.42	0.44
辽宁	0.66	0.66	0.64	0.62	0.56	0.54	0.56	0.55
吉林	0.46	0.51	0.49	0.47	0.43	0.37	0.39	0.41
黑龙江	0.49	0.47	0.49	0.38	0.36	0.37	0.39	0.41
上海	0.92	0.9	0.9	0.87	0.88	0.83	0.83	0.8
江苏	0.87	0.87	0.8	0.87	0.81	0.81	0.81	0.79
浙江	0.85	0.85	0.66	0.8	0.76	0.78	0.79	0.76
安徽	0.74	0.74	0.75	0.71	0.67	0.66	0.67	0.65
福建	0.83	0.85	0.74	0.83	0.75	0.77	0.78	0.75
江西	0.76	0.76	0.76	0.73	0.69	0.71	0.69	0.68
山东	0.67	0.68	0.82	0.79	0.75	0.75	0.75	0.73
河南	0.77	0.75	0.73	0.66	0.55	0.57	0.6	0.59
湖北	0.52	0.55	0.66	0.67	0.65	0.64	0.64	0.63
湖南	0.74	0.78	0.78	0.74	0.68	0.68	0.69	0.67
广东	0.66	0.68	0.56	0.51	0.64	0.7	0.71	0.68
广西	0.53	0.53	0.56	0.57	0.5	0.53	0.53	0.48
海南	0.57	0.53	0.52	0.36	0.42	0.46	0.44	0.51
重庆	0.5	0.51	0.54	0.52	0.51	0.51	0.48	0.44
四川	0.62	0.62	0.56	0.53	0.5	0.49	0.49	0.48
贵州	0.41	0.46	0.41	0.29	0.32	0.35	0.38	0.31
云南	0.45	0.47	0.47	0.54	0.51	0.51	0.49	0.44
西藏	0.22	0.17	0.14	0.31	0.27	0.34	0.41	0.3

续表

地区	2005 年	2006 年	2007 年	2008 年	2009 年	2010 年	2011 年	2012 年
陕西	0.61	0.6	0.56	0.6	0.58	0.58	0.58	0.49
甘肃	0.46	0.46	0.49	0.45	0.28	0.37	0.38	0.36
青海	0.56	0.5	0.42	0.45	0.48	0.5	0.49	0.47
宁夏	0.37	0.34	0.48	0.46	0.45	0.56	0.53	0.46
新疆	0.79	0.79	0.71	0.75	0.61	0.72	0.68	0.67

（四）能力分指数

能力分指数得分由人均 GDP、居民可支配收入中水费比例、环境污染治理投资占 GDP 比重等 3 项指标决定。以 2012 年数据为例，能力分指数得分以降序排列，排在前十位的是上海、内蒙古、西藏、浙江、天津、北京、辽宁、江苏、山东、宁夏，其中 8 个为经济发展水平较高的地区，另 2 个的经济发展水平较低。西藏的人均 GDP 虽然低于全国平均水平，但是其居民可支配收入中水费比例和环境污染治理投资占 GDP 比重均高于全国平均水平，使其用水能力提高。宁夏的人均 GDP 虽然低于全国平均水平，但是其环境污染治理投资占 GDP 比重高于全国平均水平，因此其用水能力占有优势。

能力分指数得分以降序排列，排在后十位的是湖南、青海、云南、黑龙江、甘肃、陕西、广西、贵州、四川、海南，这些地区均属于经济发展落后的地区，而且环保投资低于全国平均水平，水费支出占据可支配收入的很大比重，导致这些地区的用水能力较差（表 17－5）。

表 17－5　　2005—2012 年我国分省能力分指数计算结果

地区	2005 年	2006 年	2007 年	2008 年	2009 年	2010 年	2011 年	2012 年
北京	0.49	0.73	0.76	0.65	0.59	0.68	0.66	0.51
天津	0.54	0.78	0.55	0.53	0.5	0.57	0.58	0.52
河北	0.33	0.48	0.42	0.38	0.37	0.42	0.43	0.36
山西	0.38	0.48	0.42	0.39	0.47	0.55	0.51	0.39
内蒙古	0.42	0.61	0.6	0.48	0.6	0.64	0.66	0.62
辽宁	0.46	0.61	0.52	0.45	0.51	0.55	0.53	0.51
吉林	0.24	0.38	0.36	0.3	0.3	0.31	0.39	0.29
黑龙江	0.33	0.41	0.37	0.3	0.26	0.32	0.32	0.2
上海	0.68	0.78	0.69	0.72	0.75	0.73	0.72	0.64
江苏	0.52	0.71	0.56	0.55	0.55	0.53	0.55	0.5
浙江	0.53	0.63	0.51	0.53	0.76	0.55	0.64	0.53
安徽	0.29	0.4	0.34	0.34	0.39	0.42	0.4	0.33
福建	0.41	0.54	0.41	0.42	0.38	0.39	0.46	0.41
江西	0.34	0.44	0.36	0.36	0.32	0.35	0.45	0.41
山东	0.35	0.52	0.45	0.39	0.51	0.52	0.5	0.42

续表

地区	2005 年	2006 年	2007 年	2008 年	2009 年	2010 年	2011 年	2012 年
河南	0.32	0.41	0.36	0.35	0.41	0.36	0.41	0.36
湖北	0.28	0.4	0.36	0.29	0.36	0.43	0.4	0.36
湖南	0.22	0.32	0.32	0.28	0.33	0.38	0.33	0.28
广东	0.39	0.49	0.44	0.42	0.43	0.42	0.72	0.41
广西	0.3	0.41	0.33	0.33	0.3	0.37	0.33	0.19
海南	0.12	0.19	0.25	0.16	0.16	0.2	0.19	0.13
重庆	0.38	0.52	0.44	0.36	0.29	0.41	0.43	0.31
四川	0.29	0.4	0.32	0.29	0.23	0.2	0.21	0.16
贵州	0.31	0.37	0.32	0.29	0.19	0.15	0.23	0.17
云南	0.24	0.28	0.24	0.24	0.2	0.3	0.27	0.22
西藏	0.09	0.05	0.05	0.24	0.22	0.29	0.26	0.53
陕西	0.3	0.4	0.35	0.28	0.24	0.33	0.33	0.19
甘肃	0.3	0.42	0.38	0.34	0.25	0.31	0.31	0.19
青海	0.29	0.37	0.36	0.35	0.45	0.38	0.38	0.28
宁夏	0.61	0.63	0.65	0.62	0.57	0.59	0.45	0.42
新疆	0.37	0.51	0.36	0.34	0.38	0.54	0.43	0.37

（五）使用分指数

使用分指数得分由农田实灌亩均用水量、万元工业增加值用水量、工业用水重复利用率、人均日生活用水量等 4 项指标决定。以 2012 年数据为例，使用分指数得分以降序排列，排在前十位的是天津、山东、河北、陕西、辽宁、山西、河南、甘肃、安徽、贵州，其中，天津、河北、山西、河南、山东、辽宁、甘肃的自然水资源量贫乏，经济发展和人口压力，使这些地区提高节水意识和用水效率。

使用分指数得分以降序排列，排在后十位的是江苏、福建、青海、内蒙古、湖南、广东、新疆、广西、海南、西藏，其中，西藏、青海、海南、新疆、广西、福建、内蒙古、湖南的自然水资源丰富，使用压力小，没有足够重视提高用水效率，导致水资源使用效率低（表 17-6）。

表 17-6　　2005—2012 年我国分省使用分指数计算结果

地区	2005 年	2006 年	2007 年	2008 年	2009 年	2010 年	2011 年	2012 年
北京	0.62	0.91	0.68	0.63	0.73	0.59	0.69	0.72
天津	0.6	0.56	0.9	0.86	0.91	0.93	0.93	0.91
河北	0.95	0.94	0.9	0.86	0.9	0.89	0.88	0.87
山西	0.73	0.74	0.86	0.86	0.89	0.89	0.81	0.81
内蒙古	0.67	0.72	0.63	0.63	0.63	0.6	0.67	0.56
辽宁	0.89	0.9	0.86	0.83	0.83	0.82	0.81	0.82

续表

地区	2005年	2006年	2007年	2008年	2009年	2010年	2011年	2012年
吉林	0.84	0.83	0.78	0.75	0.8	0.78	0.77	0.73
黑龙江	0.74	0.68	0.75	0.75	0.74	0.63	0.62	0.73
上海	0.64	0.71	0.74	0.68	0.67	0.62	0.68	0.64
江苏	0.67	0.68	0.7	0.66	0.65	0.65	0.62	0.62
浙江	0.77	0.77	0.78	0.76	0.72	0.71	0.73	0.7
安徽	0.7	0.67	0.67	0.68	0.74	0.75	0.78	0.76
福建	0.65	0.67	0.69	0.64	0.57	0.6	0.62	0.62
江西	0.51	0.55	0.66	0.61	0.59	0.59	0.67	0.63
山东	0.95	0.95	0.96	0.91	0.91	0.91	0.91	0.9
河南	0.92	0.91	0.84	0.84	0.82	0.84	0.8	0.79
湖北	0.66	0.62	0.67	0.57	0.6	0.63	0.64	0.63
湖南	0.4	0.45	0.47	0.41	0.39	0.48	0.53	0.54
广东	0.56	0.63	0.67	0.52	0.52	0.5	0.52	0.51
广西	0.52	0.52	0.58	0.52	0.43	0.45	0.47	0.47
海南	0.46	0.5	0.54	0.38	0.41	0.41	0.41	0.4
重庆	0.58	0.55	0.7	0.77	0.61	0.65	0.66	0.71
四川	0.69	0.71	0.75	0.71	0.71	0.63	0.71	0.73
贵州	0.58	0.57	0.61	0.6	0.66	0.66	0.67	0.75
云南	0.73	0.6	0.75	0.68	0.65	0.75	0.75	0.74
西藏	0.24	0.15	0.06	0.12	0.05	0.19	0.14	0.11
陕西	0.85	0.87	0.81	0.86	0.86	0.87	0.86	0.86
甘肃	0.66	0.73	0.75	0.79	0.77	0.77	0.77	0.79
青海	0.51	0.48	0.53	0.53	0.54	0.62	0.61	0.57
宁夏	0.69	0.69	0.72	0.72	0.66	0.6	0.62	0.64
新疆	0.56	0.58	0.62	0.55	0.48	0.5	0.5	0.48

（六）环境分指数

环境分指数得分由水开发强度、水土流失治理面积、森林覆盖率、单位径流量中化学需氧量排放量、单位径流量中氨氮排放量5项指标决定。以2012年数据为例，环境分指数得分以降序排列，排在前十位的是陕西、江西、云南、内蒙古、四川、福建、浙江、广西、黑龙江、湖南，其中，陕西、江西、云南、内蒙古合理开发水资源，同时由于这些地区经济发展水平不高，污染环境的重工业较少，对生态环境的影响较小，水资源压力较低。

环境分指数得分以降序排列，排在后十位的是西藏、山东、青海、新疆、江苏、河北、北京、天津、上海、宁夏，其中，河北、北京、天津、上海、宁夏水资源过度开采、单位净流量中化学需氧量排放超标严重，致使这些地区的生态环境加剧恶化，限制其水资源的开发利用（表 17-7）。

表 17-7　　2005—2012 年我国分省环境分指数计算结果

地区	2005 年	2006 年	2007 年	2008 年	2009 年	2010 年	2011 年	2012 年
北京	0.25	0.37	0.32	0.32	0.42	0.34	0.47	0.41
天津	0.27	0.19	0.18	0.18	0.33	0.35	0.17	0.31
河北	0.52	0.55	0.44	0.39	0.5	0.52	0.61	0.53
山西	0.58	0.6	0.59	0.6	0.51	0.56	0.62	0.63
内蒙古	0.81	0.81	0.81	0.79	0.8	0.81	0.81	0.8
辽宁	0.76	0.77	0.75	0.74	0.73	0.71	0.79	0.74
吉林	0.75	0.76	0.75	0.75	0.74	0.74	0.76	0.73
黑龙江	0.77	0.78	0.78	0.76	0.75	0.79	0.79	0.77
上海	0.23	0.29	0.29	0.28	0.26	0.4	0.43	0.2
江苏	0.44	0.57	0.55	0.56	0.53	0.56	0.57	0.57
浙江	0.78	0.8	0.79	0.79	0.79	0.8	0.81	0.79
安徽	0.68	0.69	0.68	0.68	0.68	0.69	0.69	0.68
福建	0.79	0.81	0.81	0.81	0.8	0.8	0.81	0.8
江西	0.83	0.84	0.84	0.83	0.83	0.84	0.85	0.84
山东	0.63	0.66	0.56	0.64	0.62	0.63	0.66	0.62
河南	0.66	0.69	0.64	0.67	0.64	0.65	0.7	0.63
湖北	0.74	0.74	0.73	0.74	0.73	0.75	0.76	0.74
湖南	0.76	0.76	0.76	0.75	0.75	0.77	0.77	0.76
广东	0.74	0.75	0.75	0.74	0.74	0.75	0.76	0.75
广西	0.74	0.74	0.74	0.74	0.74	0.78	0.78	0.78
海南	0.73	0.74	0.73	0.74	0.74	0.75	0.75	0.75
重庆	0.69	0.69	0.68	0.69	0.69	0.73	0.73	0.73
四川	0.79	0.79	0.79	0.79	0.79	0.8	0.8	0.8
贵州	0.71	0.71	0.71	0.71	0.71	0.74	0.74	0.73
云南	0.8	0.8	0.8	0.81	0.81	0.83	0.83	0.83
西藏	0.63	0.63	0.63	0.63	0.63	0.63	0.63	0.63
陕西	0.86	0.86	0.84	0.85	0.83	0.85	0.85	0.85
甘肃	0.73	0.75	0.73	0.73	0.71	0.73	0.73	0.73
青海	0.62	0.62	0.62	0.62	0.62	0.61	0.61	0.61
宁夏	0.26	0.09	0.2	0.17	0.07	0.14	0.22	0.11
新疆	0.58	0.59	0.59	0.58	0.58	0.59	0.59	0.59

第二节 水安全指数研究

水是生命之源、生产之要、生态之基，事关经济社会发展全局。2011年，中共中央、国务院出台的《加快水利改革发展的决定》（中发〔2011〕1号）中强调："加快水利改革发展，不仅关系到防洪安全、供水安全、粮食安全，而且关系到经济安全、生态安全、国家安全"，充分彰显了水利在国家发展全局中的战略地位。党的"十八大"以来，习近平总书记多次就保障国家水安全发表重要论述，突出强调："水安全是涉及国家长治久安的大事""全党要大力增强水忧患意识、水危机意识，从全面建成小康社会、实现中华民族永续发展的战略高度，重视解决好水安全问题"，把水安全上升为国家战略。实施水安全战略是一个多目标、多体系、多任务的复杂系统工程，涉及经济社会发展的各个领域和水利改革发展的各个方面。有必要在深刻理解水安全战略内涵的基础上，建立一个综合性的水安全评价指数，用于直观、简便、科学评估国家及区域水安全的总体状况，支撑和推动水安全战略精准实施。

一、水安全及水安全指数的内涵

（一）水安全的概念和内涵

按照《现代汉语词典》的释义，安全是指主体"没有危险，不受威胁，不出事故"的客观状态。当主体为个人时，是"人的安全"；当主体为国家时，是"国家安全"。

水安全是国家安全的重要组成部分。国际上对水安全问题的研究始于20世纪70年代，但真正把水安全作为一个整体来考虑，则是进入21世纪以来的事情。近年来，我国学者围绕水安全问题也开展了大量研究，由于研究角度不同，对水安全的定义也不尽相同。目前对国家水安全尚无普遍公认定义。水利部发展研究中心"保障国家水安全战略研究"课题组在吸收借鉴国内外相关研究成果及综合分析基础上，将国家水安全定义为：国家生存和发展没有或很少受到水问题威胁的状态。

国家水安全具有丰富的内涵，是国家和经济社会可持续发展的一种环境和条件，与之相对的是水问题、水风险、水破坏、水灾害。

绝对意义上的水安全是不存在的。只要有水文循环和人类社会存在，就会出现水安全问题，如洪涝灾害、供水不足、水体污染等，关键要看这种灾害是否超过了当时技术经济条件下的可承受能力。一个国家是否处于水安全状态，取决于水安全问题是否危及国家的可持续发展，如果没有危及国家的可持续发展，则可视之为安全，反之则视为不安全。

国家水安全是一个动态的过程。现在安全并不代表以后还会安全，需要就当时的社会、经济、技术等条件而定。也可以说水安全是一个不断打破旧平衡、建立新平衡的过程。

国家水安全具有可调控性。通过水安全系统中各因素的调控、整治，可以改变水安全程度，但也需要付出相应的成本。

国家水安全主要包括两个主体性安全，即防洪安全和供水安全，除此之外还事关粮食安全、经济安全、生态安全和国家安全。根据水利部发展研究中心相关研究成果，与国家水安全相关的6个安全之间，存在层次、促进、竞争和转化等关系，见图17-2。

（二）水安全指数的定义和定位

水安全指数是用来表征一个国家或区域水安全保障总体水平的综合性指标。考虑到水安全的内容广泛，涵盖了水利发展的方方面面，包括防洪安全、供水安全、粮食安全、生态安全等，每一方面（即每一子系统或每一维度）都是构成具体方面的分指数，每个分指数又由若干个指标合成，其子系统或某一维度的发展程度都会影响到水安全的整体状态和发展趋势，最终以一个相对数的形式赋予水安全以定量评价，为今后保障国家水安全战略实施提供技术支撑。

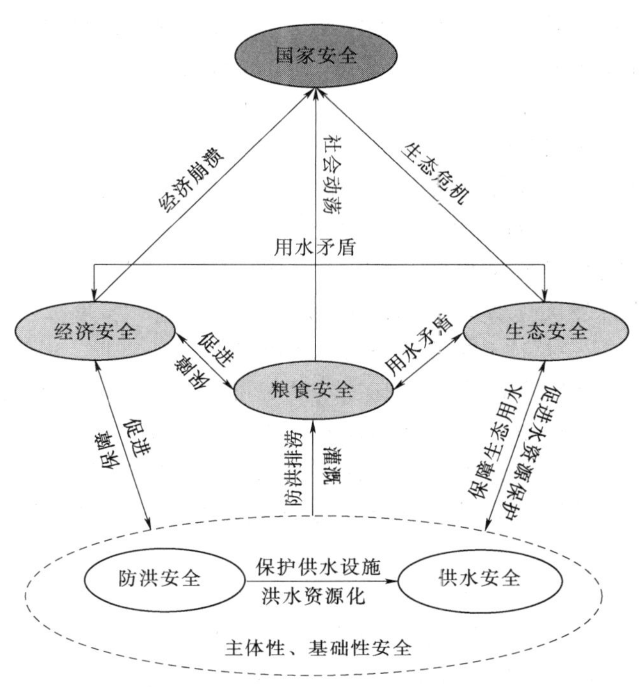

图 17-2　6个安全之间的内在关系

一般来讲，水安全状况主要受三方面因素影响和决定：一是自然状况因素，主要包括地理、气候特征以及水土资源禀赋条件等；二是水利发展水平因素，主要包括水利技术水平、工程设施标准、管理能力等；三是经济社会发展需求因素，主要包括人口和经济的规模、结构及分布状况等。从研究角度来看，关注重点不同，则用以评估相关状况的指数定位和概念也不尽相同。若重点关注水利自身发展水平，则可设置水利发展指数或水利现代化指数来衡量和评估；若重点关注水利对经济社会发展的支撑和保障作用，则可设置水安全保障指数或水利与经济社会协调发展指数来衡量和评估；若重点关注在自然条件、水利发展水平、经济社会发展需求等多因素综合影响下的水安全状况，则可设置水安全指数来衡量和评估，如图 17-3 所示。综上分析，与水利发展指数、水安全保障指数等相比，水安全指数的定位更加综合、内涵更加丰富、应用更加宽泛。

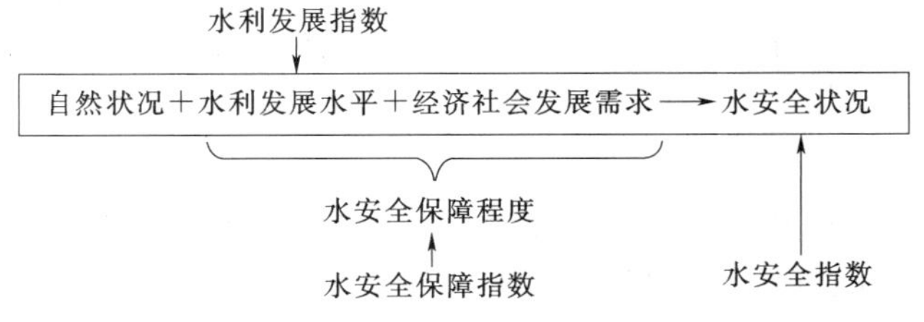

图 17-3　水安全指数评估示意图

（三）编制水安全指数的意义

水安全涵盖内容广，涉及面宽。目前对水安全的评价和测度，主要是从防洪安全、供水安全、粮食安全、经济安全、生态安全等方面分别进行评价。这种评价和表述方式详细准确，但比较复杂，也不统一，不便于社会公众理解和关注。通过编制水安全指数，可以有效解决这个问题，推动水安全战略实施。

1. 有利于增进对水安全战略的理解

水利工作是一项专业性、综合性较强的工作，社会对水利发展状况的认知感受程度相对有限。水安全战略的实施需要政府、研究机构和全社会的共同努力，如果能够采用一个简洁的指数就能将水安全涉及的6个方面统一起来，像CPI能够反映物价水平一样，来反映水安全水平，并通过这个指数在政府和社会公众之间搭建一个沟通的桥梁，将有利于社会公众对水安全战略的认识和理解，进一步形成对水安全战略的共识。

2. 有利于实施统一的水安全评价

水安全评价需要有统一的标准和方法。通过编制水安全指数，可以在防洪、供水、粮食、经济、生态和国家6个方面采用统一的评价理念和标准，形成一套简洁实用的评价实施流程，可以全面综合地反映流域、地区水安全的发展状况，得到可以在流域之间、地区之间横向可比，在不同时期之间纵向可比的指数，最大限度地发挥指数的价值。

3. 有利于水安全战略的推动实施

水安全战略的实施与目标的实现需要全国人民的共同参与。以科学的水安全理论技术为基础，成熟的指数编制技术，将纷繁复杂的水安全内涵用简单的数值表达出来，既可作为水安全战略的宣传推广工具、提高全民的水安全意识，又有利于水安全战略的深入实施。通过比较不同时期水安全指数，可以反映水安全状况在时间维度上的变化规律，并找出造成这些变化的原因；通过比较不同流域和区域的水安全指数，可以反映在流域和区域间水安全战略的实施效果，引导和转变水安全发展观念，有针对性地制定和实施相关战略重点。

二、水安全指数的指标体系构建

（一）指标体系框架

参考借鉴国内外相关指数构建方法，采取目标层、准则层、指标层的3层结构框架。目标层即为水安全指数；准则层也可称为分指数层，考虑到水安全的内容广泛，涉及防洪、供水等多个方面，根据实际情况和研究需要，围绕不同方面分别设置分指数，用于表征某方面水安全状况的整体水平。指标层包括若干基础指标，每个指标均对应准则层的一个分指数。

（二）准则层设置

综合考虑水安全内涵及6个安全内在关系、长期以来水利工作实践情况等因素，准则层设置防洪保安、供水保障、农水保粮、生态保护4个分指数，分别用于表征防洪安全、供水安全、粮食水安全、生态水安全状况，每个分指数各自对应指标层的若干具体指标。

此外，为了反映人民群众对水安全状况的满意程度，另外设置“公众认可”分指数，主要通过问卷调查等形式，调查了解广大人民群众对水安全状况的直观感受；考虑到水安全问题的专业性和复杂性，设置“专家评估”分指数，通过邀请专家开展咨询、研讨及问卷调查等方式，听取水利、环保、农业、经济等相关领域专家对水安全状况的看法和意见。公众认可、专家评估分指数暂不计入水安全指数测算，仅作对比参考。

（三）指标层的具体指标选取

紧紧围绕水安全指数及4个分指数的定义和内涵，按照系统性、导向性、前瞻性、开放性、一致性、公认性、可操作性等原则，筛选确定了15个基础指标，见表17-8。

表17-8 水安全评价指标体系

目标层	准则层	指标层	指标定义	指标属性
水安全指数	防洪保安	因洪死亡率/10^{-6}	指某一区域年因洪死亡人数占洪水风险区总人口的比例，该指标反映区域人的洪灾风险程度	逆向
		因洪经济损失率/%	某一区域年洪灾经济损失与GDP之比，该指标反映区域的资产和经济活动的洪灾风险程度	逆向
		堤防保护人口率/%	堤防、水库等水利工程设施保护的人口数量占易受洪灾影响总人口数量的比重	正向
		堤防达标率/%	达标地方长度占总地方长度的比重	正向
	供水保障	人均可用水量/(m^3/人)	平均每人可以利用的水资源量	逆向
		城镇供水保障系数	指城镇供水能力与现状实际供水量（需水量）之比	正向
		农村自来水普及率/%	使用自来水的人口占农村总人口的比重	正向
		集中式饮用水水源地水质达标率/%	指水质达标的集中式饮用水水源地数量（或供水量）占列入集中式饮用水水源地总数的比值	正向
	农水保粮	有效灌溉面积率/%	指灌溉工程设施基本配套、有一定水源、土地较平整、一般年景下当年可进行正常灌溉的耕地面积占总灌溉面积的比例	正向
		农业灌溉亩均用水量/(m^3/亩)	指农业实际灌溉中，每灌溉1亩地需要消耗的水量	逆向
		节水灌溉面积率/%	节水灌溉面积占耕地灌溉面积的比重	正向
	生态保持	水资源开发利用率/%	指实际开发利用的水资源量占可开发利用水资源量的比例	逆向
		河流水质达标率/%	指水质达标的河长占评价河长的比例	正向
		水土流失综合治理率/%	指水土流失治理面积占水土流失面积的比例，该指标表征水土流失治理情况	正向
		地下水超采系数	指同一范围内某时间段的地下水开采量、地下水可开采量两者之差与地下水可开采量的比值	逆向

（四）水安全指数的计算方法

1．指标数据标准化处理方法

为了消除指标的趋势和量纲对指数计算的影响，必须对指标进行同趋势化和无量纲化处理，统称为指标的标准化。常用的指标标准化方法是直线型功效系数法，即对指标数值变化和指标评价值的关系做直线关系处理，存在把两者关系简单化的问题。本研究利用指数型功效函数实现指数的标准化，相对于直线型功效系数法，指数型功效函数是用曲线函数来刻画单项指标的效用值，更加符合实际情况，从而使评价结论更加合理和精确。

标准化计算公式如下：

$$I_s=\frac{I_m-1/e}{1-1/e},\quad I_m=e^{-f(x)}$$

对于正向指标：

$$f(x)=\frac{\chi_{max}-\chi}{\chi_{max}-\chi_{min}}$$

对于逆向指标：

$$f(x)=\frac{\chi-\chi_{min}}{\chi_{max}-\chi_{min}}$$

式中：χ_{max}和χ_{min}分别为指标数据在合理范围内可达到的最大值和最小值，也称为指标参考值；I_s为标准化后的指标值，取值为0～1；I_m为标准化过程中的中间变量，取值为1/e～1；χ为待标准化的指标值。

2. 指标参考值

利用上述公式对指标数据进行标准化处理时，需要明确指标参考值的具体数值。围绕支撑全面建成小康社会及实现现代化等需求，主要参考国际先进国家水平，并综合考虑我国现状发展水平及地区差异等因素，确定各个三级指标的参考值，详见表17-9。

表17-9 水安全评价指标的参考值

指标	上限阈值	下限阈值	备注
因洪死亡率/10^{-6}	5	0	逆向指标
因洪经济损失率/%	2.5	0.1	逆向指标
堤防达标率/%	100	0	正向指标
堤防保护人口率/%	100	0	正向指标
人均可用水量/(m^3/人)	2500	200	逆向指标
城镇供水保障系数	1.5	1.0	正向指标
农村自来水普及率/%	100	50	正向指标
集中式饮用水水源地水质达标率/%	100	0	正向指标
农田灌溉面积率/%	100	30	正向指标
农业灌溉亩均用水量/m^3	1000	100	逆向指标
节水灌溉面积率/%	70	0	正向指标
水资源开发利用率/%	110	60	逆向指标
河流水质达标率/%	100	60	正向指标
水土流失综合治理率/%	100	0	正向指标
地下水超采系数	1	−1	逆向指标

3. 指标权重确定方法

选取德尔菲法（专家打分法）确定各个指标权重。在充分梳理和借鉴其他相关指标体系权重的思路和方法基础上，结合水安全指数相关指标自身含义，分析提出指标权重的初步意见；在此基础上，采取函询、会议研讨等形式，广泛征求水利相关领域专家和行政人员的意见，通过多轮征求意见、汇集专家意见修正权重、反馈意见等，逐步形成能为各位专家广泛接受的指标权重值，见表 17－10。

表 17－10　　水安全评价指标体系的指标权重

目标层	准则层	指　标　层	权重
水安全指数	防洪保安（30%）	因洪死亡率/%	10%
		因洪经济损失率/%	8%
		堤防达标率/%	6%
		堤防保护人口率/%	6%
	供水保障（30%）	人均可用水量/（m^3/人）	10%
		城镇供水保障系数	5%
		农村自来水普及率/%	5%
		集中式饮用水水源地水质达标率/%	10%
	农水保粮（15%）	农田灌溉面积率/%	7%
		农业灌溉亩均用水量/m^3	4%
		节水灌溉面积率/%	4%
	生态保持（25%）	水资源开发利用率/%	8%
		河流水质达标率/%	8%
		水土流失综合治理率/%	5%
		地下水超采系数	4%

4. 水安全指数公式

水安全指数由防洪安全、供水安全、粮食安全、生态安全 4 个分指数组成，分别表征一个区域的防洪安全、供水安全、农业水安全、生态水安全状况。水安全指数的数学表达形式为：

$$\mathrm{WSI} = \sum_{i=1}^{N} W_i \cdot X_i$$

式中：WSI 为某地区的水安全指数值；W_i 为 WSI 分指数 X_i 的权重；X_i 为该地区分指数，即防洪、供水、粮食、生态。WSI 即为各分指数的加权平均。

5. 水安全状况分级标准

为了更加直观地感受和理解水安全状况，根据水安全指数的不同取值范围，确定水安全状况的定性评价等级，包括非常安全、安全、基本安全、不安全 4 个等级，见表 17－11。

表 17－11　　水安全状况分级评价标准

水安全状况定性评价等级	非常安全	安全	基本安全	不安全
水安全指数值	＞0.8	0.6～0.8（含）	0.4～0.6（含）	≤0.4

三、典型年份指数测算及结果分析

（一）典型年份及省份选取

1. 典型年份

根据数据的可获得性，结合国家水利改革发展布局相关特点，分别选择水利改革发展“十一五”规划末年的2010年和“十二五”末年的2015年作为试算的典型年。

2. 典型省份

按照“分区域、细分类、摸低线”原则，从我国东、中、西地区各选择2个典型省份，结合水安全指数测算结果对其水安全状况进行深入评估分析。所选典型省份需在防洪、供水、农水、生态4方面中至少面临一方面的较大水安全保障压力。经认真比选，确定东部地区浙江、福建，中部地区河南、湖南，西部地区四川、陕西为开展水安全评估分析的典型省份，见表17-12。

表17-12　　典型省份选择

地区	省份	水安全保障压力及特点
东部	浙江	（1）沿海地区，受台风和洪灾影响； （2）城镇化发展迅速，人口迁移大，城镇供水需求大，要求高； （3）工业化程度高，水污染压力较大； （4）经济发达地区
	福建	（1）沿海地区，受台风和洪灾影响； （2）水生态建设要求高； （3）战略地位重大
中部	河南	（1）粮食主产区，灌区面积较大； （2）人口密集，城镇供水需求大，要求高； （3）南水北调水源及周边生态保护
	湖北	（1）受到洪水灾害影响较大； （2）粮食主产区，灌区面积较大； （3）人口密集，城镇供水需求大，要求高； （4）南水北调水源及周边生态保护
西部	四川	（1）粮食主产区，灌区面积较大； （2）人口密集，城镇供水需求大，要求高
	陕西	（1）水生态建设任务较重； （2）南水北调水源及周边生态保护

（二）全国及典型省份水安全指数测算结果

全国及典型省份水安全指数测算结果见表17-13和表17-14。

表17-13　　全国及典型省份水安全指数测算结果

地区	水安全指数			
	2010年	安全状况	2015年	安全状况
全国	0.43	基本安全	0.58	基本安全
浙江	0.65	安全	0.70	安全

续表

地区	水安全指数			
	2010 年	安全状况	2015 年	安全状况
福建	0.49	基本安全	0.54	基本安全
河南	0.51	基本安全	0.64	安全
湖北	0.46	基本安全	0.65	安全
四川	0.54	基本安全	0.62	安全
陕西	0.49	基本安全	0.64	安全

表 17-14　　全国及典型省份相关水安全分指数测算结果

地区	防洪保安分指数				供水保障分指数			
	2010 年	安全状况	2015 年	安全状况	2010 年	安全状况	2015 年	安全状况
全国	0.30	不安全	0.66	安全	0.50	基本安全	0.51	基本安全
浙江	0.68	安全	0.70	安全	0.55	基本安全	0.57	基本安全
福建	0.25	不安全	0.41	基本安全	0.56	基本安全	0.56	基本安全
河南	0.60	基本安全	0.76	安全	0.41	基本安全	0.58	基本安全
湖北	0.27	不安全	0.67	安全	0.44	基本安全	0.58	基本安全
四川	0.38	不安全	0.61	安全	0.54	基本安全	0.54	基本安全
陕西	0.11	不安全	0.60	安全	0.60	安全	0.59	基本安全
地区	农水保粮分指数				生态保护分指数			
	2010 年	安全状况	2015 年	安全状况	2010 年	安全状况	2015 年	安全状况
全国	0.54	基本安全	0.62	安全	0.43	基本安全	0.54	基本安全
浙江	0.81	非常安全	0.81	非常安全	0.62	安全	0.77	安全
福建	0.50	基本安全	0.57	基本安全	0.70	安全	0.71	安全
河南	0.68	安全	0.71	安全	0.45	基本安全	0.52	基本安全
湖北	0.40	基本安全	0.45	基本安全	0.77	安全	0.80	非常安全
四川	0.48	基本安全	0.54	基本安全	0.78	安全	0.75	安全
陕西	0.75	安全	0.75	安全	0.63	安全	0.68	安全

（三）全国及典型省份水安全状况分析评估

1. 水安全总体状况

从全国来看，2010 年、2015 年全国水安全指数分别为 0.43 和 0.58，总体上处于“基本安全”状态。2015 年全国的水安全指数比 2010 年有所提高，表明经过“十二五”水利改革发展建设，我国水安全状况得到较好改善。分省来看，6 个典型省份的典型年水安全指数均处于“安全”或“基本安全”状态。2015 年水安全指数均高于 2010 年，其中，河南、湖北、四川、陕西 4 省水安全状态由 2010 年的“基本安全”上升为“安全”。

2010年各典型省份按水安全指数由高到低的顺序依次为：浙江、四川、河南、福建、陕西、湖北；2015年排序为：浙江、湖北、陕西、河南、四川、福建。东、中、西部地区各典型省份水安全指数不存在从西向东逐步递增的规律分布，经济发展的因素可能是水安全状况的保持与改善的一个必不可少的影响因素，但并不是决定性因素。

2. 防洪安全状况

2010年，全国以及福建、陕西、湖北、四川4省的防洪安全状况均处于“不安全”状态，主要原因是2010年因洪死亡人数处于相对较高水平，全国因洪死亡人数为3222人，福建和陕西分别为103人和174人。2015年，全国因洪死亡人数为319人，较2010年大幅降低，带动全国防洪安全整体状况显著改善，达到“安全”状态；除福建防洪保安分指数为“基本安全”外，其他5省防洪保安分指数均有大幅提升，均达到“安全”状态。“十二五”期间，从中央到地方进行了大量的水利防洪工程建设，从大型水利枢纽工程建设、大江大河治理、中小河流治理到大中型病险水库水闸除险加固，这些工程的建设实施都为国家防洪任务的顺利开展以及保卫老百姓的生命财产安全发挥重要作用。

3. 供水安全状况

2010年和2015年，全国及6个典型省份均处于“安全”和“基本安全”的状态。河南和湖北供水保障分指数评价结果有较大幅度的提升，主要原因是“十二五”期间农村饮水安全工程的实施解决了更多农村人口的饮水安全问题，使得居民饮用安全水的比例有了较为明显的提升。特别是河南省，人均水资源量较小，农村人口较多，基础水平较低，成效也更为显著。

4. 粮食水安全状况

2015年，除浙江和陕西外，全国及其他4省农水保粮分指数较2010年均有一定程度增长，表明粮食水安全状况总体提升，福建、湖北、四川农水保粮分指数在0.4～0.6，处于“基本安全”状态。浙江、河南、陕西3省2010年和2015年粮食水安全均处于“安全”或“非常安全”状态，主要原因是农田灌溉面积率和农田灌溉亩均用水量3省明显好于其他地区，拉升了3省农水保粮分指数得分。

5. 生态水安全状况

除全国和河南外，其余5省生态保护分指数均处于“安全”和“非常安全”状态。除四川省外，全国及其余5省2015年生态保护分指数均较2010年有一定程度增长，其中全国和浙江增长幅度较为显著，但安全状态仍为同一级别。四川生态保护分指数降低主要是由于水资源开发利用率大幅提高造成的，水资源开发利用率由2010年70%提高到2015年84%。

四、几个关键问题的考虑

（一）关于水安全指数编制的空间尺度问题

本研究中，水安全指数编制的空间尺度为全国及分省单元。有专家关注该指数在市、县级层面的适应性问题。我们认为，指数编制的空间单元越小，则每个单元的独特性越强、不同单元之间的差异性越大，愈加难以用一套统一的指标体系来评估，特别难以用全国这套指标体系来评估。各地可在全国指标体系基础上，结合本地区实际，调整优化建立适合本地区特点的水安全评价指标体系，对本地区及下一级行政区域的水安全状况进行评估。

（二）关于水安全状况评估的周期问题

以1年为周期开展水安全指数编制过于频繁，水安全状况评价结果容易受降水年际变化及一些极端、突发事件影响而导致异常波动。为解决这个问题，一方面，在具体指标选择方面应尽可能选取受降水等随机变化事件影响较小的指标；另一方面，可考虑结合五年规划编制实施工作，延长至以5年为周期开展水安全指数编制和评估工作。本研究重点在于水安全指数指标体系的构建、修改以及水安全指数的试算等工作，至于将来正式开展水安全指数编制工作时，在充分征求相关专家意见的基础上，根据实际情况确定水安全指数编制和计算的周期。

（三）关于水安全指数指标体系是否分区域设置不同指标及权重的问题

我国国土面积辽阔，不同区域气象、地理等自然条件差异性大。是否根据水资源禀赋等基础条件差异，划分不同区域（例如南方丰水地区、华北缺水地区等），分别构建指标体系或设定不同指标权重。我们考虑，编制水安全指数的目的和应用之一是开展全国不同地区水安全状况的比较分析，为各地区分析不足、追赶超越提供参考依据，若分区域设置不同指标或指标权重，则不同区域间的可比性不足。

（四）关于水安全体系中极端天气和突发事件对评估影响的问题

随着全球气候变暖，极端干旱、极端降水等极端天气气候事件的出现频率发生变化，呈现出增多增强的趋势，在水安全状况评估时，应该充分考虑极端天气带来的影响。而突发事件按照成因主要分为两种：一种是由自然灾害或自然地理地质结构变化后可能导致的突发事件，如地震运动可能产生的地表水量突然减少或河流及水源地水质突然变浑等；另一种是由人类活动产生的突发事件，如工厂排污造成河流水质的大规模污染，大面积的土地开发造成当地生态环境的不可逆的破坏等。这些都对水安全提出了严峻的挑战。本次研究中水安全指标体系主要是考虑一般正常状态下的全国及地区的水安全状况，尚未充分考虑极端天气及突发事件对水安全状态评估可能产生的影响，另外，受到专业知识和技术的限制，也需要相关专家针对这两种情况发生的条件下对水安全状态评价进行指导和帮助。因此，下一步考虑在指标体系计算之外的专家评估的环节，增加极端天气和突发事件评估工作，在众多专家的帮助下进一步做好水安全状况的评估工作。

第三节 水利与经济社会发展协调指数研究

党的十六大以来，以胡锦涛同志为总书记的党中央提出了科学发展观的重大战略思想，强调“第一要务是发展，核心是以人为本，基本要求是全面协调可持续发展，根本方法是统筹兼顾”。党的十八大以来，以习近平总书记为核心的党中央以全新的视野深化对共产党执政规律、社会主义建设规律、人类社会发展规律的认识，探索形成了新时代中国特色社会主义思想，提出了坚持新发展理念、坚持人与自然和谐共生等“十四个坚持”的基本方略。协调发展是科学发展观的基本要求，是五大新发展理念的重要内容，也是实现人与自然和谐共生的必然途径。水利是国民经济和社会发展的重要基础设施，水利发展与经济社会发展之间的协调程度直接影响水利对经济社会发展的支撑保障水平。开展水利与经济社会发展协调指数研究，在协调发展的基本理论和评价方法基础上，建立以协调指数为核心的水利与经济社会协调发展评价指标体系，用于定量评估水利发展与经济社会发展之间的协调程度，有助于从协调发展视角审视水利工作的成效和问题，为进一步加强和改进相关工作、提升水利与经济社会协调发展水平提供分析工具和参考。

一、水利与经济社会协调发展的理论基础和评价方法

（一）协调的概念辨析及衡量标准

1. 协调的定义

“协调”是在国家政策文件、新闻宣传报道以及人们日常工作、生活语境中常用的一个词汇。主要有两个方面的含义。一是把协调看着一种组织管理工作，即为了实现国民经济持续、稳定、快速发展，需要处理和解决好国民经济各部门、各系统、各要素之间的结构关系。这里所说的处理和解决各部门、各系统、各要素之间的结构关系的工作就是协调工作。二是把协调当作一种发展态势。例如，对国民经济进行宏观调控的目的就是为了使宏观经济持续、快速、协调发展。这里所说的协调发展指的是宏观经济发展的一种态势。

在社会科学研究领域，许多人把对协调的认识停留在总量和结构比例的相适性上。典型的观点就是，认为协调就是“和谐”，是构成整体的各部分之间和谐统一，强调整体秩序。这种观点对于整体结构的转化问题认识不足，强调现有秩序不变，缺乏历史发展观，导致相应的协调行为在本质上是对现状的认可。这种协调观的实质是“平衡观”，认为整体协调就是各部分之间在量上保持相对稳定的比例关系。我们认为，对协调的认识既不能离开系统的演化来讨论，不能把协调当成结构稳定的同义语，也不能把协调等同于平衡，把协调归结为系统结构的静态比例关系。协调应该是发展的规定，是对系统各种因素和属性之间的动态相互作用关系及其程度的反应。基于此，给出如下定义：“协调”是指为实现系统总体演进的目标，各子系统或各元素之间相互协作、相互配合、相互促进而形成的一种良性循环态势。对“协调发展”可概括为：以全面发展为系统演进的总目标，在遵循客观规律的基础上，通过子系统与总系统，以及子系统相互间及其内部组成要素间的协调，使系统及其内部构成要素之间的关系不断朝着理想状态演进的过程的发展模式。

2. 协调的内涵

根据上述定义，可以从以下几方面进一步理解协调的内涵：

（1）协调以实现系统总体的演进目标为目的。系统总体演进是指系统总体水平的提高，总体结构的转变。系统总体演进目标是通过系统的总体规模水平、速度和数量关系或系统的运行轨迹来加以体现的。没有系统总体演进目标，就无需子系统或各元素间的相互协作，相互配合和相互促进。

（2）协调以各有关现象或事物互为因素。系统总体目标的实现要以各系统和现象的进度、数量的变化，结构的变化是否相互适应、相互促进为基本判断条件的。不了解未达到目标所需要组织协调的总体内部的各个系统，各种现象或各个事物，就无从组织协调，因此全面掌握、科学划分总体中的系统和现象，形成多层次、多方面的协调体系，才能做好

组织协调工作。

(3) 协调以各有关现象或事物之间的关系为条件。事物之间存在普遍联系，如果没有认识事物间的关系，在协调的过程中，就不能做到全盘考虑，全面推动，就会在工作中顾此失彼，无法真正实现组织协调。

(4) 协调以组织各系统在实现总体目标过程中相互适应、相互配合、相互促进为要求。协调是正确处理系统之间的关系，这种关系体现为数量规模的相互适应、发展速度的相互匹配、数量比例关系的合理，发展进度的相互促进，各种活动的相互协同，从而形成相互统一的力量，在各自目标完成的同时，也保证总体目标的实现。

(5) 协调是动态的。在实现系统总体目标过程中，各子系统之间关系需要根据系统发展实际情况随时调整和修正，各子系统之间的稳态关系需实现动态平衡，而不是固定不变。

3. 协调的衡量标准

从协调的内涵分析可知，协调包含协调过程和协调状态两层含义，即通过协调过程，达到协调状态；从评价符合系统协调性的角度分析，应该注重于对协调状态的评价，通过对协调状态的评价，来判断符合系统各子系统协调的程度。开展复合系统的协调状态评价，首先要弄清楚协调的评价依据和衡量标准。根据复合系统协调性相关理论，协调的衡量标准包括以下几个方面：

(1) 规模匹配性。指各子系统或各要素在发展规模大小方面，是否适当。各子系统的发展，均受到各种资源条件和彼此相互制约关系的约束，各子系统的发展总量，如果突破了资源和彼此制约管理约束的底线，系统就会进入失衡的不和谐状态。

(2) 结构合理性。指各子系统或各要素在结构比例上的合理性，是复合系统正常运转所应达到的基本协调性要求。在复合系统的诸多关联联系中，结构联系占有重要地位。复合系统中子系统的构成不合理，会使复合系统的相互作用关系发生“扭曲”，复合系统整体效益无法正常发挥。以构成性协调为目标，不断调整和改变复合系统原有结构中的不合理部分，才能实现复合系统的整体协调。如经济系统中，经济结构是经济保持协调发展的基础，也是经济效益的基础。产业结构及产业布局等经济构成要素合理与否，很大程度决定了整个经济系统发展是协调还是失调、是高效益还是低效益的。

(3) 速度均衡性。复合系统的总体发展是由子系统的发展有机聚合而实现。协调发展的状态下，各子系统的发展速度协同性较好，也即各子系统的发展速度比较均衡一致，没有某个子系统的发展过于超前，也没有某个子系统过于滞后，呈现出齐头并进、整体提高的发展态势。

(4) 发展机会均等性。系统协调发展旨在建立一种确保公平与效率正向反馈的机制，促进各子系统保持正常良性发展态势。协调发展的公平性评判依据体现了系统间各要素平等发展的要求，体现了全面、共同发展的思想，即复合系统的整体发展不能抑制或剥夺某单项子系统的发展，体现公平的发展更能激发效率的提升。

(二) 水利与经济社会发展的关系分析

水利与国民经济社会协调发展应包括彼此关联的三个方面：水利的发展、国民经济社会的发展以及水利与国民经济社会的协调发展。同时需要将水利、经济、社会和生态环境看作一个复合系统来统筹考虑，其概念内涵可以概括为：遵循自然社会客观规律和以人为本的科学发展观，统筹考虑水利与经济、社会和生态环境复合系统的各子系统和各要素之间的关系，使复合系统及其内部构成各子系统和系统要素的发展规模适当、结构合理、节奏协同、不断朝着相互促进的理想协调状态发展演进。在国民经济社会持续适度发展的同时，水利在供水安全、防洪安全、生态安全、粮食安全等关键保障能力方面持续稳定发展，实现经济效益、社会效益和生态效益的统一，促进形成水利发展、经济增长、社会进步、环境友好的发展局面，最终达到“人水和谐”的良性循环可持续发展态势。

水利与社会、经济、生态环境三大子系统关系密切，相互作用、相互影响，如下图所示。生态环境和水资源是社会经济系统赖以存在和发展的物质基础，为社会经济的发展提供自然资源和环境资源。通过水利发展，不断满足经济社会发展和生态环境维护对水利的需求。既要满足一系列重大经济发展战略对水资源的需求，又要满足人民群众对饮水安全、防洪安全特别是水利工程移民对生存发展的基本需求，以及满足生态环境维护和河湖健康用水需求。在这个复合系统中，任一个系统出现问题都会危及另外子系统的发展，而且会通过反馈作用加以放大和扩展，最终导致复合大系统的衰退（图 17－4）。

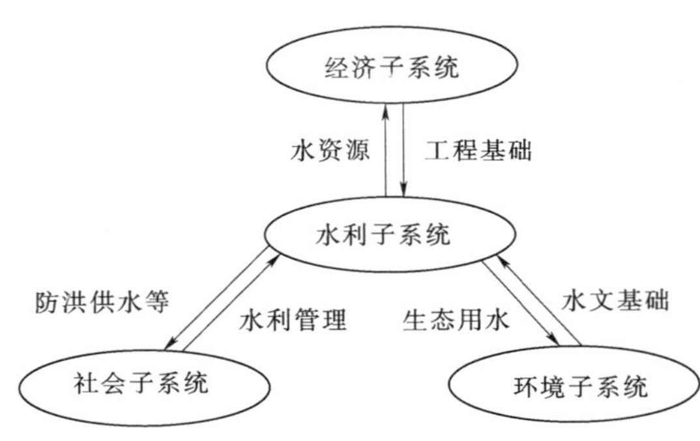

图 17－4　水利、经济、社会与环境复合系统关系

（三）水利与经济社会协调发展的评价维度

根据前述分析，水利与国民经济、社会民生、生态环境之间的相互支撑、相互促进，又相互制约的关系，是建立适应国民经济社会协调发展的水利发展评价指标体系的基本出发点。根据水利事业的特征，考虑从环境协调、经济协调、社会协调三个维度，来评价水利与经济社会发展的协调状态。在评价指标选择上，主要根据规模适当、时间同步、协调状态表征等三类衡量标准，分别设置相应的评价指标。特别需要说明的是，理论上“结构合理”是很好的协调性评价依据，但是对于水利-经济社会-环境这个复合系统，在现有水利统计数据资料条件下，很难设计相应的指标来评价诸如“用水结构”“水利投资结构”等结构合理程度，所以本研究未设置结构合理性指标。

1. 经济协调评价

主要从水利对经济发展（包含农业、工业和服务业）的保障支撑能力、经济增长方式改进对用水效率的提高、经济发展对水利建设投入的保障水平三方面，评价水利与经济发展之间的协调性。具体来讲，包含供水安全（不含饮水安全，饮水安全在社会协调中考虑）、粮食安全、用水效率和水利投资保障四方面的评价依据。

（1）供水安全。供水安全是指为适应经济发展需要，能够充分保障水量充足、水质合格的水源，并能够将水源地的水按照合格的标准（水量、水质、水压等）输送到用户，在极端情况下（干旱、洪涝、水污染等突发事件）能够通过强有力的手段，保障生产和生活的基本用水需求。供水安全是整个水安全的基础，也是粮食安全、生态安全、经济安全的基础。从以下两方面对供水安全情况进行评价：①供水保障能力（规模适当类的评价依据）；②应急供水保障能力（规模适当类的评价依据）。

（2）粮食安全。粮食安全是经济安全的基础，水利是解决粮食安全的关键。着力抓好以农田水利建设为重点的农业基础设施建设，持续扩大旱涝保收的高产稳产灌溉面积，是保障粮食增产稳产的最直接、最现实的措施。从以下两方面来评价水利对粮食安全的保障能力：①灌溉保障能力（规模适当类的评价依据）；②农业用水效率（协调状态表征类评价依据）。

（3）用水效率。2011年中央一号文件指出“建立用水效率控制制度。确立用水效率控制红线，坚决遏制用水浪费，把节水工作贯穿于经济社会发展和生产生活全过程。”节水型社会的建设反映了经济增长方式对水利事业的影响和制约作用。通过节水型社会的建设，在水资源有限的情况下实现经济快速增长，并有效保护水资源不被过度开发和使用，从而实现水利与经济社会发展的共同可持续发展，可持续地保障国家经济安全。从以下两方面来评价综合用水效率：①单位GDP用水量（协调状态表征类评价依据）；②用水量弹性系数（用水量增长率与GDP增长率之间的比值，反映经济增长对用水量增长的依赖程度，是协调状态表征类评价依据）。

（4）水利投资保障。充足而适当的投资是水利事业健康可持续发展的基础保障；水利建设的顺利实施又为经济社会快速发展提供坚实的支撑，二者互为表里，相辅相成。所以，一个国家或地区水利投资的充足合理程度和时间及时性的程度，反映出了水利与经济社会发展之间的相互作用、相互协调的本质属性。从以下两方面来评价水利投资保障水平：①水利投资占GDP比例（规模适当类的评价依据）；②水利投资弹性系数（水利投资增长率与GDP增长率的比值，反应水利投资与经济增长在时间同步性方面的协调程度，是时间同步性评价依据）。

2. 社会协调评价

防洪安全和饮水安全是人民安居乐业的关键保证，是建立和谐社会的关键基础，是水利与社会协调发展的主要表现。

（1）防洪安全。防洪安全事关人民幸福，国家安危。防洪安全保障体系是防洪工程体系和非工程体系的有机结合。防洪工程体系建设的目标，主要是增强对洪水的控制能力，减少洪水泛滥的几率与淹没范围；而非工程性手段，是指综合运营法规、行政、经济、技术等手段来提升和加强区域防洪能力的方法。中国现代防洪安全保障体系应是一个工程措施与非工程措施有机结合的体系。从以下三方面来评价防洪安全水平：①城市防洪保障能力（规模适当类的评价依据）；②乡镇防洪保障能力（规模适当类的评价依据）；③洪涝灾害损失（协调状态表征类评价依据）。

（2）饮水安全。饮水安全是指人民能否获得生存与发展所必需的足量的、符合基本质量要求的饮用水（包括基本生活用水）。从以下三方面来评价饮水安全保证水平：①城市饮用水水质达标程度（协调状态表征类评价依据）；②农村饮水安全保障程度（协调状态表征类评价依据）。

3. 环境协调评价

环境协调准则，反映水利和生态环境之间的相互协调程度。生态安全是水利与环境协调发展的主要表现。水生态环境安全是指一个区域在获得安全用水的过程中，所获得的水能满足清洁生态和健康环保的要求，既满足生活和生产的需要，又使自然环境得到妥善保护的一种社会状态。水利与生态环境之间存在非常密切的相互作用、相互促进和相互制约关系。水资源的适度开发将能够有效的保障和促进经济社会持续健康发展。但是，水资源的过度开发或不恰当开发，却会在带来短期经济效益的同时，严重威胁生态环境和水资源的可持续供给，进而阻碍经济社会可持续协调发展。通过水土流失治理，水利可以为改善生态环境提供支撑；有效的污染物排放控制和其他环境保护手段，又可以保护水资源的可持续利用。综上所述，可从以下几方面评价水利与环境的协调性：①水资源的合理开发利用程度（规模适当类的评价依据）；②水土流失治理程度（协调状态表征类评价依据）；③水污染控制与治理程度（协调状态表征类评价依据）。

二、水利与经济社会发展协调指数指标体系构建

根据上述理论分析和关系梳理，提出了水利与经济社会发展协调指数的概念，用于综合衡量水利与经济社会发展的协调程度。围绕水利与经济社会发展协调指数，构建了系统完整的评价指标体系，明确了指数计算方法。

（一）指标体系

为全面反映和度量协调发展的目标与内涵，以协调发展理论为基础，以水利与经济社会发展协调指数为核心和顶层（目标层），以经济协调、环境协调、社会协调为准则层，以反映规模适当、时间同步或协调状态表征的 17 个评价指标为指标层，构建了水利与经济社会协调发展评价指标体系，见图 17－5。

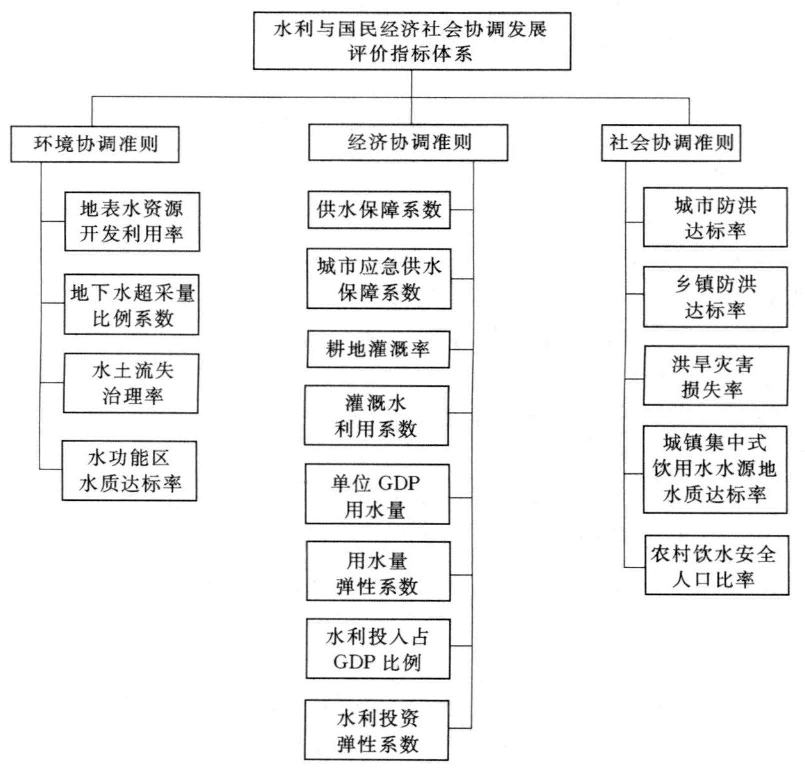

图 17－5 水利与经济社会协调发展评价指标体系结构图

环境协调准则的指标是根据自然环境同国民经济社会发展相互关系，选取对其有较大影响的环境效应、环境治理等方面水利相关指标。主要包括地表水资源开发利用率、地下水超采量比例系数、水土流失治理率、水功能区水质达标率等指标。

1. 经济协调准则指标

经济协调准则之下设置了供水保障系数、城市应急供水保障系数、耕地灌溉率、灌溉水利用系数、单位 GDP 用水量、用水量弹性系数、水利投入占 GDP 比例、水利投资弹性系数共八项评价指标。

(1) 供水保障系数。反映一个区域总体的水量保障能力，计算公式为：

$$供水保障系数=\frac{人均蓄引提水能力}{人均需水量}\times 100\%$$

(2) 城市应急供水保障系数。反映在灾害或其他意外事件情况下，紧急保障基本生活生产活动的能力，计算公式为：

$$城市应急供水保障系数=\frac{县级以上双水源供水保障城市数量}{县级以上城市总数量}\times 100\%$$

(3) 耕地灌溉率（%）。反映农田水利基础设施的完善程度，计算公式为：

$$耕地灌溉率=\frac{能够有效灌溉的农田面积}{区域农田总面积}\times 100\%$$

(4) 灌溉水利用系数。反映输水工程渠系的输水效率，计算公式为：

$$灌溉水利用系数=\frac{净灌溉用水总量}{毛灌溉用水总量}\times 100\%$$

(5) 单位 GDP 用水量（m^3/万元）。反映经济活动的总用水效率，计算公式为：

$$单位\ GDP\ 用水量=\frac{年总水量}{年\ GDP\ 总量}\times 100\%$$

(6) 用水量弹性系数（%）。反映经济增长对用水量增长的依赖程度，计算公式为：

$$用水量弹性系数=\frac{用水量年增长速度}{GDP\ 年增长速度}\times 100\%$$

(7) 水利投入占 GDP 比例（%）。反映全社会对水利建设投资的保障程度，计算公式为：

$$水利投入占\ GDP\ 比例=\frac{水利总投入}{GDP\ 总量}\times 100\%$$

(8) 水利投资弹性系数（%）。反映全社会对水利建设投资与经济增长的同步程度，计算公式为：

$$水利投资弹性系数=\frac{水利投资增长率}{GDP\ 增长率}\times 100\%$$

2. 社会协调准则评价指标

社会协调准则之下设置了城市防洪达标率、乡镇防洪达标率、洪旱灾害损失率、城镇集中式饮用水水源地水质达标率、农村饮水安全人口比率等五项评价指标。

(1) 城市防洪达标率（%）。反映城市防洪工程总体质量水平，计算公式为：

$$城市防洪达标率=\frac{县级以上防洪达标城市数量}{县级以上具有防洪任务的城市总量}\times 100\%$$

(2) 乡镇防洪达标率(%)。反映乡镇防洪工程总体质量水平，计算公式为：

$$乡镇防洪达标率=\frac{防洪达标乡镇数量}{具有防洪任务的乡镇总量}\times 100\%$$

(3) 洪旱灾害损失率(%)。反映洪旱灾害造成的损失程度，计算公式为：

$$洪旱灾害损失率=\frac{洪旱灾害造成的经济损失量}{该区域当年\text{ GDP }总量}\times 100\%$$

(4) 城镇集中式饮用水水源地水质达标率(%)。反映一个地区城镇饮用水水源地的水质状况，计算公式为：

$$城镇集中式饮用水水源地水质达标率=\frac{城镇集中式饮用水源地水质达标数量}{城镇集中式饮用水水源地总数}\times 100\%$$

(5) 农村饮水安全人口比率(%)。反映一个区域保障城乡人口安全饮水的能力，计算公式为：

$$农村饮水安全人口比率=\frac{农村饮水安全人口}{区域农村总人口}\times 100\%$$

3. 环境协调准则评价指标

环境协调准则之下设置了地表水资源开发利用率、地下水超采量比例系数、水功能区水质达标率、水土流失治理率等四项评价指标。

(1) 地表水资源开发利用率(%)。反映对地表水资源的开发利用强度，计算公式为：

$$地表水资源开发利用率=\frac{当年取用的地表水量}{多年平均地表水资源量}\times 100\%$$

(2) 地下水超采量比例系数(%)。反映对地下水的过度开发利用程度，计算公式为：

$$地下水超采量比例系数=\frac{当年超采的地下水量}{当年可开采地下水资源总量}\times 100\%$$

(3) 水功能区水质达标率(%)。综合反映区域水资源保护的总体情况，计算公式为：

$$水功能区水质达标率=\frac{水功能区达标数}{参与评价的水功能区总数}\times 100\%$$

(4) 水土流失治理率(%)。反映区域水土流失治理情况，计算公式为：

$$水土流失治理率=\frac{水土流失治理面积}{水土流失总面积}\times 100\%$$

(二) 指标权重及目标值设定

1. 权重设定

利用层次分析法确定各评价指标的权重系数。首先确定目标层与准则层的判断矩阵并计算指标权重，其次分别确定各准则层的判断矩阵并计算指标权重，最后得到整个指标体系的权重分配方案。采用专家调查法，通过收集水行政主管部门和高校的 13 位专家的判断矩阵的意见，分别计算每位专家的权重分配方案，通过算术平均方式得到指标体系的最终权重分配。

2. 目标值设定

在指标体系建立后，需要确定评价标准(也称为评价目标值)。评价的目的在于判断被评价对象在特定问题上的好坏程度。而评价标准是定量地刻画这种好坏程度的数值标准，即评价指标的基准值。比如，以某一指标的最优值作为基准，来计算评价对象在该指标上的得分。确定指标的评价基准，是进一步实现对评价对象按照指标体系进行评价的基础。采用专家推荐法，多次组织专家研讨会，就指标体系中的每个评价指标逐一进行讨论，综合多数专家推荐意见确定评价指标的目标值。评价指标权重设置及目标值设定情况见表 17－15。

表 17－15　　评价指标权重及目标值

序号	指标名称	权重系数	目标值	指标性质
1	经济协调准则	0.57		
1.1	供水保障系数	0.32	100%	正向
1.2	城市应急供水保障系数	0.05	100%	正向
1.3	耕地灌溉率	0.1	100%	正向
1.4	灌溉水利用系数	0.04	80%	正向
1.5	单位 GDP 用水量	0.2	50	逆向
1.6	用水量弹性系数	0.06	0.05	逆向
1.7	水利投入占 GDP 比例	0.08	1%	正向
1.8	水利投资弹性系数	0.14	1	正向
2	社会协调准则	0.15		
2.1	城市防洪达标率	0.41	100%	正向
2.2	乡镇防洪达标率	0.16	100%	正向
2.3	洪旱灾害损失率	0.08	0.5%	逆向
2.4	城镇集中式饮用水水源地水质达标率	0.23	100%	正向
2.5	农村饮水安全人口比例	0.11	100%	正向
3	环境协调准则	0.28		
3.1	地表水资源开发利用率	0.46	40%	逆向
3.2	地下水超采量比例系数	0.17	0.2	逆向
3.3	水土流失治理率	0.12	100%	正向
3.4	水功能区水质达标率	0.25	100%	正向

（三）指数计算方法

1. 评价指标数据的标准化处理公式

一般来说，各指标的取值范围、变动方向、单位及量纲均不相同。因此，在评价之前，需要对指标的数据进行标准化处理，也称无量纲化处理。经过标准化处理之后，所有指标的值转化为［0，1］之间的数值，标准化值为 0，表示最差；标准化值为 1，表示最好。标准化的指标数据集合，才能作为评价的数据基础。

对于正向指标，标准化处理公式：

$$\text{指标评价值}=\frac{\text{指标现状值}}{\text{指标目标值}}\times 100\%$$

对于逆向指标，分两种情况：

（1）指标目标值为最好评分情况的标准化处理公式：

$$指标评价值=\frac{指标目标值}{指标现状值}\times 100\%$$

（2）指标目标值为最差评分情况下的标准化处理公式：

$$指标评价值=1-\frac{指标现状值}{指标目标值}\times 100\%$$

2. 协调指数的加权计算公式

根据评价指标体系、指标权重设计以及指标评价目标标准值，结合各评价对象的各指标实际值，采用下面的综合评价计算公式，可得到评价对象的评价结果（即协调指数）：

$$E=\sum_{i=1}^{m}\lambda_i\sum_{j=1}^{n}\lambda_j M_{ij}$$

式中：λ_i 为第 i 个准则层的权重；λ_j 为第 j 个指标在该准则层所占的权重；M_{ij} 为评价对在第 i 个准则层中选取的第 j 个指标的特征值（即标准化后的评价分值）。

通常，在进行协调指数计算时，可以分三步进行：

（1）对各准则层分别计算协调指数。根据各准则层下，各指标的权重分配，分别计算出经济协调指数、社会协调指数和环境协调指数。

（2）计算综合协调指数。综合各评价准则，计算出总体的协调指数（称为综合协调指数）。

（3）确定协调等级。按照表 17－16 的建议值，确定评价对象的协调等级。

表 17－16　　协调等级划分表

协调等级	协调等级描述	协调指数范围
Ⅰ	非常协调	[0.8，1.0]
Ⅱ	协调	[0.6，0.8)
Ⅲ	基本协调	[0.4，0.6)
Ⅳ	不协调	[0.2，0.4)
Ⅴ	非常不协调	[0.0，0.2)

三、典型地区水利与经济社会协调发展分析

为了验证前述建立的水利与经济社会发展协调指数及评价指标体系的合理性、适用性，选择重庆市为典型地区开展实证测算分析。实证测算分析的时间范围为 2010—2015 年，基础数据来源主要为相关年份的《中国统计年鉴》《中国水利统计年鉴》《中国水资源公报》以及重庆市“十一五”“十二五”水利发展规划等，极少部分数据来源于重庆市水行政主管部门的内部统计资料。利用基础数据和上节提出的评价方法，通过评价指标值计算、标准化（无量纲化）处理、协调指数计算等步骤，最终得出综合协调指数以及经济、社会、环境三个准则层的协调分指数计算结果如表 17－17 所示。

（一）综合协调性分析

综合考虑环境、经济、社会三方面，“十一五”重庆市水利与国民经济社会的协调发展，总体保持了一个逐渐向好的态势，处在由基本协调向协调稳步改善的过程中，如图 17－6 所示。

表 17-17 协调指数计算结果表（重庆市）

年份	经济协调分指数	社会协调分指数	环境协调分指数	综合协调指数	协调等级
2005	0.53	0.43	0.65	0.56	Ⅲ（基本协调）
2006	0.62	0.41	0.65	0.60	Ⅱ（协调）
2007	0.62	0.45	0.64	0.61	Ⅱ（协调）
2008	0.64	0.60	0.63	0.63	Ⅱ（协调）
2009	0.64	0.50	0.62	0.62	Ⅱ（协调）
2010	0.69	0.58	0.62	0.65	Ⅱ（协调）

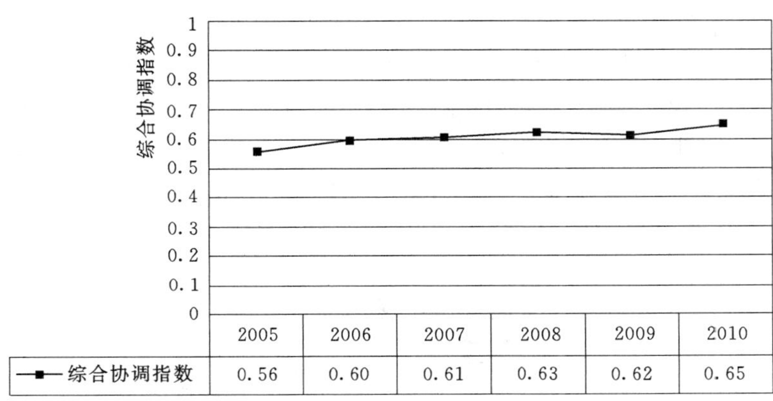

图 17-6 综合协调指数示意图

但是也要看到，当前的协调水平还处较低水平（协调指数处在［0.6，0.8］区间的低端），主要原因表现在环境协调性一直处于下行趋势，而社会协调性水平较低，且波动较大。下面，对各方面协调性，及其影响因素进行详细的分析。

（二）经济协调性分析

分析表明，2005—2010 年，重庆水利发展的经济协调度总体处在协调的区间，且保持了持续改善的良好态势，如图 17-8、图 17-9 所示。

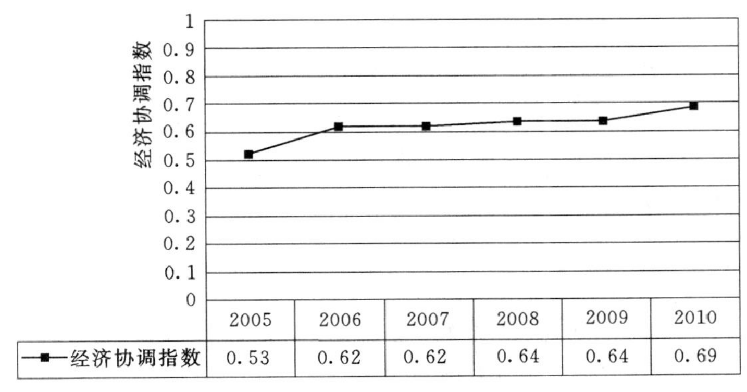

图 17-7 经济协调分指数示意图

进一步分析可知（见图 17－8、图 17－9），经济协调性总体良好态势形成的主要原因是：

（1）水利投入占 GDP 比例的分值处于上升趋势，并且从 2008—2010 年一直稳定在 1.00 分，表明重庆市水利投资的保障程度很好；

（2）水利投资弹性系数，除了 2005 年 0.48 分，从 2006—2010 年都稳定在 1.00 分，反映出重庆市重视对水利建设投资与经济增长的时间同步性很好；

（3）用水量弹性系数的分值处于先下降，然后稳定上升的趋势，表明了重庆市经济增长方式的逐渐转变和改善，对用水增长的依赖性在稳步减小；虽然，中间的反复比较明显，但是 2010 年数据（0.83 分），重庆市经济增长方式转变效果明显，在水资源有限的条件下，经济可持续发展能力在增强；

（4）供水保障系数的分值总体很好，平均分值在 0.8 以上，表明重庆市总体供水保障能力较强。但是，必须引起重视的是，供水保障系数的分值处于下降趋势；数据表明，这主要是由于社会经济的发展所带来的总需水量逐年增加，而供水能力未能保持同步增加所造成的；

（5）城市应急供水保障系数的得分快速稳步增长，表明重庆市城市供水双水源工程建设效果明显。

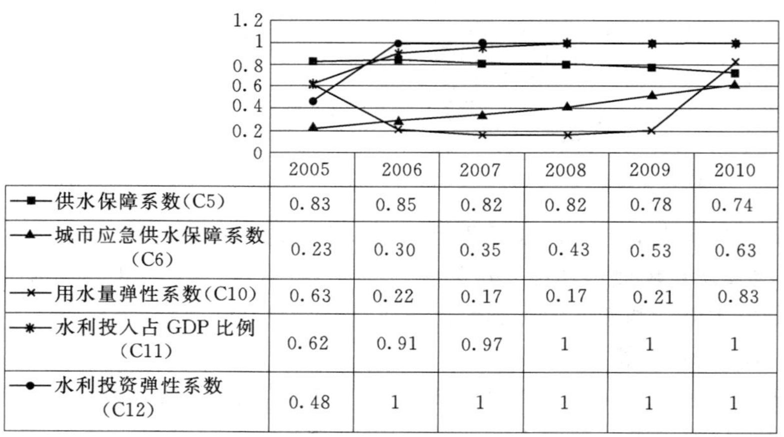

	2005	2006	2007	2008	2009	2010
—■—供水保障系数(C5)	0.83	0.85	0.82	0.82	0.78	0.74
—▲—城市应急供水保障系数(C6)	0.23	0.30	0.35	0.43	0.53	0.63
—×—用水量弹性系数(C10)	0.63	0.22	0.17	0.17	0.21	0.83
—*—水利投入占 GDP 比例(C11)	0.62	0.91	0.97	1	1	1
—●—水利投资弹性系数(C12)	0.48	1	1	1	1	1

图 17－8 经济协调准则（一）各指标对比示意图

但是，在经济协调性总体态势良好的情况下，有些问题必须引起充分的注意，比如：

（1）耕地灌溉率和灌溉水利用系数两项指标的分值，虽然在逐年改善，但是都还处在比较低的水平，这表明水利对粮食安全的保障程度不容乐观。

（2）万元 GDP 用水量的分值提高很快，但是还处在较低水平，表明提高用水效率，仍然面临艰巨的任务。

（三）社会协调性分析

分析表明，2005—2010 年，重庆水利发展的社会协调度总体处在基本协调的区间，且保持了持续改善的良好态势，如图 17－10 所示。

进一步分析可知（图 17－11），社会协调性总体良好态势形成的主要原因是：

（1）城市防洪达标率的分值稳步上升，从 2005 年的 0.4 到 2010 年的 0.6，表明重庆

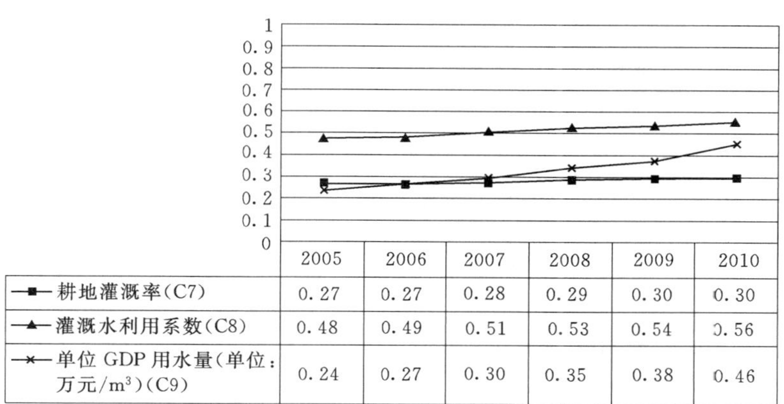

	2005	2006	2007	2008	2009	2010
耕地灌溉率(C7)	0.27	0.27	0.28	0.29	0.30	0.30
灌溉水利用系数(C8)	0.48	0.49	0.51	0.53	0.54	0.56
单位 GDP 用水量(单位：万元/m³)(C9)	0.24	0.27	0.30	0.35	0.38	0.46

图 17-9 经济协调准则（二）各指标对比示意图

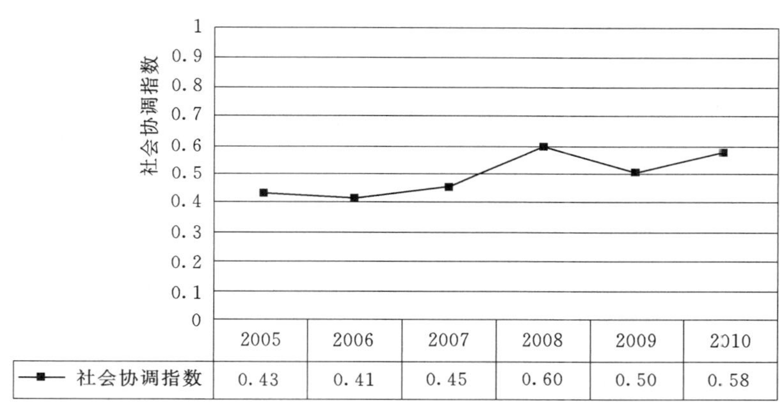

	2005	2006	2007	2008	2009	2010
社会协调指数	0.43	0.41	0.45	0.60	0.50	0.58

图 17-10 社会协调分指数示意图

市城市防洪建设的成效明显。

（2）农村饮水安全人口比例的分值，虽有反复，但仍然保持了稳步增长的趋势。

（3）城镇集中式饮用水水源地水质达标率的整体得分值处于高水平（平均分接近 0.9），表明重庆市城镇饮用水水源地的水质情况总体较好；但是，不能忽视的是，城市饮用水质已经处于由好逐渐变坏的下降趋势中，需要引起高度的重视。

但是，在社会协调性总体态势良好的情况下，有些问题必须引起充分的注意，比如：

（1）乡镇防洪达标率的分值处于 0.04～0.13，虽然处于上升趋势，但是整体得分值很低。今后，必须要加大乡镇防洪的投入，提高乡镇防洪保障能力。

（2）洪旱灾害损失率的分值处于不稳定的趋势，波动很大，表明重庆市城乡防洪保障能力，还面临很大的挑战。

（四）环境协调性分析

分析表明，2005—2010 年，重庆水利发展的环境协调度总体处在协调的区间，但是却处于逐渐下降的趋势中，如图 17-12 所示。

进一步分析可知（图 17-13），由于重庆市总体水资源丰富，因此在水资源开发利用

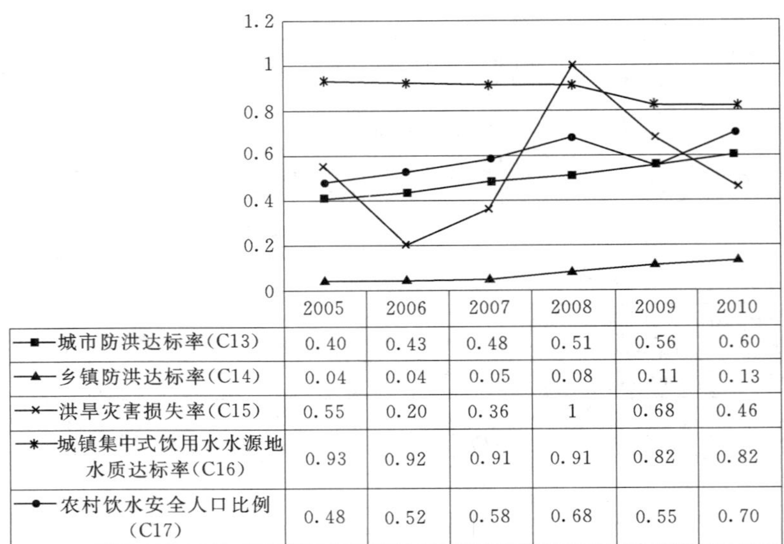

	2005	2006	2007	2008	2009	2010
城市防洪达标率(C13)	0.40	0.43	0.48	0.51	0.56	0.60
乡镇防洪达标率(C14)	0.04	0.04	0.05	0.08	0.11	0.13
洪旱灾害损失率(C15)	0.55	0.20	0.36	1	0.68	0.46
城镇集中式饮用水水源地水质达标率(C16)	0.93	0.92	0.91	0.91	0.82	0.82
农村饮水安全人口比例(C17)	0.48	0.52	0.58	0.68	0.55	0.70

图 17-11 社会协调准则各指标对比示意图

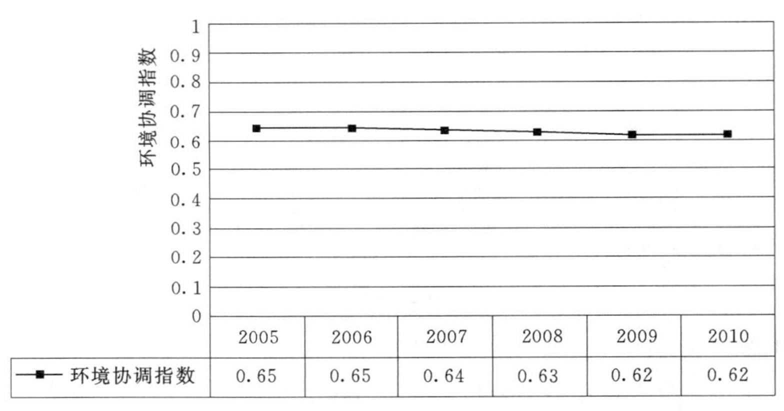

	2005	2006	2007	2008	2009	2010
环境协调指数	0.65	0.65	0.64	0.63	0.62	0.62

图 17-12 环境协调分指数示意图

率和地下水超采量比例系数两项指标上表现很好，得分较高。但是，水土流失治理率得分仅为 0.05～0.08，表明重庆市的水土流失治理率很低，问题非常严重，需要在未来的工作中加强。此外，水功能区水质达标率虽然得分较高，但是却逐年缓慢下降，这表明，重庆市水污染的情况未能得到根本的缓解，反而有逐渐加重的趋势，这必须引起足够的重视。

（五）实证分析结论

综合上述分析，可得如下结论：

(1) 重庆市“十一五”期间，水利与经济、社会、环境协调发展的态势良好，正处在由基本协调向协调稳步改善的过程中，总体保持了一个逐渐向好的趋势。

(2) 重庆“十一五”期间，水利与经济社会环境协调发展能够保持逐渐向好态势的主要原因是：①水利投资保障能力持续提高；②经济增长方式的转变，降低了经济增长对用

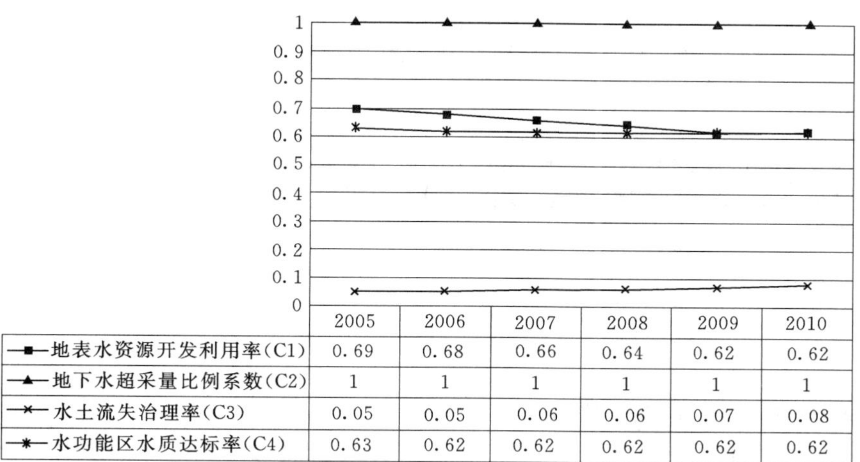

	2005	2006	2007	2008	2009	2010
—■—地表水资源开发利用率(C1)	0.69	0.68	0.66	0.64	0.62	0.62
—▲—地下水超采量比例系数(C2)	1	1	1	1	1	1
—×—水土流失治理率(C3)	0.05	0.05	0.06	0.06	0.07	0.08
—✳—水功能区水质达标率(C4)	0.63	0.62	0.62	0.62	0.62	0.62

图 17－13　环境协调准则各指标对比示意图

水量增长的依赖性，大大增强了经济发展的可持续能力；③用水效率稳步提高；④供水保障水平较高；⑤农村饮水安全人口比例稳步上升。

（3）重庆“十一五”期间，水利与经济社会环境的协调发展方面，仍然存在许多不协调的因素，主要表现在以下方面：①水环境压力大。水功能区水质达标率和城镇饮用水水质达标率虽然得分较高，但是却处于持续缓慢下降的趋势中；这表明，随着经济社会的发展，尽管水污染控制治理的力度在加大，却仍然未能彻底扭转水环境持续恶化的态势；②水土流失治理任重道远；③耕地灌溉率和灌溉水利用系数两项指标的分值，虽然在逐年改善，但是都还处在比较低的水平，这表明水利对粮食安全的保障程度不容乐观；④万元GDP用水量的分值提高很快，但是还处在较低水平，表明提高综合用水效率，还面临艰巨的任务；⑤乡镇防洪达标率的水平很低，必须要加大农村地区防洪能力建设方面的投入。

第十八章

水资源环境经济核算应用研究

水是基础性的自然资源、战略性的经济资源，是生态和环境的重要控制性要素。水资源涉及经济社会发展、居民生活以及生态环境的方方面面，只有加强水资源的核算工作，厘清水资源在自然界和各种经济体之间活动的复杂关系，才能将水资源开发、利用与经济社会活动紧密联系起来。从2006年开始，在联合国统计署的协助下，水利部会同国家统计局组织开展了水资源环境经济核算理论、框架及技术细则的编制研究工作，初步建立了一套以水资源环境数据和经济数据为基础的中国水资源环境经济核算体系框架，并在海河流域、太湖流域、北京市、上海市等地开展了试点。该框架将水资源核算纳入到了国民经济核算体系中，其对水资源在自然界与经济体之间交互关系的清晰描述，为全面、准确分析水资源在经济社会发展中的作用提供了重要思路及方法，弥补了国民经济核算在处理水资源对经济的贡献和经济对水资源环境的影响等问题上存在的不足。随着我国水资源环境经济核算体系理论框架和技术细则的日臻完善，以及核算成果的逐步形成，核算成果的应用方向、应用领域、应用方式等被提上日程。2009—2010年，本书编者团队开展了水资源环境经济核算成果应用与工作机制研究工作，提出了水资源环境经济核算成果在国民经济宏观政策及水利行业管理政策有关领域的应用方式，提出了水资源环境经济核算的工作机制建议。

第一节　水资源核算在国民经济发展宏观政策中的应用

水是基础性的自然资源和战略性的经济资源，是生态环境的控制性要素，是支撑国民经济和社会持续稳定发展的重要基础和保障。开展水资源环境经济核算，可为定量评估水利与经济社会发展的相互关系、制定出台产业结构优化调整等政策提供重要分析方法和参考依据。

一、衡量水利行业对国民经济的贡献度

（一）水利行业对国民经济贡献的测度方法

水利是一类关系民生需求与经济发展的基础性活动，是国民经济的重要组成部分。随着水利建设投资的逐年增多，水利改革的不断深入，水利行业对国民经济发展的支撑作用越来越大。但是现阶段水行政主管部门并不能明确掌握水利行业在国民经济行业中的地

位，因此有必要对水利行业在国民经济行业中的地位进行测度，定量反映水利在国民经济中的作用。

水利行业对国民经济增长的贡献通常以贡献率、拉动反映。其中，水利行业对 GDP 增长量的贡献率需要水利行业增加值、国内生产总值两大指标；水利行业对 GDP 增长的拉动需要国内生产总值增长率、水利行业对 GDP 增长量的贡献率。具体见以下公式：

（1）水利行业对 GDP 增长量的贡献率

$$H_{水}=\frac{G_{水}(n)-G_{水}(n-1)}{\mathrm{GDP}(n)-\mathrm{GDP}(n-1)}\times 100\%$$

式中：H 水为水利行业对 GDP 增长量的贡献率；$G_{水}(n)$ 为当年水利行业增加值；$G_{水}(n-1)$ 为上年水利行业增加值；GDP(n) 为当年国内生产总值；GDP($n-1$) 为上年国内生产总值。

（2）水利行业对 GDP 增长的拉动

$$J_{水}=F_{\mathrm{GDP}}\times H_{水}$$

式中：$J_{水}$ 为水利行业对 GDP 的拉动；F_{GDP} 为国内生产总值增长率；$H_{水}$ 为水利行业对 GDP 增长量的贡献率。

（二）水资源环境核算对测度水利行业贡献度的支撑作用

国民经济核算成果和水利部组织开展的水利财务经营收费情况统计等统计数据成果，可为水行政主管部门了解水利行业对国民经济的贡献提供重要基础信息。存在一些不足，主要表现在：一是在国民经济行业分类中，水利活动根据其内容不同，被分别划分在第一、二、三产业中（表 18－1），而统计部门对外公布的核算数据缺少详细数据，使得水行政主管部门并不能准确掌握水利活动产生的增加值，难以与国民经济发展作出比较。二是水利财务经营收费情况统计的统计范围过于狭窄，只统计了水利系统内水管单位的有关数据，不能反映整个水利行业在国民经济中的地位。

表 18－1　　国民经济行业分类中的涉水活动

类别	第一产业	第二产业	第三产业
门类	A　农、林、牧、渔业	D　电力、燃气及水的生产和供应业	N　水利、环境和公共设施管理业
大业	05　农、林、牧、渔、服务业	46　水的生产和供应业	79　水利管理业
小类	0511　灌溉服务	4610　自来水的生产和供应 4620　污水处理及再生利用 4690　其他水的处理，利用与分配	7910　防洪管理 7921　水库管理 7922　调水、引水管理 7929　其他水资源管理 7990　其他水利管理

水资源环境经济核算体系依据我国国民经济行业划分规定，将水利行业从整个国民经济行业中分离出来，形成了相对独立的水利行业核算体系。在明确水利行业分类的基础上，设计相关统计指标，形成涉水活动生产账户（表 18－2），进行水利行业增加值核算，所得数据能够为水行政主管部门准确掌握水利行业增加值提供重要帮助，并为分析水利行业发展状况及其对国民经济发展的促进作用，制定水利行业宏观发展政策提供数据基础。

表 18－2 水资源环境经济核算体系下的涉水活动生产账户

涉水活动生产账户	总产出	涉水活动生产账户	生产税净额
	中间消耗		固定资产折旧
	增加值		营业盈余
	劳动者报酬		

（三）应用案例

根据国家统计局已有数据，依据以上测度方法，对水利行业对国民经济的贡献进行了计算，具体见表 18－3。

表 18－3 水利行业增加值核算表 单位：亿元

年份	水利行业增加值	水利行业增加值增长率/%	GDP	GDP 增长率/%	水利行业在 GDP 中的比重/%	水利行业对 GDP 贡献率/%	水利行业对 GDP 的拉动/%
1991	76.8	18.15	21781	16.7	0.35	0.379	0.0632
1992	98	27.60	26923	23.6	0.36	0.412	0.0973
1993	134.5	37.24	35334	31.2	0.38	0.434	0.1356
1994	191.2	42.16	48198	36.4	0.40	0.441	0.1605
1995	253.3	32.48	60794	26.1	0.42	0.493	0.1288
1996	280.2	10.62	71177	17.1	0.39	0.259	0.0442
1997	302.3	7.89	78973	11.0	0.38	0.283	0.0310
1998	302.1	−0.07	84402	6.9	0.36	−0.004	−0.0003
1999	316.2	4.66	89677	6.2	0.35	0.267	0.0167
2000	328.6	3.93	99215	10.6	0.33	0.130	0.0139
2001	343.1	4.41	109655	10.5	0.31	0.139	0.0146
2002	356.8	3.98	120333	9.7	0.30	0.128	0.0124

注 表中数据来自《中国统计年鉴》，由于没有更详细数据，水利行业增加值只能以当年地质勘察业水利管理业增加值代替。

（四）存在的问题及建议

衡量水利行业对国民经济的贡献度，就要计算出水利行业的增加值。但是计算增加值并非易事，虽然水资源环境经济核算体系设计了涉水活动生产账户，将涉水行业从国民经济行业中分离出来，但其对增加值指标设计还不够完善。建议根据涉水对象执行的会计制度设计不同的调查指标体系。

二、为产业结构调整提供依据

（一）产业结构调整研究及存在的问题

产业结构是指各产业的构成及各产业之间的联系和比例关系。各产业部门的构成及相互之间的联系、比例关系不同，对经济增长的贡献大小不同、对资源环境的作用也各异。产业结构调整的目的是促进产业结构合理化，而产业结构合理化的重要标志之一就是充分合理地利用资源，实现社会经济与资源、环境的协调发展。

随着人类社会的发展，人类活动造成的水污染日益严重，水资源分布和人类活动地区分布的矛盾也越来越突出，水问题已成为当前大多数国家和地区所不得不面临的问题。在一些缺水地区，水资源已经成为影响当地社会经济发展的重要制约性因素，要求产业结构调整必须“量水而行”。因此，实现产业结构合理化需要水资源承载能力、行业用水结构和用水效率等指标。

长期以来，产业结构调整的取向主要遵循如何使经济结构朝着更符合人类利益的方向变化，粗放式扩张、以资源消耗和环境破坏为代价的经济增长方式成为多数国家的典型特征。实践证明，这种粗放的经济发展模式不可持续，经济发展必须考虑资源环境的承载能力。但现有的产业结构调整对资源环境的考虑不够，特别是对水资源的承载能力考虑不足，没有把水资源作为确定产业规模和布局的依据。如：在制定产业发展政策时，由于对水资源承载能力考虑不够，在很多缺水地区缺乏对发展“高耗水、高污染”双高产业的制约，造成该地区水资源紧张，反过来又制约社会经济发展，客观要求将水资源作为调节、控制、指导行业和区域经济发展的手段。

造成上述问题的原因，既有主观认识因素，也有水资源统计信息不完整、不系统的原因。长期以来，水信息按照水利管理和水文科学的要求来统计的，专业性强，也没有与社会经济直接联系起来，影响了水资源作为社会经济发展的一个重要控制因素来考虑。水资源环境综合核算，系统提供了行业用水耗水量、用水效率、排污等指标数据，正好弥补了这一空白。

（二）为产业发展提供数据支撑

水资源环境综合核算重视水资源在经济发展中的作用，将水量、水质、水资源价值等信息与 SNA 账户相结合，按照地区和国民经济行业分类标准，全面统计了水资源的来源、耗用、价值等情况，提供了一套比较完备的水资源和区域、行业经济发展的基础资料，对促进产业结构调整具有十分重要的作用。将水资源核算账户与区域经济、行业经济发展结合起来，有利于分析水资源对经济社会区域和行业发展的支撑、指导和控制作用，有利于为制定水资源约束下的经济发展政策，或经济发展约束下的水资源规划政策提供决策依据和参考（表 18－4）。

表 18－4　　水资源环境综合核算账户及指标

账户	指　　标	账户	指　　标
水量账户	按国民经济行业分类标准划分的分行业用水量	混合账户	按国民经济行业分类标准划分的分行业增加值
水质账户	重要水质信息		

（三）案例应用

为了分析水资源与各行业发展的关系，促进产业结构发展与水资源承载能力相适应，需要对各地区、各行业的用水总量、用水效率和用水结构等进行分析。分解分析是用来分析上述因素变化的主要方法之一。

LMDI 分解法（Logarithmic Mean Divisia Index Model）是当前较为先进和完善的分

解方法，主要利用对数平均数，采用迪式分解，实现了对研究对象的完全分解，而且绝对分解和相对分解还可以互换，实现了逻辑的自恰。采用这种方法，以2003—2007年分地区用水量为例分析，可以得到如下结果。

表18-5 2003—2007年分地区用水量变化及各因素影响作用 单位：亿 m^3

年份	总效应	产出效应	结构效应	效率效应
2003—2004	227.27	1005.88	−14.30	−764.32
2004—2005	85.31	924.94	−13.76	−825.87
2005—2006	161.98	875.27	0.24	−713.53
2006—2007	23.70	1038.47	2.47	−1017.24

总效应表示当年用水量的变化，其中，产出效应指由于当年GDP增长而增加用水量，结构效应指由于地区经济结构变化增加用水量，效率效应指由于用水效率提高而减少的用水量。总效应为后三个效应之和。

从分解结果中，可以非常清楚地看到经济增长、地区经济结构变化和地区用水效率变化对全国用水量的影响作用及变化情况：总体上看，2003—2007年，全国每年用水量不断增加，但增速有减缓的趋势；影响用水量变化最大的因素是产出效应和效率效应，地区经济结构效应作用很不明显。从数量上看，用水量因产出增加而平均每年增加961亿 m^3，但因用水效率提高而年均减少830亿 m^3；地区经济结构变化引起的用水量年均减少仅6亿 m^3。

因此，从政策上来看，可以从水资源对经济发展的支撑能力、制定区域经济社会与水资源协调发展政策等角度考虑。

从水资源对经济发展的支撑能力来看，主要是对未来社会经济用水量的估计。分解结果可以为我们提供了一种新的分析和预测社会经济用水量的思路，即从经济发展、经济结构变化和用水效率三个方面对用水量进行综合分析和预测。利用这种方法，能够根据经济社会发展变化趋势，比较准确的把握未来经济社会用水量的变化趋势。

从对区域经济发展的支撑来看，主要是通过调整区域经济增长和产业结构以及各行业用水效率，实现经济社会与水资源的协调发展。主要的措施有：

一是指导、控制经济增长速度。人类的生产活动是造成用水量增加最为主要、最为直接的原因，过快的增长速度势必会增加用水量。因此，要实现经济增长与水资源的协调发展，有必要将经济增长速度控制在一定范围之内，在制定区域经济发展规划时必须把经济增长与水资源统筹考虑。在不能改变经济结构和用水效率的前提下，应防止因经济增长过快而造成水资源过度使用的情况发生。

二是指导、控制地区经济结构转变。从长期来看，地区经济结构变化也是影响用水量变化的重要因素。在制定区域经济社会发展战略时要充分考虑水资源的承载能力，通过调控区域经济结构，适当限制高耗水低产出行业密集的地区经济发展速度，降低这些地区在全国经济总量中的份额，实现社会经济用水总量的降低。

三是指导、控制地区用水效率提高。在社会经济发展目标与水资源总量的双重约束下，提高用水效率是减少社会经济用水量的最为有效的途径。具体措施包括：鼓励企业和社会通过各种手段提高用水效率；鼓励各地区采取水资源差别定价；利月财政税收政策限制地区高耗水行业发展；指导高耗水行业推行节水措施，推广循环用水技术，控制用水效率低下的设备的使用；不断加大对节水行业和节水设备生产应用的投入力度等，不断提高地区用水效率，减少地区单位产出的耗水量，实现用水效率的提高。

此外，水资源环境综合核算数据还能用于分析对行业经济发展的支撑、指导和控制作用，用于制定行业经济发展政策。例如：在水资源总量约束下，为了维持经济社会与水资源的协调发展，可以采取以下几种的措施：一是调整行业结构。利用宏观规划、行政指导、财政税收政策调控、水资源分级定价等手段，可以限制高耗水低产出行业的发展，实现以行业的调整为途径的用水量增幅的减小机制。二是提高行业用水效率。政府主管部门可以通过加强行业用水定额管理、制定合理的水价体系，探索企业节水的税收优惠力度，加大节水技术和技术设备的研究开发力度，积极引导并鼓励企业引入节水工艺流程、采用节水设施，不断挖掘生产、生活中的节水潜力，不断提高各行业用水效率，进而减少经济社会总用水量。

在经济增长约束下，可以采取的调控政策主要有：一是控制经济社会的总耗水量。通过加快产业结构调整，减少高耗水行业在国民经济中的比重，大力发展低耗水、高产出产业的方式保持经济增长。同时，大力提高用水效率，减少清洁水的使用，将经济社会总用水量控制在水资源承载力范围之内。二是开拓新水源，扩大供水能力和供水量。具体的措施包括：加大水利设施投资，提高供水能力；进行跨区域调水，补充当地水资源不足等。

（四）应用的难点及建议

当前，产业结构调整分析中考虑水的因素无论是在理论上还是实践中都还存在一些困难。具体体现在：

（1）水资源在促进经济社会发展中的价值还不足以影响经济结构的改变。在市场经济中，经济活动的动力来源于市场机制。由于水资源价格总体上偏低，还不足以成为影响企业成本的重要因素，也就不能对企业的行为选择产生较重要的影响。因此，目前还难以通过经济手段来改变产业机构调整现状，难以使水资源自动成为影响产业结构调整的重要因素。

（2）水资源核算的数据本身还没解决水资源价值估算问题，难以形成对经济结构调整的有效支撑。水资源价值估算相当复杂，是水资源核算理论和技术是水资源核算的难点，目前还没有统一的意见。很难有效用于经济结构调整分析中，支撑经济结构调整。

（3）水资源环境核算只记录出水水质，没有进水水质，不能提供完整的分行业的水质及水质变化数据，不利于分析分行业的供水、用水和污水排放情况，不利于分析分行业的用效率、排污情况，不能依据用水效率制定行业的限制或行业鼓励政策提供数据。

三、经济社会发展对水资源和水环境影响评价

（一）经济社会发展对资源和环境影响的评价方法

目前，评价经济社会发展对资源和环境影响的方法，主要是进行绿色国民经济核算，也称资源环境经济综合核算。它是在对经济发展与资源环境之间的关系有了比较深入的认识的基础上产生的，其在传统国民经济核算所涉及的已市场化的资产在核算期初和期末两

个时间点的变化量中，加入了对自然资源和环境资产的存量及其变化的核算，弥补了国民经济核算在反映经济社会发展代价和负面效应等方面的不足，更好地体现国民经济的可持续发展状况。

从20世纪70年代开始，联合国和世界银行等国际组织在绿色国民经济核算的研究和推广方面做了大量工作，并于20世纪90年代中期正式提出绿色国民经济核算概念及绿色核算体系通用框架——“环境经济综合核算体系”。我国绿色国民经济核算始于20世纪80年代，20世纪90年代以来，绿色国民经济核算的理论研究逐步深入。绿色国民经济核算作为新的国民经济核算概念，对评价经济社会发展对资源和环境影响具有重要作用，能够为量化经济社会发展代价和负面效应，衡量经济增长方式的优劣提供支撑。

（二）水资源环境经济核算在绿色国民经济核算中的作用

绿色国民经济核算是一项非常复杂的工作。进行绿色国民经济核算，需具备以下数据：一是土地、森林、矿产、水等各种资源的价值及其耗减量；二是生态环境、自然环境、人文环境退化成本。水资源环境经济综合核算体系的建立，全面、系统地反映了水在自然界与经济体，以及在经济体内部的循环流动过程，将经济信息与水资源信息进行综合，系统地描述了水与经济之间的相互关系，为实现水主题下研究环境与经济体之间的相互作用提供信息支持，进而为绿色核算提供了相应的数据信息体系作为支撑。具体表现在：

一是构建了不同层次的实物型水资源流量、存量账户（如水的实物量供给使用账户、排放账户、水资源资产账户、水资账户）框架，为观察与不同经济活动相对应的资源消耗和废弃物排放的实物量提供了前提。在水资源实物量账户编制框架的基础上，开展相关数据的实际收集统计工作，能够为核算污染物应消减量[1]、应治理的污染物量[2]、水资源耗减量[3]等提供基础数据。

应消减污染物量＝排放的废污水中污染物含量－河段纳污能力

应治理污染物量＝地表水污染物含量－河段纳污能力

水资源耗减量的计算有以下三种不同方法：

方法一：　水资源耗减量＝用水消耗量

方法二：　水资源耗减量＝用水消耗量－水资源可利用量

方法三：　水资源耗减量＝地表水资源耗减量＋浅层地下水资源耗减量＋深层地下水资源耗减量

二是将这些实物量账户与国民经济各部门的经济投入产出表相结合，形成“水资源消耗－经济产品－废弃物排放混合核算表”，即水供给和使用混合账户，这样的结果，将水资源实物量与经济价值联系起来，体现出资源环境对经济活动所提供的物质和服务，便于我们以货币量来衡量水资源的价值，为分析水资源价值提供了大量基础数据，进而为水资

[1] 污染物应消减量是指在水环境纳污能力范围以外，应消减的由经济体排出的多余污染物数量，根据排放账户核算。具体见《中国水资源环境经济核算专题研究》——水环境退化价值核算方法探讨。

[2] 应治理的污染物量是指自然水环境中的污染物数量，根据水质账户核算。具体见《中国水资源环境经济核算》——水环境退化价值核算方法探讨。

[3] 水资源耗减量定义不同、数据来源的核算账户也不相同。具体见《中国水资源环境经济核算专题研究》——水资源耗减量计算方法探讨。

源耗减成本的核算提供了依据。

水资源耗减成本＝水资源价值❶×水资源耗减量

三是构建了与水资源环境保护相关的一系列账户（如政府公共消费账户、涉水活动生产账户等），对资源管理和环境保护活动进行核算，把握经济体系为保护资源环境而花费的代价，即资源管理和环境保护活动支出，它代表了当期经济活动的实际资源环境成本，为测算污染物单位治理成本提供了基础数据。

水资源退化成本❷＝污染物单位消减成本×应消减污染物量

式中污染物单位治理成本可以用排污费用代替。

（三）应用案例

根据 2005 年全国各水资源一级区的国民经济用水、耗水情况，对全国水资源耗减量进行了试算。具体见表 18－6。

表 18－6　　2005 年各水资源一级区水资源耗减量　　单位：亿 m^3

水资源一级区	地表水可利用量	地下水可开采量	水资源可利用量	水资源耗减量		
				方法一	方法二	方法三
全国	7524	1230	8140	2960	44	272
松花江区	542	204	660	200	0	30
辽河区	184	95	240	124	0	14
海河区	110	152	237	266	44	126
黄河区	315	119	396	216	0	39
淮河区	330	199	512	335	0	34
长江区	2827	150	2827	822	0	7
东南诸河区	560	42	560	147	0	1
珠江区	1235	47	1235	354	0	7
西南诸河区	978		978	68	0	3
西北诸河区	443	222	495	428	0	12

（四）实施水主题下绿色国民经济核算工作的难点分析

当前，实施绿色国民经济核算困难重重，其中最大的技术困难就是定价问题。进行绿色国民经济核算，就要统计出人们在生活和生产活动中对水资源、环境破坏性影响的实物量，并计算价值量，而这些价值量计算却不是一件容易的事。虽然水资源环境经济核算体系提出了计算水资源价值和基于损失的水环境退化价值的概念性框架，但由于相关技术水平和基础数据的限制，在实际应用还存在一定困难，表现在：

一是水资源环境经济核算并未就水资源价值估算技术的应用及技术所包含的相关内容给出统一意见。水资源价值评估相当复杂，且水资源价值常常带有地域性特征，因此效益

❶ 现阶段水资源价值核算理论并不完善，世界上还没有公认的权威方法，因此水资源价值可以用水资源影子价格来代替。

❷ 水资源退化成本核算方法分为防护费用法、恢复费用法、基于损害法。具体见《中国水资源环境经济核算专题研究》——水环境退化价值核算方法探讨。

转移评估技术（从一个研究区所获得的价值分析方法应用到另一个研究区）在水资源估价方面很难运用。

二是相关指标数据收集困难，使得基于损失的水环境退化成本难以准确计算。一方面，水环境污染具有很强的“开放性”，很难像产值统计那样严格按照属地原则进行测算；另一方面，许多污染带来的后果，有些当时即可显现出来，而有些却要等几年、十几年甚至几十年才能显现出来，使污染在时间上呈现出一定的“即时性”和“滞后性”。污染问题呈现的这些特点，为绿色国民经济核算带来了许多技术上的困难。

第二节 水资源核算在水利行业管理具体政策决策中的应用

水资源环境经济核算能够充分反映水活动对经济社会发展的贡献以及经济活动对水资源环境的影响，通过核算能够为评价水资源可持续利用能力、测算分析水资源价值等提供依据。

一、评价水资源系统可持续能力

水资源承载能力是在具体历史发展阶段下，以可预见的技术、经济和社会发展水平为依据，以可持续发展和维护良好生态环境为原则，以合理的优化配置为条件，水资源能够支撑经济社会发展的最大支撑能力。它是一个国家或地区持续发展过程中各种自然资源承载力的重要组成部分，对一个国家或地区的综合发展及其发展规模有至关重要的影响。

水资源核算能够为水资源系统可持续能力研究提供数据，其中实物量供给使用账户统计各行业取水量、排水量及各企业在输水和用水过程中漏失和消耗的水量。排放账户除了统计废污水排放量以外，还可提供化学需氧量（COD）和氨氮排放量等指标数据，为计算水质承载能力提供强大的数据支撑。与现有水利统计相比，水资源核算提供了全面系统、相互关联、口径一致的数据，且将水资源状况的供给使用和排放情况对应起来，将经济社会用水的情况详细展示出来，能够更为清晰、准确的判断水资源承载能力。

表 18－7　　水资源核算支撑可持续能力评价的主要账户和指标

账户名	主要指标	内容
水资源资产账户	水资源总量	水资源承载能力
水实物量供给使用账户	取水量、用水量、耗水量	
排放账户	废污水排放量、污染物排放量	

（一）水资源系统可持续能力评价技术方法

目前对水资源系统可持续能力评价还没有统一的认识，但一般认为需要反映水量和水质两方面的承载能力。可以采用水量和水质双要素水资源承载能力计算模型，来分析计算区域的水资源承载能力，计算公式为：

$$WRCCI=(\text{现状人口}/\text{水资源可承载人口})\times 100\%$$

式中：$WRCCI$ 为可承载指数。

$$\text{水资源可承载人口}=\min[\text{水量承载能力},\text{水质承载能力}]$$

水量承载能力＝经济社会可利用水资源量/人均耗水量

水质承载能力＝河流自净能力（即流域或区域污水排放总量的上限）/人均污水排放量

如果水量承载能力＜水质承载能力，表明系统水量压力较大，反之亦然。

经济社会可利用水资源量＝当地水资源总量－生态环境需水量＋外流域调入的真实水量

人均耗水量＝流域（或区域）总耗水量/人口总量

水质承载能力＝［当地水资源总量＋外流域调入的真实水量

－流域（或区域）总耗水量］×污径比

水质标准的指标众多，选取有代表性的COD指标作为衡量标准，临界浓度取30mg/L。同时，选取Ⅳ类水为水环境承载临界值，即水质为Ⅳ类及其以上时认为是可接受的水环境，而平均达到Ⅴ类则认为水环境超载。则污径比是指所排放的污水水量与纳污水体水量的比值。人均污水排放量＝流域（或区域）排污河道的COD总量/人口总量。

当*WRCCI*＜1时，不超载，且值越小则承载潜力越大，此时可用水资源可持续性程度描述；当*WRCCI*≥1时，说明流域已处于超载状态，且值越大则超载越严重。将水资源承载能力指数*WRCCI*区间范围与水资源利用状况的持续性相结合，作如下定义：

当*WRCCI*＜0.6时，强可持续性；

当0.6≤*WRCCI*＜0.8时，弱可持续性；

当0.8≤*WRCCI*＜1.0时，相对可持续性；

当*WRCCI*≥1.0时，不可持续性。说明流域或区域已处于超载状态，且值越大则超载越严重。

（二）水资源系统可持续能力计算案例

根据《中国水资源环境经济核算体系研究国家层面试算报告》《中国统计年鉴》和《中国水资源公报》2005年的数据，对2005年西部11省（自治区、直辖市）水资源承载状况计算结果如表18－8所示。

表18－8　2005年西部11省（自治区、直辖市）水资源承载状况

省（自治区、直辖市）	人口/万人	水资源可利用量上限/亿 m^3	COD排放量上限/万t	社会经济耗水量/亿 m^3	人均耗水量/m^3	COD排放量/万t	人均COD排放量/kg	水质承载能力/万人	水量承载能力/万人	水资源承载能力/万人	*WRCCI*
陕西	3718	239.3	146.0	46.8	126.0	35.0	9.4	15495.1	18997.4	15495.1	0.24
甘肃	2592	169.2	67.1	80.2	309.6	18.2	7.0	9546.7	5466.9	5466.9	0.47
青海	543	454.0	262.5	17.1	315.0	7.2	13.2	19912.4	14412.3	14412.3	0.04
新疆	2008	481.4	182.6	354.2	1764.0	27.1	13.5	13518.4	2729.1	2729.1	0.74
内蒙古	2386	294.5	122.2	115.1	482.4	29.7	12.5	9811.5	6104.0	6104.0	0.39
重庆	2797	152.9	143.3	32.0	114.3	26.9	9.6	14899.5	13384.1	13384.1	0.21
四川	8208	585.0	845.4	105.1	128.1	78.3	9.5	88594.3	45680.0	45680.0	0.18
贵州	3725	166.9	236.9	44.9	120.6	22.6	6.1	39120.4	13842.4	13842.4	0.27
云南	4442	369.3	528.5	84.7	190.6	28.5	6.4	82455.6	19377.9	19377.9	0.23
西藏	276	890.2	1327.1	27.4	993.5	1.39	5.05	262760.9	8960.6	8960.6	0.03
广西	4655	344.2	477.1	130.5	280.3	107.0	23.0	20759.5	12277.4	12277.4	0.38

（三）难点与政策建议

有关水资源承载能力的评价理论和方法多，但相关研究尚未取得较为一致的认识，水资源核算虽然有助于提供大量系统、翔实的数据，但如何利用这些数据分析和评价水资源承载能力仍然是一个难题。

建议加强对水资源核算成果的应用分析，深入剖析相关数据，分析水资源如何承载经济社会发展，其主要控制性因素有哪些，其变化和影响如何等。

二、为水资源价值和价格的确定提供数据支撑

水资源价值核算起源于20世纪70年代，是开展可持续发展、水价、水市场和水管理等方面研究的基础。水资源价值核算的理论来源包括劳动价值论、效用价值论、资源稀缺论、地租论、环境权论等，根据水资源的不可替代性、可再生性、稀缺性、水文的随机性、供水的区域性和来源性、外部性等特征，可采取市场价值法、机会成本法、影子价格法、资源补偿法等方法进行价值核算和评估。当前，水资源信息统计数据不完整、不系统，并且与以价值核算为基础的国民经济核算体系脱节，难以形成完善的研究方法，也难以对已有的理论进行有力地分析检验，造成水资源价值研究更多的停留在定性分析和理论阐述上。开展水资源环境综合核算，将水资源量、水质信息和国民经济信息结合起来，形成一套完整的、以价值量表述的经济—水信息体系，对于不断提高对水资源价值的认识，深化水资源价值研究都具有重要作用。

（一）水资源价值核算的数据需求

水资源价值核算主要从“形态要素”与“功能要素”两个角度进行描述。就形态要素而言，水资源价值是通过“水量”和“水质”来体现的；就功能要素而言，水资源价值就体现在“经济功能”上。水资源价值核算包括水资源实物量核算、水质核算，同时又包括水资源价值量核算。

通过水资源环境综合核算账户，我们可以得到完整系统的供用水信息和水资源使用与经济产出之间的关联信息（表18－9）。如，水的供给和使用混合账户提供了分行业用水量和分行业增加值数据，结合水质账户，还可以获得分行业的使用前和使用后的水质信息，这为研究确定水资源价值信息提供了必要的基础。

表18－9　　水资源核算支撑水资源价值核算的主要账户和指标

账户名	主要指标	内　容
水实物量供给使用账户	分行业供、用水量	供水量 用水量
排放账户	分行业排放量	主要污染物排放量
水的供给和使用混合账户	分行业增加值	分行业增加值

上述水资源核算账户将环境和资源账户作为国民经济核算账户体系（System of National Accounting，SNA）的卫星账户，然后与核心账户对接而形成一体化核算。由于核心账户是货币型账户，而资源账户是实物型账户，需要将环境账户和资源账户转换成货币型账户，其优点是将资源和环境的价值核算同整个国民财富增长变化的核算以及国民经济

运行中投入产出使用的核算体系全面地联系起来，准确表现了资源和环境在整个国民经济活动中所起的作用，并能最终以最简明经济指标反映可持续发展本质，为衡量水资源价值提供了充分依据。

（二）水资源价值核算的应用案例[1]

水资源价值涉及水量、水质信息。以滏阳河水资源价值核算为例。滏阳河位于河北省邯郸市，使该市工农业和居民用水的主要地面水源，对全市经济发展具有极其重要的作用。近年来，随着全市国民经济的迅速发展，水资源的严重短缺和河水的污染形成互相影响、互相加剧的恶性循环。

案例研究范围为邯郸市行政管辖区内滏阳河流域，主要包括峰峰矿区、复兴区、丛台区、邯山区，以及磁县、邯郸县、永年县、曲周县、鸡泽县，流域内主要的支流为渚河、沁河、青年河、输元河及上游的东武仕水库等，平水年地表水资源总量为 4 千万 m^3。滏阳河水资源的主要是工业、农业和养殖业用水、居民生活用水四项用途。

但污染造成了该河水资源价值的损失。从污染特征上看，滏阳河水源污染主要为有机污染。造成污染的主要原因在于沿河大量工业废水和生活费污水的排入，超过了河流的自净能力。

1. 水资源损失量估算

污染对水资源造成的损失又可以分为对工业、农业和人体健康的损失。对工业生产造成的损失包括因水资源质量损失直接造成的生产经营损失和固定资产损失。通过对邯郸市 19 家重点污染源单位生产经营损失进行调查，水污染对生产经营造成的直接损失为 2905.46 万元，详见表 18-10。由于重点污染源的污染负荷占总污染负荷的 70%，因此，初步估算水污染对全市生产经营造成的直接经济损失为 4150.6 万元。通过对峰峰焦化厂等 8 家企业开展的典型调查，水污染对固定资产造成的损失为 264.12 万元（表 18-10）。

表 18-10　　邯郸市重点污染源单位生产经营损失　　单位：万元

单位名称	经济损失	单位名称	经济损失
峰峰焦化厂	3.8	滏阳化工厂	260
市油漆厂	1.8	邯郸钢铁厂	1950
陶瓷集团公司	1.37	邯钢化肥厂	25
市化工厂	19.95	市造纸厂	299.47
磁县化工厂	1.62	磁县先进造纸厂	5
峰峰电站	12.97	磁县棉纺厂	10.23
市第二印染厂	24.03	磁县钛白粉厂	11.47
邯郸印染厂	20.1	滏源造纸厂	43.85
市磷肥厂	5.8	峰峰造纸厂	193
邯郸针织厂	16		
总计	2905.46		

[1] 于连生．自然资源价值论及其应用［M］．北京：化学工业出版社，2004：327-332。

表 18－11　　部分企业水污染导致固定资产损失表　　单位：万元

单位名称	经济损失	单位名称	经济损失
峰峰焦化厂	4.5	邯郸针织厂	5
市第二印染厂	1.8	市造纸厂	2.4
邯郸印染厂	151.4	磁县先进造纸厂	0.72
市磷肥厂	95	磁县钛白粉厂	3.3
总计	264.12		

2. 水资源价值计算

滏阳河水资源具有工业、农业、养殖业等多种功能，所以其具有的价值也较大。利用1992年滏阳河水质监测结果，根据水资源价值测算方法，可计算得到该年滏阳河水资源价值为56882万元（详见表18－12），单位水资源价值为1.42元。

表 18－12　　滏阳河邯郸市水段水资源价值计算结果

水功能		高锰酸钾	五日生化需氧量	亚硝酸盐氮	挥发酚	砷	石油类	*R*	*Si* /万元	*Ki* /万元
污染物浓度		12.73	12.64	0.257	0.0073	0.0194	0.19			
工业	Co	8	6	1	0.01	0.1	0.5	0.2481	4414.64	17791.87
	A	9801	985.0375	274.8588	274.8588	274.8588	274.8588			
	B	4.5951	2.2976	1.0211	1.0211	1.0211	1.0211			
	Ct/Co	3	5	10	10	10	10			
	R	0.1326	0.1138	0.0047	0.0076	0.0044	0.0053			
农业	Co	10	10	1	0.1	0.1	0.1	0.1682	4347.4	25847.104
	A	970299	45340.0625	274.858	274.858	274.858	274.858			
	B	9.1902	6.1268	1.0211	1.0211	1.0211	1.0211			
	Ct/Co	2	2.5	10	10	10	10			
	R	0.1104	0.0484	0.0047	0.0039	0.0044	0.0044			
养殖业	Co	6	4	0.15	0.005	0.05	0.05	0.5691	261	458.5837
	A	1367.723	367.9736	2118.6472	9801	274.8588	367.9736			
	B	2.6258	0.3129	3.0634	45.951	1.0211	1.3129			
	Ct/Co	4.5	8	4	3	10	8			
	R	0.1611	0.1469	0.0824	0.0771	0.0054	0.2852			
人体健康	Co	4	15	0.1	0.002	0.05	0.05	0.7998	10225.193	12784.493
	A	526.4059	312.2799	985.0375	367.0736	274.8588	367.9736			
	B	1.671	1.1488	2.2976	1.3129	1.0211	1.3129			
	Ct/Co	6.5	9	5	8	10	8			
	R	0.2792	0.2883	0.2713	0.246	0.0054	0.2852			
滏阳河邯郸市段水资源价值/万元								56882		
单位水资源价值/元								1.42		

注　上表中，*Ki* 为水环境价值；*Si* 为污染造成的水环境损失；*R* 为 *Si* 与 *Ki* 之比，表示污染造成的水环境损失率；Co 和 Ct 分别为污染物的临界（下限、上限）浓度；*A* 和 *B* 为计算参数，由污染物的特性决定。

（三）进一步研究方向和任务

水质是影响水资源价值的重要因素。对一个企业或单位来说，总供水量等于总排水量和总消耗量，影响水在经过该企业过程中价值的变化主要是由于水质的变化引起的。因此，水质变化情况对于分析微观水资源价值变化具有非常重要的作用。目前的水资源环境综合核算账户虽然设计了水质账户，但由于水质账户仅反映了江河湖泊以及水库等的水质数据，没有关于行业用水前后水质变化的数据，因此无法完全解决微观水价值变化问题，也不能计算出包括了水质变化影响的、真实的水资源价值。今后，可在以下几个方面开展进一步深入研究。

（1）改革和拓展水质账户，将水质账户同供水账户、用水账户和国民经济账户统一起来，实行供水水量和水质计量，排水水量和水质计量，对产品带走部分钓水，以供水水质计量。通过这样的计量方式，实现对水质变化情况的全面监测，实施水资源信息的微观变化计量和过程变化计量，在此基础上实现真正的水资源价值研究计算。

（2）改进现行国民经济和水资源统计制度，在国民经济核算账户体系中增加相应的水量水质信息。将水信息统计纳入国家统计体系，在现行企业统计台账中增加供用水量和水质，以及排水量和排水水质信息，形成基础水信息完善的填报制度。

（3）继续推进水资源价值的理论研究，运用马克思主义政治经济学原理，合理借鉴西方经济学的思想，坚持社会主义市场经济的实质，继续推进水资源价值理论的研究。

第三节　水资源环境经济核算工作机制研究

一、水资源环境经济核算的工作模式

选择合理的工作模式是构建科学的组织结构，建立完善的工作运行机制，顺利开展水资源环境经济核算工作的基础。

（一）工作模式分析

水资源核算工作是一项公益性的工作，需要政府、社会等各方的共同参与。但不同的工作由于性质不同，不同社会主体所参与的程度差异较大。根据当前我国开展公益性工作的具体情况，可将公益性工作的方式归纳为以下三种模式。

（1）“政府独立完成型”模式。在这种模式下，各项工作的发起、组织、实施均由政府部门完成。政府利用强有力的政府公信力，通过行政命令、指派等方式，分部门、分层级完成各项任务。这种模式的最大优点是执行力强，工作流程控制有序，能有力地保证各项工作的顺利开展。但同时，由于政府部门职能较多、工作繁重、人员有限，在一定程度上降低了工作效率，特别是对于头绪复杂、牵涉人员多的工作，此种模式存在较大的局限。

（2）“市场独立完成型”模式。在该模式下，政府根据需要提出工作目标，通过各种方式将具体工作交给市场去完成，只关注最后结果。具体任务分工、工作方案制定等均由市场独立完成。这种模式可以避免上述模式中人员有限，工作效率低的问题。但由于政府制定公益性工作的目标往往是站在国家和公众的角度，而市场中的每个微观体都有各自的

目标，这就决定了此模式存在着政府目标和市场目标不一致的情况，从而在实际运行过程中，出现市场行为与政府目标的偏离，结果也可能产生更大的偏差。

(3)“混合多元型”工作模式。此种模式是上述两种模式的混合体。主要表现在工作主体的多元化。参与工作的主体可能包括政府机构、事业单位、社会团体、企业以及个体等等。在实际工作中，根据具体任务的侧重点和目标的差异，不同主体参与的程度、地位、职责和作用会发生变化。

(二) 水资源环境经济核算工作模式的提出

通过对上面三种模式的分析，综合考虑水资源环境经济核算的公益性、开展此项工作的基础和条件等实际情况，我们认为“混合多元型”模式是最佳的水资源环境经济核算工作模式。根据水资源核算各主体参与的方式和工作的性质，提出“水行政主管部门主导，事业单位支撑，社会机构参与”的模式。具体来讲：

(1) 水行政主管部门主导。水利部通过设立分级核算部门，制定工作目标，确立工作机构，分配工作任务，最终达到预先制定的工作目标。遇到涉及非水利部门数据时，由水利部出面，与国家统计局、环保部等相关部委协调配合。

(2) 事业单位支撑。事业单位作为社会服务组织，能够保持和政府目标一致。事业单位可以抽调部分人员，分担部分工作，缓解政府人员工作量大的问题，提高工作效率。核算成果应用需要进行模型开发和相关内容研究，部分属于研究型机构的事业单位可以承担这一部分工作内容，为政府提供技术支撑。

(3) 社会机构参与。水资源环境经济核算是跨学科领域、跨部门的工作，涉及水资源、经济、环境、统计、财务等多个领域的领域，具体工作涉及部、省、地市和县级的各个层次的人员和机构，因此需要大量的社会机构。如：高校、公司、社会等机构的积极参与。各涉水行业应该积极配合，通力合作完成此项工作。

二、水资源环境经济核算工作的组织体系

理顺部门之间的相互关系，确定各部门的工作任务和职责，有效实现工作目标，使得构建科学合理的工作组织体系尤为重要。

(一) 工作组织体系

为保证水资源环境经济核算各个工作环节能够规范、高效的进行，综合考虑核算过程中所需数据以及核算成果进一步开发等因素，建议由水利部牵头成立全国水资源环境经济核算小组，负责全国水资源核算工作的组织领导、重大事项决策、核算成果最终审定等。全国水资源环境经济核算工作组织体系如图 18-1。

(二) 各部门组成单位和人员

(1) 领导小组办公室由相关司局领导担任办公室主任和副主任，办公室设在水利部规划计划司下面。

(2) 专家委员会由各相关领域专家组成。

(3) 技术支撑单位由水利部所属承担水利综合统计、水资源统计相关工作的事业单位担任。

(4) 省级、市级和县级水资源环境经济核算小组办公室由各级水利部门组建，人员从各级水利部门抽调。

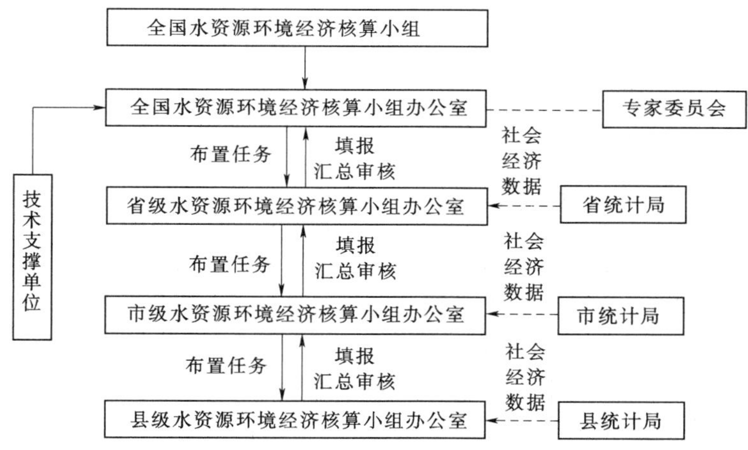

图 18-1　水资源环境经济核算工作组织体系

（三）部门职责

（1）领导小组办公室主要职责是在全国水资源环境经济核算领导小组的领导下，具体承担全国水资源环境经济核算的日常组织管理工作，研究提出需领导小组决策的建议方案，督促落实领导小组议定事项，负责核算工作的部门沟通和协调，负责组织开展普查成果汇总、发布等。

（2）专家委员会主要职责是对核算成果进行审核评价，负责有关技术方面的咨询。

（3）技术支撑单位主要负责指标体系建立和完善、模型开发与核算成果应用等基础性研究和技术服务工作，同时也为相关政策制定提供决策支撑。

（4）各级统计部门为对应的核算工作小组办公室提供社会经济数据。

（四）工作进度安排

工作进度初步划分为四个阶段，第一阶段是前期工作准备阶段，在首次进行全国水资源核算工作时，需要进行第一阶段，第二次水资源核算工作就不需要第一阶段，直接从第二阶段开始。第二阶段是数据收集和核算阶段，第三阶段是审核和信息发布阶段，第四阶段是核算成果应用阶段。见图 18-2。

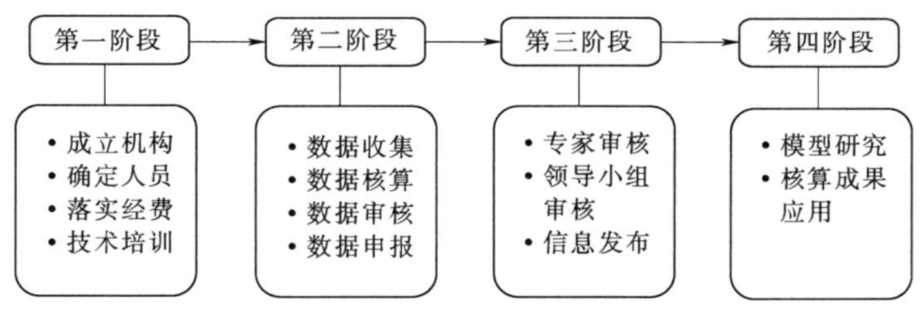

图 18-2　水资源环境经济核算工程流程图

三、水资源环境经济核算工作的运行机制

建立科学规范的工作运行机制，可以充分发挥各部门的作用，使各部门组成为一个有

机的整体，实现工作的高效运行。

（一）数据收集机制

数据是核算的基础。数据的准确程度越高，核算成果才可能越合理。良好的数据收集机制可以提高数据的准确性，避免数据收集工作出现的问题。

（1）建立全国、省级、地级行政区和县级四级数据核算、成果审核与复查机制，对核查成果进行全面系统的复核，然后汇总形成总的核算成果。

（2）水资源环境经济核算所需要的社会经济数据主要由国家综合统计部门（国家统计局及地方各级统计局）来提供，水利部门要加强与统计部门的沟通协调，争取获得相关的数据，以避免重复性工作，调高工作效率。为了保证数据的准确性，水资源环境经济核算小组要对在其他部门获得的数据进行比较，核实指标统计口径。

（二）数据挖掘研究机制

核算成果形成后，要进一步对核算成果进行分析和应用，这样才能为政府部门和相关单位制定决策提供依据。以往水资源统计数据的利用、成果的开发大多由政府相关部门完成，致使数据利用效率不高，成果开发思路狭窄。为了拓展水资源环境经济核算数据开发利用方式，使核算成果真正在各项政策制定中发挥其应有作用，核算数据成果的挖掘要依靠各方参与。

由水利部门和其他部门提供水利统计数据和其他基础数据，对这些数据进行审核和核算，得出相应的核算成果。然后将核算成果输入相关模型，得出核算成果应用结果。专家委员会对核算成果应用进行评价审核，审核通过后形成最后应用结果（图 18－3）。

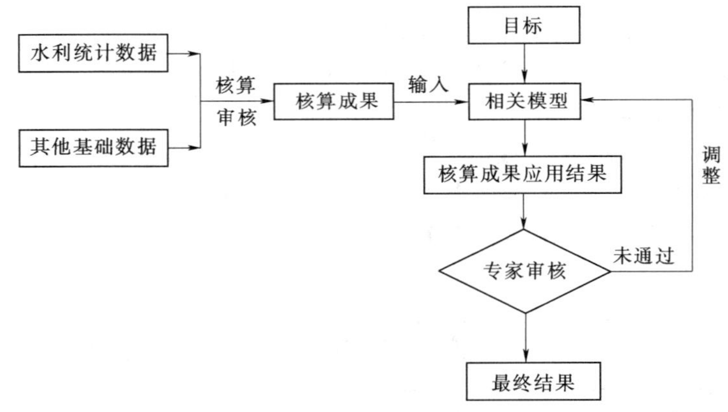

图 18－3　数据挖掘流程图

（三）信息发布机制

在符合保密规定的前提下，对通过审核的数据、信息予以公开发布，一方面接受社会各方的监督和建议，另一方面可为相关研究、经营活动等提供数据支撑。

（1）建立信息发布平台，实现信息共享。通过建立数据库和开发软件，打造可以进行数据共享的平台，实现各部门之间的数据共享，在进行相关研究和决策时提供有价值的参考。

（2）信息分类，按需提供。针对不同的决策部门，对核算数据进行分类，对数据的需求方应按照其不同的需求、不同的目的，提供相应的基础或汇总数据。

（四）政策应用机制

通过开展水资源环境经济核算，能够定量计算全国、流域或区域的水资源承载能力、分析产业结构对水资源的压力、评估水资源可持续利用状况等，可为有关部门和地方制定出台更加科学可行的发展规划、政策措施等提供重要参考依据和决策支撑。

（1）国家层面的政策应用。随着水资源的急剧减少，水资源对国家经济发展约束力加大。国家部门在制定重大战略、规划和政策时，必须充分考虑水资源因素。水资源环境经济核算正是响应这一需求而开发的可供相关部门直接采用或参考的核算成果。例如在水价政策制定方面，水资源环境经济核算有助于进一步加深对水资源价值的理解和认识，在此基础上，综合考虑水资源禀赋条件及供需状况、价值水平、各类用户的承受能力等因素，制定出更加科学、合理的水价形成机制。

（2）流域层面的政策应用。通过流域管理机构建立合理的工作机构、赋予相应的职责，确立了流域水资源环境经济核算的需求目的，制定流域范围内水资源核算的工作流程，将本流域的水资源与流域之外的水资源以及流域内部水资源在不同省份之间的流动关系纳入到统一的框架内分析研究，提出流域内应对各种水资源危机的方案和办法。

（3）地区层面的政策应用。行业发展对水资源的压力将会促使地方政府进行产业结构调整。水资源环境经济核算的成果之一就是评价水资源约束条件下发展区域和行业经济不同方案之间的优劣程度，这将会给地方政府提供切实可行的战略建议。

第十九章

水利投资统计数据分析

水利统计工作的直接成果是各类统计指标数据。水利统计数据应用主要有几种方式：一是以水利发展统计公报、统计年鉴等正式出版物的形式向社会发布；二是以水利投资统计月报、统计提要等内部编印材料形式供行政部门决策参考；三是以单个指标或某一类指标序列数据形式在相关规划编制、政策评估等工作中采用；四是以数据分析或研究报告的形式揭示规律、总结成效、分析问题。其中，第四种方式相对灵活、分析更加深入、应用也更加广泛，数据分析研究成果既可以报送行政部门供决策参考，也可以发表在学术期刊上供学术交流研讨，还可以直接刊登在报纸、网站上进行宣传报道。长期以来，编者所在团队利用各类统计指标数据开展了大量数据分析研究工作，以下主要选摘了部分关于水利投资统计数据的分析成果。

第一节 2006—2015年全国水利建设投资情况分析

2006—2015年是水利建设快速发展的10年，水利投资规模大幅增长、结构逐步调整完善、效率显著提高，为保障国家经济平稳健康发展做出了重要贡献。

一、水利建设投资规模大幅增长

一是水利在建项目投资规模翻两番。2006—2015年，全国水利在建项目投资年均规模达11968.7亿元，年均增长14.3%。从年度看，2015年在建项目投资规模22580.7亿元，是2005年的3.8倍，投资规模翻近两番。从区域看，东北地区和东部地区增长最快，年均增长17.3%和17.2%；中部地区相对较慢，年均增长9.8%。

二是水利建设投资年度完成额增长超六倍。10年间，全国水利建设投资完成额共计27384.1亿元，年均增长22.0%，比全社会固定资产投资年均增速高1.7个百分点。从年度看，2015年全国完成水利建设投资5452.2亿元，是2005年的7.3倍。“十二五”期间全国水利建设投资完成额年均4068.6亿元，是“十一五”期间的2.9倍。见图19-1。

三是全社会水利固定资产投资[1]增速比全社会固定资产投资增速高近4个百分点。2006—2015年，全社会水利固定资产投资规模年均增长24.1%，比全社会固定资产投资

[1] 全社会水利固定资产投资是指国民经济行业分类中水利管理业的固定资产投资，数据来源于中国统计年鉴。

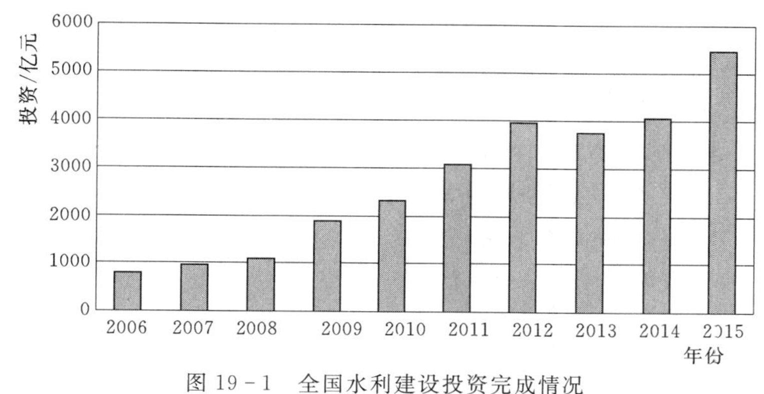

图 19-1 全国水利建设投资完成情况

年均增速高 3.8 个百分点，比基础设施行业固定资产投资[1]年均增速高 5.6 个百分点。全社会水利固定资产投资占全社会固定资产投资比例有所增加，由 2005 年的 0.9%增至 2015 年的 1.3%，提高 0.4 个百分点。

二、水利建设投融资结构逐步调整完善

一是水利建设投资逐步向基层下沉，县属项目水利建设投资完成额年均增长最快。中央属项目水利建设投资完成额占比逐渐减小，从 2006 年的 20.3%下降到 2009 年的 10.9%，2010 年增加至 19.1%后回落至 2015 年的 2.0%。省属及以下项目水利建设投资完成额占比呈持续增长趋势，从 2006 年的 632.8 亿元增长至 2015 年的 5343.1 亿元，年均增长率为 24.0%；其中，县属项目水利建设投资完成额年均增长率为 35.3%，2015 年已占全国水利建设投资完成额的 59.4%，见图 19-2。

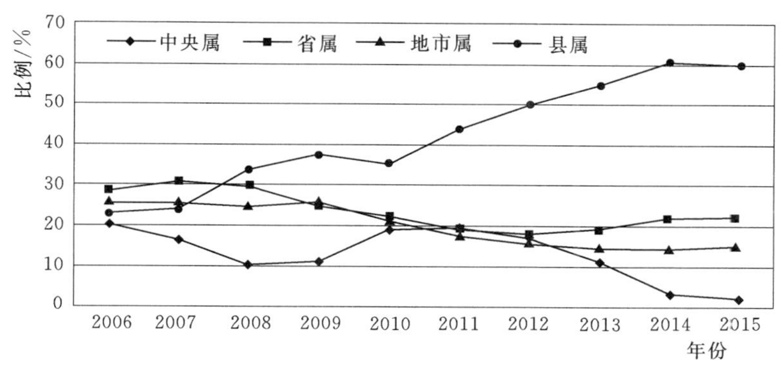

图 19-2 分隶属关系水利建设投资完成额占比

二是水利建设投资重点突出，民生水利和重大水利工程共同发力。10 年间，水利部坚决贯彻落实中央保增长、保民生、保稳定的各项决策部署，中央投资计划安排逐步加大，2009—2015 年，累计安排民生水利工程中央投资 6190.1 亿元，年均增长 17.6%，平

[1] 基础设施行业固定资产投资是指电力、热力、燃气及水生产和供应业，交通运输、仓储和邮政业，信息传输、软件和信息技术服务业，水利、环境和公共设施管理业的固定资产投资。

均占当年年度中央投资安排的62.8%。从2014年开始，在继续抓好民生水利建设的同时，集中力量有序推进一批全局性、战略性节水供水重大水利工程。2014年、2015年，累计安排节水供水重大水利工程中央投资979.4亿元，占当年年度中央水利投资安排比例从15.8%上升至35.4%，增幅达124.05%。

三是水利建设投资来源以政府投资为主，部分地区社会资金投资水利项目有所增长。10年间，政府投资完成额占比年均为85.1%，其中，东部地区以地方政府投资为主，中部地区以中央政府投资为主。在东部、中部、西部、东北4个区域中，金融资金占该区完成投资额比例东部地区和东北地区最高，年均分别为10.7%和10.5%；企业和私人投资占该区完成投资额比例西部地区最高，年均为6.2%；其次是东部地区，年均为2.1%。

四是中央投资以中西部地区为主，西部、东北地区占比不断扩大。10年间，中央投资以中西部地区为主，中部地区、西部地区占比年均分别为34.6%和36.4%；2011年以后，西部地区、东北地区占比不断扩大，西部地区占比从2011年的32.4%提高至2015年的43.3%；东北地区占比更从2011年的3.4%提高至2015年的15.6%，见图19-3。

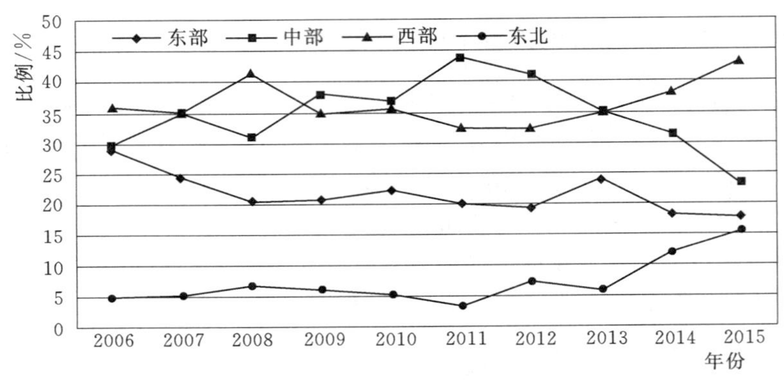

图19-3　分地区中央政府投资占比

三、水利建设投资效率显著提高

一是水利建设资金到位率和投资计划完成率高，水利建设投资计划执行情况良好。10年间，水利建设资金到位率位于88.4%～99.2%，其中，2009—2015年，连续7年保持在95.2%以上。水利建设投资计划完成率位于85.1%～113.0%，其中，2011—2015年，连续5年保持在92.2%以上，水利建设投资计划执行情况良好，见图19-4。

二是水利项目投产率大幅提升，工程项目建成速度提高。2006—2010年，水利项目建成投产率❶大幅提升，从2005年的29.0%提高至2010年的59.3%，年均为41.9%；2011—2015年，项目建成速度较2010年略有下降，但仍保持较高水平，年均49.7%，较2006—2010年年均值高出7.8个百分点。工程项目建成速度提高，投资建设效果显著。

❶ 项目建成投产率指一定时期内全部建成投产项目个数与同期施工项目个数的比率。该指标从建设单位建设速度的角度反映投资效果。

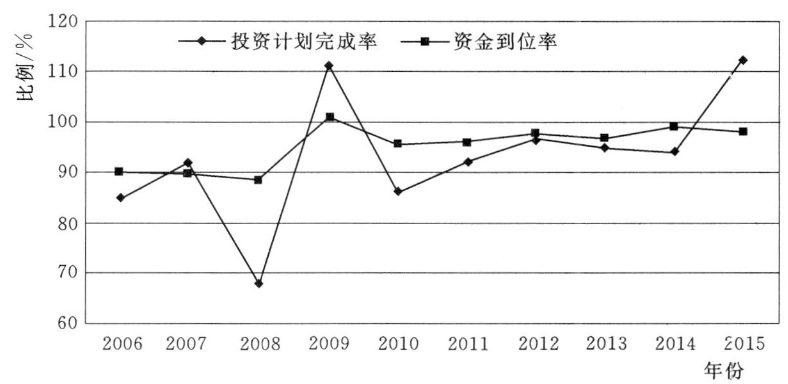

图 19-4 水利投资计划完成率及资金到位率

三是水利固定资产交付使用率[1]稳中有升，动用速度优于全社会平均水平。2006—2010年，水利固定资产交付使用率缓慢提升，从2005年的76.8%提升至2010年的79.7%。从2011年开始，因水利投资规模大幅增长，当年水利固定资产交付使用率显著下降至63.2%，之后较快回升，于2015年达到80.2%。10年间，水利固定资产交付使用率年均为75.3%，比全社会年均固定资产交付使用率高14.3个百分点，水利固定资产动用速度优于全社会平均水平。

四是水利项目建设周期[2]大幅缩短，建设进度明显加快。2006—2012年，水利项目建设周期大幅缩短，从2005年的7.9年缩短到2012年的3.5年；2013—2015年，水利项目建设周期略微上扬，但总体保持较低水平，平均为4.4年。10年间，水利项目建设周期平均值为4.9年，较2005年缩短3.0年，建设进度明显加快。

第二节 2016年度中央水利建设投资计划执行情况分析

2016年中央水利建设投资计划[3]保持较高水平，完成情况总体向好，为落实“十三五”规划开了好头，全年水利投资资金来源结构、投资的项目结构和区域结构呈现出一些新特点，需予以关注。

一、中央水利建设投资规模继续保持较高水平，预算内投资占中央投资比重57.7%

2016年共计安排中央水利建设投资计划2232.9亿元，比2015年减少380.2亿元，投资规模已连续5年保持在2200亿元以上。其中，中央投资1413.4亿元，地方配套投资819.5亿元，分别比上年减少256.5亿元、123.7亿元。

---

[1] 固定资产交付使用率指一定时期新增固定资产与同期完成投资额的比率。该指标是反映固定资产动用速度，衡量建设过程中宏观投资效果的综合指标。

[2] 建设周期是指在一定时期内所有在建项目全部建成投产所需要的时间，通过一定时期内在建总规模与完成投资额的比率表示。

[3] 中央水利建设投资计划包括中央投资和地方配套投资。

在中央投资中，预算内投资 815.9 亿元，比上年减少 9.8 亿元；财政专项资金 597.5 亿元，比上年减少 246.7 亿元，分别占中央投资规模的 57.7%和 42.3%。

二、中央水利建设投资计划完成率创历史新高，按月序时进度中央投资完成好于地方配套投资

2016 年中央水利建设投资计划完成率再创历史新高，达到 95.3%，比上年提高 0.7 个百分点。其中，中央投资完成率 96.6%，比上年提高 0.7 个百分点；地方配套投资完成率 93.1%，比上年提高 0.9 个百分点，见图 19－5。

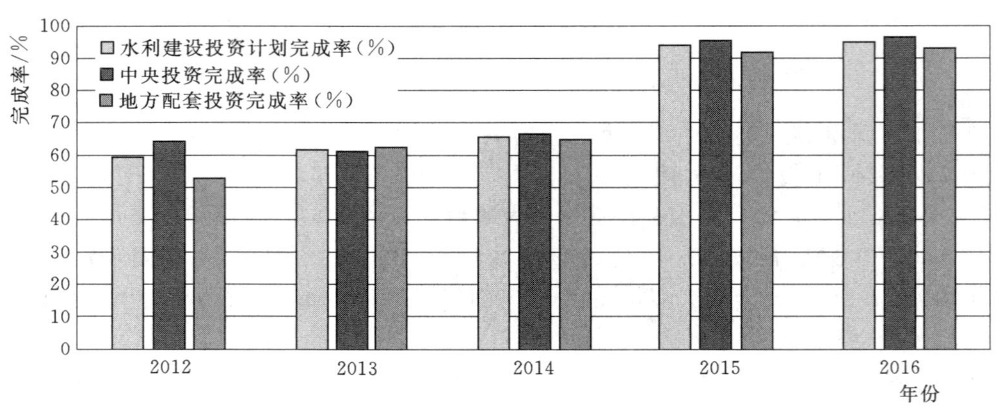

图 19－5　2012—2016 年中央水利建设投资计划、中央和地方配套投资完成率情况

从月进度看，中央投资每月投资完成率均高于地方配套。全年中，6 月和 9 月计划投资完成进度最快，共计完成投资 595.9 亿元，占全年的 28.0%（见图 19－6）。

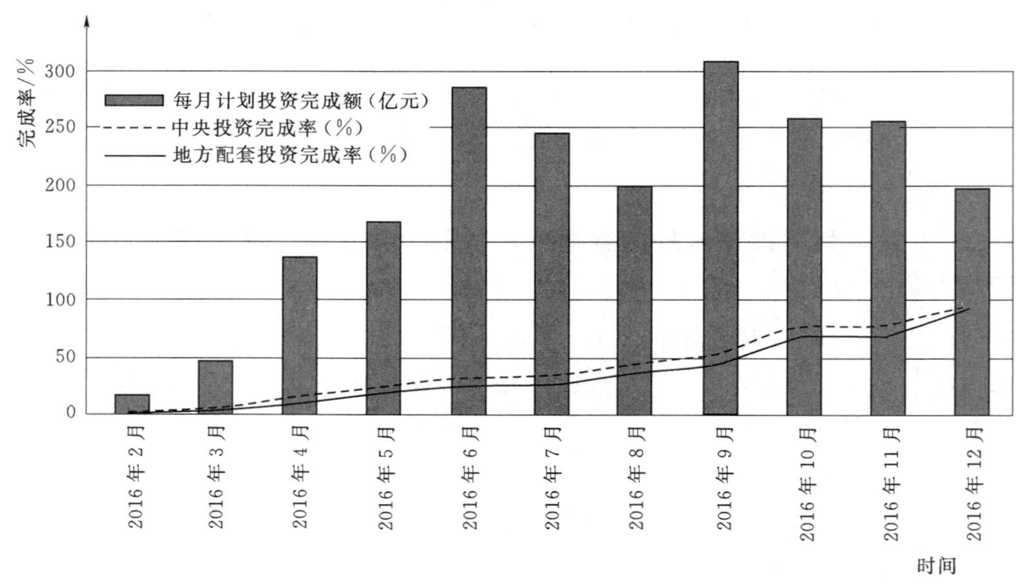

图 19－6　2016 年中央和地方配套投资完成情况

三、重大水利工程投资占水利建设投资计划比重近一半，投资完成率近 100%

2016 年中央投资计划进一步向重大水利工程倾斜，全年共安排投资 1030.8 亿元，比上年增加 34.4 亿元，同比增长 3.5%，占水利建设总投资的 46.2%，比上年提高 8.1 个百分点。其中，中央投资 600 亿元，比上年略有增加；地方配套投资 430.8 亿元，比上年增加 30.9 亿元。相对于重大水利工程投资规模的增加，面上项目投资出现较大幅度下降，全年面上项目水利建设投资计划 1202.1 亿元，比上年减少 414.7 亿元，降幅为 25.6%，见图 19-7。

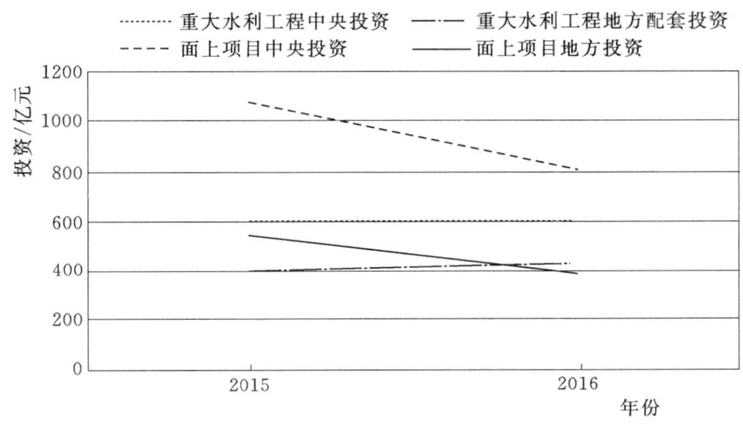

图 19-7　2015 年、2016 年重大水利工程、面上项目中央和地方投资安排情况

从投资计划执行情况看，重大水利工程中央资金到位和完成投资执行全面加快，均达到历史最高值，分别为 100%和 98.5%；面上项目中央投资到位率接近 100%，完成率略低，为 93.6%。

四、中央投资继续向中西部地区倾斜，该地区投资完成继续加快

2016 年，中央投资进一步向中西部倾斜，共安排 1181.0 亿元，占中央投资的 87.7%，比上年提高 2.3 个百分点[1]（见表 19-1）。西部地区安排地方配套投资 302.3 亿元，同比增长 7.2%；东、中部地区地方配套投资有所下降，分别为 174.2 亿元、312.6 亿元，同比分别下降 40.6%和 8.0%。

2016 年东中西部地区中央投资到位率均接近 100%，与上年基本持平；中西部投资完成率 96.3%，略高于上年；东部地区中央投资完成率 98.1%，比上年略低，见图 19-8。

[1] 此处涉及东部、中部、西部地区投资不包含流域机构和部直属单位投资。东、中、西部地区具体划分为：
东部地区：有 9 个省（直辖市），包括北京、天津、辽宁、上海、江苏、浙江、福建、山东、广东。
中部地区：有 10 个省，包括河北、山西、吉林、黑龙江、安徽、江西、河南、湖北、湖南、海南。
西部地区：有 12 个省（自治区、直辖市），包括内蒙古、广西、重庆、四川、贵州、云南、西藏、陕西、甘肃、青海、宁夏、新疆。

表 19-1　　2015 年和 2016 年重大水利工程中央投资安排情况

地区	2015 年		2016 年	
	中央投资/亿元	投资比重/%	中央投资/亿元	投资比重/%
东部	244.4	14.6	174.2	12.3
中西部	1387.0	85.4	1181.0	87.7

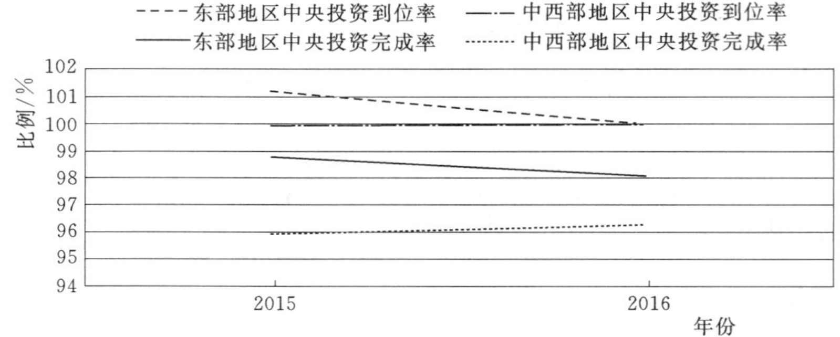

图 19-8　2016 年度东、中、西部地区中央和地方配套投资到位率、完成率情况

五、贫困地区水利建设投资规模偏低，投资完成进度有待加快

2016 年，共向 832 个国家级贫困县安排中央水利建设投资计划 502.7 亿元，其中，中央投资 340.3 亿元，占中央总投资的 24.1%，投资比重比上年略有提高，平均每县安排 0.4 亿元，较全国平均少 0.07 亿元；地方配套资金 162.4 亿元，平均每县安排 0.2 亿元，较全国平均少 0.08 亿元。贫困地区水利投资强度仍低于全国平均水平。

从完成投资看，2016 年 832 个国家级贫困县共完成水利建设投资计划 473.3 亿元，完成率 94.2%，略低于全国水平，其中，中央和地方配套投资完成率分别为 95.0%、92.4%，低于全国 96.6%、93.1%的水平。

六、地方落实投资首次突破 5000 亿元大关，财政性资金仍是主要来源

2016 年，全年地方落实水利建设投资达 5365.4 亿元，同比增长 29.7%，其中，地方配套中央和自主安排资金分别为 1321.1 亿元、4044.3 亿元，分别占地方落实资金总规模的 24.6%、75.4%。

从资金来源上看，各地区落实的水利建设资金来源于财政性资金、贷款、其他投资金额分别为 2807.2 亿元、1689.9 亿元、868.4 亿元，分别占 52.3%、31.5%、16.2%。财政性资金仍是水利建设资金主要来源，外资与企业等社会资本投资潜力有待进一步挖掘。

第三节　水利投资对经济增长的促进作用分析

基础设施建设投资是刺激经济增长的主要手段[1]，尤其是在发展中国家，基础设施建

[1] 参见 Kessedes（1995）；中国发展研究院（1997）；郑思齐等（2001）等。

设投资在国家投资中占有较大的比重，是推动国家经济增长的主要力量。通过扩大基础设施投资建设规模，可以增加就业机会和国民收入，促进经济增长；同时，也可以为下一轮的经济增长奠定物质基础。水利基础设施投资是国家投资中的重要组成部分，具有吸纳投资大、产业链条长、形成工程量快、促进就业能力强的特点，可以为三大产业发展提供良好的条件，是拉动内需、促进经济增长的重要因素。中央一号文件和中央水利工作会议提出，未来10年我国将投入约4万亿元用于水利基础设施建设，这项政策，不但有利于提升我国水利建设基础，改善水资源水环境条件，还将在保持经济增长、稳定社会发展方面发挥重要作用。

一、水利投资的特点

我国地形地貌复杂，江河湖泊众多，经济社会发展与水资源分布不均衡。新中国成立以来，党和政府带领全国人民大力开展水利建设，在防洪、水土保持、水资源和其他相关领域的建设上取得了巨大成就，为保障人民群众生活生产安全、促进经济社会发展提供了有力支撑。长期以来，我国在水利投资建设上呈现出以下几方面特征。

（一）总投资需求大

受自然条件制约和经济社会发展需求的双重推动，为应对洪旱灾害，满足经济社会发展对水资源的需求，过去60年，我国在水利建设上投入大量资金，截至2010年，我国用于水利建设的投资总额为14248.6亿元，在大江大河治理、控制性枢纽二程建设、大型调水工程建设、大型灌区建设等重点领域开展了卓有成效的工作，分别建设了小浪底水利枢纽、三峡工程、南水北调等一批具有世界影响力的水利工程。这一阶段，水利投资建设的重点是对大江大河的治理，投资的主要特点是单个工程项目投资额巨大。下一步，随着中小河流治理、农村饮水安全、农村水利建设等量大、点多、面广的水利建设任务的实施，水利建设投资将出现项工程投资规模减少，总体投资规模显著增大的变化趋势。在中央一号文件和中央水利工作会议中，提出了未来10年高达4万亿元的宏伟水利投资计划，凸显了水利建设的巨大投资需求。

（二）周期性特征明显

中华人民共和国成立以来，我国水利投资清晰地显现出周期特征。按“波谷—波谷”计算，从1950年开始，我国水利投资大概经历了1950—1962年，1962—1968年，1968—1982年和1990—2006年4个完整的波动周期和1981—1990年将近10年的低投资水平期（图19-9）。在4个完整的投资波动周期中，最长的周期为16年，最短的6年，平均波长为11年。可见，水利投资的波动周期与全国固定资产投资具有较高的重合度，平均波周期略长❶。

周期性是我国水利建设投资的一个显著特征，它隐含了我国水利建设特点和治水兴水工作思路变化等丰富的信息，值得深入开展研究分析。

（三）重点领域依势调整

从投资类型上看，水利建设投资主要可分为防洪工程、水土保持工程、水资源工程和专项工程4类。不同时期水利建设重点不同，4类工程所占的投资比例也不断变化。总的

❶ 李建伟，当前我国经济运行的周期性波动特征，《经济研究》2003.7。

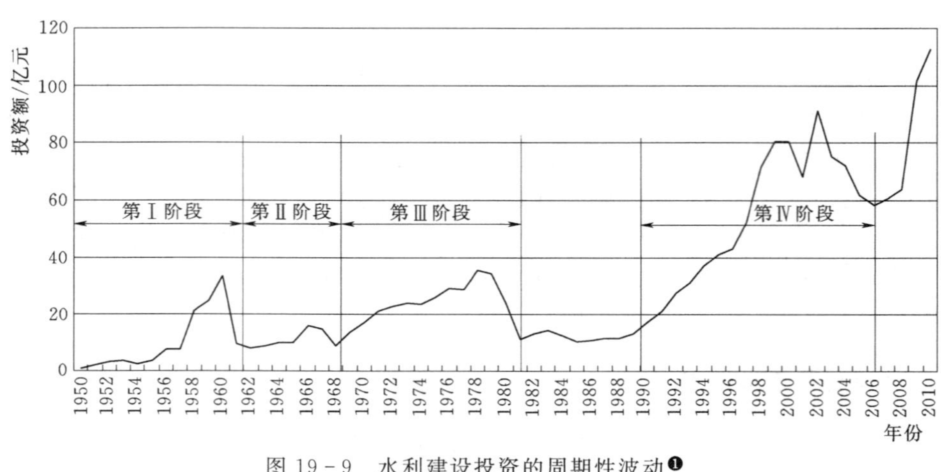

图 19-9 水利建设投资的周期性波动❶

来说，中华人民共和国成立初期水利工作重点在于防止洪涝灾害发生，解决人民的基本用水需求，因此水利建设投资以防洪工程和水资源工程为主。随着对主要江河洪涝灾害治理的推进，防洪工程投资比例逐渐下降，对以提高行业能力基础为目的的专项工程投资比例逐渐加大。1998 年，包括长江流域在内，我国多个流域发生 100 年不遇的特大洪涝灾害，为了防止再次发生类似灾害，国家连续几年加大了对防洪工程的投资倾斜，防洪工程投资所占比例回升一度超过建国初期水平（图 19-10）。经过集中整治，我国抵御流域性大洪水的能力显著增强，水利工作的重点又转向缓解各地用水矛盾上，相应地，国家加大了对水资源工程的投资比例，近几年水资源工程投资比例已超过水利建设投资的 40%，成为当前水利建设的重点。

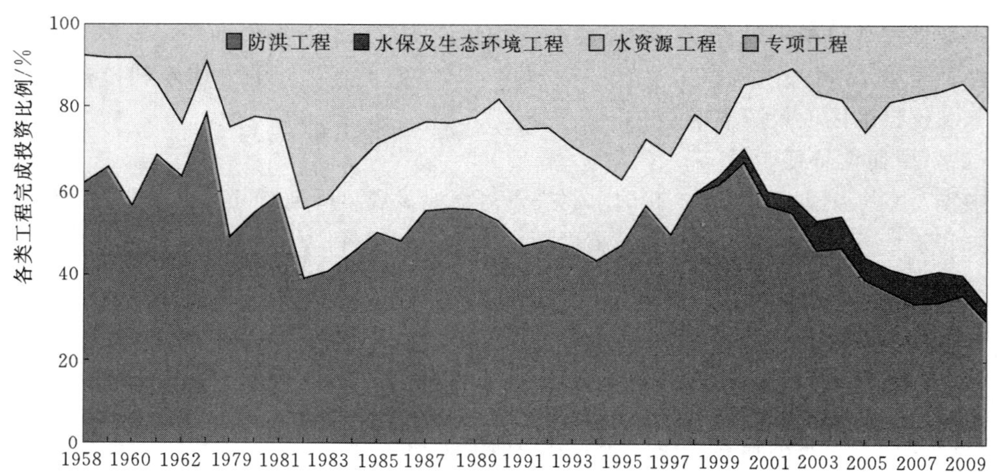

图 19-10 水利建设投资结构变化❷

❶ 水利投资数据来源于《中国水利统计年鉴 2011》，图中水利投资数据按 1978 年价格水平折算。

❷ 数据来源于《中国水利统计年鉴 2011》。

二、水利投资对经济增长的拉动效应分析

投资是拉动我国经济增长的“三驾马车”之一。水利投资是全社会固定资产投资的重要组成部分，对经济增长也有明显的拉动作用。

改革开放以来，我国水利投资总量逐年增加，但水利投资在全社会固定资产投资中所占的比重却几经起落。从近30年来看，水利投资占全社会固定资产投资比例平均维持在1.1%左右。水利投资占全社会固定资产比例随水利投资周期波动而波动，一般来说，在水利建设高峰期（如1998—2003年），这一比例相对较高；而后随着水利投资额的减少这一比例也快速降低，在投资谷底年份（如1989年、2008年），这一比例都在1%以下，见图19-11。

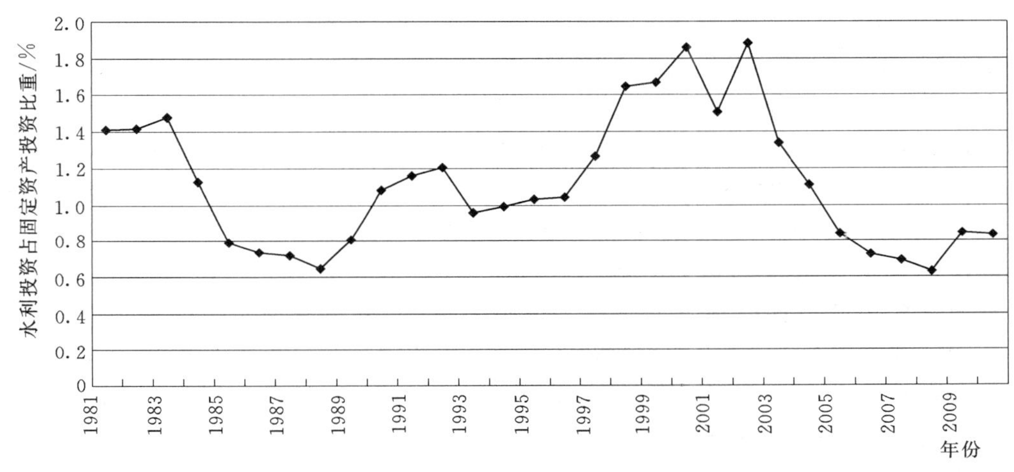

图19-11 水利投资占全社会固定资产投资比重

分析投资对经济的贡献作用，常用贡献率和拉动两个指标来表示。水利投资对宏观经济增长的贡献用水利投资对国内生产总值增长的贡献率和拉动分别表示。前者表示水利投资增量与国内生产总值增量之比，后者指国内生产总值增长速度与水利投资贡献率的乘积。利用2000年以来的数据，可以计算每年水利投资对经济增长的贡献作用大小，见表19-2。

计算结果表明，进入21世纪后，水利投资对经济增长的贡献作用具有不断加大的趋势。2000年，水利投资对经济增长的贡献率为0.013%，拉动经济增长0.11的百分点。2001—2005年，由于以不变价计算水利投资出现了逐年下降的趋势，水利投资对经济增长的贡献率均为负。从2006年开始，随着水利投资完成额逐年增加，水利投资对经济增长的拉动也由负变正，2006年、2007年和2008年分别为0.02%、0.05%和0.01%，拉动作用的变化振幅收窄，拉动作用更趋稳定。

三、水利投资对三大产业的促进作用

（一）对农业的促进作用

水利投资对农业生产具有直接、显著的影响。从定性角度分析，水利建设是农业生产

表 19－2　　2000—2010 年水利投资对 GDP 增长的贡献率和拉动

年份	水利投资		年份	水利投资	
	贡献率	拉动/%		贡献率	拉动/%
2000	0.013%	0.11	2006	0.002%	0.02
2001	−0.007%	−0.06	2007	0.004%	0.05
2002	0.025%	0.23	2008	0.001%	0.01
2003	−0.009%	−0.09	2009	0.030%	0.27
2004	−0.001%	−0.01	2010	0.010%	0.10
2005	−0.003%	−0.03			

注　1. 表中数据根据《中国统计年鉴 2000—2011》《中国水利统计年鉴 2011》计算。

2. 贡献率和拉动以 1999 年不变价计算。

活动的基础条件，尤其是对我国这种以灌溉农业为主的国家，水利在粮食生产、林业、渔业和畜牧业等发展中，都是具有决定性影响的因素。2000—2010 年，全国共计完成防洪工程、水保及生态环境工程和水资源工程等“三大水利工程”投资 9388 亿元，年均增长 13.36%，与水利投资直接相关的受灾面积、水土流失面积等指标中，旱涝灾害受灾面积则从 2000 年的 5469 万 hm^2 减少到 2010 年的 3743 万 hm^2，年均减少 3.72%；水土流失治理面积由 2000 年的 8096 万 hm^2 增加到 2010 年的 10680 万 hm^2，年均增加 2.81%，农林牧渔业基础设施条件得到极大改善，防洪、防涝、抵御自然灾害的能力明显增强。2000—2010 年，粮食、木材等各种农副产品产量大幅增长，农业产值从 2000 年的 24916 亿元提高到 2010 年的 69320 亿元，增幅达 178%，年均增速超过 10%，粮食、木材、牛羊出栏、淡水产品等主要农产品产量显著增加，水利投资有力地支撑和促进了农业生产的发展。详见表 19－3。

表 19－3　　水利工程投资完成额和农业生产效益

年　份	2000	2001	2002	2003	2004	2005	2006	2007	2008	2009	2010	年均增/减速
三大工程投资额/亿元	525	488	735	621	644	555	648	784	915	1627	1841	13.36%
农业总产值/亿元	24916	26180	27391	29692	36239	39451	40811	48893	58002	60361	69320	10.77%
水土流失治理面积/万 hm^2	8096	8154	8541	8971	9200	9465	9749	9987	10159	10454	10680	2.81%
农作物总播种面积/万亩	156300	155708	154636	152415	153553	155488	152149	153464	156266	158614	160675	0.28%
粮食产量/万 t	46218	45264	45706	43070	46947	48402	49804	50160	52871	53082	54648	1.69%
木材产量/万 m^3	4724	4552	4436	4759	5197	5560	6612	6977	8108	7068	8090	5.53%
牛羊头数/万头	15822	39434	39809	40742	41661	40783	38835	39160	38661	40810	40326	9.81%
淡水产品/万 t	1502	1562	1656	1744	1842	1954	2074	2197	2297	2435	2576	5.54%
受灾面积/千 hm^2	54688	52215	46946	54506	37106	38818	41091	48992	39990	47214	37426	−3.72%

注　1. 数据来源于《中国统计年鉴 2000—2011》《中国水利统计年鉴 2011》。

2. 本表中的水利投资不包括与农业生产相关性较小的专项工程投资。

从定量角度分析，可以通过计算历年来水利投资与农业发展的相关性来反映前者对后者的影响程度。利用皮尔森相关系数（Pearson Correlation Coefficients）分析，水利投资在改善农业生产条件、确保粮食产量，促使主要农副产品增产增收、提高农业产值等方面都具有非常重要的作用。2000—2010 年三大水利工程投资完成额和主要农业指标之间存在较高相关关系，其中与水土流失治理面积的相关系数达到 0.82，为高度相关；与农业总产值、淡水产品产量、木材产量的相关系数分别为 0.79、0.77 和 0.76，属于较高相关；此外，与粮食产量和当年新增有效灌溉面积的相关系数也分别达到 0.67 和 0.5，详见表 19－4。

表 19－4　　三大水利工程投资完成额与主要农业指标的相关关系

主要农业指标	与三大水利工程投资额的相关系数	主要农业指标	与三大水利工程投资额的相关系数
水土流失治理面积	0.82***	木材产量	0.76**
当年新增有效灌溉面积	0.5*	牛羊头数	0.31
受灾面积	－0.36	淡水产品产量	0.77**
粮食产量	0.67*	农业总产值	0.79**

注　* 表示中度相关；** 表示相关性较高；*** 表示高度相关。

（二）对第二产业的促进作用

水利建设投资主要是水利工程设施建设投资，属于国民经济行业分类中的建筑业大类。水利投资能够拉动钢材、有色金属、水泥、机械、运输、化工、建筑施工等 18 个上游产业部门的发展[1]，也能促进下游的发电、航运等行业的发展。投入产出法是分析产业之间相互作用相互影响的有效方法，可以用于分析水利与相关产业的作用关系和作用大小。

水利建设是国民经济行业分类中的建筑业的一个子类，假设水利建设的投入产出与建筑业的平均投入产出情况相同。根据国家统计局在 2000 年和 2002 年公布的投入产出表和 2005 年公布的《投入产出基本流量表》，除农业和第三产业外，建筑业的中间投入消耗系数是 0.523，消耗系数最大的 5 个行业是：建筑材料及其他非金属矿物制品业、金属产品制造业、机械制造业、化学工业和其他制造业，其投入产出消耗系数分别为 0.185、0.151、0.063、0.033 和 0.032，这与从理论上分析的水利建设直接拉动产业类型基本符合。

利用上述假定和基础，可以计算出水利投资对工业的拉动作用，详见表 19－5。从计算结果来看，水利投资对工业增加值的拉动作用随着水利投资的增长不断加大，从 2010 年开始，每年水利投资对工业增加值的拉动作用已经超过 1000 亿元，极大促进了经济的发展。

此外，农村水电投资也是水利投资的重要方面。农村水电在发展地方经济，促进农村环境改善方面成效显著。2000 年，农村水电完成投资 56 亿元，当年新增装机容量 206 万 kW。2010 年，农村水电完成投资额增加到 105 亿元，比 2000 年增加了 87％，当年新增装机容量增至 419 万 kW，年均增速 9.76％。如果当年建成当年全部投产并在以后年份全部正常运行，从 2000 年以来，农村水电投资仅依靠发电就能够创造 862 亿元的产值。见表 19－6。

[1] 参见：王浩．水利投资与国民经济协调发展研究．北京：中国水利水电出版社，2007.

表 19-5 水利投资拉动工业增加值

年份	水利投资/亿元	中间投入消耗系数*	当年投资拉动/亿元	累计拉动/亿元
2000	612.9	0.543	332.8	332.8
2001	560.7	0.543	304.5	637.3
2002	819.2	0.514	421.1	1058.4
2003	743.4	0.514	382.1	1440.5
2004	783.5	0.514	402.7	1843.2
2005	746.8	0.523	390.6	2233.8
2006	793.8	0.523	415.2	2649
2007	944.9	0.523	494.2	3143.2
2008	1088.2	0.523	569.1	3712.3
2009	1894.0	0.523	990.6	4702.9
2010	2319.9	0.523	1213.3	5916.2
合　计	11307.3	—	5916.2	—

注　*根据国家统计局2000年、2002年、2005年投入产出基本流量表计算。

表 19-6 农村水电投资及效益估算

年份	水电投资/亿元	当年新增农村发电设备容量/kW	小水电上网价格/[元/(kW·h)]	当年新增装机容量产值/亿元	累计形成产值/亿元
2000	56.33	2060127	0.2	35.6	35.6
2001	30.11	1714454	0.2	29.6	65.2
2002	46.67	1883648	0.2	32.5	97.8
2003	62.28	2702834	0.2	46.7	144.5
2004	71.53	4363322	0.2	75.4	219.9
2005	65.47	4964672	0.25	107.2	327.1
2006	57.32	6403520	0.25	138.3	465.4
2007	66.49	6578193	0.25	142.1	607.5
2008	77.37	4194106	0.25	90.6	698.1
2009	72.04	3807072	0.25	82.2	780.3
2010	105.39	3793551	0.25	81.9	862.3
合计	533.58	34864876	0.25	862.3	—

注　由于小水电上网价格由地方制定，全国各不相同，本表采用全国大致平均水平，其中2004年以前以0.2元/(kW·h)，2004年以后以0.25元/(kW·h)计算。

(三) 对第三产业的促进作用

在水利建设过程中，水利投资可以带动交通运输业、商业饮食业的发展；由于水利投资资金规模大，需要有良好的融资平台和融资渠道，因此水利投资对金融保险业发展也有促进作用。此外，水利建设保障了安全、改善了生态环境，也能促进旅游、房地产等行业产值的增加。

根据2000年、2002年和2005年《投入产出流量表》提供的数据，建筑业对第三产业综合消耗系数分别为0.185、0.17和0.15，以此可以计算水利投资对第三产业的拉动作用大小，见表19-7。计算结果表明，水利投资对第三产业的影响作用大致是对第二产业影响作用的30%。

表19-7　　2000—2010年水利投资对第三产业产值的拉动作用

年份	水利投资/亿元	第三产业中间投入消耗系数	当年投资拉动增加值/亿元	累计拉动增加值/亿元
2000	612.9	0.185	113.39	113.39
2001	560.7	0.185	103.73	217.12
2002	819.2	0.170	139.26	356.38
2003	743.4	0.170	126.38	482.76
2004	783.5	0.170	133.20	615.95
2005	746.8	0.150	112.02	727.97
2006	793.8	0.150	119.07	847.04
2007	944.9	0.150	141.74	988.78
2008	1088.2	0.150	163.23	1152.01
2009	1894.0	0.150	284.10	1436.11
2010	2319.9	0.150	347.99	1784.09
合计	11307.3	—	1784.09	—

注　第三产业中间投入消耗系数根据国家统计局2000年、2002年、2005年投入产出基本流量表计算。

从上述分析可以得出以下几个结论：一是水利投资不仅在强化水利基础、减小洪旱灾害上具有积极作用，在促进宏观经济增长上同样具有积极影响；二是水利投资对三个产业的影响作用和影响大小各不相同，其中对第一产业的影响最为直接，拉动作用最为明显，对第二、第三产业的促进作用主要集中在直接关联的行业上；三是水利投资对第二产业的促进作用高于对第三产业的作用，从过去10年的经验来看，对第二产业的促进作用大约是对第三产业促进作用的3倍。

四、相关建议

水利投资有条件成为稳定国民经济发展的重要手段，因此，未来发展水利、投资水利，可以充分挖掘对经济增长的贡献作用，将水利投资纳入整个国民经济发展中统筹考虑，逐步形成稳定、可靠的水利投入模式，促进水利建设与国民经济的协调发展。为此提出以下建议。

（一）进一步加大对水利投资规律研究

水利投资属于国家重要的固定资产投资，具有固定资产投资的一般规律和水利工程的自身特有规律。建议进一步加大对水利投资的变化规律，尤其是周期性规律、与经济增长波动规律，以及与产业发展关系等规律的研究，探寻水利投资与宏观经济、行业经济发展的相互作用。这些研究，可以广泛用于预测未来水利固定资产更新改造的周期和规模，分析水利投资对经济增长促进作用的长期影响，提前安排水利投资计划，科学利用水利建设投资来平抑经济周期变化影响，促进水利建设稳步推进与经济的平稳增长。

（二）深入分析水利对经济的宏观影响作用

水利建设投资对不同产业影响作用不同，现代水利已经远远超越了服务农业的范畴，对第二、第三产业的发展产生的影响也逐步增大。水利建设投资除在直接推动宏观经济发展外，还本质地影响着水价的形成。水价的实质是供给优质水资源的服务性价格，水利建设投资是水价的最直接影响因素。因此，分析水利投资，还可以用来预测水利投资变化对水价的影响作用和对宏观经济的长期影响变化。

（三）积极探索稳定的水利投入机制

水利建设投资对宏观经济有着广泛深远的影响。在当前水利建设需求与公共财政投入不足的矛盾短期无法解决的情况下，在积极争取公共财政投入，探索建立水利投资增速与国家固定资产投资和国民经济增长速度挂钩机制的同时，广开财源，积极探索水利建设投资资金募集新来源和新渠道就显得尤为重要。一个切实可行的方案是按照“谁投资，谁付费”原则，科学计量水利建设投资的受益主体和受益大小，合理征收相应费用，适度筹集水利建设资金，充实水利建设投资的钱袋子，尽快完善我国水利基础设施。

附　　录

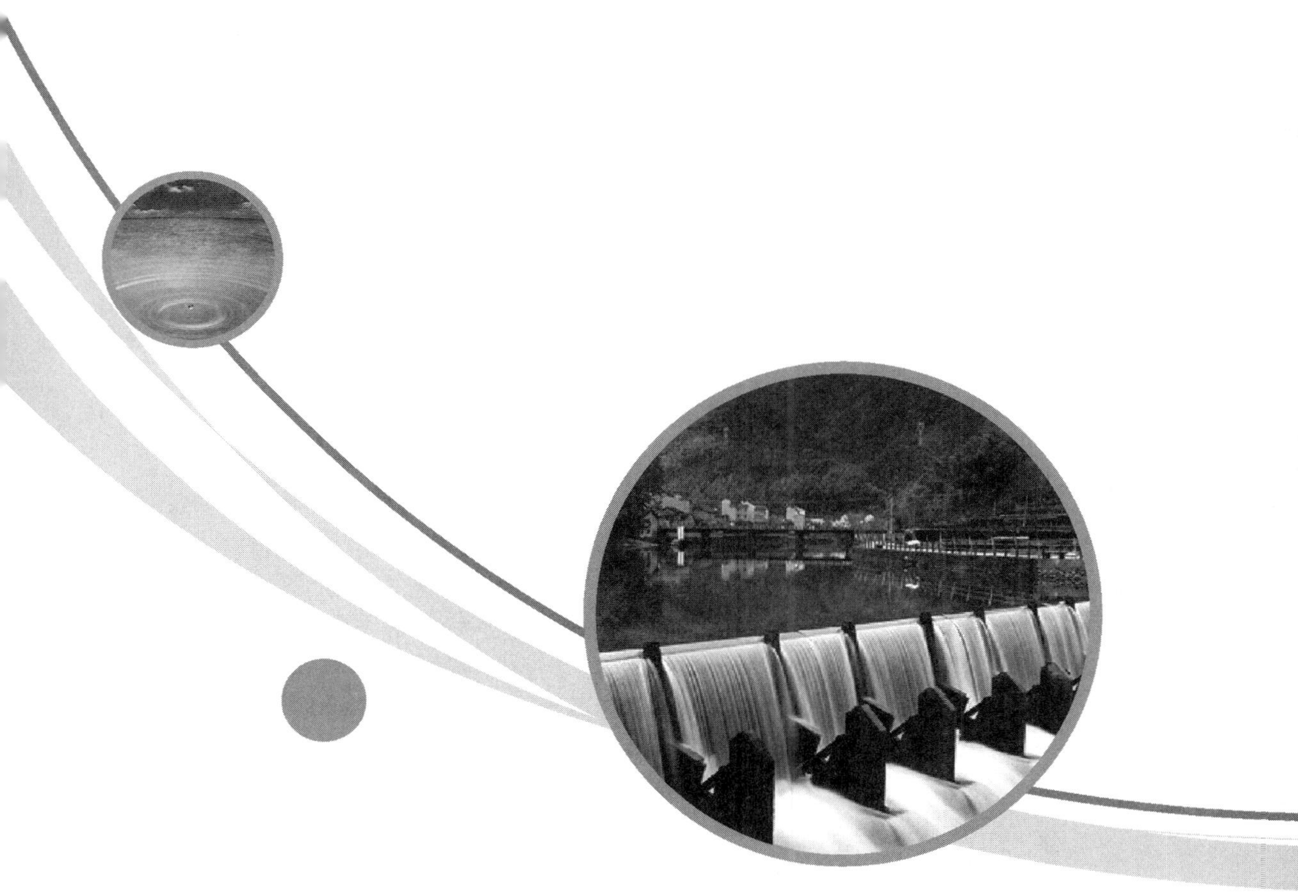

中华人民共和国统计法

中华人民共和国主席令　第15号

（1983年12月8日第六届全国人民代表大会常务委员会第三次会议通过　根据1996年5月15日第八届全国人民代表大会常务委员会第十九次会议《关于修改〈中华人民共和国统计法〉的决定》修正　2009年6月27日第十一届全国人民代表大会常务委员会第九次会议修订）

第一章　总　　则

第一条　为了科学、有效地组织统计工作，保障统计资料的真实性、准确性、完整性和及时性，发挥统计在了解国情国力、服务经济社会发展中的重要作用，促进社会主义现代化建设事业发展，制定本法。

第二条　本法适用于各级人民政府、县级以上人民政府统计机构和有关部门组织实施的统计活动。

统计的基本任务是对经济社会发展情况进行统计调查、统计分析，提供统计资料和统计咨询意见，实行统计监督。

第三条　国家建立集中统一的统计系统，实行统一领导、分级负责的统计管理体制。

第四条　国务院和地方各级人民政府、各有关部门应当加强对统计工作的组织领导，为统计工作提供必要的保障。

第五条　国家加强统计科学研究，健全科学的统计指标体系，不断改进统计调查方法，提高统计的科学性。

国家有计划地加强统计信息化建设，推进统计信息搜集、处理、传输、共享、存储技术和统计数据库体系的现代化。

第六条　统计机构和统计人员依照本法规定独立行使统计调查、统计报告、统计监督的职权，不受侵犯。

地方各级人民政府、政府统计机构和有关部门以及各单位的负责人，不得自行修改统计机构和统计人员依法搜集、整理的统计资料，不得以任何方式要求统计机构、统计人员及其他机构、人员伪造、篡改统计资料，不得对依法履行职责或者拒绝、抵制统计违法行为的统计人员打击报复。

第七条　国家机关、企业事业单位和其他组织以及个体工商户和个人等统计调查对象，必须依照本法和国家有关规定，真实、准确、完整、及时地提供统计调查所需的资料，不得提供不真实或者不完整的统计资料，不得迟报、拒报统计资料。

第八条　统计工作应当接受社会公众的监督。任何单位和个人有权检举统计中弄虚作假等违法行为。对检举有功的单位和个人应当给予表彰和奖励。

第九条　统计机构和统计人员对在统计工作中知悉的国家秘密、商业秘密和个人信息，应当予以保密。

第十条 任何单位和个人不得利用虚假统计资料骗取荣誉称号、物质利益或者职务晋升。

第二章 统计调查管理

第十一条 统计调查项目包括国家统计调查项目、部门统计调查项目和地方统计调查项目。

国家统计调查项目是指全国性基本情况的统计调查项目。部门统计调查项目是指国务院有关部门的专业性统计调查项目。地方统计调查项目是指县级以上地方人民政府及其部门的地方性统计调查项目。

国家统计调查项目、部门统计调查项目、地方统计调查项目应当明确分工，互相衔接，不得重复。

第十二条 国家统计调查项目由国家统计局制定，或者由国家统计局和国务院有关部门共同制定，报国务院备案；重大的国家统计调查项目报国务院审批。

部门统计调查项目由国务院有关部门制定。统计调查对象属于本部门管辖系统的，报国家统计局备案；统计调查对象超出本部门管辖系统的，报国家统计局审批。

地方统计调查项目由县级以上地方人民政府统计机构和有关部门分别制定或者共同制定。其中，由省级人民政府统计机构单独制定或者和有关部门共同制定的，报国家统计局审批；由省级以下人民政府统计机构单独制定或者和有关部门共同制定的，报省级人民政府统计机构审批；由县级以上地方人民政府有关部门制定的，报本级人民政府统计机构审批。

第十三条 统计调查项目的审批机关应当对调查项目的必要性、可行性、科学性进行审查，对符合法定条件的，作出予以批准的书面决定，并公布；对不符合法定条件的，作出不予批准的书面决定，并说明理由。

第十四条 制定统计调查项目，应当同时制定该项目的统计调查制度，并依照本法第十二条的规定一并报经审批或者备案。

统计调查制度应当对调查目的、调查内容、调查方法、调查对象、调查组织方式、调查表式、统计资料的报送和公布等作出规定。

统计调查应当按照统计调查制度组织实施。变更统计调查制度的内容，应当报经原审批机关批准或者原备案机关备案。

第十五条 统计调查表应当标明表号、制定机关、批准或者备案文号、有效期限等标志。

对未标明前款规定的标志或者超过有效期限的统计调查表，统计调查对象有权拒绝填报；县级以上人民政府统计机构应当依法责令停止有关统计调查活动。

第十六条 搜集、整理统计资料，应当以周期性普查为基础，以经常性抽样调查为主体，综合运用全面调查、重点调查等方法，并充分利用行政记录等资料。

重大国情国力普查由国务院统一领导，国务院和地方人民政府组织统计机构和有关部门共同实施。

第十七条 国家制定统一的统计标准，保障统计调查采用的指标涵义、计算方法、分类目录、调查表式和统计编码等的标准化。

国家统计标准由国家统计局制定，或者由国家统计局和国务院标准化主管部门共同制定。

国务院有关部门可以制定补充性的部门统计标准，报国家统计局审批。部门统计标准不得与国家统计标准相抵触。

第十八条 县级以上人民政府统计机构根据统计任务的需要，可以在统计调查对象中推广使用计算机网络报送统计资料。

第十九条 县级以上人民政府应当将统计工作所需经费列入财政预算。

重大国情国力普查所需经费，由国务院和地方人民政府共同负担，列入相应年度的财政预算，按时拨付，确保到位。

第三章　统计资料的管理和公布

第二十条 县级以上人民政府统计机构和有关部门以及乡、镇人民政府，应当按照国家有关规定建立统计资料的保存、管理制度，建立健全统计信息共享机制。

第二十一条 国家机关、企业事业单位和其他组织等统计调查对象，应当按照国家有关规定设置原始记录、统计台账，建立健全统计资料的审核、签署、交接、归档等管理制度。

统计资料的审核、签署人员应当对其审核、签署的统计资料的真实性、准确性和完整性负责。

第二十二条 县级以上人民政府有关部门应当及时向本级人民政府统计机构提供统计所需的行政记录资料和国民经济核算所需的财务资料、财政资料及其他资料，并按照统计调查制度的规定及时向本级人民政府统计机构报送其组织实施统计调查取得的有关资料。

县级以上人民政府统计机构应当及时向本级人民政府有关部门提供有关统计资料。

第二十三条 县级以上人民政府统计机构按照国家有关规定，定期公布统计资料。

国家统计数据以国家统计局公布的数据为准。

第二十四条 县级以上人民政府有关部门统计调查取得的统计资料，由本部门按照国家有关规定公布。

第二十五条 统计调查中获得的能够识别或者推断单个统计调查对象身份的资料，任何单位和个人不得对外提供、泄露，不得用于统计以外的目的。

第二十六条 县级以上人民政府统计机构和有关部门统计调查取得的统计资料，除依法应当保密的外，应当及时公开，供社会公众查询。

第四章　统计机构和统计人员

第二十七条 国务院设立国家统计局，依法组织领导和协调全国的统计工作。

国家统计局根据工作需要设立的派出调查机构，承担国家统计局布置的统计调查等任务。

县级以上地方人民政府设立独立的统计机构，乡、镇人民政府设置统计工作岗位，配备专职或者兼职统计人员，依法管理、开展统计工作，实施统计调查。

第二十八条 县级以上人民政府有关部门根据统计任务的需要设立统计机构，或者在有关机构中设置统计人员，并指定统计负责人，依法组织、管理本部门职责范围内的统计工作，实施统计调查，在统计业务上受本级人民政府统计机构的指导。

第二十九条 统计机构、统计人员应当依法履行职责，如实搜集、报送统计资料，不得伪造、篡改统计资料，不得以任何方式要求任何单位和个人提供不真实的统计资料，不得有其他违反本法规定的行为。

统计人员应当坚持实事求是，恪守职业道德，对其负责搜集、审核、录入的统计资料与统计调查对象报送的统计资料的一致性负责。

第三十条 统计人员进行统计调查时，有权就与统计有关的问题询问有关人员，要求其如实提供有关情况、资料并改正不真实、不准确的资料。

统计人员进行统计调查时，应当出示县级以上人民政府统计机构或者有关部门颁发的工作证件；未出示的，统计调查对象有权拒绝调查。

第三十一条 国家实行统计专业技术职务资格考试、评聘制度，提高统计人员的专业素质，保障统计队伍的稳定性。

统计人员应当具备与其从事的统计工作相适应的专业知识和业务能力。

县级以上人民政府统计机构和有关部门应当加强对统计人员的专业培训和职业道德教育。

第五章 监 督 检 查

第三十二条 县级以上人民政府及其监察机关对下级人民政府、本级人民政府统计机构和有关部门执行本法的情况，实施监督。

第三十三条 国家统计局组织管理全国统计工作的监督检查，查处重大统计违法行为。

县级以上地方人民政府统计机构依法查处本行政区域内发生的统计违法行为。但是，国家统计局派出的调查机构组织实施的统计调查活动中发生的统计违法行为，由组织实施该项统计调查的调查机构负责查处。

法律、行政法规对有关部门查处统计违法行为另有规定的，从其规定。

第三十四条 县级以上人民政府有关部门应当积极协助本级人民政府统计机构查处统计违法行为，及时向本级人民政府统计机构移送有关统计违法案件材料。

第三十五条 县级以上人民政府统计机构在调查统计违法行为或者核查统计数据时，有权采取下列措施：

（一）发出统计检查查询书，向检查对象查询有关事项；

（二）要求检查对象提供有关原始记录和凭证、统计台账、统计调查表、会计资料及其他相关证明和资料；

（三）就与检查有关的事项询问有关人员；

（四）进入检查对象的业务场所和统计数据处理信息系统进行检查、核对；

（五）经本机构负责人批准，登记保存检查对象的有关原始记录和凭证、统计台账、统计调查表、会计资料及其他相关证明和资料；

（六）对与检查事项有关的情况和资料进行记录、录音、录像、照相和复制。

县级以上人民政府统计机构进行监督检查时，监督检查人员不得少于二人，并应当出示执法证件；未出示的，有关单位和个人有权拒绝检查。

第三十六条 县级以上人民政府统计机构履行监督检查职责时，有关单位和个人应当如实反映情况，提供相关证明和资料，不得拒绝、阻碍检查，不得转移、隐匿、篡改、毁弃原始记录和凭证、统计台账、统计调查表、会计资料及其他相关证明和资料。

第六章 法 律 责 任

第三十七条 地方人民政府、政府统计机构或者有关部门、单位的负责人有下列行为之一的，由任免机关或者监察机关依法给予处分，并由县级以上人民政府统计机构予以通报：

（一）自行修改统计资料、编造虚假统计数据的；

（二）要求统计机构、统计人员或者其他机构、人员伪造、篡改统计资料的；

（三）对依法履行职责或者拒绝、抵制统计违法行为的统计人员打击报复的；

（四）对本地方、本部门、本单位发生的严重统计违法行为失察的。

第三十八条 县级以上人民政府统计机构或者有关部门在组织实施统计调查活动中有下列行为之一的，由本级人民政府、上级人民政府统计机构或者本级人民政府统计机构责令改正，予以通报；对直接负责的主管人员和其他直接责任人员，由任免机关或者监察机关依法给予处分：

（一）未经批准擅自组织实施统计调查的；

（二）未经批准擅自变更统计调查制度的内容的；

（三）伪造、篡改统计资料的；

（四）要求统计调查对象或者其他机构、人员提供不真实的统计资料的；

（五）未按照统计调查制度的规定报送有关资料的。

统计人员有前款第三项至第五项所列行为之一的，责令改正，依法给予处分。

第三十九条 县级以上人民政府统计机构或者有关部门有下列行为之一的，对直接负责的主管人员和其他直接责任人员由任免机关或者监察机关依法给予处分：

（一）违法公布统计资料的；

（二）泄露统计调查对象的商业秘密、个人信息或者提供、泄露在统计调查中获得的能够识别或者推断单个统计调查对象身份的资料的；

（三）违反国家有关规定，造成统计资料毁损、灭失的。

统计人员有前款所列行为之一的，依法给予处分。

第四十条 统计机构、统计人员泄露国家秘密的，依法追究法律责任。

第四十一条 作为统计调查对象的国家机关、企业事业单位或者其他组织有下列行为之一的，由县级以上人民政府统计机构责令改正，给予警告，可以予以通报；其直接负责的主管人员和其他直接责任人员属于国家工作人员的，由任免机关或者监察机关依法给予处分：

（一）拒绝提供统计资料或者经催报后仍未按时提供统计资料的；

（二）提供不真实或者不完整的统计资料的；

（三）拒绝答复或者不如实答复统计检查查询书的；

（四）拒绝、阻碍统计调查、统计检查的；

（五）转移、隐匿、篡改、毁弃或者拒绝提供原始记录和凭证、统计台账、统计调查表及其他相关证明和资料的。

企业事业单位或者其他组织有前款所列行为之一的，可以并处五万元以下的罚款；情节严重的，并处五万元以上二十万元以下的罚款。

个体工商户有本条第一款所列行为之一的，由县级以上人民政府统计机构责令改正，给予警告，可以并处一万元以下的罚款。

第四十二条 作为统计调查对象的国家机关、企业事业单位或者其他组织迟报统计资料，或者未按照国家有关规定设置原始记录、统计台账的，由县级以上人民政府统计机构责令改正，给予警告。

企业事业单位或者其他组织有前款所列行为之一的，可以并处一万元以下的罚款。

个体工商户迟报统计资料的，由县级以上人民政府统计机构责令改正，给予警告，可以并处一千元以下的罚款。

第四十三条 县级以上人民政府统计机构查处统计违法行为时，认为对有关国家工作人员依法应当给予处分的，应当提出给予处分的建议；该国家工作人员的任免机关或者监察机关应当依法及时作出决定，并将结果书面通知县级以上人民政府统计机构。

第四十四条 作为统计调查对象的个人在重大国情国力普查活动中拒绝、阻碍统计调查，或者提供不真实或者不完整的普查资料的，由县级以上人民政府统计机构责令改正，予以批评教育。

第四十五条 违反本法规定，利用虚假统计资料骗取荣誉称号、物质利益或者职务晋升的，除对其编造虚假统计资料或者要求他人编造虚假统计资料的行为依法追究法律责任外，由作出有关决定的单位或者其上级单位、监察机关取消其荣誉称号，追缴获得的物质利益，撤销晋升的职务。

第四十六条 当事人对县级以上人民政府统计机构作出的行政处罚决定不服的，可以依法申请行政复议或者提起行政诉讼。其中，对国家统计局在省、自治区、直辖市派出的调查机构作出的行政处罚决定不服的，向国家统计局申请行政复议；对国家统计局派出的其他调查机构作出的行政处罚决定不服的，向国家统计局在该派出机构所在的省、自治区、直辖市派出的调查机构申请行政复议。

第四十七条 违反本法规定，构成犯罪的，依法追究刑事责任。

第七章 附 则

第四十八条 本法所称县级以上人民政府统计机构，是指国家统计局及其派出的调查机构、县级以上地方人民政府统计机构。

第四十九条 民间统计调查活动的管理办法，由国务院制定。

中华人民共和国境外的组织、个人需要在中华人民共和国境内进行统计调查活动的，应当按照国务院的规定报请审批。

利用统计调查危害国家安全、损害社会公共利益或者进行欺诈活动的，依法追究法律责任。

第五十条 本法自2010年1月1日起施行。

中华人民共和国统计法实施条例

中华人民共和国国务院令　第681号

第一章　总　　则

第一条　根据《中华人民共和国统计法》（以下简称统计法），制定本条例。

第二条　统计资料能够通过行政记录取得的，不得组织实施调查。通过抽样调查、重点调查能够满足统计需要的，不得组织实施全面调查。

第三条　县级以上人民政府统计机构和有关部门应当加强统计规律研究，健全新兴产业等统计，完善经济、社会、科技、资源和环境统计，推进互联网、大数据、云计算等现代信息技术在统计工作中的应用，满足经济社会发展需要。

第四条　地方人民政府、县级以上人民政府统计机构和有关部门应当根据国家有关规定，明确本单位防范和惩治统计造假、弄虚作假的责任主体，严格执行统计法和本条例的规定。

地方人民政府、县级以上人民政府统计机构和有关部门及其负责人应当保障统计活动依法进行，不得侵犯统计机构、统计人员独立行使统计调查、统计报告、统计监督职权，不得非法干预统计调查对象提供统计资料，不得统计造假、弄虚作假。

统计调查对象应当依照统计法和国家有关规定，真实、准确、完整、及时地提供统计资料，拒绝、抵制弄虚作假等违法行为。

第五条　县级以上人民政府统计机构和有关部门不得组织实施营利性统计调查。

国家有计划地推进县级以上人民政府统计机构和有关部门通过向社会购买服务组织实施统计调查和资料开发。

第二章　统计调查项目

第六条　部门统计调查项目、地方统计调查项目的主要内容不得与国家统计调查项目的内容重复、矛盾。

第七条　统计调查项目的制定机关（以下简称制定机关）应当就项目的必要性、可行性、科学性进行论证，征求有关地方、部门、统计调查对象和专家的意见，并由制定机关按照会议制度集体讨论决定。

重要统计调查项目应当进行试点。

第八条　制定机关申请审批统计调查项目，应当以公文形式向审批机关提交统计调查项目审批申请表、项目的统计调查制度和工作经费来源说明。

申请材料不齐全或者不符合法定形式的，审批机关应当一次性告知需要补正的全部内容，制定机关应当按照审批机关的要求予以补正。

申请材料齐全、符合法定形式的，审批机关应当受理。

第九条 统计调查项目符合下列条件的，审批机关应当作出予以批准的书面决定：

（一）具有法定依据或者确为公共管理和服务所必需；

（二）与已批准或者备案的统计调查项目的主要内容不重复、不矛盾；

（三）主要统计指标无法通过行政记录或者已有统计调查资料加工整理取得；

（四）统计调查制度符合统计法律法规规定，科学、合理、可行；

（五）采用的统计标准符合国家有关规定；

（六）制定机关具备项目执行能力。

不符合前款规定条件的，审批机关应当向制定机关提出修改意见；修改后仍不符合前款规定条件的，审批机关应当作出不予批准的书面决定并说明理由。

第十条 统计调查项目涉及其他部门职责的，审批机关应当在作出审批决定前，征求相关部门的意见。

第十一条 审批机关应当自受理统计调查项目审批申请之日起 20 日内作出决定。20 日内不能作出决定的，经审批机关负责人批准可以延长 10 日，并应当将延长审批期限的理由告知制定机关。

制定机关修改统计调查项目的时间，不计算在审批期限内。

第十二条 制定机关申请备案统计调查项目，应当以公文形式向备案机关提交统计调查项目备案申请表和项目的统计调查制度。

统计调查项目的调查对象属于制定机关管辖系统，且主要内容与已批准、备案的统计调查项目不重复、不矛盾的，备案机关应当依法给予备案文号。

第十三条 统计调查项目经批准或者备案的，审批机关或者备案机关应当及时公布统计调查项目及其统计调查制度的主要内容。涉及国家秘密的统计调查项目除外。

第十四条 统计调查项目有下列情形之一的，审批机关或者备案机关应当简化审批或者备案程序，缩短期限：

（一）发生突发事件需要迅速实施统计调查；

（二）统计调查制度内容未作变动，统计调查项目有效期届满需要延长期限。

第十五条 统计法第十七条第二款规定的国家统计标准是强制执行标准。各级人民政府、县级以上人民政府统计机构和有关部门组织实施的统计调查活动，应当执行国家统计标准。

制定国家统计标准，应当征求国务院有关部门的意见。

第三章 统计调查的组织实施

第十六条 统计机构、统计人员组织实施统计调查，应当就统计调查对象的法定填报义务、主要指标涵义和有关填报要求等，向统计调查对象作出说明。

第十七条 国家机关、企业事业单位或者其他组织等统计调查对象提供统计资料，应当由填报人员和单位负责人签字，并加盖公章。个人作为统计调查对象提供统计资料，应当由本人签字。统计调查制度规定不需要签字、加盖公章的除外。

统计调查对象使用网络提供统计资料的，按照国家有关规定执行。

第十八条 县级以上人民政府统计机构、有关部门推广使用网络报送统计资料，应当采取有效的网络安全保障措施。

第十九条 县级以上人民政府统计机构、有关部门和乡、镇统计人员，应当对统计调查对象提供的统计资料进行审核。统计资料不完整或者存在明显错误的，应当由统计调查对象依法予以补充或者改正。

第二十条 国家统计局应当建立健全统计数据质量监控和评估制度，加强对各省、自治区、直辖市重要统计数据的监控和评估。

第四章 统计资料的管理和公布

第二十一条 县级以上人民政府统计机构、有关部门和乡、镇人民政府应当妥善保管统计调查中取得的统计资料。

国家建立统计资料灾难备份系统。

第二十二条 统计调查中取得的统计调查对象的原始资料，应当至少保存 2 年。

汇总性统计资料应当至少保存 10 年，重要的汇总性统计资料应当永久保存。法律法规另有规定的，从其规定。

第二十三条 统计调查对象按照国家有关规定设置的原始记录和统计台账，应当至少保存 2 年。

第二十四条 国家统计局统计调查取得的全国性统计数据和分省、自治区、直辖市统计数据，由国家统计局公布或者由国家统计局授权其派出的调查机构或者省级人民政府统计机构公布。

第二十五条 国务院有关部门统计调查取得的统计数据，由国务院有关部门按照国家有关规定和已批准或者备案的统计调查制度公布。

县级以上地方人民政府有关部门公布其统计调查取得的统计数据，比照前款规定执行。

第二十六条 已公布的统计数据按照国家有关规定需要进行修订的，县级以上人民政府统计机构和有关部门应当及时公布修订后的数据，并就修订依据和情况作出说明。

第二十七条 县级以上人民政府统计机构和有关部门应当及时公布主要统计指标涵义、调查范围、调查方法、计算方法、抽样调查样本量等信息，对统计数据进行解释说明。

第二十八条 公布统计资料应当按照国家有关规定进行。公布前，任何单位和个人不得违反国家有关规定对外提供，不得利用尚未公布的统计资料谋取不正当利益。

第二十九条 统计法第二十五条规定的能够识别或者推断单个统计调查对象身份的资料包括：

（一）直接标明单个统计调查对象身份的资料；

（二）虽未直接标明单个统计调查对象身份，但是通过已标明的地址、编码等相关信息可以识别或者推断单个统计调查对象身份的资料；

（三）可以推断单个统计调查对象身份的汇总资料。

第三十条 统计调查中获得的能够识别或者推断单个统计调查对象身份的资料应当依法严格管理，除作为统计执法依据外，不得直接作为对统计调查对象实施行政许可、行政处罚等具体行政行为的依据，不得用于完成统计任务以外的目的。

第三十一条 国家建立健全统计信息共享机制，实现县级以上人民政府统计机构和有关部门统计调查取得的资料共享。制定机关共同制定的统计调查项目，可以共同使用获取的统计资料。

统计调查制度应当对统计信息共享的内容、方式、时限、渠道和责任等作出规定。

第五章 统计机构和统计人员

第三十二条 县级以上地方人民政府统计机构受本级人民政府和上级人民政府统计机构的双重领导，在统计业务上以上级人民政府统计机构的领导为主。

乡、镇人民政府应当设置统计工作岗位，配备专职或者兼职统计人员，履行统计职责，在统计业务上受上级人民政府统计机构领导。乡、镇统计人员的调动，应当征得县级人民政府统计机构的同意。

县级以上人民政府有关部门在统计业务上受本级人民政府统计机构指导。

第三十三条 县级以上人民政府统计机构和有关部门应当完成国家统计调查任务，执行国家统计调查项目的统计调查制度，组织实施本地方、本部门的统计调查活动。

第三十四条 国家机关、企业事业单位和其他组织应当加强统计基础工作，为履行法定的统计资料报送义务提供组织、人员和工作条件保障。

第三十五条 对在统计工作中做出突出贡献、取得显著成绩的单位和个人，按照国家有关规定给予表彰和奖励。

第六章 监 督 检 查

第三十六条 县级以上人民政府统计机构从事统计执法工作的人员，应当具备必要的法律知识和统计业务知识，参加统计执法培训，并取得由国家统计局统一印制的统计执法证。

第三十七条 任何单位和个人不得拒绝、阻碍对统计工作的监督检查和对统计违法行为的查处工作，不得包庇、纵容统计违法行为。

第三十八条 任何单位和个人有权向县级以上人民政府统计机构举报统计违法行为。

县级以上人民政府统计机构应当公布举报统计违法行为的方式和途径，依法受理、核实、处理举报，并为举报人保密。

第三十九条 县级以上人民政府统计机构负责查处统计违法行为；法律、行政法规对有关部门查处统计违法行为另有规定的，从其规定。

第七章 法 律 责 任

第四十条 下列情形属于统计法第三十七条第四项规定的对严重统计违法行为失察，对地方人民政府、政府统计机构或者有关部门、单位的负责人，由任免机关或者监察机关依法给予处分，并由县级以上人民政府统计机构予以通报：

（一）本地方、本部门、本单位大面积发生或者连续发生统计造假、弄虚作假；

（二）本地方、本部门、本单位统计数据严重失实，应当发现而未发现；

（三）发现本地方、本部门、本单位统计数据严重失实不予纠正。

第四十一条 县级以上人民政府统计机构或者有关部门组织实施营利性统计调查的，由本级人民政府、上级人民政府统计机构或者本级人民政府统计机构责令改正，予以通报；有违法所得的，没收违法所得。

第四十二条 地方各级人民政府、县级以上人民政府统计机构或者有关部门及其负责人，侵犯统计机构、统计人员独立行使统计调查、统计报告、统计监督职权，或者采用下发文件、会议布置以及其他方式授意、指使、强令统计调查对象或者其他单位、人员编造虚假统计资料的，由上级人民政府、本级人民政府、上级人民政府统计机构或者本级人民政府统计机构责令改正，予以通报。

第四十三条 县级以上人民政府统计机构或者有关部门在组织实施统计调查活动中有下列行为之一的，由本级人民政府、上级人民政府统计机构或者本级人民政府统计机构责令改正，予以通报：

（一）违法制定、审批或者备案统计调查项目；

（二）未按照规定公布经批准或者备案的统计调查项目及其统计调查制度的主要内容；

（三）未执行国家统计标准；

（四）未执行统计调查制度；

（五）自行修改单个统计调查对象的统计资料。

乡、镇统计人员有前款第三项至第五项所列行为的，责令改正，依法给予处分。

第四十四条 县级以上人民政府统计机构或者有关部门违反本条例第二十四条、第二十五条规定公布统计数据的，由本级人民政府、上级人民政府统计机构或者本级人民政府统计机构责令改正，予以通报。

第四十五条 违反国家有关规定对外提供尚未公布的统计资料或者利用尚未公布的统计资料谋取不正当利益的，由任免机关或者监察机关依法给予处分，并由县级以上人民政府统计机构予以通报。

第四十六条 统计机构及其工作人员有下列行为之一的，由本级人民政府或者上级人民政府统计机构责令改正，予以通报：

（一）拒绝、阻碍对统计工作的监督检查和对统计违法行为的查处工作；

（二）包庇、纵容统计违法行为；

（三）向有统计违法行为的单位或者个人通风报信，帮助其逃避查处；

（四）未依法受理、核实、处理对统计违法行为的举报；

（五）泄露对统计违法行为的举报情况。

第四十七条 地方各级人民政府、县级以上人民政府有关部门拒绝、阻碍统计监督检查或者转移、隐匿、篡改、毁弃原始记录和凭证、统计台账、统计调查表及其他相关证明和资料的，由上级人民政府、上级人民政府统计机构或者本级人民政府统计机构责令改正，予以通报。

第四十八条 地方各级人民政府、县级以上人民政府统计机构和有关部门有本条例第四十一条至第四十七条所列违法行为之一的，对直接负责的主管人员和其他直接责任人员，由任免机关或者监察机关依法给予处分。

第四十九条 乡、镇人民政府有统计法第三十八条第一款、第三十九条第一款所列行为之一的，依照统计法第三十八条、第三十九条的规定追究法律责任。

第五十条 下列情形属于统计法第四十一条第二款规定的情节严重行为：

（一）使用暴力或者威胁方法拒绝、阻碍统计调查、统计监督检查；

（二）拒绝、阻碍统计调查、统计监督检查，严重影响相关工作正常开展；

（三）提供不真实、不完整的统计资料，造成严重后果或者恶劣影响；

（四）有统计法第四十一条第一款所列违法行为之一，1 年内被责令改正 3 次以上。

第五十一条 统计违法行为涉嫌犯罪的，县级以上人民政府统计机构应当将案件移送司法机关处理。

第八章 附 则

第五十二条 中华人民共和国境外的组织、个人需要在中华人民共和国境内进行统计调查活动的，应当委托中华人民共和国境内具有涉外统计调查资格的机构进行。涉外统计调查资格应当依法报经批准。统计调查范围限于省、自治区、直辖市行政区域内的，由省级人民政府统计机构审批；统计调查范围跨省、自治区、直辖市行政区域的，由国家统计局审批。

涉外社会调查项目应当依法报经批准。统计调查范围限于省、自治区、直辖市行政区域内的，由省级人民政府统计机构审批；统计调查范围跨省、自治区、直辖市行政区域的，由国家统计局审批。

第五十三条 国家统计局或者省级人民政府统计机构对涉外统计违法行为进行调查，有权采取统计法第三十五条规定的措施。

第五十四条 对违法从事涉外统计调查活动的单位、个人，由国家统计局或者省级人民政府统计机构责令改正或者责令停止调查，有违法所得的，没收违法所得；违法所得 50 万元以上的，并处违法所得 1 倍以上 3 倍以下的罚款；违法所得不足 50 万元或者没有违法所得的，处 200 万元以下的罚款；情节严重的，暂停或者取消涉外统计调查资格，撤销涉外社会调查项目批准决定；构成犯罪的，依法追究刑事责任。

第五十五条 本条例自 2017 年 8 月 1 日起施行。1987 年 1 月 19 日国务院批准、1987 年 2 月 15 日国家统计局公布，2000 年 6 月 2 日国务院批准修订、2000 年 6 月 15 日国家统计局公布，2005 年 12 月 16 日国务院修订的《中华人民共和国统计法实施细则》同时废止。

部门统计调查项目管理办法

国家统计局令　第22号

第一章　总　　则

第一条　为加强部门统计调查项目的规范性、统一性管理，提高统计调查的科学性和有效性，减轻统计调查对象负担，推进部门统计信息共享，根据《中华人民共和国统计法》及其实施条例和国务院有关规定，制定本办法。

第二条　本办法适用于国务院各部门制定的统计调查项目。

第三条　本办法所称的统计调查项目，是指国务院有关部门通过调查表格、问卷、行政记录、大数据以及其他方式搜集整理统计资料，用于政府管理和公共服务的各类统计调查项目。

第四条　国家统计局统一组织领导和协调全国统计工作，指导国务院有关部门开展统计调查，统一管理部门统计调查。

第五条　国务院有关部门应当明确统一组织协调统计工作的综合机构，负责归口管理、统一申报本部门统计调查项目。

第二章　部门统计调查项目的制定

第六条　国务院有关部门执行相关法律、行政法规、国务院的决定和履行本部门职责，需要开展统计活动的，应当制定相应的部门统计调查项目。

第七条　制定部门统计调查项目，应当减少调查频率，缩小调查规模，降低调查成本，减轻基层统计人员和统计调查对象的负担。可以通过行政记录和大数据加工整理获得统计资料的，不得开展统计调查；可以通过已经批准实施的各种统计调查整理获得统计资料的，不得重复开展统计调查；抽样调查、重点调查可以满足需要的，不得开展全面统计调查。

第八条　制定部门统计调查项目，应当有组织、人员和经费保障。

第九条　制定部门统计调查项目，应当同时制定该项目的统计调查制度。

统计调查制度内容包括总说明、报表目录、调查表式、分类目录、指标解释、指标间逻辑关系，采用抽样调查方法的还应当包括抽样方案。

统计调查制度总说明应当对调查目的、调查对象、统计范围、调查内容、调查频率、调查时间、调查方法、组织实施方式、质量控制、报送要求、信息共享、资料公布等作出规定。

面向单位的部门统计调查，其统计调查对象应当取自国家基本单位名录库或者部门基本单位名录库。

第十条　部门统计调查应当规范设置统计指标、调查表，指标解释和计算方法应当科学合理。

第十一条 部门统计调查应当使用国家统计标准。无国家统计标准的，可以使用经国家统计局批准的部门统计标准。

第十二条 新制定的部门统计调查项目或者对现行统计调查项目进行较大修订的，应当开展试填试报等工作。其中，重要统计调查项目应当进行试点。

第十三条 部门统计调查项目涉及其他部门职责的，应当事先征求相关部门意见。

第三章 部门统计调查项目审批和备案

第十四条 国务院有关部门制定的统计调查项目，统计调查对象属于本部门管辖系统或者利用行政记录加工获取统计资料的，报国家统计局备案；统计调查对象超出本部门管辖系统的，报国家统计局审批。

部门管辖系统包括本部门直属机构、派出机构和垂直管理的机构，省及省以下与部门对口设立的管理机构。

第十五条 部门统计调查项目审批或者备案包括申报、受理、审查、反馈、决定等程序。

第十六条 部门统计调查项目送审或者备案时，应当通过部门统计调查项目管理平台提交下列材料：

（一）申请审批项目的部门公文或者申请备案项目的部门办公厅（室）公文；

（二）部门统计调查项目审批或者备案申请表；

（三）统计调查制度；

（四）统计调查项目的论证报告、背景材料、经费保障等，修订的统计调查项目还应当提供修订说明；

（五）征求有关地方、部门、统计调查对象和专家意见及其采纳情况；

（六）制定机关按照会议制度集体讨论决定的会议纪要；

（七）重要统计调查项目的试点报告；

（八）由审批机关或者备案机关公布的统计调查制度的主要内容；

（九）防范和惩治统计造假、弄虚作假责任规定。

前款第（一）项的公文应当同时提交纸质文件。

第十七条 申请材料齐全并符合法定形式的，国家统计局予以受理。

申请材料不齐全或者不符合法定形式的，国家统计局应当一次告知需要补正的全部内容，制定机关应当按照国家统计局的要求予以补正。

第十八条 统计调查制度应当列明下列事项：

（一）向国家统计局报送的制定机关组织实施统计调查取得的具体统计资料清单；

（二）主要统计指标公布的时间、渠道；

（三）统计信息共享的内容、方式、时限、渠道、责任单位和责任人；

（四）向统计信息共享数据库提供的统计资料清单；

（五）统计调查对象使用国家基本单位名录库或者部门基本单位名录库的情况。

第十九条 国家统计局对申请审批的部门统计调查项目进行审查，符合下列条件的部门统计调查项目，作出予以批准的书面决定：

（一）具有法定依据或者确为部门公共管理和服务所必需；

（二）与现有的国家统计调查项目和部门统计调查项目的主要内容不重复、不矛盾；

（三）主要统计指标无法通过本部门的行政记录或者已有统计调查资料加工整理取得；

（四）部门统计调查制度科学、合理、可行，并且符合本办法第八条、第九条和第十八条规定；

（五）采用的统计标准符合国家有关规定；

（六）符合统计法律法规和国家有关规定。

不符合前款规定的，国家统计局向制定机关提出修改意见；修改后仍不符合前款规定条件的，国家统计局作出不予批准的书面决定，并说明理由。

第二十条 国家统计局对申请备案的部门统计调查项目进行审查，符合下列条件的部门统计调查项目，作出同意备案的书面决定：

（一）统计调查项目的调查对象属于制定机关管辖系统，或者利用行政记录加工获取统计资料；

（二）与现有的国家统计调查项目和部门统计调查项目的主要内容不重复、不矛盾；

（三）部门统计调查制度科学、合理、可行，并且符合本办法第八条、第九条和第十八条规定。

第二十一条 国家统计局在收到制定机关申请公文及完整的相关资料后，在20个工作日内完成审批，20个工作日内不能作出决定的，经审批机关负责人批准可以延长10日，并应当将延长审批期限的理由告知制定机关；在10个工作日内完成备案。完成时间以复函日期为准。

制定机关修改统计调查项目的时间，不计算在审批期限内。

第二十二条 部门统计调查项目有下列情形之一的，国家统计局简化审批或者备案程序，缩短期限：

（一）发生突发事件，需要迅速实施统计调查；

（二）统计调查内容未做变动，统计调查项目有效期届满需要延长期限。

第二十三条 部门统计调查项目实行有效期管理。审批的统计调查项目有效期为3年，备案的统计调查项目有效期为5年。统计调查制度对有效期规定少于3年的，从其规定。有效期以批准执行或者同意备案的日期为起始时间。

统计调查项目在有效期内需要变更内容的，制定机关应当重新申请审批或者备案。

第二十四条 部门统计调查项目经国家统计局批准或者备案后，应当在统计调查表的右上角标明表号、制定机关、批准机关或者备案机关、批准文号或者备案文号、有效期限等标志。

第二十五条 制定机关收到批准或者备案的书面决定后，在10个工作日内将标注批准文号或者备案文号和有效期限的统计调查制度发送到部门统计调查项目管理平台。

第二十六条 国家统计局及时通过国家统计局网站公布批准或者备案的部门统计调查项目名称、制定机关、批准文号或者备案文号、有效期限和统计调查制度的主要内容。

第四章 部门统计调查的组织实施

第二十七条 国务院有关部门应当健全统计工作流程规范，完善统计数据质量控制办法，夯实统计基础工作，严格按照国家统计局批准或者备案的统计调查制度组织实施统计调查。

第二十八条 国务院有关部门在组织实施统计调查时，应当就统计调查制度的主要内容对组织实施人员进行培训；应当就法定填报义务、主要指标涵义和口径、计算方法、采用的统计标准和其他填报要求，向调查对象作出说明。

第二十九条 国务院有关部门应当按《中华人民共和国统计法实施条例》的要求及时公布主要统计指标涵义、调查范围、调查方法、计算方法、抽样调查样本量等信息，对统计数据进行解释说明。

第三十条 国务院有关部门组织实施统计调查应当遵守国家有关统计资料管理和公布的规定。

第三十一条 部门统计调查取得的统计资料，一般应当在政府部门间共享。

第三十二条 国务院有关部门建立统计调查项目执行情况评估制度，对实施情况、实施效果和存在问题进行评估，认为应当修改的，按规定报请国家统计局审批或者备案。

第五章 国家统计局提供的服务

第三十三条 国家统计局依法开展部门统计调查项目审批和备案工作，为国务院有关部门提供有关统计业务咨询、统计调查制度设计指导、统计业务培训等服务。

第三十四条 国家统计局组织国务院有关部门共同维护、更新国家基本单位名录库，为部门统计调查提供调查单位名录和抽样框。

第三十五条 国家统计局建立统计标准库，为部门统计调查提供国家统计标准和部门统计标准。

第三十六条 国家统计局向国务院有关部门提供部门统计调查项目查询服务。

第三十七条 国家统计局推动建立统计信息共享数据库，为国务院有关部门提供部门统计数据查询服务。

第六章 监 督 检 查

第三十八条 国家统计局依法对部门统计调查制度执行情况进行监督检查，依法查处部门统计调查中的重大违法行为；县级以上地方人民政府统计机构依法查处本级和下级人民政府有关部门和统计调查对象执行部门统计调查制度中发生的统计违法行为。

第三十九条 任何单位和个人有权向国家统计局举报部门统计调查违法行为。

国家统计局公布举报统计违法行为的方式和途径，依法受理、核实、处理举报，并为举报人保密。

第四十条 县级以上人民政府有关部门积极协助本级人民政府统计机构查处统计违法行为，及时向县级以上人民政府统计机构移送有关统计违法案件材料。

第四十一条 县级以上人民政府统计机构在调查部门统计违法行为或者核查部门统计数据时，有权采取《中华人民共和国统计法》第三十五条规定的下列措施：

（一）发出检查查询书，向检查单位和调查对象查询部门统计调查项目有关事项；

（二）要求检查单位和调查对象提供与部门统计调查有关的统计调查制度、调查资料、调查报告及其他相关证明和资料；

（三）就与检查有关的事项询问有关人员；

（四）进入检查单位和调查对象的业务场所和统计数据处理信息系统进行检查、核对；

（五）经本机构负责人批准，登记保存检查单位与统计调查有关的统计调查制度、调查资料、调查报告及其他相关证明和资料；

（六）对与检查事项有关的情况和资料进行记录、录音、录像、照相和复制。

县级以上人民政府统计机构进行监督检查时，监督检查人员不得少于 2 人，并应当出示执法证件；未出示的，有关部门有权拒绝检查。

第四十二条 县级以上人民政府统计机构履行监督检查职责时，有关部门应当如实反映情况，提供相关证明和资料，不得拒绝、阻碍检查，不得转移、隐匿、篡改、毁弃与部门统计调查有关的统计调查制度、调查资料、调查报告及其他相关证明和资料。

第七章 法 律 责 任

第四十三条 县级以上人民政府有关部门在组织实施部门统计调查活动中有下列行为之一的，由上级人民政府统计机构、本级人民政府统计机构责令改正，予以通报：

（一）违法制定、实施部门统计调查项目；

（二）未执行国家统计标准或者经依法批准的部门统计标准；

（三）未执行批准和备案的部门统计调查制度；

（四）在部门统计调查中统计造假、弄虚作假。

第四十四条 县级以上人民政府有关部门及其工作人员有下列行为之一的，由上级人民政府统计机构、本级人民政府统计机构责令改正，予以通报：

（一）拒绝、阻碍对部门统计调查的监督检查和对部门统计违法行为的查处；

（二）包庇、纵容部门统计违法行为；

（三）向存在部门统计违法行为的单位或者个人通风报信，帮助其逃避查处。

第四十五条 县级以上人民政府统计机构在查处部门统计违法行为中，认为对有关国家工作人员依法应当给予处分的，应当提出给予处分的建议，将处分建议和案件材料移送该国家工作人员的任免机关或者监察机关。

第八章 附 则

第四十六条 中央编办管理机构编制的群众团体机关、经授权代主管部门行使统计职能的国家级集团公司和工商领域联合会或者协会等开展的统计调查项目，参照部门统计调查项目管理。

县级以上地方人民政府统计机构对本级人民政府有关部门制定的统计调查项目管理，参照本办法执行。

第四十七条 本办法自 2017 年 10 月 1 日起施行。国家统计局 1999 年公布的《部门统计调查项目管理暂行办法》同时废止。

关于加强和完善部门统计工作的意见

国办发〔2014〕60号

为贯彻党的十八大和十八届二中、三中、四中全会精神，落实党中央、国务院决策部署，进一步提高部门统计工作水平，现就加强和完善部门统计工作提出以下意见。

一、加强和完善部门统计工作的重要意义和基本要求

我国政府统计由国家统计、部门统计和地方统计构成。部门统计是政府统计的重要组成部分，承担着事关国计民生的重要统计调查任务。加强和完善部门统计，有利于提高基础数据质量，有利于为推动经济提质增效升级、提高宏观调控和科学决策水平等提供支撑。近年来，各部门积极推进统计改革建设，不断提高统计水平，部门统计取得长足进步，为经济发展、民生改善和社会进步提供了有力信息支撑。

但是，部门统计还存在统计基础薄弱、调查内容覆盖不全、调查项目交叉重复、统计标准不统一、组织实施不严谨、信息共享不到位，甚至数据相互矛盾等问题，影响着部门统计职能的发挥。加强和完善部门统计，必须紧紧围绕党和国家中心二作，按照规范统一、分工合理、合作共享的要求，加快建设制度完善、方法科学、行为严谨、过程可控、信息化程度较高的部门统计调查体系，更好地服务宏观决策、服务经济社会发展、服务企业和社会公众。

二、建设统一的统计基本单位名录库

（一）建设国家统计基本单位名录库。国家统计局要会同机构编制、民政、税务、工商、质检等部门，充分利用国家法人单位信息资源库和有关部门名录信息，建立统一完整、不重不漏、信息真实、更新及时、互惠共享的国家统计基本单位名录库，为各类以单位为对象的普查和调查提供调查单位库和抽样框。部门可根据国家统计基本单位名录库，在确保衔接一致前提下，细化和扩充单位基础信息，形成部门统计调查单位名录库。

（二）健全维护更新机制。各级机构编制、民政、税务、工商、质检等部门，定期向同级统计部门提供本部门掌握的单位行政登记资料。使用国家统计基本单位名录库信息的部门应当将其掌握的单位变动情况及时告知统计部门。统计部门依据全国经济普查结果对国家统计基本单位名录库进行全面更新，依据常规统计调查资料和部门单位资料进行日常维护，确保单位信息真实准确。

（三）依法按需共享使用名录信息。统计部门依据有关部门职能和调查需要，通过签订部门间协议，依法授权其使用国家统计基本单位名录库或依法提供名录信息查询服务。参与名录库建设维护的部门经依法授权可使用相关范围的最新名录库信息。各部门面向单位的统计调查原则上都应取自国家统计基本单位名录库或部门统计调查单位名录库。

三、健全规范统计标准

（一）健全统计标准体系。根据经济社会发展情况和国民经济核算需要，借鉴国际通行统计标准，按照标准先行、急需先建的原则，依法制定国家统计标准和部门统计标准，加快建立科学、统一、完整、适用的统计标准体系。制定统计标准时，应当充分听取有关部门、统计用户、调查对象、统计人员和专家学者等各方面意见，提高统计标准制定科学化水平，促进统计标准统一规范。国家统计局建立政府统计标准库，及时公布非涉密统计标准。加快建立国家统计调查项目元数据库，实现对统计设计和数据采集、加工、公布等工作的统一标准化、电子化管理。

（二）规范统计标准使用。部门统计调查应当优先使用国家统计标准。无国家统计标准的，可以使用经依法批准的部门统计标准。建立统计标准执行监督制度和实施情况评估制度，定期进行检查和科学评估，并及时进行修订或废止。

四、规范设立统计调查项目

（一）完善部门统计调查项目设立程序。设立部门统计调查项目应符合本部门职责，体现精简效能原则，充分征求有关方面意见，并按程序报批或备案，避免重复调查。制定部门统计调查制度，要严格执行统计标准，规范设置统计指标，合理确定调查范围、频率和方法，优先采用部门管理形成的各类行政记录，全面推广调查对象试填试报等测试论证工作。建立统计调查制度的定期评估机制，根据实际执行情况，不断完善制度。

（二）建立部门统计调查项目公示制度。国家统计局要及时公布非涉密部门统计调查项目目录，方便公众查询使用。建立动态更新的部门统计调查项目库，方便部门查询使用非涉密部门统计调查制度。依法公布部门统计调查制度的主要内容。

五、科学组织统计调查

（一）认真实施部门统计调查制度。明确部门统计调查制度管理责任，严格按照统计调查制度开展统计调查。各部门要保障部门统计调查所需人力、物力和财力，认真组织开展培训，确保统计人员了解调查采用的统计标准和调查方法，熟悉指标涵义、口径和计算方法，掌握现场调查技巧等。

（二）规范部门统计调查活动。健全部门统计调查行为准则，明确调查任务布置、数据采集、资料审核处理过程中的行为规范。按照法定程序将调查内容、报送时间及填报要求告知调查对象并给予必要指导。按照调查制度规定的方式方法和业务流程搜集统计资料，确保调查对象填报数据的真实准确。同时，认真审核调查对象报送的原始资料，努力减少数据处理偏差。

（三）健全部门统计数据质量控制体系。建立健全涵盖部门统计调查各环节、各岗位的质量标准、技术规范，明确工作责任，建立原始数据核实核查制度，构建覆盖全面、基础扎实、程序规范、责任明确的统计数据质量控制体系，实现统计调查全流程的制度化、程序化、规范化。

六、规范公布统计数据

（一）依法依规公布统计数据。除依法应当保密的外，部门统计调查取得的统计数据原则上应按照统计调查制度规定公布，并及时抄送国家统计局。部门拟公布的统计数据与政府综合统计部门数据不一致的，按国家有关规定办理。部门统计数据的公布，由部门综合统计机构或统计负责人归口管理，或者由部门综合统计机构或统计负责人会同有关机构共同管理。通过部门统计调查获得的统计资料，以本部门名义对外公布。

（二）建立数据公布预告知制度。各部门应制定数据公布计划及其主要统计信息公布日程表，提前向社会公告全年数据公布的具体内容、时间和渠道，保障社会公众能够方便及时获取数据。因特殊原因不能按原计划公布的，要提前告知。

（三）规范数据公布内容。各部门公布统计数据时应当同时公布数据来源、调查机构、调查范围、调查方法、样本量以及联系方式和所采用的指标涵义、计算方法、分类目录等统计标准，方便统计用户和社会公众正确理解和使用统计数据。各部门在公开场合使用其他部门统计数据应注明来源。

七、推进部门间统计信息共享

（一）建立统计信息共享机制。依法开展的国家统计调查和部门统计调查取得的所有统计资料属于政府公共资源，原则上应在部门间共享。国家统计局将部门信息共享纳入部门统计调查项目审批或备案内容。数据生产和使用部门可以通过双方或多方协议的形式，依法明确信息共享的内容、方式、时限、渠道以及应承担的责任等。需要保密的，数据使用部门应当按照保密规定使用。对于数据生产部门未对外公开公布的数据，数据使用部门对外公开公布前，应当征得数据生产部门同意。

（二）加快构建统计信息共享数据库。按照物理分散、逻辑集中、统一管理、普遍共享的原则，建设和完善国家统计局和各部门的统计信息共享数据库，共享各部门已对外公布数据和可以在多部门间共享的其他数据。进一步建立健全统计信息共享数据库建设的技术标准，以及查询、交换和访问授权等信息共享方式的标准规范，为构建部门间统计信息共享数据库提供可靠技术保障。

八、夯实部门统计基础

（一）大力推动部门统计信息化建设。各部门要以国家电子政务内网、外网和互联网为依托，充分利用部门信息化资源，推行统一的国家技术标准，加快推进部门统计信息化建设。加强部门统计信息系统的日常运行维护和安全保障工作，强化信息系统和数据库的安全基础设施建设。积极推行联网直报，逐步实现调查对象和调查人员通过网络直接报送原始数据、各级部门统计机构在线同步共享的工作模式。积极推动大数据和云计算等现代信息技术应用，加大部门电子化行政记录有效转化为统计信息的技术开发力度，稳步推进部门应用企业电子化数据进程。

（二）不断加强部门统计队伍建设。各部门要明确承担部门统计的机构或在内设机构中设置专、兼职统计人员并指定统计负责人，确保统计工作有效开展。部门统计职能由多个内设机构承担的部门，要明确统一组织协调统计工作的机构，负责本部门统计工作的归口管理。要合理配置统计人员，不断充实统计力量，加强对部门统计人员的专业培训和职业道德教育，努力提高部门统计人员素质，保持统计队伍稳定。

（三）加强对部门统计工作的组织领导。国家统计局要切实履行好组织领导和协调全国统计工作的法定职责，进一步强化对部门统计的业务指导、培训和规范，积极推广部门在统计改革发展和信息化建设中的成果，促进部门间沟通协调。各部门要进一步提高认识，切实把统计工作摆到重要位置，健全工作机制，完善工作制度，加强统计科学研究，为统计工作提供必要的保障，不断提高部门统计能力和工作水平。

水利统计管理办法

水规计〔2014〕322号

第一条 为规范水利统计工作，提高统计效率，强化统计监督，保障数据质量，根据《中华人民共和国水法》《中华人民共和国统计法》（以下简称《统计法》）等有关法律、行政法规规定，结合水利统计工作实际，制定本办法。

第二条 各级水行政主管部门对水资源开发、利用、节约、保护和防治水害以及与此相关的管理服务活动开展的统计工作，应当遵守本办法。

第三条 水利统计的基本任务是依法开展水利调查活动，进行统计分析，提供统计资料和统计咨询意见，实行统计监督。

第四条 水利统计工作实行统一管理、分级负责的管理体制。

水利部统一管理全国水利统计工作，制定水利统计的规章制度、标准规范，组织指导全国水利统计工作，汇总、管理和公布全国水利统计资料。

各流域管理机构按照有关法律、行政法规规定和水利部授权，组织协调流域内水利统计工作，负责流域水利统计调查项目的组织实施。

县级以上地方水行政主管部门负责本辖区的水利统计工作。

各级水行政主管部门开展水利统计工作接受同级人民政府统计部门的业务指导。

第五条 各级水行政主管部门应建立健全统计制度，完善统计指标体系，改进统计调查方法，组织开展统计培训，维护水利统计信息系统，为水利统计工作提供必要的人员、经费等保障条件，提高水利统计能力和水平。

第六条 各级水行政主管部门应建立健全水利统计数据质量控制制度，严格执行各环节数据审核程序，加强数据质量检查与评估，不断提高水利统计数据质量。

第七条 纳入水利统计范围的国家机关、企业事业单位、其他组织以及个体工商户和个人等统计调查对象，应当真实、准确、完整、及时地提供水利统计调查所需资料，不得虚报、瞒报、迟报、拒报水利统计资料。

第八条 水利部规划计划司归口负责水利统计工作。各流域管理机构、县级以上地方水行政主管部门应确定承担水利统计职能的机构（以下简称统计机构），设置水利统计岗位，配备统计人员，并指定本部门统计负责人。

第九条 各级水行政主管部门的统计机构的主要职责是：

（一）拟定本级水利统计工作规章制度、统计调查总体方案和工作计划，并组织实施。

（二）建立健全水利统计指标体系，归口管理水利统计调查项目。

（三）组织开展水利统计资料收集、整理、汇总和上报工作，建立和管理本级水利统计数据库。

（四）实行水利统计质量控制和监督，采取措施保障统计数据的完整性、准确性和及时性。

（五）开展水利统计分析和预测、专题研究及业务交流。

（六）指导下级水利统计机构和调查对象的水利统计工作；组织统计业务培训。

（七）负责水利统计资料的管理。

第十条 水利统计机构和统计人员在水利统计工作中依法行使以下职权：

（一）调查、搜集有关资料，检查与统计资料有关的原始记录和凭证，要求业务管理部门提供与统计有关的行政记录，要求被调查对象如实提供水利统计资料，要求改正不真实、不准确的水利统计数据。

（二）将统计调查取得的统计资料和情况加以整理、分析，提出统计报告。

（三）根据统计调查和统计分析，对水利改革发展相关情况进行分析预测与统计监督，提出存在的问题和改进的建议。

第十一条 各级水行政主管部门应将水利统计工作所需经费纳入本部门预算。开展水利普查等重大专项统计调查，可根据工作需要申请专项经费。

第十二条 水利统计人员应具备必要的专业知识和专业技能。各级水行政主管部门应当保持水利统计人员相对稳定，统计人员需要变动的，应提前做好培训和交接工作。

第十三条 水利统计调查项目可分为综合统计调查项目和专业统计调查项目。

综合统计调查项目是指综合反映水利基本信息和总体发展状况的统计调查项目。

专业统计调查项目是指具体反映水利各专业领域工作的统计调查项目。

综合统计调查项目和专业统计调查项目应当明确分工，互相衔接，不得重复。

第十四条 各级水行政主管部门的统计机构统一组织编制本部门的统计调查总体方案，确定水利统计调查项目，做好水利统计调查活动的组织和协调；其他职能机构无权单独制定水利统计调查项目。

第十五条 制定水利统计调查项目，应当同时制定该项目的统计调查制度。

水利统计调查制度应当说明调查目的和意义，明确调查内容和方法、调查对象和范围、调查时间和频率、调查组织方式和渠道、调查具体表式、统计资料的报送和公布等内容。

水利统计调查制度中所采用的指标释义、统计标准、计量单位、统计编码等必须符合国家有关标准和规定。

第十六条 综合统计调查项目的调查制度由各级水行政主管部门统计机构组织制定，报同级政府统计主管部门审批或备案后实施。

专业统计调查项目的调查制度由各级水行政主管部门有关职能机构组织制定，经水利统计机构审核并报同级政府统计主管部门审批或备案，由有关职能机构实施。

变更统计调查制度的内容，应当报经原审批机关批准或者原备案机关备案。

第十七条 水利统计调查表应按要求在右上角标明表号、制定机关、批准或备案机关、批准或备案文号、有效期限等标志。

第十八条 制定水利统计调查项目，应遵循以下原则：

（一）凡从已批准实施的各种水利统计调查中能够搜集到资料的，不得重复调查；凡从已有资料或利用现有资料整理加工能够得到所需资料的，不得制定统计调查项目。

（二）最大限度地减少调查频率，缩小调查规模，降低调查成本。凡一次性调查能满足需要的，不得进行定期调查；凡非全面调查能满足需要的，不得进行全面调查。

（三）制定水利统计调查项目要进行必要性、可行性和科学性论证，并征求有关职能机构、基层单位的意见，必要时应开展试点。

（四）统计调查需要的人员和经费应当有保证。

（五）地方各级水行政主管部门制定的水利统计调查项目，其指标解释、计算方法及其他有关内容，不得与国务院水行政主管部门制定的水利统计调查项目相抵触。

第十九条 水利统计调查可采取普查、统计报表制度、抽样调查、重点调查、典型调查等方式。对重要基础水信息应定期开展水利普查。

第二十条 水利统计资料包括以纸质、磁盘、光盘等各种介质存放，在水利统计工作中所产生的相关数据、文件、报表、分析材料、统计报告等。

各级水行政主管部门应当按照国家有关规定建立健全水利统计资料审核、签署、交接、归档、保存等管理制度，建立健全水利统计信息共享机制。

第二十一条 各级水行政主管部门应当建立水利统计资料档案。水利统计资料档案的保管、调用和移交应当遵守国家有关档案管理的规定。

第二十二条 各级水行政主管部门应当建立健全水利统计资料定期公布制度，依法定期公布本辖区的水利统计资料，并按要求向同级人民政府统计部门提供水利统计资料。

各级水行政主管部门对外公布或提供水利统计资料，须经本部门统计机构审核，并由部门统计负责人签署或者加盖公章。任何单位、个人未经批准，不得对外提供未公布的水利统计资料。

第二十三条 各级水行政主管部门必须严格执行国家保密管理的规定，加强对涉密水利统计资料的保密管理。

第二十四条 各级领导机关、政府部门制定政策、计划，检查政策、计划执行情况，考核经济效益、社会效益和工作成绩，进行奖励和惩罚等，需要使用水利统计资料的，应以水行政主管部门公布的统计资料为准。

第二十五条 各级水行政主管部门应对水利统计情况定期进行检查，配合同级政府统计机构查处重大水利统计违法行为，对弄虚作假及提供不真实统计资料等问题及时做出处理。

第二十六条 水利部定期对各流域管理机构和省级水行政主管部门的水利统计工作进行考核，对在水利统计工作中取得突出成绩的单位和个人，可根据有关规定给予奖励。

第二十七条 对在水利统计工作中违反规定的，由有关部门依照有关法律、法规的规定给予处分或者行政处罚；情节严重的，移交司法机关处理。

第二十八条 有下列行为之一的，由上级水行政主管部门对责任机关和直接责任人给予通报批评：

（一）干预或阻挠统计机构或统计人员依法行使职权的。

（二）统计数据严重失实的。

（三）一年内迟报统计报表累计 5 次以上的。

（四）未经批准或备案，自行制发统计调查表的。

（五）未经核定和批准，违反保密规定，自行对外提供或公布统计资料的。

第二十九条 任何单位和个人有义务揭发检举在水利统计工作中的弄虚作假等违法行为，对揭发、检举有功的单位和个人可给予适当奖励。

第三十条 各流域管理机构、各省级水行政主管部门可根据本办法，制定水利统计管理办法实施细则。

第三十一条 本办法自印发之日起施行。1999 年 12 月 16 日水利部发布的《水利统计管理办法》（水规计〔1999〕734 号）同时废止。

水利统计主要指标分类及编码

SL 574—2012

前　　言

本标准按照 GB/T 1.1—2009《标准化工作导则　第 1 部分：标准的结构和编写》的要求编写。

本标准共 5 章和 1 个附录，主要内容包括：

——范围；

——术语和定义；

——分类原则；

——编码方法；

——水利统计主要指标分组统计代码。

本标准为全文推荐。

本标准批准部门：中华人民共和国水利部。

本标准主持机构：水利部规划计划司。

本标准解释单位：水利部规划计划司。

本标准主编单位：水利部发展研究中心。

本标准出版、发行单位：中国水利水电出版社。

本标准主要起草人：吴强、黄河、杜国志、王瑜、乔根平、姜楠、韩涛、常河、张岚、高龙、徐波、郭悦、白红莉。

本标准审查会议技术负责人：孙庆国。

本标准体例格式审查人：程瑾瑞。

水利统计主要指标分类及编码

1　范围

本标准给出了水利统计主要指标，并规定了水利统计主要指标的分类及编码。

本标准适用于水利行业和有关单位的水利统计数据处理与交换。

2　术语和定义

以下术语和定义只适用于本标准。

2.1

水利统计主要指标　main statistic—index in water

在水利统计工作中，需要经常调查、使用、公布，能够反映总体规模，具有实物量或价值量计量单位的指标。

2.2

水利统计主要指标数据元 **basic unit of main statistic－index in water**

水利统计主要指标中最基本的指标单元。

3 分类原则

3.1 根据中华人民共和国水利部的主要职责、现阶段水利管理工作的实际需要，以及统计指标设立的一般规则，确定水利统计主要指标分类。

3.2 水利统计主要指标分为类、子类和指标数据元三级。

4 编码方法

4.1 水利统计主要指标代码采用复合码，由类、子类、指标数据元代码共 6 位数字码组成，水利统计主要指标代码排列顺序与重要性无关。

4.2 水利统计主要指标的类、子类和指标数据元代码分别由 2 位数字的顺序码组成。

4.3 为适应今后增加或调整类目需要，水利统计主要指标的类、子类、指标数据元代码均留有一定空码，并设置带有“其他”字样的收容项，为便于识别设定收容项代码为“99”。

4.4 水利统计主要指标代码结构如下：

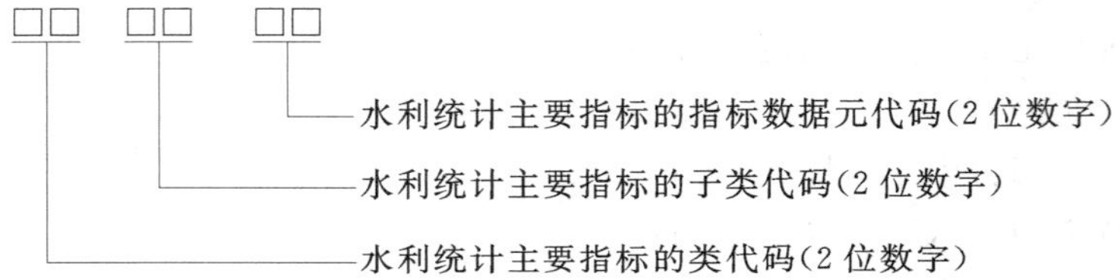

4.5 水利统计主要指标分类代码表见表 1。

表 1 **水利统计主要指标分类代码表**

指标类分类名称和代码		指标子类分类名称和代码		指标数据元名称和代码	
名 称	代码	名 称	代码	名 称	代码
河湖基本情况	01	河湖数量统计	01	河流数量	01
				湖泊数量	02
				⋮	
				其他	99
		河湖自然特征统计	02	河流长度	01
				河流流域面积	02
				湖泊水面面积	03
				湖泊容积	04
		⋮			
		其他	99		
水资源状况	02	降水量统计	01	降水量	01
		水资源量统计	02	水资源总量	01
				地下水资源量	02
				地表水资源量	03

续表

指标类分类名称和代码		指标子类分类名称和代码		指标数据元名称和代码	
名　称	代码	名　称	代码	名　称	代码
水利工程及相关设施基本情况与能力和效益	03	水利工程及设施数量统计	01	水利工程及设施数量	01
		水利工程及设施物理特征统计	02	长度	01
				容积	02
				面积	03
		水利工程及设施能力和效益统计	03	设计灌溉面积	01
				实际灌溉面积	02
				设计供水能力	03
				实际供水量	04
				设计引（调）水能力	05
				实际引（调）水量	06
				设计供水人口	07
				实际供水人口	08
				装机容量	09
				发电量	10
				除涝面积	11
洪旱灾害情况	04	受灾情况统计	01	死亡人口	01
				失踪人口	02
				受灾人口	03
				农作物受灾面积	04
				农作物成灾面积	05
				农作物绝收面积	06
				直接经济损失	07
				水利工程设施损坏数量	08
水土流失及治理	05	水土流失情况统计	01	水土流失面积	01
				水土流失量	02
		水土流失治理情况统计	02	水土流失治理面积	01
				减少土壤流失量	02
				小流域治理面积	03
经济社会用水	06	用水量统计	01	用水量	01
		耗水量统计	02	耗水量	01
		废污水排放量统计	03	废污水排放量	01

续表

指标类分类名称和代码		指标子类分类名称和代码		指标数据元名称和代码	
名 称	代码	名 称	代码	名 称	代码
行业管理及能力	07	机构和人员数量统计	01	水利单位数量	01
				从业人员数量	02
		财务状况统计	02	资产	01
				负债	02
				收入	03
				支出	04
水利建设与投入	08	水利建设项目数量统计	01	水利建设项目数量	01
		水利建设资金投入统计	02	计划投资	01
				到位投资	02
				完成投资	03
		水利建设产出及效益形成统计	03	固定资产形成额	01
				新增总库容	02
				新增农田有效灌溉面积	03
				新增装机容量	04
				新增供水能力	05
				改善灌溉面积	06
				改善除涝面积	07
				新建及加固堤防	08
				新增节水灌溉面积	09
……					
其他	99				

5 水利统计主要指标分组统计代码

5.1 水利统计主要指标分组统计代码由水利统计主要指标代码和指标数据元的若干分组属性代码两部分组成。分组统计代码结构如下：

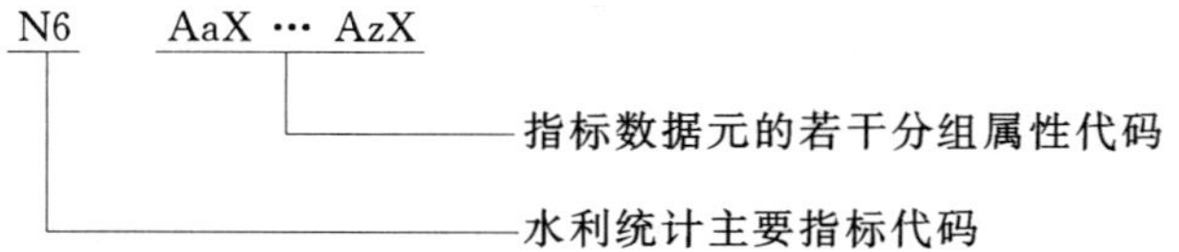

其中：

N6——水利统计主要指标代码。

Aa、Az——指标数据元的某个分组统计代码表表号。为了统一编码形式，在进行分组统计编码时，将引用的代码表表号中的“.”除去，如 A03 代码，就代表引用的是表 A.03，具体分组统计代码表表号见附录 A。

X——指标数据元分组统计代码表中的具体代码号。

示例：

“水库设计供水能力”的代码为：

03 03 03 A01 01

“中型水库座数”的代码为：

03 01 01 A01 01 A02 03

“项目建议书阶段大中型防洪项目个数”的代码为：

08 01 01 A12 02 A13 01 A14 01

5.2 对水利统计主要指标进行分组统计编码时，应根据实际情况选择指标数据元的分组属性。

5.3 指标数据元常用分组属性代码见附录A。

附 录 A

（规范性附录）

指标数据元常用分组属性代码

A.1 分组原则

A.1.1 本附录根据水利部门业务统计工作的需求，对现行国家标准或行业标准以外的水利统计相关信息进行分组。

A.1.2 本附录中规定的指标数据元分组属性只是一些在日常水利统计工作中常用的分组属性。

A.2 编码方法

A.2.1 水利工程及设施按工程及设施类别分组统计代码由2位数字顺序码组成，具体见表A.01。

表A.01 水利工程及设施按工程及设施类别分组统计代码表

代码	名称	代码	名称
01	水库	10	堤防
02	塘坝	11	灌区
03	窖池	12	蓄滞洪区
04	引水工程	13	公共供水工程
05	调水工程	14	管网（渠道）
06	机电井	15	入河湖排污口
07	泵站	16	水文测站
08	水闸	17	污水处理厂
09	水电站	99	其他

A.2.2　水库按类型分组统计代码由2位数字顺序码组成，具体见表A.02。

表A.02　**水库按类型分组统计代码表**

代　码	名　　称	代　码	名　　称
01	大（1）型	04	小（1）型
02	大（2）型	05	小（2）型
03	中型		

A.2.3　水闸按功能分组统计代码由2位数字顺序码组成，具体见表A.03。

表A.03　**水闸按功能分组统计代码表**

代　码	名　　称	代　码	名　　称
01	分洪闸	04	引水闸
02	节制闸	05	挡潮闸
03	排水闸		

A.2.4　堤防按级别分组统计代码由2位数字顺序码组成，具体见表A.04。

表A.04　**堤防按级别分组统计代码表**

代　码	名　　称	代　码	名　　称
01	一级	04	四级
02	二级	05	五级及以下
03	三级		

A.2.5　水利单位按机构类型分组统计代码由2位数字顺序码组成，具体见表A.05。

表A.05　**水利单位按机构类型分组统计代码表**

代　码	名　　称	代　码	名　　称
01	机关法人	04	社会团体法人
02	事业单位法人	05	其他法人
03	企业法人	06	非法人

A.2.6　水利单位按机构规格分组统计代码由2位数字顺序码组成，具体见表A.06。

表A.06　**水利单位按机构规格分组统计代码表**

代　码	名　　称	代　码	名　　称
01	正部级	06	副处级
02	副部级	07	正科级
03	正厅级	08	副科级
04	副厅级	99	其他
05	正处级		

A.2.7　水利单位按隶属关系分组统计代码由2位数字顺序码组成，具体见表A.07

表 A.07　　水利单位按隶属关系分组统计代码表

代码	名称	代码	名称
10	中央	61	街道
20	省（自治区、直辖市）	62	镇
40	地（区、市、州、盟）	63	乡
50	县（市、区、旗）		

A.2.8 从业人员按学历分组统计代码由 2 位数字顺序码组成，具体见表 A.08。

表 A.08　　从业人员按学历分组统计代码表

代码	名称	代码	名称
01	博士研究生	04	大专
02	硕士研究生	05	中专
03	大学本科	06	高中及以下

A.2.9 从业人员按性别分组统计代码由 2 位数字顺序码组成，具体见表 A.09。

表 A.09　　从业人员按性别分组统计代码表

代码	名称	代码	名称
01	男性	02	女性

A.2.10 从业人员按技术职称分组统计代码由 2 位数字顺序码组成，具体见表 A.10。

表 A.10　　从业人员按技术职称分组统计代码表

代码	名称	代码	名称
01	高级	03	初级
02	中级		

A.2.11 从业人员按职业技能等级分组统计代码由 2 位数字顺序码组成，具体见表 A.11。

表 A.11　　从业人员按职业技能等级分组统计代码表

代码	名称	代码	名称
01	高级技师	04	中级工
02	技师	05	初级工
03	高级工		

A.2.12 水利建设项目按项目类型分组统计代码由 2 位数字顺序码组成，具体见表 A.12。

表 A.12 水利建设项目按项目类型分组统计代码表

代 码	名 称	代 码	名 称
01	枢纽工程项目	08	水电开发利用
02	防洪项目	09	水保及生态
03	灌溉项目	10	滩涂治理及围垦工程建设
04	除涝项目	11	机构能力建设专项
05	供水项目	12	前期工作项目
06	水务项目	99	其他水利项目
07	非常规水资源利用项目		

A.2.13 水利建设项目按建设阶段分组统计代码由 2 位数字顺序码组成，具体见表 A.13。

表 A.13 水利建设项目按建设阶段分组统计代码表

代 码	名 称	代 码	名 称
01	项目建议书	05	施工准备（包括招标设计）
02	可行性研究	06	建设实施
03	初步设计	07	竣工验收
04	技术设计	08	后评价

A.2.14 水利建设项目按规模分组统计代码由 2 位数字顺序码组成，具体见表 A.14。

表 A.14 水利建设项目按规模分组统计代码表

代 码	名 称	代 码	名 称
01	大中型	02	小型

A.2.15 水利建设项目按隶属分组统计代码由 2 位数字顺序码组成，具体见表 A.15。

表 A.15 水利建设项目按隶属分组统计代码表

代 码	名 称	代 码	名 称
01	中央项目	02	地方项目

A.2.16 水利建设项目按功能和作用分组统计代码由 2 位数字顺序码组成，具体见表 A.16。

表 A.16 水利建设项目按功能和作用分组统计代码表

代 码	名 称	代 码	名 称
01	公益性	03	经营性
02	准公益性		

A.2.17 按水资源分区分组统计代码由2位数字顺序码组成，具体见表A.17。

表A.17　按水资源分区分组统计代码表

代码	名称	代码	名称
01	松花江区	06	长江区
02	辽河区	07	东南诸河区
03	海河区	08	珠江区
04	黄河区	09	西南诸河区
05	淮河区	10	西北诸河区

A.2.18 按时期分组统计代码由2位数字顺序码组成，具体见表A.18。

表A.18　按时期分组统计代码表

代码	名称	代码	名称
01	年	03	月
02	季度		

A.2.19 按除涝标准分组统计代码由2位数字顺序码组成，具体见表A.19。

表A.19　按除涝标准分组统计代码表

代码	名称	代码	名称
01	3～5年	03	10年以上
02	5～10年		

A.2.20 机电井按机井和电井类型分组统计代码由2位数字顺序码组成，具体见表A.20。

表A.20　机电井按机井和电井类型分组统计代码表

代码	名称	代码	名称
01	机井	02	电井

A.2.21 机电井按已配套和待配套分组统计代码由2位数字顺序码组成，具体见表A.21。

表A.21　机电井按已配套和待配套分组统计代码表

代码	名称	代码	名称
01	已配套	02	待配套

A.2.22 按城乡类别分组统计代码由2位数字顺序码组成，具体见表A.22。

表A.22　按城乡类别分组统计代码表

代码	名称	代码	名称
01	城镇	02	乡村

A. 2. 23 用水量按用水部门分组统计代码由 2 位数字顺序码组成，具体见表 A. 23。

表 A. 23　用水量按用水部门分组统计代码表

代 码	名 称	代 码	名 称
01	生产	03	生态
02	生活		

A. 2. 24 灌溉面积按类型分组统计代码由 2 位数字顺序码组成，具体见表 A. 24。

表 A. 24　灌溉面积按类型分组统计代码表

代 码	名 称	代 码	名 称
01	农田有效灌溉面积	04	牧草
02	林地	99	其他
03	果园		

水利统计基础数据采集技术规范

SL 620—2013

前　　言

本标准按照《标准化工作导则》GB/T 1.1—2009 的要求编写。

本标准为全文推荐。

本标准由水利部规划计划司提出。

本标准由水利部国际合作与科技司归口。

本标准负责起草单位：淮河水利委员会。

本标准参加起草单位：淮委治淮工程建设局、水利部发展研究中心。

本标准出版、发行单位：中国水利水电出版社。

本标准主要起草人：吴强、杜国志、王九大、王瑜、陈光临、叶树石、张岚、石京华、韩涛、郭永彬、王文龙、金秋蓉、刘建、张婷。

本标准审查会议技术负责人：张毅。

本标准体例格式审查人：曹阳。

引　　言

根据《中华人民共和国统计法》的要求，国家制定统一的统计标准，国务院有关部门可以制定补充性的部门统计标准。为保障科学、有效地组织水利统计基础数据采集工作，保障基础数据的真实性、准确性、完整性和及时性，发挥统计在了解国情国力，服务经济社会发展的重要作用，制定本标准。

水利统计标准体系包括水利统计通则、水利统计调查方案编制规范、水利统计指标体系分类标准、水利统计基础数据采集规范、水利统计登记规范、水利统计台账编制规范、水利统计信息分类标准等。水利统计标准覆盖水利统计工作的各阶段和各环节，规范水利统计设计、统计调查、统计数据处理和统计管理。

水利统计基础数据采集技术规范

1　范围

本标准规定了水利统计基础数据采集的基本工作内容和技术要求，包括水利统计基础数据分类、内容与来源、搜集方法、质量控制与管理。

本标准适用于水利和相关单位组织实施的基础数据采集活动。

2　规范性引用文件

下列文件对于本标准的应用是必不可少的。凡是注日期的引用文件，仅注日期的版本适用于本标准。凡是不注日期的引用文件，其最新版本（包括所有的修改单）适用于本标准。

GB/T 4883 数据的统计处理和解释 正态样本离群值的判断和处理

GB/T 8170 数字修约规则与极限值的表示和判定

GB/T 21303 灌溉渠道系统量水规范

3 术语和定义

下列术语和定义适用于本标准。

3.1

水利统计基础数据 data of water - related statistical

在水利统计工作中产生和获取的、可供进一步加工处理的、反映水利建设与管理状况的基本概念和具体数值。其构成要素包括名称、含义、数值、计量单位和计算方法。以下简称“基础数据”。

3.2

基础数据采集 data collection

采用统计调查方法，按照统计制度的要求，以统一制定的统计指标、统计标准和操作规范，完成基础数据搜集、审核、管理的一个连续工作过程。

3.3

基础数据审核 data examination and verification

应用各种检查规则对基础数据的缺失、无效、不一致或离群值的检测和处理。

3.4

行政记录 administrative records

基层单位生产经营活动、业务管理活动最初的数字或文字记载资料。

3.5

台账 statistical account

根据业务管理或报表需要而整理基础数据的一种表格形式。

3.6

初始统计 initial statistics

在某个时间点首次进行的某项基础数据的采集，是统计的起点。这一时间点或时期的数据，作为逐个时段基础数据采集的初始值。

3.7

年度统计 annual statistics

在初始统计或上年度统计的基础上，每年对基础数据进行变更采集、登录统计台账，经过核准、平衡、分析而完成的统计。年度统计时限一般从1月1日至12月31日。

4 分类、内容与来源

4.1 分类

4.1.1 基础数据可分为动态数据和静态数据。动态数据强调连续性和时效性，反映持续发展变化情况。静态数据相对稳定，多为统计对象的属性和空间特征。

4.1.2 基础数据按调查时间可分为经常性调查搜集的数据和不连续调查搜集的数据。

4.1.3 基础数据按调查范围可分为全面调查搜集的数据和非全面调查搜集的数据。

4.1.4 基础数据按组织形式可分为定期报表搜集的数据和专门调查搜集的数据。

4.1.5 基础数据按业务管理可分为河湖自然状况、水资源状况、水资源开发利用工程及其能力效益、水资源节约与保护、防洪除涝抗旱、水土流失及治理、经济社会用水、行业管理及能力、水利建设与投入、其他水利专业统计。

4.2 内容

4.2.1 河湖自然状况包括流域水系自然特征和水文特征、河流的基本特征、湖泊的基本特征和形态特征。

4.2.2 水资源状况包括水资源总量、地表水、地下水及区域水资源自然转换状况。

4.2.3 水资源开发利用工程及其能力效益包括水库、塘坝、引水工程、调水工程、泵站、机电井、水闸、水电站工程、船闸工程、排水工程、配水工程、灌区等工程的基本情况及效益。

4.2.4 水资源节约与保护包括不同工程节水措施基本情况与效益、工业节水、生活节水和水环境、水质及废污水处理等。

4.2.5 防洪除涝抗旱包括洪旱灾害状况、防洪除涝工程及防汛抗旱设施及效益。

4.2.6 水土流失及治理包括水土流失状况、水土流失治理措施及效益。

4.2.7 经济社会用水包括第一、第二、第三产业及生态用水状况。

4.2.8 行业管理及能力包括机构、人员、财务、行政管理及水费等情况。

4.2.9 水利建设与投入包括水利建设总投资、基本建设情况及投资规模、效益、实物量等。

4.2.10 其他水利专业统计包括城乡水务一体化管理、农村水电、勘测设计、水政监察、国际合作、科技教育、移民等。

4.3 来源

4.3.1 基础数据来源应根据统计对象、数据类型、单位数据管理职责范围，确定基础数据归属的来源单位。

4.3.2 归属的来源单位分为行政、事业、企业、社会团体、乡镇水利管理和其他单位。

4.3.3 来源于水利行政单位或具有水行政管理职能、授权单位的基础数据包括水行政许可审批、登记、认可、监测、规划、计划、预算等形成的行政记录。

4.3.4 来源于水利事业单位、实行事业体制管理的水管单位、水利工程建设单位的基础数据包括单位基本情况、从业人员、业务状况、资产财务状况、其他业务的业务记录、实测和测算资料。

4.3.5 来源于水利企业单位的基础数据包括单位基本情况、从业人员、水利建设投资、业务状况、资产财务状况、其他业务的业务记录、实测和测算资料。

4.3.6 来源于水利社会团体和乡镇水利管理单位的基础数据包括单位基本情况、从业人员、水利建设投资、业务状况、资产财务状况等。

4.3.7 来源于其他单位的基础数据包括财政、工商、税务、统计、民政等相关部门资料。

5 基本规定

5.1 基础数据可用数值、文字、图表等进行表述。

5.2 不同的信息采集部门应根据数据质量、时限等要求，采用行政记录法、实测法和测算法进行基础数据搜集。

5.3 基础数据搜集应遵守以下基本要求：

a）执行国家统计标准、报表制度和报送程序，保证同类基础数据口径、范围、时间、时限、数据来源的一致性。

b）应以各级行政区划为基础，并划分流域分区。

c）应以有关业务部门的行政记录为主，辅以必要的实测、普查、抽样调查、典型调查、重点调查和专题调查研究资料。在上述条件不具备时，可采用测算法。

d）应因地制宜，不断改进搜集方法，提高基础数据搜集的科学性、真实性，逐步实现基础数据搜集的规范化、标准化。

e）提供数据成果的同时应说明基础数据搜集的范围、数据调整与变化情况、存在的主要问题等。

f）所搜集的基础数据应妥善保存，不得随意涂改。

g）应建立完善的基础数据质量控制技术与管理体系。

5.4 基础数据采集应遵循下列程序：

a）确定基础数据搜集的口径、标准、范围。

b）清查登记基础数据搜集的对象，编制统计单位目录。

c）组织统计调查，搜集整理资料，完成基础数据的初始统计。

d）完成基础数据审核。

e）编写基础数据搜集说明，对基础数据重大增减变化应提供相应的报批文件或说明原因。

f）对基础数据进行质量评价。

g）登录统计台账，完成基础数据管理。

5.5 应从实际出发，按以下要求选择不同的基础数据搜集方法：

a）乡镇水利管理单位的基础数据一般应采用行政记录法、实测法，特殊情况下可用测算法获取。

b）水利工程建设、管理单位应采用行政记录法、实测法取得数据，规划设计中的技术经济指标应从经过上级主管部门审批的文件中获取。无文件的，从注册登记资料中获得。

c）社会经济基础数据应从统计年鉴中获取；无统计年鉴的地区可采用向统计部门查询等方法获取。

d）水价、电价基础数据应从业务部门的管理资料中获取。

5.6 基础数据搜集频次与更新应符合以下规定：

a）基础数据应在相关部门审核发布新的数据后及时更新，时限不宜超过 6 个月，应与统计部门基础数据保持一致。

b）实测数据、测算数据应及时记录，保存实测和测算过程资料。

c）反映进度的基础数据不得采用覆盖更新方法，应保存原有进度基础数据，实行动态登录和存储。

d）搜集时间和频次应满足报表制度及业务管理的需要。遇特殊情况，应随时增加搜集频次。

6 搜集方法

6.1 行政记录法

6.1.1 行政记录是明确经济责任的原始凭证，也是业务核算、会计核算、统计核算的依据。行政记录涉及水利业务管理活动的范围，主要包括业务记录、会计记录、统计记录和实测记录等，以档案、资料、电子记录等形式保存。

6.1.2 应根据水行政主管部门职责范围从行政许可审批、登记、认可、监测、规划、计划、预算等行政记录中搜集基础数据。

6.1.3 宜从基层业务管理部门经常使用的行政记录中搜集基础数据。

6.1.4 应使用先进的基础数据采集手段，逐步实现直接从电子记录中采集基础数据。

6.1.5 采用行政记录法搜集的数据应符合以下条件之一：

a）某一时间点的水利业务活动，一定时期内发展变化的水利活动业务的时期指标总量。

b）统计对象属性特征和空间特征。

c）实物指标、价值指标、总量指标、相对指标。

6.1.6 采用行政记录法，应遵守下列规定：

a）在水利活动过程中应准确、及时采集，不得凭追忆事后补填。

b）行政记录必须经过审核，才能作为基础数据采集的依据。

c）不得擅自涂改。当记录中出现错误需更改时，更改人应签名或盖章。发现异常数据不可轻易剔除，应按基础数据采集规则处理，遵守 GB 4883 的规定。

d）数值修约应按 GB 8170 的规定执行。

6.2 实测法

6.2.1 实测法宜用于有实测记录的统计对象。

6.2.2 对不同统计对象，应按以下要求采用不同方法：

a）跨流域调水工程供水量，大中型水库入（出）库水量、供水量，灌区供用水量宜采用量水建筑物法、流速仪法、泵站测流法。

b）城镇自来水厂供水量，供水管网水量，工业、生活废污水排放量，污水处理量等宜采用水表法、电磁流量计法等进行实测。

c）江、河、湖、库水质宜采用监测记录。

d）防汛抗旱、水资源保护、水土保持基础数据采集宜采用地面实测结合卫星遥感法、航空测量法和航空摄影法。

e）发电量、供电量、用电量宜采用电表进行实测。

6.2.3 实测频次应符合下列要求：

a）对供水量调度需求高、水资源短缺地区的工程、受水利水电工程调节影响显著时，应在现行规范规定的基础上，适当增加实测频次，满足水量调度的需要。

b）灌溉渠道、管道流量观测频次应以能控制水量变化过程为原则。实测误差控制按 GB/T 21303 的要求执行。

c）工业、生活或其他污水排放口，应采用自动监测或加密观测频次，以控制其变化。

d）其他监测站点或断面的观测频次视水量日变化而定，以能掌握流量变化过程和满足推算日平均流量需要为原则。

6.3 测算法

6.3.1 在没有实测数据和相关行政记录时采用测算法。宜用于在没有实测记录或行政记录的集体、个体管理的农村水利和水土保持等工程设施，特殊的小型、微型农村水利工程。

6.3.2 测算应依据相关基础数据和技术参数进行，根据实际情况定期进行动态调整。

6.3.3 测算宜按以下步骤进行：

a）确定统计测算对象，搜集整理相关资料。

b）选择统计测算方法，确定使用该方法的前提条件和统计参数取值范围。

c）检测统计测算方法和统计参数取值区间。

d）选择具有代表性的不同规模、不同类型、不同工程状况和管理水平的典型样本，利用典型调查或观测数据进行测算分析。

e）计算基础数据测算成果。以样本测算分析结果为基础，利用加权平均计算，得到不同规模、不同类型典型样本的平均值。据此再测算各地区平均值、全国平均值。

f）分析统计测算误差，评价统计测算成果与实际状况相符合的程度。

g）修正统计测算方法或统计参数取值范围。

6.3.4 基础数据测算方法包括插补法、相关系数法、比率测算法、总量测算法、典型实测推算法、平衡测算法、统计参数测算法等，各种方法的使用应符合以下要求：

a）基础数据能通过推理确定的宜采用推理插补法。基础数据缺失或不一致的值可用插补类的均值代替，宜选用均值插补法。插补值的精度取决于要插补的变量与已知的变量密切程度和插补值计算范围的限制。如插补值可疑或离群，应评估插补方法。

b）采用相关系数法时，应首先取得调查范围内基础数据的相关数据，然后对比重点调查的对应数据，利用系数法进行测算。测算后，应计算该项占相关指标的比例，根据比例进行审核，并酌情修正基础数据。

c）当无法利用相关数据进行测算时，应采用比率测算法，即借鉴相邻区域或专题调研该项指标发展变化的趋势，按照基础数据间的等比或比率进行测算，并根据实际情况加以调整。

d）总量测算法是参照辖区总人口、耕地、供水量、地区生产总值等数据变化情况及相关联性，测算基础数据，并根据规划计划指标、水利普查资料、专题调研数据进行调整。

e）采用典型实测推算法时，应利用专用的仪器设备（如流量计），按照实测技术规范进行实地测验，记录基础数据。多次实测结果取算术平均值或加权平均值。

f）利用供水、用水、耗水、排水之间的平衡关系，在不具备实测条件但对水利建设与管理专业比较熟悉的情况下，应采用平衡测算法。

g）采用统计参数测算法时，应参照水利统计部门提供的有关统计参数，确定参数取值范围，明确使用方法，进行测算。

7 质量控制

7.1 一般规定

7.1.1 基础数据质量应从数据源头进行控制，加强基础业务建设，建立完整的业务记录和台账制度。

7.1.2 基础数据测算方法应科学合理，并经过论证。

7.1.3 基础数据应按规定的制度、程序和方法进行审核。建立统计对象单位内部自审、统计单位人员初步审核、统计单位组织相关专业人员联审或会审、上级单位组织质量抽查审核的全过程质量控制、全员质量控制、分级分类质量控制。

7.1.4 基础数据应进行准确性、逻辑性、完整性审核。

7.1.5 基础数据审核手段主要有计算机审核和人工审核。计算机审核宜用于基础数据间逻辑关系、数据准确性、合理性审核，内容包括基础数据搜集的内容、范围、数据间逻辑关系、计量单位、计算方法等的审核。人工审核宜运用统计参数、理论数据、经验数据进行内部一致性和外部一致性的分析判断。

7.1.6 对定期采集的基础数据进行修正与调整应有依据。

7.1.7 针对基础数据系统性误差、随机性误差、不确定性误差、搜集误差和代表性误差等不同性质和来源的误差，应通过改进基础数据搜集过程、实测方法、频次、测算方法等进行基础数据质量控制。

7.1.8 基础数据差错修改应遵循以下规定：

a）基础数据来源或采集错误，应由填报单位修改。

b）修正后的基础数据应提供文字说明。

c）重大基础数据修改应经上级主管部门审批或备案。

7.1.9 应建立基础数据抽查制度，定期对基础数据质量进行抽查、复核、评估。对基础数据质量进行总体控制和评价。

7.2 控制方法

7.2.1 基础数据应进行合理性审核。合理性审核宜采用以下方法：

a）对比分析宜用于对现状或历史序列数据进行比较，分析同比、环比的增减变化。对两个以上同类基础数据进行比例关系和平衡关系审核，分析合理性。审核统计对象品质标志特征和空间特征的质量指标应保持连续性。审核统计对象数量标志的离散型变量和连续型变量，应反映现状及发展变化趋势。

b）定额分析宜用于分析计划定额、实际定额、历年定额离散程度。

c）平衡分析是审核基础数据及其变化的比例关系和平衡关系，初始数据、年度变更前数据、变更数据、变更后数据及其三者之间的数据平衡关系；是对基础数据净增减结果进行总体分析，从总体上把握增减变化趋势以及增减变化幅度，并对基础数据进行合理性纠错。该方法宜审核供、用、耗、排水总量的平衡关系，分析成果的合理性。

d）应用结果分析是根据社会经济正、负效应进行分析评价。

e）构成分析是通过对基础数据的不同组成部分进行分析。

f）趋势分析是根据同一类基础数据年际间增减变化方向和幅度进行趋势分析。

g）价值量分析与实物量分析宜用于分析水利建设中完成投资额、实物量与新增投资效益的关系。

7.2.2 基础数据应控制该统计对象不同空间范围的纵比、与相关统计对象之间的横比、统计对象质量指标和数量指标连续性，统计变量离散程度。

7.2.3 基础数据进行统计参数控制可遵循以下程序：

a）确定范围，宜在城乡水务、农田水利、固定资产投资统计等基础数据中应用。

b）对统计参数控制方法进行科学评估。

c）确定审核统计参数取值范围并测算结果。

d）运用理论数据与经验数据进行分析。

7.2.4 基础数据进行全过程质量控制应包括以下内容：

a）在采集设计阶段统一指标含义、口径、范围和计算方法。

b）在搜集阶段要有依据，遵守数据处理程序和相关的技术规定。

c）在审核阶段要严格审核制度和方法，进行全程数据质量控制。

7.2.5 对基础数据成果应进行质量评价。基础数据质量评价的主要方法有现场抽查评价法、基础数据的内部一致性评价和外部一致性评价法、逻辑关系评价法、理论数据或经验数据评价法、应用结果评价法。可综合利用各种评价方法对基础数据质量进行评价。

7.2.6 基础数据应进行内部一致性控制，水利工程供水按工程分类的相关基础数据之间、各专业管理的局部数据与综合数据之间保持一致，保持相关基础数据增减趋势的一致性。

7.2.7 基础数据外部一致性控制方法应包括以下内容：

a）不同年份基础数据动态一致性分析。

b）与统计、城建、电力、环保等单位的有关数据进行一致性分析。

c）同类基础数据在不同专业门类、专业序列及规划、设计、施工、管理阶段进行数据一致性分析与控制。

8 管理

8.1 一般规定

8.1.1 应根据不同的业务管理和统计部门对基础数据质量、时限的要求，选择相应的管理方法。

8.1.2 基础数据采集过程中的各种图表、台账、文字等形式的资料，包括纸质、电子文档应执行档案管理的法规和规定。

8.1.3 依法律法规确定为保密范围内的基础数据，应按相关管理规定执行。保密管理包括基础数据产生、存储、处理、传输、归档管理的全过程管理。

8.1.4 基础数据实行分级管理，必须按照有关规定妥善保管，不允许任意销毁。统计人员更换时，应由统计主管人员负责组织交接。

8.1.5 基础数据采集后要按照业务管理和统计报表制度要求，依据一定的标志，按规定时间顺序和表格及时建立基础数据台账和档案。基础数据管理形式应便于基础数据台账的登录、查询及分析研究。基础数据管理应逐步实现基础数据名称、编码规则、存储、传输等的规范化、标准化。

8.1.6 应实时更新增减变动的基础数据，借助现代信息技术手段，建立起基础数据动态管理信息平台，实现对基础数据登录、使用、处理、存储与管理等各环节的动态管理。

8.1.7 应加强对基层单位基础数据管理的监督检查，建立基础数据采集单位名录，并根据水利建设与管理的变化情况，结合水利普查，定期对基础数据进行修订。

8.2 台账

8.2.1 台账是编制水利统计报表的依据，也是分析和使用基础数据资料的工具。台账应满足水利统计工作需要和管理要求。台账可分门别类地按时间顺序，全面、连续、系统地实时记录统计对象的数据变动，其基本形式有多指标综合台账和单指标分组台账两种。

8.2.2 应根据业务管理和统计部门的不同和台账质量、时限等要求，选择相应的台账分类、登录和管理方法。台账的建立与管理宜按业务管理部门现行有关制度规定执行。

8.2.3 台账建设可遵循以下步骤：

a）确定台账建设的对象和范围。

b）按业务管理职责的划分，确定建立台账单位，搜集整理基础资料。

c）台账登录、复核和登记。

8.2.4 台账应符合以下基本要求：

a）按照便利业务管理、符合水利统计调查任务的需要，依据一定的标志，按规定时间顺序和表格登录。

b）形式应简明，便于登录、查询及分析研究。

c）内容应完整无误。应与业务管理、统计报表、水利普查的数据保持一致。

d）登录的依据是基础数据。台账登录后应进行复核，保证数据质量。

e）应按规定进行动态更新数据。逐步实现台账登录管理规范化、标准化，建立完善的台账体系。

8.2.5 台账建设应统一规划、规范设置、科学分类，充分满足基层业务管理的需要。

8.2.6 应根据水利活动的特点和业务管理的要求，按照一个或几个重要标志，将台账划分为不同性质的若干部分，保持同类台账内容的一致性。台账可按以下方式分类：

a）按登记频率可以分为一次性登记台账和经常性登记台账两种。

b）按格式分为序时统计台账，总分类指标台账和明细分类台账。

c）按内容分为河湖基本情况台账、水利工程基本情况台账、经济社会用水台账、河湖开发治理保护情况台账、水土保持情况台账、水利固定资产投资统计台账、水资源保护统计台账、城市水务统计台账、农村水电统计台账、防汛抗旱台账、水利财务台账及水利专业统计台账。

8.2.7 台账登录应建立复核制度。定期对台账数据进行全面补充修订和评价。

8.2.8 台账的存储与维护应因地制宜，积极采用新技术、新方法，手工登录的台账要逐步转向计算机录入、存储与维护管理。

水利统计通则

SL 711—2015

前　言

根据水利技术标准制修订计划安排，按照GB/T 1.1—2009《标准化工作导则　第1部分：标准的结构和编写》的要求编制本标准。

本标准共8章，主要技术内容有：

——水利统计任务；

——水利统计设计；

——水利统计调查；

——水利统计整理；

——水利统计分析；

——水利统计服务。

本标准为全文推荐。

本标准批准部门：中华人民共和国水利部

本标准主持机构：水利部规划计划司

本标准解释单位：水利部国际合作与科技司

本标准主编单位：水利部发展研究中心

本标准出版、发行单位：中国水利水电出版社

本标准主要起草人：杜国志　王　瑜　乔根平　徐　波　张　岚　李连友　高　龙　李　乐　王小娜　齐　飞　郭　悦　蒋　蓉

本标准审查会议技术负责人：叶树石

本标准体例格式审查人：赵　礼

本标准在执行过程中，请各单位注意总结经验，积累资料，随时将有关意见和建议反馈给水利部国际合作与科技司（通信地址：北京市西城区白广路二条2号；邮政编码：100053；电话：010－63204565；电子邮箱：bzh@mwr.gov.cn），以供今后修订时参考。

水利统计通则

1　范围

本标准规定了水利统计的任务与工作流程。

本标准适用于各类行政单位、事业单位和社会组织开展的水利统计活动。

2　规范性引用文件

下列文件对于本标准的应用是必不可少的。凡是注日期的引用文件，仅注日期的版本适用于本标准。凡是不注日期的引用文件，其最新版本（包括所有的修改单）适用于本

标准。

SL 574　水利统计主要指标分类及编码

SL 620　水利统计基础数据采集规范

3　水利统计任务

3.0.1　开展水利统计活动，应设定水利统计任务，做好统计设计、统计调查、统计整理、统计分析和统计服务等内容。

3.0.2　设定水利统计任务，应分析统计调查目的和依据，明确统计调查内容和目标要求，论证其必要性。

3.0.3　统计设计应制定统计工作方案，用以指导整个统计工作的实施。

3.0.4　统计调查是获取统计数据的过程。

3.0.5　统计整理是对水利统计数据进行分类、汇总，形成水利统计数据、图、表的过程。

3.0.6　统计分析是利用水利统计数据揭示水利现象和规律。

3.0.7　统计服务是利用水利统计数据支撑和服务水利工作。

4　水利统计设计

4.1　水利统计设计的内容

4.1.1　水利统计设计应确定调查目的、调查对象和范围、调查内容、调查方式和方法、调查时间和频率、调查表式、统计资料报送和使用等内容；确定统计单元的划分、统计调查对象名录获取以及统计数据采集、录入、汇总、审核、抽查等工作的具体方法、步骤和要求。

4.1.2　水利统计设计应采用规范的指标解释、计量单位、计算方法、分类标准、调查表式和统计编码等，满足有关标准要求，确保水利统计调查的可操作性和规范性。

4.1.3　水利统计设计涉及的相关概念、定义和分类，应采用政府统计部门和涉水行政管理部门的相关标准。

4.2　水利统计调查表

4.2.1　水利统计调查表可分统计汇总表、综合调查表、基层调查表、名录登记表和统计台账表等。

4.2.2　水利统计调查表应包括表式和填表说明。

4.2.3　水利统计调查表的表式包括下列三个部分：

——表头，标明调查表的名称、调查单位（填报单位）的名称、制表机关、批准机关、备案机关、批准文号、备案文号、有效期截止时间。

——表体，标明调查项目的名称、栏号、计量单位等。

——表脚，标明填报单位和填报人签名、复核人签名、填报日期以及填报说明等。

4.2.4　调查表的填表说明主要包括有关项目和指标的含义、口径、计算方法、基础数据来源及填表要求等。

4.3　水利统计调查内容

4.3.1　水利统计调查内容包括下列六类：

——资源环境类。包括江河湖泊、水资源量、水生态环境等。

——工程设施类。包括灌溉、供水、农村水电、防洪、除涝、水保等水利工程设施。

——水利活动类。包括水利建设投资、防汛抗旱、水文监测、河湖开发治理保护、城乡供排水等。

——水利管理类。包括水利工程管理、水资源管理、资金财务管理、水政执法、供用水管理、机构人员等。

——水旱灾害类。包括洪涝和干旱等。

——其他类。

4.3.2 水利统计调查内容应通过设置水利统计指标来反映统计调查对象总体在规模、结构、水平、变化等方面的基本数量特征。

4.4 水利统计指标

4.4.1 水利统计指标的设计应按照 SL 574 的要求执行。

4.4.2 应组合利用绝对量、相对量和变化量三种指标构建水利统计指标体系。

——绝对量指标。主要用于反映水利现象总体特征所达到的规模大小或水平高低。

——相对量指标。主要用于反映水利现象总体的两个绝对量指标之间的相对关系，或用于反映水利现象总体数量中不同类型个体的占比关系。

——变化量指标。主要用于反映水利现象总体的绝对量指标或相对量指标在不同统计期别之间发生变化的幅度、速度和方向等特征。

4.4.3 建立水利统计指标体系，应对水利统计指标的分组、分期、分级要求进行规定。

——分组。应以水利统计调查对象的各类数量特征和非数量特征为依据建立，应符合统计、水利及其他涉水管理部门颁发的相关信息分类标准。

——分期。应以水利现象的周期性特征为依据设置统计指标的分期要求。

——分级。应以国家行政区划标准或流域分区、水资源分区等特殊水利管理区划标准为依据，设定统计调查数据的分级汇总标志。

5 水利统计调查

5.1 一般规定

5.1.1 水利统计调查方式按组织形式可分为水利普查、水利统计报表制度、水利抽样调查、水利重点调查和水利典型调查等。

5.1.2 水利统计调查应以周期性的水利普查为基础，以经常性的水利统计报表为主体，综合运用水利抽样调查、重点调查、典型调查等方式进行调查。

5.1.3 水利统计调查应充分利用调查单位已有水行政管理记录和业务记录获取数据。

5.1.4 水利统计调查实施过程一般包括确定调查对象、发放调查表、填报单位填报、统计机构收集和数据处理等环节。

5.1.5 水利统计调查对象的确定，应以水利统计调查内容的要求为依据。

a）当统计目标仅是为了获取特定统计调查对象的总体资料时，应按国家行政区划或流域分区、水资源分区等水利管理区划标准，以特定分区单元作为最小统计单元。

b）当统计目标仅是为了获取全部或部分统计调查对象的个体资料时，应以单个水利统计调查对象为最小统计单元。

5.2 调查方式

5.2.1 调查方式分为全面调查和非全面调查。全面调查主要包括普查、统计报表制度等方式；非全面调查主要包括抽样调查、重点调查、典型调查等方式。对采用非全面调查的，应有调查对象选取方案。

5.2.2 应综合考虑水利统计调查的任务、内容、精度、时效性、统计频度等要求以及技术条件、源头数据状况、资源保障等因素进行水利统计调查方式的选取，确保水利统计调查的可行性和高效性。

5.2.3 水利普查适用于为全面了解掌握水利总体情况，建立或修正水利基准数据库开展的调查。

5.2.4 水利统计报表制度适用于能够通过行政指令，由各级水行政主管部门逐级通过收集、审核、汇总、上报方式开展的调查。

5.2.5 水利抽样调查适用于调查时间、人力、经费有限，允许存在一定误差的调查。

5.2.6 水利重点调查适用于在少数调查对象中所关注的现象占有绝大比重的情况。如调查水库供水量，可采用重点调查法只对全国大中型水库进行调查。

5.2.7 水利典型调查适用于对调查对象的总体情况比较了解，同时又能比较准确地选择有代表性的对象的情况。如典型灌区的灌溉用水有效利用系数调查。

5.3 调查方法

5.3.1 水利统计调查方法可分为问卷法、访问法、观察法、报告法、行政记录法、数据共享法、网络搜索法、推算估算法等。

a）对调查内容容易理解、问题大多有结构化的封闭答案，且能够根据已有信息和基础资料回答的，可采用问卷法进行调查。

b）对调查对象较少，调查问题需要调查者解释，或调查开放式问题的，可采用访问法。

c）对没有记录，需要调查者亲自到现场进行观察或计量以获取资料的，可采用观察法。

d）对需要调查对象定期填报调查表的，可采用报告法。

e）对调查内容存在行政记录的，可采用行政记录法。

f）与相关数据来源的所有者建立数据交换与共享机制，可采用数据共享法。

g）存在于公开的网络环境中的信息，可利用网络搜索法。

5.3.2 水利统计调查方法的确定应遵循 SL 620 的规定。

5.3.3 调查数据的采集应充分利用在线监控、遥感、网络等先进技术方法。

5.4 调查时间

5.4.1 调查时间包括调查数据的时点或时期，以及调查实施的时间。

5.4.2 对时期数据和时点数据，应分别规定调查数据时间。

a）属于时期现象的资料，应规定调查资料起止日期。

b）属于时点现象的资料，应规定调查资料标准时点。

5.4.3 调查实施时间是实施统计调查工作的时间段，调查实施时间宜根据调查内容、调查难度等予以确定，原则上越短越集中越好。

6 水利统计整理

6.0.1 水利统计整理包括对统计数据的审核、修订、排序、汇总、分组、制表和绘图等工作。

6.0.2 水利统计数据审核内容包括数据剔重，奇异值、缺失值处理，全面性、一致性、合理性审核与评估等。

6.0.3 水利统计数据排序是按照一定排序规则对数据进行排序。

6.0.4 水利统计数据汇总是通过数据求和或计数等方式，获得总量指标数值。

6.0.5 水利统计数据分组是按照一定的分组规则对调查对象进行分类，数据分组应符合水利相关信息分类标准或水利管理习惯。

6.0.6 制表和绘图是将汇总、分组后形成的统计数据用表格或图形形式进行展示，为编制统计报告、开展统计分析提供基础。

7 水利统计分析

7.0.1 水利统计分析应建立在统计调查和资料整理的基础上，根据业务需要，定期或不定期地开展。

7.0.2 水利统计分析可进行简单数据分析，也可进行综合分析；可对数据质量进行分析，也可对数据反映的事物内在联系进行分析。

7.0.3 水利统计分析过程可采用定性与定量相结合的方法，其基本方法是定量分析。

——对于反映客观存在的事物，需要经常研究一定时间、地点、条件下的状态，分析其量变情况，可采用状态分析。状态分析可分为静态分析和动态分析。

——对于反映两个或两个以上水利指标（或水利指标与其他社会经济指标）之间关系的统计分析，可采用联系或因素分析，运用相关与回归分析等多种方法，通过建立回归模型，对水利现象之间或水利现象与其他社会经济现象之间的数量关系做出分析评价。

——对于反映变化、受多因素影响的水利统计指标，可采用趋势分析，运用时间序列分析方法，对时间序列的构成要素进行分析和预测。

——对于复杂问题，可采用多层次分析。

7.0.4 应提交水利统计分析报告作为水利统计分析的结果。

7.0.5 水利统计分析报告应包括一般性调查分析报告、专题性分析报告、综合性分析报告、进度性分析报告和预测决策性分析报告等。

7.0.6 应利用水利统计分析结果完善水利统计设计、统计调查与整理等工作。

8 水利统计服务

8.1 一般规定

8.1.1 水利统计服务包括水利统计资料的提供、发布和管理。

8.1.2 利用公开发布的水利统计资料时，应注意统计资料的来源、指标口径与计算方法。

8.1.3 利用未公开发布的水利统计资料，应按有关规定批准后使用。

8.1.4 水利统计资料的提供、发布和管理应严格遵守国家有关保密的规定。

8.2 发布

8.2.1 应建立和完善水利统计资料发布制度。

8.2.2 可利用电视、广播、网络平台、正式出版物等各种媒介方式向社会发布水利统计信息。

8.2.3 应发布对本部门或者对社会发展有重要影响的水利统计数据。

8.2.4 应遵守有关规定，按照一定的程序提交审核、确认。

8.3 管理

8.3.1 应建立和完善水利统计资料交接和管理制度，确保水利统计资料的连续与完整。

8.3.2 应按照国家有关规定建立水利统计资料的保存、管理制度，建立健全统计信息共享机制。